成都统计年鉴

CHENGDU STATISTICAL YEARBOOK

2007

成都市统计局 编

COMPILED BY CHENGDU STATISTIC BUREAU

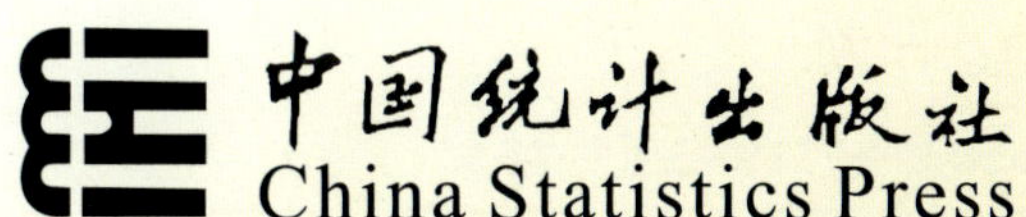

（京）新登字041号

图书在版编目(CIP)数据

成都统计年鉴2007/成都市统计局编.
—北京：中国统计出版社，2007.6
ISBN 978-7-5037-5219-3
Ⅰ.成…
Ⅱ.成…
Ⅲ.统计资料—成都市—2007—年鉴
Ⅳ.C832.711-54

中国版本图书馆CIP数据核字（2007）第055939号

成都统计年鉴—2007

作　者/成都市统计局
责任编辑/郑淼淼　魏玉英
E-mail / yearbook@stats.gov.cn
责任校对 / 魏玉英
封面设计 / 汪琪
出版发行 / 中国统计出版社
通信地址 / 北京市西城区三里河月坛南街57号　中国统计出版社
邮　编 / 100826
电　话 /（010）63376907
印　刷 / 四川西南建筑印务有限公司
经　销 / 新华书店
开　本 / 889×1194毫米 1/16
字　数 / 90万
印　张 / 35.75
印　数 / 1-3000
版　别 / 2007年7月第1版
版　次 / 2007年7月第1次印刷
书　号 / ISBN 978-7-5037-5219-3/F・2519

定　价/240元

《成都统计年鉴—2007》编辑委员会

《成都统计年鉴—2007》编辑部

编者说明

一、《成都统计年鉴——2007》是一部全面反映成都市社会经济发展情况的综合性统计资料年刊，本书收录了成都市及区（市）县2006年社会、经济等方面大量的统计数据，以及建国以来，特别是改革开放以来重要年份全市及各区（市）县的主要统计数据。地区生产总值、社会从业人员、固定资产投资和社会消费品零售总额等经济社会指标已根据2004年经济查结果进行调整。

二、本年鉴共分十六个部分：

成都概况

1、综合部分，包括自然地理、行政区划及社会经济发展的主要指标；

2、人口及劳动力；

3、固定资产投资、建筑业；

4、财政、金融、证券和保险；

5、人民生活；

6、城市公用事业；

7、农业；

8、工业；

9、运输、邮电；

10、国内贸易、物价、外经、旅游；

11、科技、教育和文化；

12、体育卫生、福利及其他；

13、企业调查；

14、区（市）县；

附录：全国重点城市统计资料及我国经济、社会统计指标同世界主要国家比较。

三、本年鉴资料编辑顺序、所使用的度量衡单位均采用国际统计标准。

四、本年鉴中统计数据的统计口径及资料来源在各部分都作了较为详细的说明。

五、本年鉴的符号说明：

“…”表示数据不足本表最小单位数；

“空格”表示该统计数据不详或无该项统计数据；

“#”表示其中项；

“①”表示表下方的第一项注解

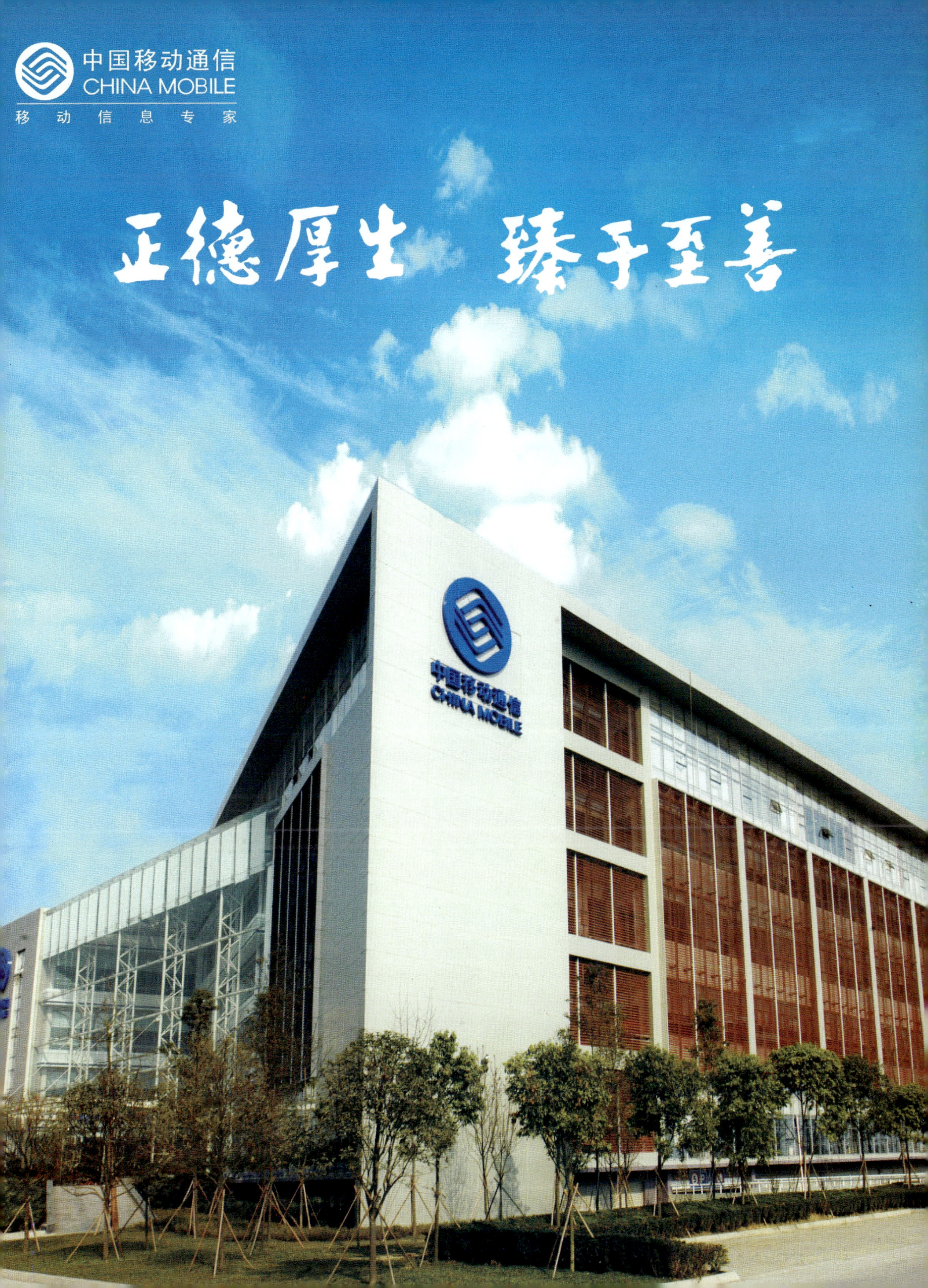
中国移动通信
CHINA MOBILE
移 动 信 息 专 家
正德厚生 臻于至善
中国移动通信
CHINA MOBILE

成都市政协主席黄忠莹（左二）率政协主席团视察中国移动四川成都分公司

成都市委副书记刘宏建（左二）率市信息办、市经委视察中国移动四川成都分公司

中国移动四川成都分公司领导班子

中国移动通信集团四川有限公司成都分公司自1999年7月28日成立以来，始终以信息化建设为己任，遵循中国移动通信集团“正德厚生，臻于至善”的核心价值观和“创无限通信世界，做信息社会栋梁”的企业使命，打造“积极、负责、简单”为理念的执行文化体系，务实求真，开拓创新，努力服务于成都市信息化建设，实现了网络规模、市场占有、客户服务等多方面的跨越式发展。

目前，成都已发展成为中国移动通信枢纽中心之一，先后建成了汇接局中心、软交换中心、CMNET数据中心和WAP中心等项目，交换机容量、HLR容量、基站数和载频数居西南省会城市之首，移动网络已覆盖100%的行政村和国家级风景区，高速公路实现全程无缝覆盖。

秉承“沟通从心开始”的服务理念，以“追求客户满意”为目标，坚持服务和业务双领先。完善品牌结构，丰富品牌内涵，在全球通、动感地带、神州行三大品牌框架下，延伸品牌链，全球通形成商务卡、新锐卡等产品系列，神州行形成轻松卡、大众卡和亲情卡等产品系列。建成了实体渠道与电子渠道相结合的高覆盖、立体化服务营销渠道体系，自建营业厅覆盖了成都地区98%的乡镇，规模全国第一，拥有西部地区规模最大、功能最全的营业厅（高升营业厅）和“动感地带”旗舰品牌店。形成了全球通高尔夫、网球、健康三大俱乐部品牌，丰富了服务内涵，增强了客户感知，提升了客户价值。

都江堰市人民政府与中国移动四川成都分公司联手打造农村信息化综合信息服务示范县

中国移动四川成都分公司与中行、农行、工行等商业银行合作开通“银信通”手机缴费业务

中国移动四川成都分公司和成都市公安局联合举行“警务通”发放启用仪式

为响应市委、市政府提出的“数字成都”的战略，中国移动四川成都分公司利用成熟的网络资源和业务能力，积极推进移动信息技术在社会各个领域的广泛应用，将移动新技术、新业务融合到生产、办公、管理和经营决策中，有力提高了成都市的综合竞争力和可持续发展力，移动总机、移动信使、综合信息发布平台、警务通、城管通、旅游通和校讯通等一系列行业信息化解决方案已在成都市各行各业广泛使用；围绕城乡统筹、“四位一体”科学发展和“三个集中”带来的新需求，成都分公司不断完善农村移动通信基础设施，整合农村通信网、信息网、服务网，组建“大农业网络生态链条”，建设“农信通”信息服务平台，推出“农信通”网站（www.01717.net）、“农讯广播”和“农村信息机”，初步搭建起市、县、镇、村四级农村信息网络，解决农村地区信息的下乡、进村、入户和发布问题，给农民提供贴身、贴心的服务。同时，开发出飞信、气象通、银信通和手机报等个人信息化产品，为用户带来全新的移动信息化体验。

中国移动四川成都分公司和总经理吴旭明分别被授予“首批大学生就业创业实践基地”和“首批青年就业创业指导专家”称号

中国移动四川成都分公司与成都慈善会联合举行“159特号拍卖善款捐赠暨‘动感地带助学计划’”启动仪式

“2006全球通VIP讲堂--高考填报志愿专题讲座”吸引了近200余名家长及考生亲临活动现场

在追求自身价值的同时，始终不忘做一个“有竞争力、有社会责任感和有道德有文化”的优秀企业公民，关怀社会民生，关注民众福祉，以实际行动回报社会。连续三年参与“慈善一日捐”活动，发起“动感地带助学计划”，提供08858短信平台和13709008858捐赠热线，向农村用户赠送保险，积极参加拥军爱民和体育运动等社会公益活动。2006年顺利通过省级最佳文明单位和成都市文明行业验收，建成全国“青年文明号”2个、省级“青年文明号”3个、市级“青年文明号”22个。

展望未来，在成都市委、市政府的关心支持下，在中国移动通信集团四川有限公司的领导下，中国移动四川成都分公司将继续把服务地方经济和推进社会信息化建设作为自己义不容辞的社会责任，积极支持社会公益活动和慈善事业，为构建和谐成都、实现“三最”目标和地方经济的跨越式发展做出更大贡献。

成都盐业分公司
成都市盐政市场稽查处

四川省盐业总公司成都分公司是省属全民所有制企业，为成都市大中型商贸批发企业50强之一，受四川省盐业总公司领导。下辖18个支公司和成都盐业配送中心，共有职工283人，肩负成都地区1200万人口的食盐供应及各类工、农、牧、渔业、军工以及医药、科研用盐的供应工作，经营盐产品上百种，销量位于全省之首。

2006年成都盐业分公司紧紧围绕总公司提出的“深化改革、强化管理、厉行节约、提高效益”的工作方针，加快调整经营策略，努力构建以信息化技术为核心，电子平台为主要手段的现代流通体系，进一步提升了企业的整体实力。人均销售量继续保持全国同行业先进水平。全年为国家创税利5800多万元。

成都市盐政市场稽查处是四川省盐务管理局根据国务院《盐业管理条例》、《食盐专营办法》以及《四川省盐业管理条例》设立的盐业主管机构,负责成都地区盐业管理工作。2006年，成都盐政市场稽查处开展食盐市场集中整治行动，查处盐业违法案件870个，查获各类违法盐产品327.239吨，严厉打击了各类私盐违法活动，有效维护了全市1200万人民群众的合法权益和生命健康安全。

成都盐业分公司经理：杨朝刚
成都盐政稽查处处长：杨朝刚

杨朝刚同志亲自带队进行加碘盐宣传

成都盐业配送中心生产车间

成都盐业配送中心仓库

公司销售的各类食用盐产品

成都市盐政稽查处查处的走私盐

四川省电信有限公司成都市分公司
Chengdu Prefecture Branch, Sichuan Telecom Co, Ltd

2006年，四川省电信有限公司成都市分公司继续加大社会主义新农村信息化建设投资力度，2005年和2006年累计为24万农村用户安装了智能农村电话，启动了“百乡千村万户宽带上网工程”、“成都市农村信息化建设示范村”等工程。不断深化服务内涵，公司10000号、VIP客户服务部、114和遍布城区的电信营业厅精确划营销效果显著。积极贯彻中国电信集团公司的转型战略，推进精确化管理进程，优化资源配置，充分挖掘现有网络、业务的潜力，促进电信传统业务、增值业务和转型业务的协调发展。启动了“成都电信宽带年”活动；通过融合电信产品，推出了“我的e家”客户品牌套餐；成功开通了114票务、旅游、交通等热线；公交电子站牌、全球眼等转型业务正在蓬勃的发展。成都电信正在转型中发展，在发展中转型，朝“做综合信息服务提供商”的战略目标前进。

2006年1月23日，省委常委、市委书记李春城在金堂县又新镇祝新村村民家中用智能农话同村民在北京打工的弟弟通话。

2006年12月31日，省委常委、市委书记李春城和市委副书记、市长葛红林正式启动“天网”一期工程。城市图像监控系统（天网）由成都电信建设、维护，助力“数字成都、平安成都、和谐成都”。

2006年5月17日，成都电信总经理钟维斯（左一）在百乡千村万户宽带上网工程启动仪式上，向成都市农村信息化建设示范村授牌。

成都电信总经理钟维斯在成都电信宽带年启动仪式上讲话。

2006年4月11日，成都市委常委何绍华（中）、成都市副市长何华章（右）、成都电信总经理钟维斯（左）出席成都市114旅游热线启动仪式。

2006年7月18日，省交通厅副厅长陈庆礽（左）、四川省电信有限公司副总经理席敦厚共同启动了成都市114交通热线。

成都市邮政局

成都市邮政局是具有综合通信功能的大型通信企业，是西南地区通信枢纽的重要组成部分，直接为9区10县（市）和1个高新技术开发区1221万人服务。2006年，全局业务总收入完成4.81亿元，同比增长16.46%，高于成都市GDP（13.8%）增幅2.66个百分点。

目前，成都邮政共有局（所）749个、电子化支局联网网点213个、绿卡网点257个、ATM机129台。经过两年来大规模的网点标准化改造，客户用邮更加方便、舒适。在完善营业网的同时，该局加快了投递网建设步伐。现有投递局22个、投递组35个、投递段道517条。并在市区内建立社区邮政服务站（转接点）1152个，与148个社区、200多家物业公司签订了协议，有效确保了邮件传递的快捷、准确。

此外，该局十分重视信息网的应用建设，已建成邮政储蓄金融系统、电子化支局系统、报刊发行系统、商函投递系统、国际卡哈拉信息系统、财务量收系统等6大业务支撑系统。并拥有服务全省的“11185客户服务中心”和邮政商务网站（http://www.e-cdpost.com）两大信息集散平台。

宽敞明亮的营业大厅为邮政客户提供了舒适的用邮环境

《太阳神鸟》邮票的发行，对提升成都的知名度，促进成都文化事业和文化产业以及文化旅游经济的发展有着积极作用

中国邮政集团公司刘安东总经理（中）、刘明光副总经理（右）在成都市邮政局龚永杰局长（左）的陪同下视察邮政服务情况

遍布城镇、院校的129台ATM自动取款机为客户及时取款提供了极大的方便

龙泉驿区

龙泉驿区位于成都市东郊，全区幅员面积556平方公里，辖4街办7镇1乡，是国家级成都经济技术开发区所在地、全省经济综合实力十强县（区）之一，是“中国水蜜桃之乡”、四川省境内客家人居住最为集中的地区，也是省委、省政府正在打造的“两湖一山”和成都市城市向东发展的主体区域。龙泉驿区有着独特的区位优势，素有“四时花不断，八节佳果香”之美誉，连续举办21届的中国·成都国际桃花节已成为享誉中外的国际性旅游、招商、民俗盛会。

2006年，龙泉驿区坚决贯彻市委市政府城乡统筹、“四位一体”科学发展的战略部署，扎实推进以经开区为龙头的城乡一体化，经济、政治、文化和社会建设取得实效。全区实现地区生产总值114.13亿元，与上年同期相比增长（下同）14.3%；全口径财政收入20.47亿元，增长66.1%，；地方财政收入11.83亿元，增长59.1%；全社会固定资产投资89.25亿元，增长35.1%；农民人均纯收入5124元，净增445元；城镇居民人均可支配收入11020元，净增1002元；城市化率达45%。一、二、三产业增加值分别达17.03亿元、55.48亿元、41.62亿元，增长4.9%、19.6%、11.7%；全口径工业增加值39.18亿元，增长22.9%。以汽车为主导产业，工程机械、电子电器、新型材料、食品饮料等“一主四优”产业集约集群发展态势强劲，已有BHP、SPX、阿克苏等5家世界500强企业和天兴仪表、旭光科技、成都中达等多家上市公司入驻龙泉，培育了神钢集团、实德型材等一批年税收超过千万元的重点税源企业，有力地增强了经济发展的后劲和活力。“金凤凰”工程荣膺2006年全面小康与新农村建设“中国十大政府创新典型”，2142名山区学生享受了城区优质教育资源；新增就业、转移2.26万人，城镇登记失业率下降到1.6%；全区9222人享受最低生活保障，新型农村合作医疗参合率达99%；政府筹资7亿多元，解决了57859名1991年以来征地农转非人员历史遗留问题，城乡同发展共繁荣的和谐局面初步形成。

今后五年，龙泉驿区将围绕“加快科学发展、构建和谐四川”的发展主题，深入实施“统筹城乡、四位一体”的科学发展战略，按照国际化、现代化、人文化、生态化和可持续发展的思路，致力于构建国际商务环境、致力于构建知识经济圈、致力于构建西部政策特区、致力于构建规范化服务型政府、致力于构建五星级酒店服务体系，奋力实现“区域经济综合实力争创全国百强、经开区综合实力进入西部国家级经开区前三强”等十大经济社会发展的主要奋斗目标，努力构建成都市“创业环境最佳、人居环境最优、综合竞争力最强”的“三最”示范新区。

①成都经济技术开发区一角
②成都一汽轿车城
③城乡一体化实践——龙华村农民集中安置小区——西博苑
④桃花正艳

成都市规划设计研究院

成都市规划设计研究院成立于1983年，是国家建设部批准的第一批甲级城市规划设计单位，还具有工程咨询甲级资质和建筑设计乙级资质，主要承担各层次、各类型的规划设计、工程设计以及相关技术服务和技术咨询，同时还承担城市建设有关研究、策划、规范编制等工作，2005年通过了ISO9000质量管理体系认证。

我院注重队伍建设、质量建设，倡导科学发展、理性管理、积极向上、锐意进取的企业文化及团队精神。现有职工144人，其中专业技术人员131人，毕业于清华大学、同济大学、天津大学、东南大学、重庆大学等国家重点院校，现有硕士22人，高级职称28人（其中教授级高工2人），中级职称31人，初级职称50人，注册规划师21人，一级注册建筑师3人，一级注册结构师2人，高级咨询师9人，咨询师5人。

二十多年来，成都市规划设计研究院在为国家公共政策服务，为成都市政府服务，为城市建设服务，在业务拓展，技术进步，以及院深化改革和党建与精神文明建设方面都取得了可喜的成绩。保持了快速、持续、健康、协调发展，经过长期的实践积累，已形成了一套完整有效的质量管理体系和经营管理理念，特别是近几年在科技进步、专业开拓、人才培养和技术手段、技术装备方面不断进步，成长为中国城市规划设计领域中一支重要的生力军，先后完成了成都市及省内外的城镇体系规划、总体规划、分区规划、控制性详细规划、修建性详细规划、村镇规划、风景区规划以及各类专业规划、城市设计和建筑设计等八千多项。其中“成都市府南河综合整治”工程在1999年、2000年先后荣获“联合国人居奖”、“联合国最佳范例奖”、“地方首创奖”、“优秀水岸最高奖”、“环境地域设计奖”等五项国际大奖，“成都市沙河综合整治”工程在2006年荣获“国际舍斯河流奖”；近几年来共有56项设计成果荣获部、省级奖励，25项设计成果荣获市级奖励。尤其是在专项规划方面还完成了城市空间发展战略规划、中心城非城市建设用地规划、“三个集中”建设规划、成都市地下空间概念规划、成都市中心城城市公共安全和综合防灾减灾规划、成都市优秀近现代建筑保护规划大纲等多项具有前瞻性、创新性的规划项目，主编了《城市环境卫生设施规划规范》、参编了《历史文化名城规划规范》等国家标准。

二十多年来的成就和光荣只是我们执着追求和不断前进的动力，我们将一如继往地、义不容辞地履行城市规划师的神圣职责和义务，为我国的规划大业、为城市的建设发展作出我们的贡献。

■办公楼

院长胡滨

院领导班子成员

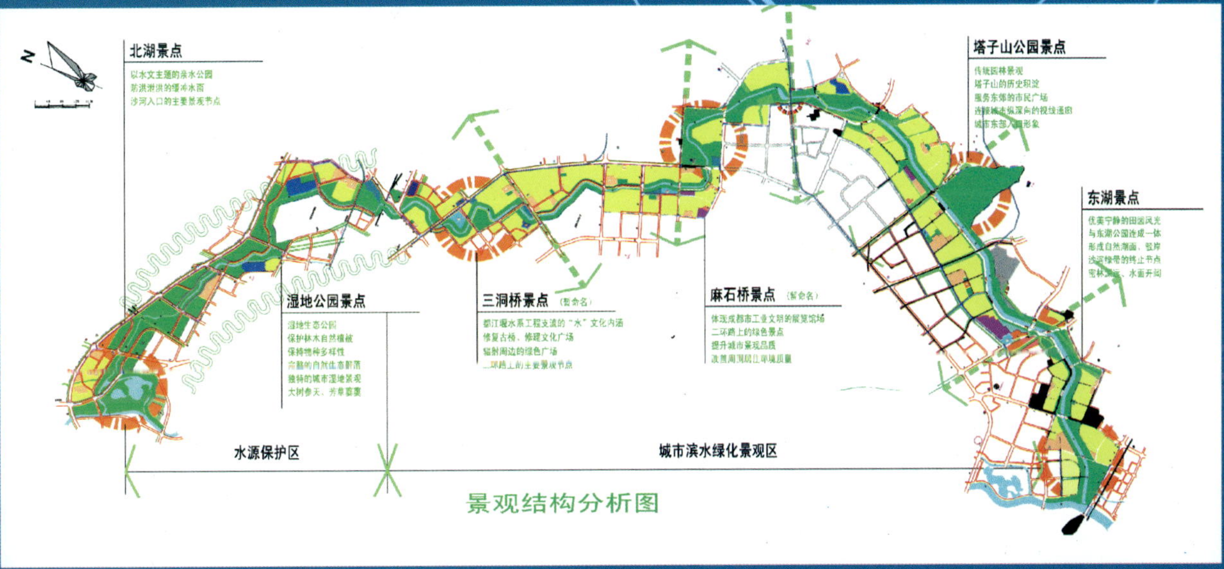

沙河总体规划图

沙河景点1

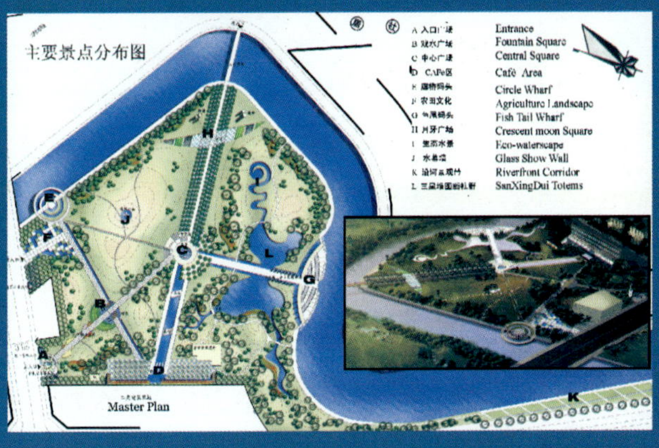

沙河景点2

成都信息工程學院

2006年，学院紧紧围绕评建中心工作，狠抓教学质量，深化了教学与管理改革，加强了专业建设和学科建设，完善了校园建设。

一、教学与评建工作得到有力推进

学院采取签署评建工作责任书、制发任务下达通知书、通报评建工作情况等方式，积极强化评建工作争优创优意识。

学院继续加大教学投入，2006年实验室设备购置投入达2600万元，图书馆文献资源达到了138万多册。完成了图书馆、风雨操场建设，教学设施得到了进一步完善。

二、学科建设取得新的成效

学院拨付专款启动了中国气象局大气探测重点开放实验室的工作，统计信息技术与数据挖掘实验室被正式确认为国家统计局重点开放实验室，高原大气与环境研究中心被批准为四川省高校重点实验室。

一级学科——大气科学获得硕士学位授予权，统计学、应用数学新增为硕士学位授权点。

合作开发了车载移动气象台、车载双极化天气雷达、XDR－21雷达人工影响天气信息系统等，获得1项国家实用新型专利、2项国家自然科学基金项目、1项国家社会科学基金项目，还首次获得了1项教育部人文社科规划项目。承担了风云三号卫星应用系统工程中的“红外窗区通道大气削弱订正算法及原型软件研发”等国家重大课题的研究任务。

三、师资队伍建设成绩喜人

全年引进各类人才121人，其中具有副高以上职称的21人，具有博士学位的33人。19名教师晋升为教授、研究员，48名教师晋升为副教授、副研究员、高级实验师，67名教师晋升为讲师、助理研究员、实验师。目前学院有教职工1185人，其中295人有副高以上职称。

四、学生学风建设开创了新局面

学院修订和完善了学生管理、国防生教育的相关规章制度，将德育纳入了学生奖励考评体系。学生在创业计划竞赛、四川省大学生电子设计竞赛、全国大学生数学建模竞赛、全国大学生英语竞赛、中国学生健康活力大赛、湿地使者等重大比赛中取得不俗的成绩。学生环保协会被评为“全国生态环保社团创意传播大赛优秀社团”和“全国百佳社团”，“小天在线”被评为“全国百佳网站”和“十佳社团类网站”。

此外，学院还举行了建校55周年系列庆祝活动。

55周年校庆现场

该院发起组织了四川省首届网络组网与配置大赛

学院健美操代表队荣获全国一等奖

学院荣获全国湿地使者行动第二名

在中国模拟联合国大会上该院学生取得好成绩

2007·
微笑的港宏

维修 85187773

维修 85173410

急救 85197070

维修 0816-2566991

急救 0816-2563119

世界500强合资企业

港宏－四川汽车流通行业唯一著名商标

四川港宏企业管理有限公司
总机：028-85156611 传真：028-85156677
www.scganghong.com

四川省成都城建投资管理集团

成都城建投资管理集团成立于2004年7月21日，是经市委、市政府批准，按现代企业制度要求组建的国有独资公司，2005年被省政府确定为四川省四大投融资平台之一。成都城投集团以整合城建系统国有资产，发挥政府资源在城市建设中的基础作用和引导作用，构建城建投融资平台，吸纳社会资本，加快实施经营城市战略为己任。主要职责为：负责授权范围内城建系统国有资产的管理及保值增值，承担城市基础设施、公共设施等建设项目投融资以及牵头负责所属单位的改革和稳定工作。

目前，城投集团正紧紧围绕市委市政府的中心工作，统一思想，创新工作，做实做强投融资平台，以"新城投、新机制、新起点"为契机，把力量凝聚到着力提升集团核心竞争力上。

中国人居环境范例奖

国际舍斯河流奖奖杯

舍斯国际河流奖颁奖现场

成都旭光科技股份有限公司
CHENGDU XUGUANG TECHNOLOGY.,LTD

公司综合办公大楼以及周边主要环境

公司近期基本情况介绍：

成都旭光科技股份有限公司于2000年改制为股份制企业，注册资金6600万元人民币,是成都市连续八年的重点优势企业和五十强企业；“2005年、2006年成都市30户重点出口企业”；成都市2006-2007年度“市自主出口品牌”企业；2007年度“四川省重点培育与发展的出口名牌”企业的称号，是四川省的高新科技产业型企业。公司建有省级技术中心，具备完善的工艺和工程体系，主要从事研发、制造销售各种新型频率器件——电子调谐器，产品项目已纳入国家科委火炬计划，其中数字有线电子调谐器获科技部、财政部2004年度第三批创新基金项目奖。公司具备了国际ISO9001（2000版）质量保证体系，已通过ISO14000环境认证；年生产能力达3200万支以上，公司产品已全面实现无铅焊工艺，出口品种和国内已提供的是100%的“绿色电子产品”。各类电子调谐器产品在国内市场占有率达到了35%以上，客户主要有：韩国三星、大连大显、创维、海信、厦华、厦新、海尔、步步高等，公司产销以及市场占有率居全国同行业第一；获国商国际资信评估有限公司评审的全国仅27户的“出口信用AAA级企业”称号。公司已连续13年盈利，各项主要经济指标逐年攀升。

The brief introduction:

Chengdu Xuguang Technology Co, Ltd was re-structured from stated—owned enterprise to stock company in 2000 with the registered capital of 66 million RMB. It has been the excellent enterprise and one of the 50 top enterprises for 8 years continuously; been one of the 30 key export corporations in Chengdu in 2005 and 2006; been awarded as “Export Brand Independently” from 2006-2007; been the High-tech Enterprise in Sichuan. We have perfect technique and engineering system mainly engaged in various tuners and involved in research and development, manufacture and selling. The products project was brought into the “China Torch Program” and the digital cable tuner was awarded project of the 3rd Innovation Fund of Science and Technology Dept. and Treasury Dept. in 2004. Our goods are lead-free for environment protection through ISO9001 (2000) for quality and ISO14001 for environmental. Our main customers include: Samsung, Daxian, Skyworth, Hisense, Xoceco, Amoi, Haier, Gadbbk and so on. Our market occupation rate is the highest more than 35% in China. We were also awarded as “Class AAA Credit Enterprise of China”. Our company always keeps the profits for 13 years and every target is rising year by year.

中房集团成都房地产开发总公司

中房集团成都房地产开发总公司成立于1984年，现隶属成都市城建投资管理集团公司。二十多年来，公司先后开发了玉林、李家沱、平安苑、战旗、蜀风花园城·兰苑、东湖花园、蓝水湾等十多个精品住宅小区，累计开发面积400多万平方米，现已发展成为具有房地产开发一级资质、拥有三十多亿资产的中型企业。2006年，公司完成了蓝水湾，东湖花园一期、二期商品房开发建设任务，并如期完成了市委、市政府交付的一级目标任务——文殊院历史文化保护片区一期工程建设工作，成功打造文殊坊，为成都市增添了一张亮丽的都市名片。新的一年，公司将秉承“内强素质、外塑形象”的宗旨，确保政府一级目标——红枫岭一期、高家庄限价商品房项目建设任务顺利实施，并完成公司商品房开发项目红枫岭二期的施工建设任务。

①蓝水湾效果图
②蜀风花园城·兰苑
③总经理薛玉川
④文殊坊一角
⑤文殊坊街景

成都市民政局

2006年，成都市民政局坚持“以人为本，为民解困”的宗旨，紧紧围绕推进城乡一体化和新农村建设，以科学发展观为统揽，以民生建设为主线，开拓创新，求真务实，全面履行民政职能，进一步发挥了民政在经济社会发展中的基础保障作用，促进了社会的和谐与稳定。

一是努力完善城乡一体化社会救助体系。全市有低保对象25.96万人，发放低保金1.4亿元。投资6680万元新、改建敬老院38所，集中供养五保对象5800户。修建的“安居新村”为3004户农村低保户解决了住房问题。慈善事业蓬勃发展，募集慈善资金2241.9万元。“阳光圆梦”专项助学工程救助低保家庭大学生3450人，发放帮困助学金945.4万元，确保了“一个不能少”，2006年12月“阳光圆梦”工程荣获“中华慈善事业突出贡献奖”。城乡医疗救助34万人次，支出医疗救助金1096万元，缓解了困难群众看病难问题。二是进一步规范和完善村务公开民主管理，积极探索新形势下社区建设工作，借助“96963”便民服务热线信息平台运作模式，加快了社区信息化服务体系建设步伐。三是以争创“全国双拥模范城”为契机，加大双拥工作力度，推进各项优抚安置政策的完善和落实，切实维护退役士兵、优抚对象的合法权益。四是按照规范化服务型政府建设要求，进一步提升地名公共服务水平，积极培育和发展民间组织，加强婚姻登记和殡葬行业规范与管理，社会管理服务水平迈上新台阶。

2006年12月1日，李春城书记（左二）调研我市城乡一体化社会救助体系信息平台建设情况

2006年4月5日上午，市民政局局长肖化戎（左一）陪同国家民政部副部长窦玉沛（左二）在我市儿童福利院调研

2006年2月8日上午，葛红林市长（左一）在赵小维副市长（左三）、王宗全副秘书长（左一）陪同下在市民政局调研

2006年12月1日，市政府赵小维副市长（左一）代表地方接受部队捐赠

成都房地产经济与管理研究会

CHENGDU REALESTATE ECONOMICS AND MANAGEMENT ASSOCIATION

成房研究

成都房地产经济与管理研究会（成房研究）是一家以成都市房产管理局为依托背景，以成都房地产市场为研究视野，以政府部门、专业团体、各大高校为合作伙伴，集研究、决策、咨询于一身的房地产智囊机构。

本着全面、客观、及时、准确原则，自成立以来，成都房地产经济与管理研究会充分发挥其独家的信息、权威的数据、缜密的分析、精准的预测等特长，面向政府部门、金融行业、中介机构、开发企业、销售公司等服务对象，遍及市场分析（如《成都房地产市场快报》、《成都房地产市场分析》、《成都商业用房市场季度报告》、《成都写字楼市场季度报告》、《成都土地市场季度报告》、《成都住宅市场深度分析区域市场监测》、《目标市场分析报告》等）、项目策划（全程策划、前期策划、品牌策划、营销策划、广告策划、市场定位策划等）、项目评估（风险评估、投资效益评估、可行性分析等）、管理咨询（战略规划、市场调研、市场咨询等）等业务领域，为政府与企业的科学决策提供了强大的智力支持。其组织编写的《2006年成都房地产发展报告》的发布，更是为成都市房地产市场的标准化、系统化发展做出了开创性贡献，赢得了社会尤其是业界的广泛关注和高度赞赏。

面向未来，成都房地产经济与管理研究会将始终秉承引领行业，促使发展的宗旨，致力于成为本土领先、国内一流的著名机构，致力于市场认识和行业水平的提升，致力于新理念的引入及新行动的促进。

成都市劳动和社会保障局

2006年，成都市劳动保障局以邓小平理论和“三个代表”重要思想为指导，以科学发展观为统领，坚持“统筹城乡有新突破、贯彻93号令有新举措、突出特色有新成效、自身建设有新发展”的四新工作思路，开拓进取，扎实工作，全市城乡统筹就业工作新格局基本形成，城乡统筹社会保险新格局基本形成，城乡统筹劳动关系调整新格局基本形成，全面完成了各项目标任务，为全市改革、发展、稳定、和谐做出了新的贡献，得到了国家劳动保障部、省劳动保障厅和市委、市政府的充分肯定，被国家人事部和劳动保障部联合表彰为全国劳动保障先进集体。

劳动保障部部长田成平视察我市劳动保障监察网格化工作

劳动保障部副部长王东进视察我市社保经办大厅

成都市劳动保障局被表彰为全国劳动保障系统先进集体

2006中国·成都就业与创业促进会

全市促进城乡充分就业会

成都市烟草专卖局(公司)

2006年，成都烟草坚持以科学发展观为指导，紧紧围绕市场经营主体和行政执法主体建设这一中心工作，不断完善体制机制、整合市场资源、强化专卖管理、构建和谐烟草，进一步深化以市场为取向的改革，加强卷烟营销网络精细化管理，使企业的市场化水平和经济运行质量得到全面提升，经济效益指标实现了四个突破。一是卷烟销量首次突破40万箱，全年销售卷烟41.19万箱，同比增长8.2%；二是销售总额首次突破50亿元，达到50.78亿元，同比增长25.89%；三是实现税利首次突破10亿元，达到12.59亿元，同比增长38.89%，其中上缴各种税金5.69亿元，同比增长37.18%；四是人均实物劳产率突破300箱，达到307.6箱，在全国省会城市中名列前茅。企业在连续五年跨越式发展的基础上，继续保持了良好的发展态势，为地方经济建设和行业改革发展作出了重要贡献。

1、成都烟草积极倡导零售客户诚信经营
2、督察（投诉）中心工作人员正在耐心处理客户投诉
3、卷烟半自动分拣和塑封包装极大地提高了物流配送效率
4、《成都市烟草专卖管理条例》于2007年1月1日正式施行

	1
	2
3	4

坚持科学发展 构建和谐计生
前进中的成都市人口和计划生育事业

2006年，全市人口和计划生育工作全面落实科学发展观，围绕稳定低生育水平、统筹解决人口问题、构建和谐人口的目标，紧紧抓住推进城乡一体化、建设社会主义新农村的契机，以建立和完善综合改革新机制建设为抓手，在工作落实和创新上狠下功夫，管理服务水平和工作质量进一步提高，各项工作取得新进展、新成效，低生育水平保持稳定。全市共出生74226人，出生率6.79‰，符合政策生育率92.87%。年末总人口达1103万，同比增长1.98%。其中自然增长占10.94%、迁移增长占89.06%。出生人口性别比为109.18，总人口性别比为102.42。总人口中18岁以下人口占16.05%、18－35岁人口占30.16%、35－60岁人口占38.07%、60岁以上人口占15.72%。

2006年，人事部、国家人口计生委授予郫县人口计生局“全国人口和计划生育系统先进集体”荣誉称号，国家人口计生委授予2人“全国人口和计划生育系统优秀工作者”荣誉称号，省委、省政府表彰为“十五”人口计生工作先进集体4个、先进个人4人，省人事厅、省人口计生委表彰先进集体7个、先进个人8人，市委、市政府表彰“十五”人口计生工作先进集体242个、先进个人170人。

一、人口发展规划与人口发展战略研究取得阶段性成果 市政府出台《“十一五”人口和计划生育事业发展规划》，明确了“十一五”人口计生工作指导思想、发展目标、主要任务和保障措施。《成都市人口发展态势研究》、《成都市统筹城乡经济社会协调发展中人口问题研究》、《成都市2020年资源环境人口承载力研究》先后结题并通过专家评审。出台《关于在推进城乡一体化、建设社会主义新农村中加强人口和计划生育工作的实施意见》，明确了参与支持城乡一体化、新农村建设的主要目标、基本原则、重点工作和保障措施。

二、计划生育综合改革稳步推进 按照“依法管理，村（居）民自治，优质服务，政策推动，综合治理”的新机制建设总体框架，筛选确定19个综合改革项目并匹配资金，实行一县一项的综合改革项目管理，项目实施初见成效。

三、出生缺陷干预工程初见成效 市政府成立了出生缺陷干预工作委员会，设立了一、二、三级干预工作组和项目专家组，出台了《成都市出生缺陷干预工作（2006－2010年）工作规划》，初步形成了政府主导、人口计生部门牵头、相关部门分工协作、全社会参与的干预工作体制。广泛开展了出生缺陷危害及预防科普知识社会宣传，市政府举行了出生缺陷干预工作会暨叶酸片发放启动仪式，开办了预防出生缺陷知识公益性讲坛，举办了新婚夫妇、已婚待孕妇女出生缺陷预防、优生优育科普知识讲座24期，参加群众达1万多人次。免费向知情同意的已婚待孕妇女发放叶酸片，登记发放率达94%以上。开通出生缺陷高危人群优生咨询和产前诊断两个“绿色通道”，建立了出生缺陷干预技术培训基地，开展了15个专题的干预技术系列讲座培训，孕产期保健、产前筛查、产前诊断、新生儿疾病筛查、出生缺陷儿童康复治疗与训练等工作协调推进。一级干预模式研究被纳入国家科技支撑计划。

四、计划生育利益导向机制得到完善 兑现农村部分计划生育家庭奖励扶助金和农村、城镇低保独生子女父母奖励金共7600多万元，其中奖励扶助金1800.68万元、30078人受益，独生子女父母奖励金5800余万元、106万个独生子女家庭受益。帮扶计划生育“三结合”户21494户（其中新增户4381户），建帮扶基地359个，新增帮扶户人平增收180元以上。生育保险范围扩大，开展了独生子女死亡、重残家庭扶助制度试点，利益导向不断深化。我市被国家人口计生委、财政部表彰为全国奖励扶助工作先进集体。

五、新型生育文化建设进展顺利 新建生育文化小区14个、生育文化中心27个、生育文化大院106个、计划生育中心户110户。全面推进“五期教育”改革创新，开展了“计划生育与生命质量”主题宣传活动，成功举办“献给新时期最可爱的人”文艺汇演，婚育新风进万家活动深入扎实。市人口计生委等13个单位和10名个人被省委宣传部、省人口计生委等10部门联合表彰为全省婚育新风进万家活动先进。

六、流动人口计划生育管理服务机制逐步形成 流动人口计划生育综合管理服务职责明确、网络健全、经费落实，政策法规宣传咨询服务、婚育证明办验证服务、免费技术服务到位。探索社区、市场、工业园区流动人口计划生育管理服务新模式，启动“关注流动人口，关爱留守儿童，关怀健康成长”项目，建成流动人口计生协会101个，推动了管理服务创新。全市育龄流动人口达93.82万人，办、验证率分别达90.8%、85.6%，分别高于目标15.8、10.6个百分点，综合服务率达70%以上。

七、计划生育优质服务水平得到提升 市政府办公厅出台加强技术服务机构管理及队伍建设文件，建成社区计划生育服务中心14个、规范化村计划生育服务室2073个，服务体系进一步健全、管理规范、能力增强。新都区、成华区荣获国家级计划生育优质服务先进区，双流县荣获省级计划生育优质服务先进县，全市累计创“国优”4个、“省优”8个。完成156万农村已婚育龄妇女免费生殖健康普查，基本项目免费服务落实。全面完成人口计生资源网三级平台建设，提升了信息化管理服务水平，便民维权活动广泛开展，政务公开范围扩大，群众满意度提高。

市委常委孙平、副市长蒋显伦、市人口计生委主任李建华深入青白江区农村了解计生政策执行情况

市人口计生委党组书记、主任李建华向市人大常委会汇报人口计生工作

农村、城镇“低保”和特殊困难家庭独生子女父母奖励金发放仪式

发放农村计划生育家庭奖励扶助金

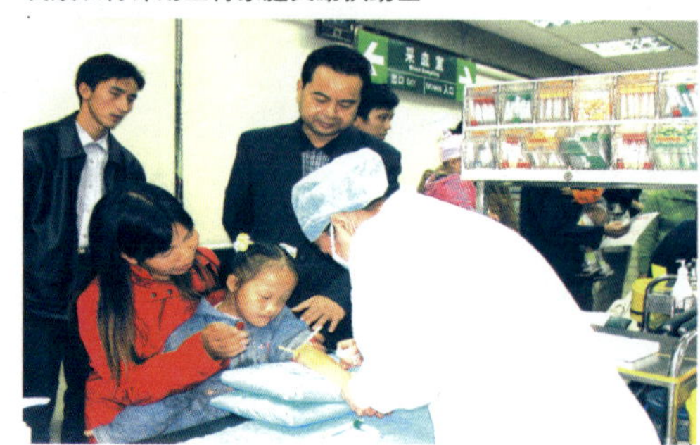
与四川大学华西第二医院、省产前诊断中心联合开通产前诊断“绿色通道”

成都市 工商局

2006年，全市工商系统在省工商局和市委、市政府的领导下，紧紧围绕服务全市经济社会全面协调可持续发展和构建和谐成都的中心任务，巩固保持共产党员先进性教育成果，深入开展“服务、学习年”、“基层建设年”、“创新保平安”活动，坚持和落实科学发展观和科学监管观，努力提高行政能力和服务发展的能力。以持续深化ISO9001：2000质量管理体系建设为载体，全面提升规范化服务型政府建设水平；积极探索和建立科学、长效的市场监管机制，大力整顿规范市场经济秩序，各项工作取得了较好成绩。

强化服务意识，完善服务机制。按照工业强市要求，围绕“加快产业发展年”，认真学习贯彻《公司法》和《公司登记管理条例》，调整公司登记管辖权限，理顺全市工商系统公司登记管辖关系；实施外商投资企业委托登记管理制度，进一步优化了外商投资环境。同时，对审批服务事项进行清理规范，在全系统实现了“六统一”。围绕招商引资工作，实现服务前移（专人负责、预约服务、上门服务）和服务延伸（跟踪服务），优质高效完成了重点企业的注册登记工作。鼓励、支持和引导个体私营等非公有制经济发展，认真落实有关优惠政策。

2006年，全市新登记注册个体工商户76766户（累计449259户）；私营企业21294户（累计102257户）；内资企业4522户（累计87901户），注册资本1882.5亿元；新设外商投资企业281户（累计2254户）、投资总额27.9亿美元（累计112亿美元），注册资本13.8亿美元（累计68亿美元）。

强化依法行政意识，加强市场监管。以治理商业贿赂、打击传销和整治虚假违法广告为重点，进一步加大反不正当竞争执法力度，妥善处置社会热点、难点问题。先后组织我市10余家重点医药生产企业就防范商业贿赂问题进行座谈，召开“21城市工商执法工作研讨会”，加强了工商部门与企业的联系沟通，城市间案件办理的协作配合机制进一步加强。认真落实虚假违法广告整治联系会议制度，在全国工商系统率先开展媒体广告互查互纠和手机短信监测，进一步加大对食品、医疗、药品、房地产广告的监测和整治力度，定期发布监管公告，依法撤销违法违规广告批准文号，有效维护了广告市场秩序。同时，结合创建全国文明城市、知识产权示范城市、中国最佳旅游城市，国家卫生城市复查以及禽流感防控工作，积极加强市场监管，净化了市场环境，提升了城市文明形象。截止11月底，全市工商系统共查处各类经济违法违章案件10056件，其中立案查处3842件，万元以上大要案件1295件，案件总值18839万元。

坚持属地化管理、疏堵相济原则，集中清理整治无证无照非法经营行为。全市共开展集中整治2410次，检查经营户103925户（次），下发责令改正通知书22410份，取缔5046户，新办营业执照14931户，五城区（含高新区）无证无照餐饮食品经营行为减少79.8%，郊区（市）县减少77.4%，超额完成了市政府下达的目标任务。

确保食品安全，营造良好的消费环境。建立食品安全事故应急处置机制，提高了食品安全重大事故防范和处置能力；建立流通领域食品放心工程综合评价体系，落实不合格商品市场禁入规定和食品安全监管及经营者自律制度，全市商场、超市、市场建制率达90%，其它经营户建制率达66.7%；加大监测力度，对70余种2629个批次食品进行现场抽样快检。开展了农资、食品、日用品、建材、电器等5大类43种2034个批次的商品质量监管抽检，以酒、奶制品、儿童食品、节日食品等为重点，开展了12次食品质量专项整治；充分发挥“12315”申诉举报网络作用。全年共受理申诉、举报、咨询135649件，同比增长9.7%，结案率达到98%，较好地维护了消费者合法权益。

强化执法为民意识，坚持以人为本。积极推进城乡一体化建设。培育和发展农村专业经济合作组织，不断壮大农村经纪人队伍。全年免费培训农村经纪人300余人次，发展农村经纪人500余人，现累计达2800余户，从业者达10000人左右。培育和发展农产品商标，全年注册申请量达700件，同比增长16.86%。加强涉农合同监管，对300余家企业所签订的近15000份合同进行抽样点评和指导、监制，涉及金额达20.5亿元，推动了“订单农业”发展。深入开展红盾护农行动，延伸消费维权网络，在全市新建了1000个乡村消费维权站，并实现全市2482个行政村消费维权工作的全覆盖。成功承办全国工商系统推进社会主义新农村建设经验交流会。

精心打造“金信工程”，推进信息化建设。“金信工程”成都工商信息系统建设顺利通过项目可行性研究，并完成项目建设立项、招标和签约。为适应“金信工程”建设需要，对全市所有企业数据进行全面清理，完成了共计313408户企业数据的清理、补录工作；加强网络改造，成功实现了13个区（市）县局各工商所与国家工商总局、市局之间的互联互通；企业档案电子影像管理系统建成并投入使用，实现了全市工商在册企业电子档案数据的集中存放、统一管理和数据共享，市局机关档案管理工作顺利通过省一级标准考核验收。

全国人大副委员长何鲁丽在国家工商总局王众孚局长、四川省委常委成都市委书记李春城、四川省政府副省长黄小祥陪同下视察锦江工商局推进新农村建设工作

成都市工商局“金信工程”项目签约仪式11月16日在成都锦江宾馆隆重举行

加强食品市场检查，确保节日消费安全

全面清理无证无照经营

成都市审计局

成都市出台投资审计监督新举措

2006年，成都市审计局按照市委书记李春城同志的指示精神，起草了《成都市国家建设项目审计办法》。“办法”经2006年3月2日市政府第69次常务会议讨论通过，以政府123号令颁布，‘自2006年5月10日起施行。“办法”进一步明确了审计机关对国家建设项目进行审计监督的职责，并从三个方面实现了突破：一是明确规定了“国家建设项目未经竣工决算审计的，不得办理竣工验收手续”，强调了国家建设项目竣工决算必审制；二是有效解决了审计任务重与人员力量不足的矛盾，允许审计机关组织社会中介机构、利用其从业人员中的专业特长和技术优势参与国家建设项目的审计；三是突破了单纯以投资主体和资金来源确定审计对象的模式，将接受、使用社会捐赠的公益性建设项目纳入投资审计的范围，同时明确市重点项目不论属于那级政府投资，审计管辖权归市审计局，统一审计监督标准。

审计工作会

陈效全局长

陈效全局长双流考察

成都市社科联(院)

2006年是"十一五"的开局之年。成都市社科联(院)党组在市委、市政府的领导下,以邓小平理论和"三个代表"重要思想为指导,认真学习党的十六届五中、六中全会和市委十届五次、六次全会精神,全面贯彻落实科学发展观,围绕中心,服务大局,着眼"三个一批"的工作目标,开拓创新、积极进取,社科理论研究工作取得新突破;思想库、智囊团作用取得新进展;哲学社会科学的繁荣发展取得新成效。在今年举行的"成都市第八次哲学社会科学优秀科研成果评奖"工作中,单位获评奖组织工作奖(市政府表彰);参与评奖的个人专著和调研报告、论文分获一、二、三等奖共计11项(市政府表彰)。我们还获得四川省先进地市州社科联、四川省地市州2005-2006年度科研管理工作先进集体等称号。

党组书记、社科院院长、社科联常务副主席刘从政同志

[围绕中心工作,完成一批重大课题研究]

紧紧围绕市委、市政府中心工作,紧贴成都经济、政治、社会、文化发展实际情况,着眼我市推进城乡一体化、构建和谐成都的战略目标,完成了一批科研课题。

1、成都市"十·五"规划重点课题暨"邓研中心"2005年重点课题结题及2006年课题立项工作

2、深入调研,服务基层,完成12项重点课题

[紧贴中心工作,召开一批学术会议]

为了进一步贯彻实施市委、市政府城乡统筹、"四位一体"科学发展的战略部署,加快和谐成都建设,促进成都经济社会的和谐发展,我院先后邀请了部分中央、省、市专家学者,召开了一批学术理论研讨会议。

1、承办了全国社科院系统邓小平理论研究中心第十一届年会暨学术研讨会。

2、召开了"推进城乡一体化、建设社会主义新农村"理论研讨会。

3、召开了成都科学技术年会暨"城乡一体化、建设新农村"理论研讨会。

4、召开了"推进城乡一体化与构建和谐成都理论研究会"。

[结合工作职能,出版一批专著]

针对经济社会生活中的热点、难点问题,我院专家学者结合职能职责,潜心研究,奋力攻关,成果显著。今年共研究编写出版了10部著作。

1、《成都市志·哲学社会科学志》
2、《成都城市精神研究》
3、《2006年成都市文化产业发展报告(蓝皮书)》
4、《文化产业理论研究与成都的实践探索》
5、《20世纪70年代以来的村落变迁—江家堰村调查》
6、《水与成都—成都城市水文化》
7、《社会变迁中的家庭—当代中国城市家庭研究》
8、《天宝与西藏》
9、《成都再就业与创业知识读本》
10、《农家乐的缘起与成都乡村旅游的演变》

[树立"大社科"理念,建立"大社科"机制取得新突破]

地方社科联作为党委政府的思想库和智囊团,是党委政府联系广大社科工作者的桥梁和纽带。根据市委〔2004〕55号文件"建设大社科机制"的要求,坚持树立"大社科"理念、建立"大社科"机制、走"大社科"之路,不断整合成都地区社科研究资源,壮大研究队伍,引导研究方向,使社科研究成果为推动成都市经济社会发展服务。以举办全国性会议、社科评奖、课题研究为平台,加强了与驻地高等院校、社科研究部门、市级有关部门研究机构及专家的联系和合作。今年邀请了驻蓉高校、社科研究机构知名专家学者近40人参加我市第八次哲学社会科学优秀成果评奖工作,邀请专家学者157人次参与我市文化事业、文化产业项目的论证工作,并相应地加强了专家人才库的建设工作。

1、与西南交通大学公共行政管理学院签订长期合作协议
2、夯实基础,狠抓县级社科联组织建设
3、改变工作作风,切实加强对学会的管理和服务
4、开展成都市第八次哲学社会科学优秀成果评奖工作
5、创新工作方式,增强科普工作实效

成都市红十字会

2006年，成都市红十字会在市委、市政府领导下，在中国红十字会总会和省红十字会的指导下，以党的十六大精神为指导，认真贯彻“三个代表”重要思想，落实市红十字会“七大”指出的各项任务，围绕“救农、救护、救助”开展各项工作，发挥政府人道领导的助手作用，为成都社会、经济发展贡献力量。

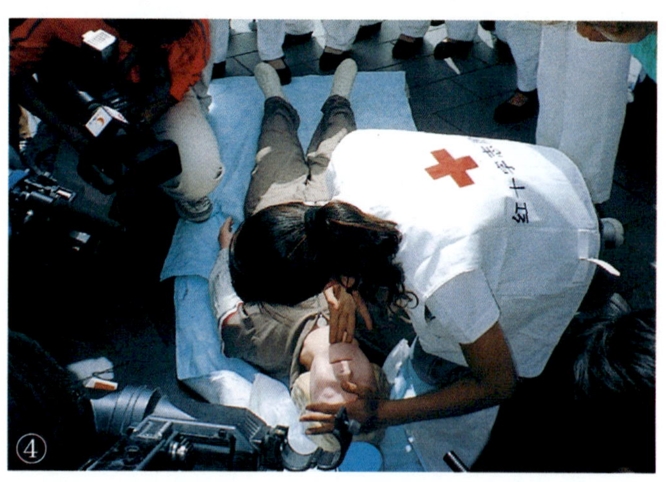

①5月9日，市红十字会为纪念“世界红十字日”，开展了“关爱农民、健康援助进农家——红十字在行动”，成都市人民政府副市长、市红十字会会长将显伦（前排：右四）正在金堂县三星镇四方村视察市红十字会在该村实施的“扶助贫困村民的养牛计划”实施情况。

②3月，成都市红十字会和宜宾市红十字会结为友好红十字会，成都市红十字会常务副会长林大东（右一）和宜宾市红十字会常务副会长张林（左一）握手致庆。

③7月2日，北京亚都公司和成都立昌公司向成都市红十字会捐赠120台、总价值50多万元的空气加湿器，由市红十字会转赠给市三医院、九医院等9所医院。市人大教科文卫委员会副主任汪良吉（右一）等出席了捐赠仪式。

④9月8日，省、市、青羊区红十字会在琴台路联合举行了“拯救生命、一视同仁——纪念世界急救日卫生救护知识宣传活动”。图为红十字志愿工作者正在为市民示范人工呼吸要领。

四川省室内装饰协会
成都市室内装饰行业协会

根据2001年3月，国家经济贸易委员会国经产业〔2001〕297号《关于委托中国室内装饰协会承担全国室内装饰行业资质审查、颁发证书的通知》；2002年3月，成都市人民政府成府发〔2002〕14号关于公布第四批取消行政审批事项(证明)目录的《通知》，取消室内装饰设计单位、施工企业资质等级证书。培训考核室内设计师，室内装饰施工项目经理，预算、施工、质检、安全员以及装饰装修等工种，并由相关部分颁发执业资格证和岗位证书。

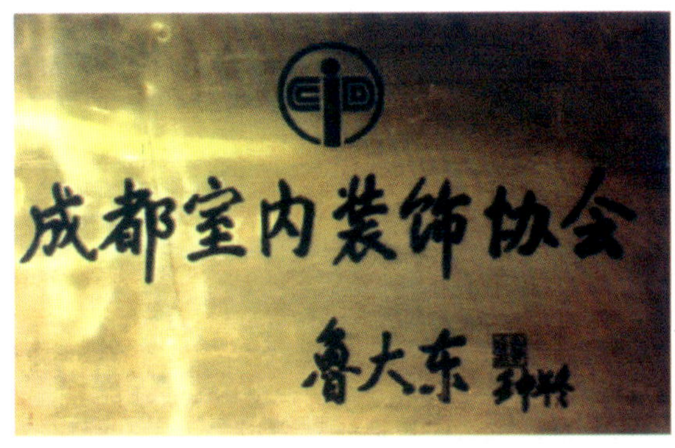

贺成都室内装饰行业协会成立

室内装饰
朝阳行业

壬申年冬 武光

地址：成都市东城根上街55号(成都科技会堂)5楼518号
电话：(028)86271874　传真：(028)86693633
邮编：610015
网址：www.cdsnzsw.org

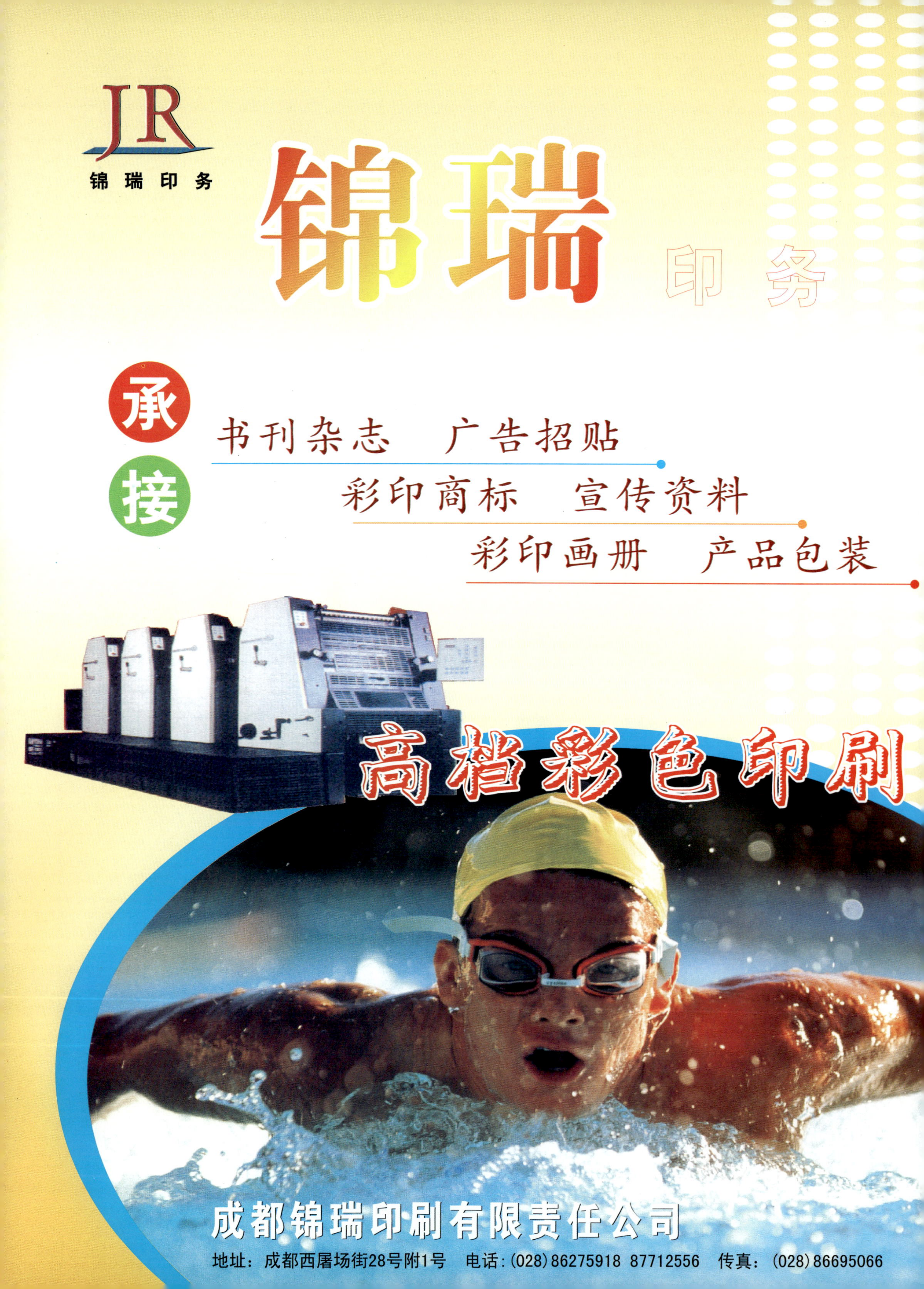
JR
锦瑞印务
锦瑞
印务
承接
书刊杂志　广告招贴
彩印商标　宣传资料
彩印画册　产品包装
高档彩色印刷
成都锦瑞印刷有限责任公司
地址：成都西厝场街28号附1号　电话：(028)86275918 87712556　传真：(028)86695066

特别鸣谢

成都市国土局

成都市统计局

主要职责

成都市统计局是主管全市统计和国民经济核算工作的市政府工作部门。其主要职责是：

（一）依照国家法律、法规、政策和计划，起草全市地方性统计法规、规章草案，制定统计现代化建设规划和统计调查计划；组织领导和监督检查全市的统计和国民经济核算工作；监督统计法律、法规的实施。

（二）建立健全全市国民经济核算体系和调查制度；对全市有关部门和区市县的统计调查计划和调查方案进行行政监督管理；制定全市统计标准，审定部门统计标准；管理全市统计调查项目和全市基本统计报表。

（三）组织实施全市重大的国情国力普查和专项统计调查；组织指导各区（市）县、市级各部门的社会、经济、科技调查。

（四）根据国家统计局委托，领导和管理全市城市、农村和企业调查队；协助地方管理区（市）县统计局正、副局长；统一管理全市及县以上政府统计部门的中央统计事业费；组织管理全市统计专业资格考试和职务评审工作；组织实施统计系统业务培训、统计专业技术人员岗位培训工作。

（五）依法对全市行政区内的机关团体、企业、事业及其他组织和个体工商户实施统计调查登记。

（六）组织实施和统一管理区（市）县统计信息自动化系统和统计数据库体系及网络；制定全市统计数据库网络的基本标准和运行规则；组织指导市级各部门的统计数据库及网络建设。

（七）汇总、整理、提供全市性的基本统计资料；对国民经济运行、科技进步和社会发展情况进行统计分析、监督和综合评价；收集、整理市外社会经济发展情况并进行对比分析研究；向市委、市政府提供决策咨询建议；统一核定、管理、公布出版全市性的基本统计资料，定期向社会公众发布全市国民经济和社会发展情况的统计信息。

成都市统计系统首届迎新春联谊会

成都市统计局及各区（市）县统计局召开经济形势分析会

目　　录

CONTENTS

二、人口及劳动力
Chapter 2 Population and Labor Force

三、固定资产投资、建筑业
Chapter 3 Investment in Fixed Assets and Construction

四、财政、金融、证券和保险
Chapter 4 Government Finance, Banking, Securities and Insurance

五、人民生活
Chapter 5 People's Livelihood

六、城市公用事业
Chapter 6 Urban Public Utilities

七、农 业
Chapter 7 Agriculture

八、工 业
Chapter 8 Industry

九、运输、邮电
Chapter 9 Transportation, Postal and Telecommunications Services

十、国内贸易、物价、外经、旅游
Chapter 10 Domestic Trade, Price Indices, Foreign Trade and Economic Cooperation, Tourism

十一、 科技、教育和文化
Chapter 11 Science, Education and Culture

十二、 体育、卫生、福利及其他
Chapter 12 Sports, Public Health, Social Welfare and Others

十三、 企业调查
Chapter 13 Enterprise Survey

十四、区(市)县
Chapter 14 Districts, Cities at County Level and Counties

成 都 概 况

一、 成都历史文化

成都是一座有2300多年悠久历史的古城，是国务院首批公布的24个历史文化名城之一。公元前四世纪，古蜀国王开明九世于“广都樊乡”（今双流境）“徙治成都”，以“周太王从梁止岐，一年成邑，二年成都”，故名成都，相沿至今。公元前311年，秦人按咸阳建制兴筑成都城垣。当时城周12里，高7丈。成都城市在这一年正式建立。公元前256年，蜀郡太守李冰父子率岷江两岸人民兴建的都江堰水利工程，二千多年来一直浇灌着成都平原。由此，成都水旱从人，土地肥沃，气候温和，物产丰富，故世称“天府”。西汉时期，成都织锦业驰名天下，当时，在城西南设立了锦官，专管织锦，并筑有锦官城，故成都又有“锦官城”、“锦城”之称。五代后蜀主孟昶时，在城墙上遍种芙蓉，故成都还有“芙蓉城”、“蓉城”之称。在历史上，成都又是一座水网密布，江桥众多，树木葱笼，繁花似锦的“花城”。19世纪法国旅行家古德尔孟曾赞叹成都是“东方的巴黎”。

二千多年来，成都一直是祖国西南地区的政治、经济、军事重镇，具有重要战略地位。秦、汉、晋、隋皆因得蜀而统一天下。西汉公孙述、三国刘备、西晋李雄、东晋李寿、五代前蜀王建、后蜀孟知祥等封建王朝均建都成都。成都又一直是各朝代的州、郡、县治所，元、明、清为四川省治所。民国初年，成都是四川省省会。1949年12月27日，成都解放，为川西行政公署驻地。1952年恢复四川省建制，成都为四川省省会至今。

成都是工商繁茂的大都会。秦汉时代，成都是全国有名的商业都市。汉代，又是全国五大都会（洛阳、邯郸、临淄、宛、成都）之一。唐代有“扬(州)一益(成都)二”之称。北宋时期是汴京以外的第二大都会。唐宋时期成都的商业已突破了历史上传统的坊市制的束缚，兴起了临街设店和前店后坊(手工作坊)的格式，进而发展为城内有东市、南市、新南市、西市和北市，城外有草市的格局。一年内，各种专业性市场不断:一月灯市、二月花市、三月蚕市、四月锦市、五月扇市、六月香市、七月宝市、八月桂市、九月药市、十月酒市、十一月梅市、十二月桃符市。城内还兴起了繁华的夜市。现在中共四川省委的所在地“商业街”，成都市委的所在地“羊市街”，这些街名也反映了成都历史上商业的繁荣。

纸币是中国发明的，成都又是中国纸币的发源地。当时，在成都城外西边的“净从寺”(即成都西门万佛寺)有制造纸币(交子)的用纸和印刷纸币的作坊。成都所制交子，是世界货币史上使用最早的纸币，它对贸易往来、金融业的发展和经济繁荣等起了重大作用。

成都是全世界最早开发利用天然气的地方。早在西汉时期，成都人就发现了天然气，并用于制盐。这就是成都临邛地区有名的“火井”。历史上成都还是一座口岸城市。李冰开二江，双过城下，成都成为水陆交汇的口岸城市，又是祖国南方丝绸之路起点的外贸城市。

成都对祖国和世界文化作出了重大贡献。成都的教育事业发达，历史悠久。早在公元前141年，蜀郡太守文翁在成都兴学，开学馆，设讲堂，建石室。“文翁倡其教，相如为之师”，于是蜀之人才，辈出于两汉。这是全国地方办学的首创。一直到南宋，发展为规模近千人的地方高等学府。

隋、唐至宋时代，成都的造纸技术为全国的高峰。唐代成都造的“益州麻纸”是官方规定的诏书、册令和中央图书馆的标准用纸。雕版印刷术的发明，是中国对人类文明的又一伟大贡献。而成都是中国雕版印刷术的发源地之一。伦敦博物馆所藏敦煌文书中孟蜀时期成都木刻印刷的“历书”，为世界最早的木刻历书。中国历史博物馆所藏唐代木刻印刷的“陀螺尼经咒”，边款刻有“成都府成都县龙池坊刻”等字样。中国用木刻印刷五经、文选、诗文集，始于唐代的成都。宋代的成都，是全国印刷业三大基地之一，有“宋时蜀刻甲天下”之称。

成都又是一座工艺名城。从战国到汉代，成都的漆器即负盛名，享誉海外。著名的马王堆汉墓出土的精美漆器就有成都制造的。成都又是蜀锦的故乡，它一直是中国丝绸文化重要的发源地和生产地。汉、晋时期，蜀锦风靡天下。六朝以后至隋唐，通往西域的丝绸之路所销蜀锦大都是成都生产的。蜀锦在 1909 年的南洋博览会上获“国际特奖”。成都麻织的“蜀布”，在汉代是名扬天下的高级织物，远销“大夏”(即阿富汗)。

唐宋时期，成都的音乐、歌舞、戏剧已非常繁盛，有“蜀戏冠天下”之称。成都的乐器制造，闻名全国，成都乐器世家雷氏所制“雷琴”，使当时的文化界“叹为观止”，而留存于世者，珍同“国宝”。成都大慈寺的壁画也被称颂为“天下第一”。

饮茶文化始于中国。中国饮茶，源于四川。而四川最早进行茶叶贸易的是成都新津。诗歌中最早饮茶记录亦在成都。唐宋时期，成都是全国茶叶生产的主要地区，也是茶叶贸易的集散中心。清代以来，成都的茶馆文化别具一格，相沿至今。成都茶馆之多，世界第一。

成都是汇百流、善吸收、富创新的开放城市。自古就是一座人才荟萃的名城。汉赋四大家成都有司马相如和杨雄两位。唐代大画家成都有黄筌、黄居采父子。宋代著名史学家成都有范镇、范祖禹。成都还是名流云集之地，大政治家诸葛亮，大诗人李白、杜甫、岑参、薛涛、韦庄、陆游、范成大等都曾寓居这里，有“天下诗人皆入蜀”之说。无产阶级革命家朱德、陈毅都曾就学成都。现代著名文学家郭沫若、巴金、李劼人、李一氓，科学家周太玄等，都曾在成都石室中学受教。成都还具有不排外、汇百流、善吸收、富创新、勇进取的开放性格。开明氏入蜀，带来了荆楚文化;秦定蜀，带来了关中文化，后又把六国工商迁徙入蜀，带来了先进的工商技术;文翁兴学，派蜀人子弟到京师学习中原文化，隋代杨秀作蜀王带来中原高僧，使成都成为佛学中心之一。唐玄宗、僖宗两次“幸蜀”，随行带来了大批大诗人、画家、歌手和百工技艺之才。清代“湖广填四川”，促进了经济、文化、风俗的交流和融会。川剧、曲艺、绘画、川菜、小吃等，都是集各地之精华而形成成都特有文化。抗日战争时期，各种社会团体和名流志士移居成都，27 所大专院校迁来成都，使成都成为大后方文化中心。解放战争时期，随着大西南的解放，人民解放军又带来了晋、绥、秦、鲁、苏大批干部。建国后的三线建设时期，又调进了全国各地的各种人才。成都的经济、政治、文化持久繁荣的重要原因，就在于二千多年来一直不断地吸收引进全国各地的先进文化和人才。

成都是富于革命传统的历史名城。在历史上数次成为革命起义的中心。西晋末年是“成汉”国的都城。北宋初期王小波、李顺起义发动于青城，建政权于成都。明末农民起义领袖张献忠在成都建立了大西国。1911 年辛亥秋成都的保路斗争，引起全川起义，成为 10 月 10 日武昌起义的开路先锋，被孙中山誉为立下了辛亥革命的“第一功”。五四运动以后，成都是发动赴法勤工俭学的重要城市。王右木、赵世炎、吴玉章、杨闇公、车耀先等革命先驱在成都进行过革命斗争。大革命失败后，“二•六”

烈士在下莲池英勇献身。1949 年 12 月，十二桥烈士用鲜血迎来了古城的新生。

在成都市区域内，被列为国家级历史文化名城的有都江堰市，列为省级历史文化名城的有邛崃市、崇州市、彭州市。2000 年 11 月，联合国第 24 届世界遗产委员会将青城山·都江堰列入《世界遗产名录》。2005 年 8 月 16 日，从金沙遗址上出土的“太阳神鸟”金饰图案被国家文物局正式确定为“中国文化遗产标志”。2006 年 7 月 12 日，联合国第 30 届世界遗产委员会将“四川熊猫栖息地”列入《世界遗产名录》，青城山-都江堰、西岭雪山、鸡冠山-九龙沟和天台山被纳入“四川熊猫栖息地”世界自然遗产地范围。

二、 地理位置和自然资源

地理位置 成都市位于四川省中部，四川盆地西部，介于东经 102° 54′ ～104° 53′ 和北纬 30° 05 ′ ～31° 26′ 之间，全市东西长 192 公里，南北宽 166 公里，总面积 12390 平方公里，2005 年市区建成区面积 395.5 平方公里。东北与德阳市、东南与资阳市毗邻，南面与眉山市相连，西南与雅安市、西北与阿坝藏族羌族自治州接壤。距东海 1600 公里，南海 1090 公里，属内陆地带。

地形地貌 成都市地质历史悠久，地层出露较全。全市地势差异显著，西北高，东南低，西部属于四川盆地边缘地区，以深丘和山地为主，海拔大多在 1000—3000 米之间，最高处大邑县双河乡海拔为 5364 米，相对高度在 1000 米左右；东部属于四川盆地盆底平原，是成都平原的腹心地带，主要由第四系冲击平原、台地和部分低山丘陵组成，土层深厚，土质肥沃，开发历史悠久，垦殖指数高，地势平坦，海拔一般在 750 米上下，最低处金堂县云台乡仅海拔 387 米。 成都市东、西两个部分之间高差悬殊达 4977 米。由于地表海拔高度差异显著，直接造成水、热等气候要素在空间分布上的不同，不仅西部山地气温、水温、地温大大低于东部平原，而且山地上下之间还呈现出明显的不同热量差异的垂直气候带，因而在成都市域范围内生物资源种类繁多，门类齐全，分布又相对集中，这为成都市发展农业和旅游业带来了极为有利的条件。

土地资源 成都市土地资源有以下特点，一是土地类型多样。按地貌类型可分为平原、丘陵和山地；按土壤类型可分为水稻土、潮土、紫色土、黄壤、黄棕壤等 11 类；按土地利用现状类型可分为耕地、园林地、牧草地等 8 类。二是平原面积比重大，达 4971.4 平方公里，占全市土地总面积的 40.1%，远远高于全国占 12%和四川省占 2.54%的水平；丘陵面积占 27.6%，山地面积占 32.3%。三是土地垦殖指数高。土地肥沃，土层深厚，气候温和，灌溉方便，可利用面积的比重可达 94.2%，全市平均土地垦殖指数达 38.22%，其中平原地区高达 60%以上，远远高于全国 10.4%和四川省 11.5%的水平。

气候资源 成都市位于川西北高原向四川盆地过渡的交接地带，具有自己特有的气候资源：一是东西两部分之间气候不同。由于成都市东、西高低悬殊，热量随海拔高度急增而锐减， 所以出现东暖西凉两种气候类型并存的格局，而且，在西部盆周山地，山上山下同一时间的气温可以相差好几度，甚至由下而上呈现出暖温带、温带、寒温带、亚寒带、寒带等多种气候类型。这种热量的垂直变化，为成都市发展农业特别是多种经营创造了十分有利的条件。二是冬暖、春早、无霜期长，四季分明，热量丰富。年平均气温在 17.5° C 左右，≥10° C 的年平均活动积温为 4700～5300° C，全年无霜期大于 337 天，冬季最冷月(1 月)平均气温为 5° C 左右，0° C 以下天气很少，比同纬度的长江中下游地区高 2°～3° C，提前一个月入春。三是冬春雨少，夏秋多雨，雨量充沛，年平均降水量为 1124.6 毫米，而且降水的年际变化不大，最大年降水量与最小年降水量的比值为 2:1 左右。四是光、热、水基本同季，气候资源的组合合理，很有利于生物繁衍。五是风速小，广大平原、丘陵地区风速为 1～1.5 米/秒；晴天少，日照率在 24～32%之间，年平均日照时数为 1042～1412 小时，年平均太阳辐射总量为 83.0～94.9 千米/平方厘米。

水资源 成都市降水丰沛，年均水资源总量为 304.72 亿立方米，其中地下水 31.58 亿立方米，过境水 184.17 亿立方米，基本上能满足成都市人民生活和生产建设用水的需要。主要特点：一是河网密度大。成都市有岷江、沱江等 12 条干流及几十条支流，河流纵横，沟渠交错，河网密度高达 1.22 公里/平方公里；加上驰名中外的都江堰水利工程，库、塘、堰、渠星罗棋布。2004 年有效灌溉面积达 34.5 万公顷；全市水能资源理论蕴藏量为 161.5 万千瓦。二是水质优良。成都地处长江流域上游，河水主要由大气降水、地下潜流和融雪组成，在流入成都平原之前，河道主要在高山峡谷之间，受人为污染极小，因而水质格外优良，绝大部分指标都符合国家地面水二级标准的要求 。

生物资源 成都市地处亚热带湿润地区，地形地貌复杂，自然生态环境多样，生物资源十分丰富。据初步统计，仅动、植物资源就有 11 纲、200 科、764 属、3000 余种。其中，种子植物 2682 种，特有和珍稀植物有银杏、珙桐、黄心树、香果树等；主要脊椎动物 237 种，国家重点保护的珍稀动物有大熊猫、小熊猫、金丝猴、牛羚等；中药材 860 多种，川芎、川郁金、乌梅、黄连等蜚声中外。

矿产资源 成都市矿产资源较为丰富。一是种类繁多，目前已探明的有铁、钛、钒、铜、铅、锌、铝、金、银、锶、稀土等金属矿产以及钙芒销、蛇纹石、石膏、方解石、石灰石、大理石、煤、天然气等非金属矿产资源 60 多种。二是分布相对集中。全市有大小矿产地 400 余处，多属矿产资源分布相对集中。煤炭探明储量 1.46 亿吨，主要集中在西部边沿山区的彭州市、都江堰市、崇州市和大邑县；天然气探明储量 16.77 亿立方米，远景储量为 42.21 亿立方米，主要集中于蒲江、邛崃、大邑、都江堰和金堂一带；钙芒硝储量全国第一，高达 98.62 亿吨，主要集中于新津县和双流县；多种金属矿产资源则相对集中于彭州市。三是共生矿多。

旅游资源 成都市名胜古迹蜚声中外，加上自然风光绮丽多姿，因而旅游资源得天独厚，并具有鲜明的成都特色。一是人文景观多。全市现有人文景观 172 处，具有类型多、规模大、分布广、价值高的特点。全市 19 个区(市)县，都有自己特有的人文景观。其中，尤以二王庙、文君井、武侯祠、杜甫草堂、文殊院、宝光寺、王建墓、蜀僖王陵以及古蜀文化——金沙遗址等最具特色；观音寺的壁画、塑像和花置寺的摩岩造像等也有很高的艺术观赏价值；举世闻名的都江堰水利工程，更是具有极高的科学研究价值。二是自然景观全。成都地形地貌复杂多样，山景、洞景、水景、生景、气景俱全。其中山景具有高、险、奇、秀、幽的特色，如有“天下幽”的青城山、雄奇多姿的九峰山、奇峰挺拔的雾中山、景色秀美的玉垒山等；水景中有汹涌湍急的溪流、清澈明亮的水潭、飞珠溅玉的瀑布、秀美如画的湖泊、千姿百态的泉眼等等。生景中，有少见的桂花林、箭竹林、杜鹃林等植物群落和大熊猫、小熊猫、蝴蝶群等珍稀动物。丰富多彩的成都气景中，有壮观的日出、多变的云海、神奇的佛光、奇特的“神灯”和玄幂的“阴阳界”等等。三是旅游资源分布相对集中。现已形成以成都市区为核心的、组合不同、风格各异的都江堰、青城山、宝光寺等 8 个国家、省、市级风景片区和西岭雪山国家级风景名胜区、龙池国家级森林公园、龙门山国家级地质公园和白水河国家自然保护区等。四是旅游地理位置十分优越。成都正处在由剑门蜀道、九寨沟、成都、峨眉山、长江三峡等旅游胜地组成的四川旅游环和由北京、西安、成都、昆明、桂林、广州等旅游中心组成的全国旅游环的联结点上，还是内地前往西藏的主要通道。

三、 人口和行政区划

人口 2006 年末，成都市总人口为 1103 万人，在全国特大城市中，仅次于北京、上海、重庆，居第四位。其中，市区人口 497 万人，县(市)人口 606 万人;女性人口 545 万人，男性人口 558 万人。全市共 382 万户，其中，市区为 175 万户，县(市)为 208 万户。全市平均每户 2.9 人，其中，市区平均每户 2.8 人。全市人口密度为每平方公里 882 人，其中，市区人口稠密，每平方公里达 2250 人。

行政区划 建国后，成都市行政辖区几经调整，面积由 29.9 平方公里扩大到 1.23 万平方公里。1952 年撤消成都县，部分划归成都市郊区。1953 年后，相继建立了东城区、西城区、金牛区、青白江区、龙泉驿区和一个区级办事处(黄田坝)。1976 年将温江地区的双流县、金堂县划入成都市管辖。1983 年 5 月，实行市领导县体制，温江地区 10 个县并入成都市。1990 年 10 月，经国务院批准，成都市进行区划调整，五区划为七区。2002 年，经国务院批准，又将原新都县、温江县撤县设区，形成今天 9 区 4 市(县级市)6 县的格局，即:锦江区、青羊区、金牛区、武侯区、成华区、龙泉驿区、青白江区、新都区、温江区,都江堰市、彭州市、邛崃市、崇州市，金堂县、双流县、郫县、大邑县、蒲江县、新津县。

四、 经济社会发展概况

成都市的国民经济和各项社会事业经过解放后 50 多年，特别是改革开放 20 多年的发展，城市综合实力显著增强，社会全面进步，人民生活极大改善，使成都市在全省、西南、全国的地位明显提高。

1984 年 1 月 11 日，国务院批准成都市城市性质为“省会，历史文化名城，重要的科学文化中心”。1993 年 6 月 29 日，国务院进一步要求“充分发挥成都市作为西南地区科技中心、商贸中心、金融中心和交通通信枢纽的作用”，并先后批准成都市实行沿海开放城市政策，列入全国率先建立社会主义市场经济体制试点城市、金融对外开放城市、行政副省级城市。城市综合实力 1992 年进入全国城市 50 强，位居第 11 位，投资硬环境为全国城市 40 优之一，2003 年《中国城市发展报告》成都综合实力位列第九位。 2006 年，荣获“国家园林城市”称号。2007 年 2 月，荣获“中国最佳旅游城市”称号; 5 月,荣获“国家森林城市”称号; 6 月，成都市全国统筹城乡综合配套改革试验区获国务院批准。

——经济快速发展，综合实力显著增强。2006 年，全市地区生产总值达到 2751 亿元，在全国 15 个副省级城市中，居第七位，按可比价格计算，年平均增长 11.8%，1994 年实现地区生产总值比 1980 年翻两番，用 14 项小康指标衡量，成都市城市居民于 1993 年、农村于 1997 年基本实现小康，提前实现了 20 世纪末的战略目标。三次产业协调发展，以商品流通、交通运输、邮电通信、金融保险、房地产、技术服务、旅游等为主的第三产业迅速发展，产业结构调整成效明显，2006 年第一、二、三产业在地区生产总值中的比重分别为 7.1%、44.0%、48.9%。

—— 基础设施建设成效显著，城市面貌发生重大变化。近 20 多年来，相继完成了一环路、二环路、三环路、内环路、府南河综合整治和天府广场工程，城市面貌和生态环境明显改善，城市特色更加突出。实施了蜀都大道、羊市街东西延线，东城根街、红星路、新华路和长顺街南北延线、人民北路等多条城区道路的改造建设；城市立体交通发展迅速，兴建立交桥数十座。建成成温邛、成南、成灌、成彭、成绵、成渝、成雅、成乐、成都外环高速公路和机场高速。实现了县县通高速，建成了全市高速公路网。2005 年 12 月 28 日地铁一号线一期工程开工，拉开了成都地铁建设的序幕。完成自来水六厂、西郊天然气储罐站、成都污水处理厂和成都长途电话枢纽工程等若干重点项目，城市供电、供气、供水和通信能力逐步增强，2006 年城市气化率 91.5%。城市管理、城市园林绿化、环境保护、市容环卫等工作成效明显，1993 年 10 月，成都市在全国省会城市中，第一个被命名为国家卫生城市；2000 年获得全国城市环境综合整治“优秀城市”称号；2005 年被授予“国家环境保护模范城市”称号。

——开发区快速发展，建设规模不断扩大。成都的开发区创建于 20 世纪 80 年代末、90 年代初，经过 10 年的发展，现已初具规模。全市主要开发区有：成都高新技术产业开发区 ，始建于 1988 年，1991 年 3 月被国务院批准为国家级高新技术产业开发区。成都经济技术开发区，创建于 1990 年，2000 年 2 月被国务院批准为国家级经济技术开发区。其他主要开发区还有：成都海峡两岸科技产业开发园，西南航空港经济开发区，成都市新都卫星城工业区、都江堰工业开发区、四川中美（外）中小企业发展园区等。

——城乡居民收入快速增长，生活水平不断提高。2006 年，城镇居民人均可支配收入达到 12789 元，农民人均纯收入 4905 元，城乡居民储蓄存款余额达 2411 亿元。城乡居民生活质量明显改善。

一、综　合

简　要　说　明

主要内容

本部分包括成都市的自然地理、行政区划、国民经济和社会发展综合指标、成都与全国、全省对比情况、国内生产总值及其构成等内容。

资料来源

气象资料来源于成都市气象局。

行政区划、乡(镇)名录来源于成都市民政局。

其他资料主要依据成都市统计局综合统计年报和各专业统计年报及相关部门的资料整理而得。

其他需要说明的问题

本地生产总值、农业总产值总量与结构指标按当年价格计算,速度指标按可比价格计算。

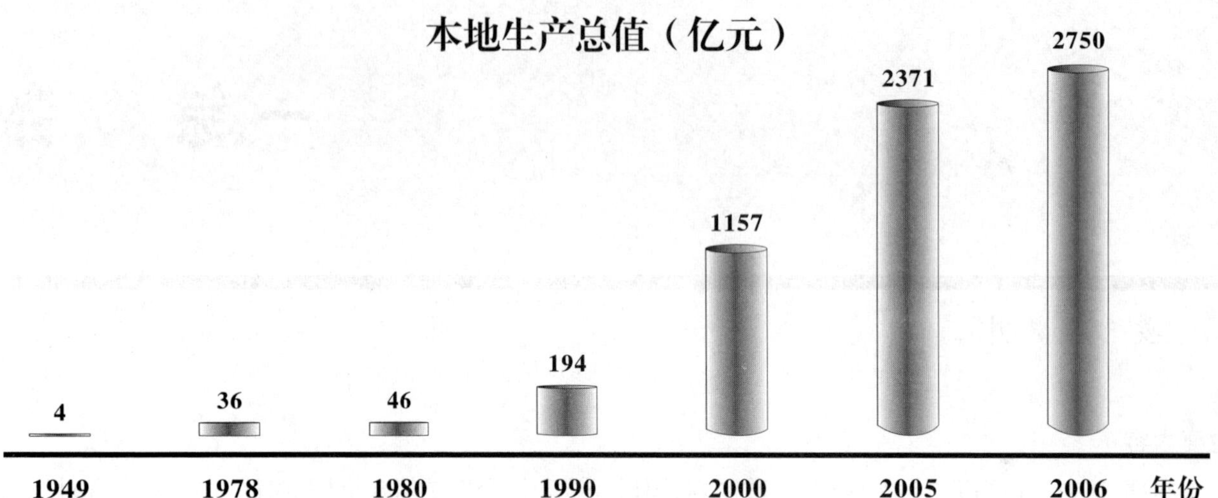
本地生产总值（亿元）
4
36
46
194
1157
2371
2750
1949
1978
1980
1990
2000
2005
2006
年份

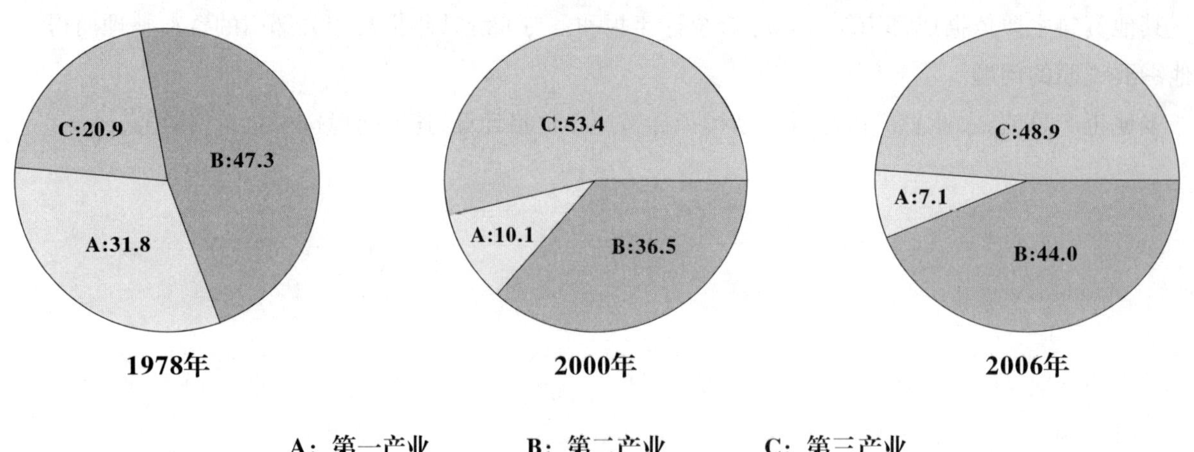
本地生产总值构成（%）
C:20.9
B:47.3
A:31.8
1978年
C:53.4
A:10.1
B:36.5
2000年
C:48.9
A:7.1
B:44.0
2006年
A：第一产业
B：第二产业
C：第三产业

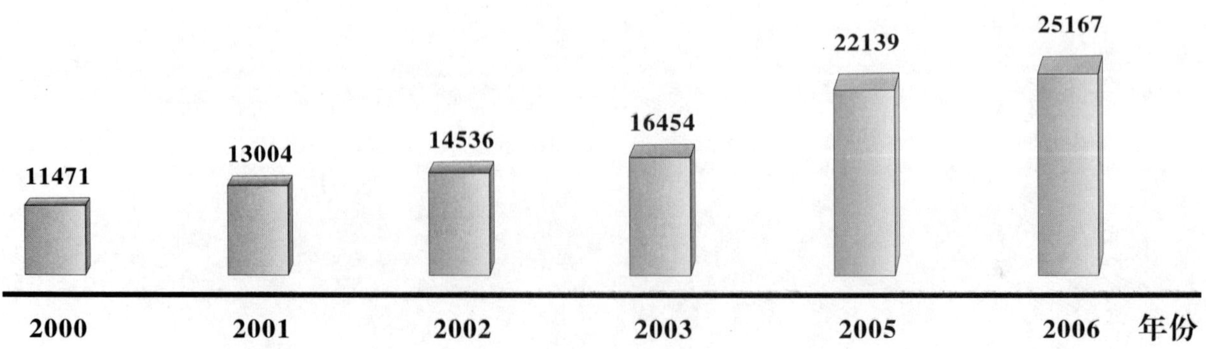
人均本地生产总值（元）
11471
13004
14536
16454
22139
25167
2000
2001
2002
2003
2005
2006
年份

自 然 地 理

位置：

成都，简称蓉。地处东经102度54分至104度53分与北纬30度05分至31度26分之间，位于四川省中部，东北与德阳市，东南与资阳市毗邻，西南与雅安市、西北与阿坝藏族羌族自治州接壤，南面与眉山市相连。境内海拔最高5364米，最低387米。

面积：

全市面积12390平方公里，东西长192公里，南北宽166公里，平原面积占40.1%，丘陵面积占27.6%，山区面积占32.3%。

河流：

境内河网稠密，西南部为岷江水系，东北部为沱江水系，全市有大小河流40余条，水域面积700多平方公里。

气候：

成都属于亚热带湿润季风气候区，热量丰富、雨量充沛、四季分明。年平均气温在15.2℃～16.6℃左右，全年无霜期大于300天，年平均降水量873毫米～1265毫米，年平均日照百分率一般在23%～30%之间，日照时数为1017小时～1345小时，年平均太阳辐射总量为80.0千卡/平方厘米～93.5千卡/平方厘米。

1-1 成都市气象情况(2006年)

Meteorological Phenomenon in Chengdu (2006)

	平均气温(摄氏度)	日照时数(小时)	雾 日(天)	降雨日数(天)	降雨量(毫米)	平均风速(米/秒)
全 年	**16.9**	**1092.6**	**31**	**177**	**704.4**	**1.5**
一 月	5.8	45.5	3	13	1.3	1.4
二 月	7.5	32.1	4	18	21.8	1.5
三 月	12.1	115.1	2	10	22.9	1.6
四 月	17.9	118.5		12	7.9	1.7
五 月	21.6	155.8		16	83.1	1.9
六 月	24.0	107.3	1	15	62.0	1.5
七 月	27.0	141.8	1	18	288.0	1.5
八 月	26.6	142.7		13	91.6	1.4
九 月	21.0	35.8	4	19	48.1	1.4
十 月	19.0	80.2	3	15	48.8	1.4
十一月	13.3	61.8	5	13	18.4	1.2
十二月	6.9	56.0	8	15	10.5	1.1

1-2 成都市行政区划(2006年末)

Division of Administrative Areas in Chengdu (End of 2006)

单位：个

	乡政府	镇政府	街道办事处	社区居委会	村民委员会
全市	27	196	92	1150	2327
锦江区			16	43	16
青羊区			14	74	
金牛区			15	113	
武侯区		1	17	80	81
成华区			14	98	
龙泉驿区	1	7	4	47	87
青白江区	2	7	2	25	95
新都区		11	2	86	236
温江区		6	4	58	64
金堂县	2	19		44	186
双流县		21	4	87	181
郫县		14		38	162
大邑县	3	17		58	158
蒲江县	4	8		23	109
新津县	1	11		20	86
都江堰市	2	17		41	212
彭州市		20		94	261
邛崃市	6	18		61	200
崇州市	6	19		60	193

注：①武侯区含高新区数据。②高新区所辖街道办事处4个、镇政府1个。

1-3　成都市乡(镇)名录

Name List of Townships and Villages in Chengdu

区(市)县	政府驻地	乡　　　(镇)
龙泉驿区	龙泉街办	万兴乡、洛带镇、西河镇、柏合镇、洪安镇、茶店镇、黄土镇、山泉镇
青白江区	红阳街办	福洪乡、人和乡、城厢镇、弥牟镇、清泉镇、大同镇、祥福镇、姚渡镇、龙王镇
新 都 区	新都镇	新都镇、新民镇、泰兴镇、马家镇、清流镇、新繁镇、龙桥镇、斑竹园镇、石板滩镇、木兰镇、军屯镇
温 江 区	柳城街办	和盛镇、金马镇、万春镇、永盛镇、永宁镇、寿安镇
金 堂 县	赵　镇	平桥乡、栖贤乡、赵镇、淮口镇、竹篙镇、土桥镇、五凤镇、云合镇、广兴镇、高板镇、福兴镇、赵家镇、金龙镇、白果镇、三星镇、官仓镇、清江镇、隆盛镇、三溪镇、转龙镇、又新镇
双 流 县	东升街办	大林镇、煎茶镇、永安镇、九江镇、黄水镇、籍田镇、正兴镇、彭镇、太平镇、永兴镇、金桥镇黄龙溪镇、公兴镇、黄甲镇、胜利镇、新兴镇、兴隆镇、万安镇、白沙镇、三星镇、合江镇
郫　　县	郫筒镇	郫筒镇、安靖镇、红光镇、唐昌镇、安德镇、团结镇、犀浦镇、花园镇、德源镇、新民场镇、友爱镇三道堰镇、唐元镇、古城镇
大 邑 县	晋原镇	金星乡、雾山乡、鹤鸣乡、晋原镇、安仁镇、悦来镇、新场镇、西岭镇、斜源镇、青霞镇、沙渠镇、董场镇、韩场镇、王泗镇、三岔镇、花水湾镇、出江镇、上安镇、苏家镇、蔡场镇
蒲 江 县	鹤山镇	复兴乡、光明乡、白云乡、长秋乡、鹤山镇、寿安镇、大塘镇、西来镇、大兴镇、甘溪镇、朝阳湖镇、成佳镇
新 津 县	五津镇	文井乡、五津镇、花桥镇、金华镇、兴义镇、安西镇、新平镇、永商镇、邓双镇、普兴镇、花源镇、方兴镇
都江堰市	灌口镇	向峨乡、虹口乡、灌口镇、蒲阳镇、石羊镇、安龙镇、胥家镇、大观镇、紫坪铺镇、玉堂镇、幸福镇中兴镇、柳街镇、聚源镇、天马镇、崇义镇、龙池镇、青城山镇、翠月湖镇
彭 州 市	天彭镇	天彭镇、通济镇、丹景镇、隆丰镇、敖平镇、磁峰镇、桂花镇、红岩镇、升平镇、小鱼洞镇、军乐镇、三界镇、 龙门山镇、新兴镇、丽春镇、九尺镇、濛阳镇、白鹿镇、葛仙山镇、致和镇
邛 崃 市	临邛镇	茶园乡、孔明乡、道佐乡、油榨乡、南宝乡、大同乡、临邛镇、固驿镇、羊安镇、宝林镇、天台山镇、牟礼镇、桑园镇、平乐镇、夹关镇、火井镇、水口镇、冉义镇、回龙镇、高埂镇、前进镇、高何镇、临济镇、卧龙镇
崇 州 市	崇阳镇	锦江乡、公议乡、济协乡、集贤乡、苟家乡、燎原乡、崇阳镇、怀远镇、元通镇、隆兴镇、羊马镇、三江镇、道明镇、王场镇、三郎镇、江源镇、白头镇、廖家镇、街子镇、万家镇、观胜镇、大划镇、梓潼镇、崇平镇、桤泉镇

1-4 国民经济和社会发

Principal Aggregate Indicators on National Economic

	单 位	1978年	1980年	1990年	2000年
一、人口与就业					
人　口					
年末总人口	万人	806.06	822.54	919.50	1013.35
＃市区人口	万人	228.80	238.31	280.81	335.86
＃非农业人口	万人	179.46	192.04	250.99	345.90
就　业					
从业人员数	万人	372.30	393.12	562.67	574.13
＃在岗职工人数	万人	109.99	115.90	152.71	124.53
＃乡村劳动力	万人	262.11	276.57	386.04	396.13
二、宏观经济					
国民核算					
本地生产总值	亿元	35.94	46.30	194.09	1156.79
第一产业	亿元	11.45	12.60	40.56	116.37
第二产业	亿元	16.97	22.98	77.07	422.13
第三产业	亿元	7.52	10.72	76.46	618.30
国内支出总额	亿元	35.94	46.30	194.09	1156.79
＃最终消费	亿元	17.09	25.37	112.88	582.51
居民消费	亿元	12.82	19.09	89.28	435.10
政府消费	亿元	4.27	6.28	23.60	147.41
资本形成总额	亿元	8.03	8.69	72.72	555.32
固定资本形成总额	亿元	2.34	4.44	35.88	471.07
存货增加	亿元	5.69	4.25	36.84	84.25
农　业					
耕地面积	万公顷	49.56	49.00	46.54	42.46
农林牧渔业从业人员	万人	241.36	258.45	305.13	244.09
农林牧渔业总产值	亿元	15.71	17.15	60.19	197.74

注：2003年以后市区人口含新都区、温江区，后同。

展总量与速度指标

and Social Development and Their Related Indices Growth Rates

2005年	2006年	2006年为下列年度(%)				
		1978年	1980年	1990年	2000年	2005年
1082.03	1103.40	136.9	134.1	120.0	108.9	102.0
482.07	497.15	2.2倍	2.1倍	177.0	148.0	103.1
543.93	571.50	3.2倍	3.0倍	2.3倍	165.2	105.1
619.04	640.14	171.9	162.8	113.8	111.5	103.4
129.55	135.00	122.7	116.5	88.4	108.4	104.2
342.50	330.05	125.9	119.3	85.5	83.3	96.4
2370.76	2750.48	21.2倍	16.8倍	7.0倍	2.1倍	113.8
182.05	195.13	3.4倍	3.2倍	197.5	135.8	104.8
1006.50	1211.61	32.7倍	24.4倍	9.3倍	2.6倍	118.4
1182.21	1343.74	30.9倍	22.3倍	7.7倍	194.2	111.2
2370.76	2750.48	21.2倍	16.8倍	7.0倍	2.1倍	113.8
1043.43	1166.29					
712.40	780.31					
331.03	385.98					
1308.63	1601.66					
1182.46	1455.81					
126.17	145.85					
35.23	34.67	70.0	70.8	74.5	81.7	98.4
199.25	187.81	77.8	72.7	61.6	76.9	94.3
307.80	327.96	4.3倍	4.0倍	2.4倍	183.2	105.4

续表 1

	单 位	1978 年	1980 年	1990 年	2000 年
主要农产品、畜产品产量					
粮 食	万吨	294.85	305.14	381.70	363.71
油菜籽	万吨	10.82	13.70	19.85	18.59
蔬 菜	万吨	87.61	75.09	222.80	409.82
水 果	万吨	2.66	4.21	11.17	52.40
肉 类	万吨	14.16	18.60	38.53	68.62
#猪 肉	万吨	12.95	17.14	33.79	46.52
牛 奶	万吨	1.17	1.30	3.17	4.98
禽 蛋	万吨	1.77	1.87	5.97	14.64
水产品	万吨	0.23	0.27	2.39	4.96
工 业					
主要工业产品产量					
钢 材	万吨	35.55	40.86	86.32	126.21
发电量	亿千瓦小时	10.36	7.06	23.60	53.13
原 煤	万吨	174.72	183.09	310.98	250.17
水 泥	万吨	25.37	37.46	112.87	324.00
化学原料药	吨	544	447	1344	3109
合成氨	万吨	61.44	61.99	55.58	74.4
汽 车	辆	641	966	5230	20124

注：工业产品产量 2005 年为规模以上企业数。

2005 年	2006 年	2006 年为下列年度(%)				
		1978 年	1980 年	1990 年	2000 年	2005 年
259.91	265.1	89.9	86.9	69.5	72.9	102.0
19.06	19.89	183.8	145.2	100.2	107.0	104.4
410.02	425.21	4.9 倍	5.7 倍	190.8	103.8	103.7
97.09	109.88	41.3 倍	26.1 倍	9.8 倍	2.1 倍	113.2
106.87	115.29	8.1 倍	6.2 倍	3.0 倍	168.0	107.9
69.13	75.40	5.8 倍	4.4 倍	2.2 倍	162.1	109.1
10.22	10.89	9.3 倍	8.4 倍	3.4 倍	2.2 倍	106.6
21.32	22.66	12.8 倍	12.1 倍	3.8 倍	154.8	106.3
8.30	9.52	41.4 倍	35.3 倍	4.0 倍	191.9	114.7
221.90	253.16					114.1
56.55	66.82					118.2
210.36	207.46					98.6
559.33	574.78					102.8
5060	6021					119.0
78.85	78.28					99.3
54702	60270					110.2

续表 2

	单 位	1978 年	1980 年	1990 年	2000 年
饮料酒(混合量)	万吨	1.28	2.77	11.00	48.54
卷 烟	万箱	11.19	12.60	22.01	51.10
固定资产投资					
全社会固定资产投资总额	亿元	2.94	5.57	40.12	475.90
#国有单位投资	亿元	2.83	5.20	28.20	227.86
#市及市以下投资	亿元	0.98	2.48	28.92	370.79
#基本建设投资	亿元	2.75	4.67	12.94	228.39
更新改造投资	亿元		0.53	11.77	48.95
房地产投资	亿元			2.99	129.16
运输业					
货物运输量	万吨	2874	4295	10139	21489
货物周转量	亿吨公里	81.29	86.68	147.83	362.65
旅客运输量	万人	2635	4586	12894	46459
客运周转量	亿人公里	27.16	38.43	98.42	288.95
邮电通信业					
邮电业务总量	亿元	0.28	0.31	1.55	71.64
电话交换机总容量	万门	1.74	2.17	8.42	257.42
移动电话	万部				99.10
国内贸易与旅游					
社会消费品零售总额	亿元	13.81	20.51	85.69	554.21
#个体私营经济	亿元	0.02	0.06	21.72	230.21

注：①2004 年起社会消费品零售总额不含制造业和农业生产者零售。

2005 年	2006 年	2006 年为下列年度(%)				
		1978 年	1980 年	1990 年	2000 年	2005 年
6.64(亿升)	6.76					101.8
461.25(亿支)	473.93					102.7
1458.67	1897.91	645.5 倍	340.7 倍	47.3 倍	4.0 倍	130.1
577.37	682.91	241.3 倍	131.3 倍	24.2 倍	3.0 倍	118.3
1268.94	1677.11	1711.3 倍	676.3 倍	58.0 倍	4.5 倍	132.2
644.88	900.77	327.6 倍	192.9 倍	69.6 倍	3.9 倍	139.7
295.76	361.82		682.7 倍	30.7 倍	7.4 倍	122.3
451.86	613.64			205.2 倍	4.8 倍	135.8
26696	28143					105.4
1186.98	1205.04					101.5
38086	41070					107.8
604.90	677.15					111.9
99.30	102.30	378.9 倍	330.0 倍	66.0 倍	142.8	103.0
751.83	753.38	433.0 倍	347.2 倍	89.5 倍	2.9 倍	100.2
789.90	988.80				10.0 倍	125.2
1005.88	1155.26					114.9
470.11	539.88			24.9 倍	2.3 倍	114.8

③从 2003 年起运输量只包括营运性运输，且从 2004 年后为合并后成都铁路局数据。

续表 3

	单 位	1978 年	1980 年	1990 年	2000 年
旅游总收入	亿元				131.10
#创汇收入	万美元				8108
物价指数(上年=100)					
居民消费价格指数		101.1	106.6	103.5	100.2
#食品类		101.1	110.6	102.5	96.3
服务项目类		100.9	100.7	108.5	115.1
商品零售价格指数		101.1	107.1	102.9	98.2
对外贸易					
进出口总额(海关口径)	亿美元				14.81
#出　口	亿美元				8.18
财政与金融					
财政收入	亿元	7.39	7.57	20.40	118.61
#地方财政收入	亿元				58.79
财政支出	亿元	2.96	3.34	11.92	82.94
国家银行存款余额	亿元	23.80	24.88	129.65	1298.25
国家银行贷款余额	亿元	22.53	26.96	137.66	1074.78
国家银行现金收入	亿元	14.40	23.04	175.11	2818.95
国家银行现金支出	亿元	13.90	22.48	161.70	2702.69
城乡居民储蓄余额	亿元	2.40	4.28	79.15	831.00
三、教育文化					
教　育					
专任教师数					
普通高等学校	万人	0.69	0.74	1.07	1.12
普通中等专业学校	万人	0.22	0.26	0.33	0.32
普通中学	万人	2.74	2.56	2.49	3.07

注：从 1999 年起金融数据含省级在蓉机构数据。

2005 年	2006 年	2006 年为下列年度(%)				
		1978 年	1980 年	1990 年	2000 年	2005 年
286.75	340.21				2.6 倍	118.6
17640	20208				2.5 倍	114.6
102.3	101.8					
104.5	102.5					
106.7	101.2					
99.8	101.2					
45.37	69.53				4.7 倍	153.3
26.79	41.41				5.1 倍	154.6
365.78	489.08	66.2 倍	64.6 倍	24.0 倍	4.1 倍	130.0
196.29	278.39				4.7 倍	134.9
241.79	336.92	113.8 倍	100.9 倍	28.3 倍	4.1 倍	137.3
2887.61	3197.57	134.4 倍	128.5 倍	24.7 倍	2.5 倍	110.7
1909.92	2172.24	96.4 倍	80.6 倍	15.8 倍	2.0 倍	113.7
5802.70	6883.08	478.0 倍	298.7 倍	39.3 倍	2.4 倍	118.6
5719.55	6689.87	481.3 倍	297.6 倍	41.4 倍	2.5 倍	117.0
2074.09	2411.45	1004.8 倍	563.4 倍	30.5 倍	2.9 倍	116.3
2.80	3.50	5.1 倍	4.7 倍	3.3 倍	3.1 倍	152.2
0.49	0.51	2.3 倍	196.2	154.5	159.4	113.3
3.64	3.85	140.5	150.4	154.6	125.4	107.8

注：2004 年起中等专业学校数据含职业高中数，下同。

续表 4

	单 位	1978 年	1980 年	1990 年	2000 年
小 学	万人	4.10	4.26	4.05	3.76
在校学生数					
普通高等学校	万人	1.96	2.88	5.69	14.07
普通中等专业学校	万人	1.50	1.73	2.80	6.50
普通中学	万人	57.40	43.82	34.70	48.25
小 学	万人	120.25	123.44	67.07	77.16
文 化					
公共图书馆					
图 书 馆	个			16	17
阅览室席数	个			2375	2200
总 藏 量	万册（件）			643	746
广播节目制作时间	小时			6200	42280
电视节目制作时间	小时			1183	12826
四、人民生活及其他					
家 庭					
总户数	万户	185.56	192.24	262.61	317.2
城镇居民平均每户家庭人口	人	4.19	3.84	3.15	2.88
农村居民平均每户家庭人口	人	5.55	5.17	4.20	3.60
城乡居民最低生活保障人数	人				47962
＃城 镇	人				27487
交通事故伤亡人数	人				5582
婚 姻					
结婚数	万对			9.64	7.23
离婚数	万对			1.55	2.01

注：广播、电视节目制作时间 1990 年及以前年份未含区(市)县级广播、电视节目制作时间。

2005 年	2006 年	2006 年为下列年度(%)				
		1978 年	1980 年	1990 年	2000 年	2005 年
3.58	3.70	90.2	86.7	91.4	98.4	103.4
48.27	51.44	26.2 倍	17.9 倍	9.0 倍	3.7 倍	106.6
14.82	15.60	10.4 倍	9.0 倍	5.6 倍	2.4 倍	105.3
59.25	62.18	108.3	141.9	179.2	128.9	104.9
75.75	76.71	63.8	62.1	114.4	99.4	101.3
21	21			131.3	123.5	100.0
6243	5682			2.4 倍	2.6 倍	91.0
812	866			134.7	116.1	106.7
27448	28392			4.6 倍	67.2	103.4
11483	23291			19.7 倍	181.6	2.0 倍
366.72	382.22	2.0 倍	198.8	145.5	120.5	104.2
2.87	2.98	71.1	77.6	94.6	103.5	103.8
3.53	3.20	57.7	61.9	76.2	88.9	90.7
246366	258510				5.4 倍	104.9
106664	108187				3.9 倍	101.4
8901	7113				127.4	79.9
8.46	10.68			110.8	147.7	126.2
2.96	4.14			2.7 倍	2.1 倍	150.5

续表 5

	单 位	1978 年	1980 年	1990 年	2000 年
居 住					
人均住宅建筑面积	平方米				
农村居民人均住房面积	平方米	9.6	10.0	20.6	34.9
居民收支					
城市居民人均可支配收入	元	340	395	1755	7649
城市居民人均消费性支出	元	328	391	1681	6423
农村居民人均纯收入	元	140	223	773	3016
农村居民人均生活消费支出	元	117	186	693	2201
全部在岗职工平均工资	元	584	771	2189	10370
卫 生					
医院、卫生院数	个	556	556	516	568
医生数	万人		1.43	2.32	2.62
医院、卫生院床位数	万张		2.17	3.04	3.41
市政建设					
全市用电量	亿千瓦小时	19.70	23.68	35.61	82.10
自来水供应量	亿吨	0.82	0.97	4.10	4.68
天然气供气量	亿立方米	4.42	4.56	10.40	15.18
公共交通营运车辆	辆	361	476	942	2118
出租汽车	辆		32	1585	7852
铺装道路长度	公里	319	324	423	1058
园林绿地面积	公顷	160	277	1896	4013

注：①城镇居民人均可支配收入1990年前为生活费收入。②人均住宅建筑面积按城区全部人口和常住流动人口计算。

2005 年	2006 年	2006 年为下列年度(%)				
		1978 年	1980 年	1990 年	2000 年	2005 年
27.67	28.58					103.3
39.80	41.89	4.4 倍	4.2 倍	2.0 倍	120.0	105.3
11359	12789	37.6 倍	32.4 倍	7.3 倍	167.2	112.6
9642	10302	31.4 倍	26.3 倍	6.1 倍	160.4	106.8
4485	4905	35.0 倍	22.0 倍	6.3 倍	165.7	109.4
3074	3344	28.6 倍	18.0 倍	4.8 倍	151.9	108.8
19962	22564	38.6 倍	29.3 倍	10.3 倍	2.2 倍	113.0
638	633	113.8	113.8	122.7	111.4	99.2
2.62	2.69		188.1	115.9	102.7	102.7
4.28	4.54		2.1 倍	149.3	133.1	106.1
146.58	167.15	8.5 倍	7.1 倍	4.7 倍	2.0 倍	114.0
5.57	5.12	6.2 倍	5.3 倍	124.9	109.4	91.9
27.39	24.20	5.5 倍	5.3 倍	2.3 倍	159.4	88.4
4643	5137	14.2 倍	10.8 倍	5.5 倍	2.4 倍	110.6
9029	9016		281.8 倍	5.7 倍	114.8	99.9
2493	2123	6.7 倍	6.6 倍	5.0 倍	2.0 倍	85.2
13562	14269	89.2 倍	51.5 倍	7.5 倍	3.6 倍	105.2

1-5 国民经济和社会发展结构指标

Structural Indicators on National Economic and Social Development

单位：%

	1978 年	1980 年	1990 年	2000 年	2005 年	2006 年
一、人口与就业						
人　口						
农业与非农业结构						
农　业	77.7	76.7	72.7	65.9	49.7	48.2
非农业	22.3	23.3	27.3	34.1	50.3	51.8
性别结构						
男　性	50.9	50.9	51.2	50.9	50.7	50.6
女　性	49.1	49.1	48.8	49.1	49.3	49.4
地域结构						
市　区	28.4	29.0	30.5	33.1	44.6	45.1
县(市)	71.6	71.0	69.5	66.9	55.4	54.9
就　业						
从业人员产业结构						
第一产业	63.4	63.3	53.5	44.9	32.3	29.5
第二产业	16.2	16.1	25.9	26.5	30.8	30.7
第三产业	20.4	20.6	20.6	28.6	36.9	39.8
从业人员经济类型结构						
#国有经济	22.3	22.8	21.8	16.9	12.8	12.6
集体经济				68.0	29.4	21.5
城乡个体及私营				11.8	38.7	42.1
股份有限、有限责任公司				2.5	11.7	10.1
二、宏观经济						
国民经济核算						
国内生产总值结构						
第一产业	31.8	27.2	20.9	10.1	7.7	7.1
第二产业	47.2	49.7	39.7	36.5	42.4	44.0
第三产业	21.0	23.1	39.4	53.4	49.9	48.9

续表1

单位：%

	1978年	1980年	1990年	2000年	2005年	2006年
固定资产投资						
投资经济类型结构						
#国有单位	96.4	93.3	70.3	47.9	39.6	36.0
集体单位	3.6	6.7	11.4	7.8	0.7	0.6
私营及个体经济			18.3	8.9	12.3	11.5
投资种类结构						
#基本建设	93.4	83.8	32.3	48.0	44.2	47.5
更新改造		9.6	29.3	10.3	20.3	19.1
房地产			7.4	27.1	31.0	32.3
运输业						
货运量结构						
#铁 路	45.9	32.5	15.7	19.0	49.9	49.8
公 路	53.0	66.9	83.8	80.9	49.9	50.0
客运量结构						
#铁 路	58.5	41.3	13.4	5.8	20.8	21.5
公 路	40.9	58.4	85.7	93.6	77.0	76.2
国内贸易						
社会消费品零售总额						
经济类型结构						
国有经济	72.0	62.8	39.4	9.9	5.8	5.3
集体经济	27.9	36.9	34.2	17.1	9.3	8.5

续表 2

单位：%

	1978 年	1980 年	1990 年	2000 年	2005 年	2006 年
股份制及其他经济				25.6	27.5	28.4
“三资”经济			1.1	5.9	10.6	11.1
个体私营经济	0.1	0.3	25.3	41.5	46.7	46.7
行业结构						
批发零售贸易业	90.0	85.2	75.4	58.9	81.5	81.4
餐饮业	5.9	5.8	8.2	18.5	18.0	18.1
其　他	0.8	2.0	5.8	17.6	0.5	0.5
隶属关系结构						
市的零售额	47.4	48.0	65.9	64.1	67.7	68.0
县及县以下零售额	52.6	52.0	34.1	35.9	32.3	32.0
财　政						
财政一般预算收入结构						
#增值税					11.3	9.8
营业税					26.9	28.1
企业所得税					8.5	9.3
个人所得税					3.7	3.5
财政一般预算支出结构						
#基本建设支出					7.9	5.8
企业挖潜改造资金支出					6.1	7.0
城市维护费支出					7.0	6.5
农业支出					3.5	3.4
文化、教育、卫生支出					18.2	15.7

续表 3

单位：%

	1978 年	1980 年	1990 年	2000 年	2005 年	2006 年
行政管理费支出					12.1	11.7
三、人民生活及其他						
居民生活消费						
城镇居民人均生活消费结构						
#食品类	57.6	57.8	51.4	38.8	35.3	33.9
衣着类	17.1	15.4	14.6	9.0	8.4	9.3
居　住	1.7	1.4	0.8	11.9	9.7	5.8
交通通讯	1.2	1.1	1.3	5.9	19.5	17.4
医疗保健费	0.4	0.4	0.3	6.5	6.2	9.9
农村居民人均生活消费结构						
#食品类		71.1	63.6	51.2	46.5	45.1
衣着类		10.1	6.7	6.7	7.6	8.3
居　住		5.0	16.6	14.6	10.8	11.1
交通及通讯		0.7	1.6	5.5	11.3	12.6
医疗保健费		0.5	2.4	4.5	5.7	5.0
卫　生						
卫生技术人员结构						
#执业（助理）医师					44.8	44.5
注册护士					30.3	30.7
药剂人员					8.1	8.0

1-6 国民经济和社会发展比例和效益指标

Indicators on Proportions and Efficiency in National Economic and Social Development

	单 位	1978年	1980年	1990年	2000年	2005年	2006年
一、人 口							
出生率	‰	10.3	11.2	13.1	9.6	7.0	6.8
死亡率	‰	6.0	6.1	6.4	6.6	5.3	4.7
自然增长率	‰	4.3	5.1	6.7	3.1	1.7	2.1
二、宏观经济							
全社会劳动生产率	**元/人**	**965**	**1178**	**3553**	**20148**	**38298**	**42967**
第一产业	元/人	485	507	1347	4517	9095	10337
第二产业	元/人	2817	3620	5641	27780	52810	61610
第三产业	元/人	986	1326	7043	37572	51788	52753
农 业							
每一农业人口占耕地	亩	1.19	1.17	1.04	0.95	0.98	0.98
每一乡村劳动力占耕地	亩	2.82	2.65	1.78	1.56	1.24	1.21
每公顷耕地用电量	千瓦小时	243	350	1665	5187	8292	8390
每公顷耕地生产的农业产值	元	2476	2575	8062	28518	40275	46002
农业从业者人均提供农产品产量							
粮 食	千克	1222	1181	1251	1463	1304	1412
油菜籽	千克	45	53	65	75	96	106
肉 类	千克	59	72	126	276	536	614
水产品	千克	1.0	1.0	7.8	20.0	41.7	50.7
每公顷播种面积农产品产量							
粮 食	千克	4010	4245	5433	5902	5377	5672
油菜籽	千克	1680	1807	1924	1948	2087	2213
蔬 菜	吨	26	26	28	26	27	27

续表 1

	单 位	1978 年	1980 年	1990 年	2000 年	2005 年	2006 年
工 业							
独立核算工业企业效益							
综合经济效益指数	%				103.1	162.6	181.5
#总资产贡献率	%				7.8	9.0	9.7
资本保值率	%				108.5	117.5	115.3
资产负债率	%				62.0	62.1	58.2
流动资产周转次数	次				1.2	1.7	1.8
成本费用利润率	%				4.0	5.5	6.0
劳动生产率	元/人				36454	112806	136624
建筑业							
技术装备率	元/人				5459	9350	8334
产值利税率	%				4.69	1.31	1.03
全员劳动生产率	元/人	3256	3608	12792	59242	116762	139942
固定资产投资							
固定资产投资率	%	8.2	12.0	20.7	41.1	61.5	69.0
房屋建设竣工率	%	52.6	53.9	73.8	56.8	30.1	30.2
基本建设固定资产交付使用率	%	120.0	90.7	78.6	71.5	31.1	43.2
基本建设项目竣工率	%	23.7	33.1	42.5	48.1	34.1	50.7
财 政							
财政收入占国内生产总值比重	%	20.6	16.3	10.5	10.3	15.4	17.8
财政支出占国内生产总值比重	%	8.2	7.2	6.1	7.2	10.2	12.2

续表 2

	单 位	1978 年	1980 年	1990 年	2000 年	2005 年	2006 年
三、教　育							
学龄儿童入学率	%			99.50	99.95	99.96	99.95
小学升学率	%			68.3	98.3	102.7	107.4
初中升学率	%			51.2	80.8	88.8	92.1
每一教师负担学生数							
普通高等学校	人	2.8	3.9	5.3	12.5	17.3	14.7
普通中等专业学校	人	6.8	6.6	8.6	20.5	30.0	30.5
普通中学	人	20.9	17.1	13.9	15.7	16.3	16.2
小　学	人	29.3	29.0	16.6	20.5	21.2	20.7
四、人民生活及其他							
家　庭							
城市居民家庭							
平均每户就业面	%	41.53	51.30	56.83	50.15	48.43	52.70
每一就业者负担人数	人	2.41	1.95	1.76	1.99	2.06	1.91
农村居民家庭							
平均每一劳动力赡养人口	人	2.2	2.0	1.4	1.4	1.4	1.4
卫　生							
每万人医院、卫生院数	个		0.68	0.56	0.56	0.59	0.57
每万人医生数	人		18	25	26	24	24
每万人医院、卫生院床位数	张		27	33	34	40	41

1-7 社会经济主要指标人均水平

Per Capita Level of Main Indicators in Social and Economic Activities

	单 位	1978 年	1980 年	1990 年	2000 年	2005 年	2006 年
本地生产总值	**元**	**449**	**565**	**2123**	**11471**	**22139**	**25171**
农业总产值	**元**	**196**	**209**	**659**	**1961**	**2874**	**3001**
社会消费品零售总额	**元**	**172**	**250**	**937**	**5496**	**9393**	**10572**
城乡居民储蓄存款余额	**元**	**30**	**52**	**866**	**8240**	**19368**	**22068**
财政收入	**元**	**92**	**92**	**223**	**1198**	**3416**	**4476**
主要农产品产量							
粮 食	千克	367	372	418	361	243	243
油菜籽	千克	13.4	16.7	21.7	18.4	17.8	18.2
蔬 菜	千克	109	92	244	406	383	389
水 果	千克	3.3	5.1	12.2	52.0	90.7	100.6
肉 类	千克	17.6	22.7	42.2	68.0	99.8	105.5
#猪 肉	千克	16.1	20.9	37.0	46.1	64.6	69.0
牛 奶	千克	1.5	1.6	3.5	4.9	9.5	10.0
禽 蛋	千克	2.2	2.3	6.5	14.5	19.9	20.7
水产品	千克	0.3	0.3	2.6	4.9	7.8	8.7

注：本表均按户籍人口计算。

续表 1

	单　位	1978 年	1980 年	1990 年	2000 年	2005 年	2006 年
主要工业品产量							
钢　材	千克	44	50	94	125	207	232
发电量	千瓦小时	129	86	258	437	528	612
原　煤	千克	218	224	340	248	196	190
水　泥	千克	32	46	123	321	522	526
饮料酒	升					62	62
卷　烟	千支					4.3	4.3
人民生活							
全部在岗职工平均工资	元	584	771	2189	10370	19962	22564
#国有经济	元	648	824	2347	11197	23987	27064
集体经济	元	406	616	1687	6533	11431	13425
城市居民人均可支配收入	元	340	395	1755	7649	11359	12789
城市居民人均消费性支出	元	328	391	1681	6423	9642	10302
农村居民人均纯收入	元	140	223	773	3016	4485	4905
农村居民人均生活消费支出	元	117	186	693	2201	3074	3344

注：　①城市居民人均可支配收入 1978 年、1980 年为生活费收入。

1-8 成都主要经济指标与全国、全省对比(2006 年)

Positions of Chengdu in China and Sichuan Province (2006)

	单 位	全 国	全 省	成 都	占全国比 重(%)	占全省比 重(%)
国内生产总值	亿元	209407	8637.8	2750.5	1.3	31.8
第一产业	亿元	24700	1603.5	195.1	0.8	12.2
第二产业	亿元	102004	3775.2	1211.6	1.2	32.1
#工 业	亿元	90351	3144.7	923.7	1.0	29.4
第三产业	亿元	82703	3259.1	1343.7	1.6	41.2
全社会固定资产投资	亿元	109870	4524.5	1897.9	1.7	41.9
#房地产	亿元	19382	919.5	613.6	3.2	66.7
社会消费品零售总额	亿元	76410	3421.6	1155.3	1.5	33.8
进出口总额(海关数)	亿美元	17607	110.2	69.5	0.4	63.1
#出口总额	亿美元	9691	66.2	41.4	0.4	62.5
居民消费品价格指数	%	101.5	102.3	101.8		
商品零售价格指数	%	101.0	101.7	101.2		
实际利用外商直接投资	亿美元	695	12.1	7.6	1.1	62.8
旅游创汇收入	亿美元	339.5	4.0	2.0	0.6	50.0
年末金融机构存款余额	亿元	348065	11802	5485	1.6	46.5
#城乡居民储蓄存款额	亿元	166617	6786	2412	1.4	35.5
年末金融机构贷款余额	亿元	238519	7833	3631	1.5	46.4
城市居民人均可支配收入	元	11759	9350	12789		
农村居民人均纯收入	元	3587	3013	4905		
土地面积	万平方公里	960	48.5	1.2	0.1	2.6
年末总人口	万人	131448	8773.4	1103.4	0.8	12.6

1-9 历年本地生产总值

Gross Domestic Product by Year

年　份	本　地 生产总值 (万元)	第一产业	第二产业	第三产业	人均本地 生产总值 (元)
1949	39953	29315	3867	6771	80
1950	42058	30634	4041	7383	84
1951	45902	32471	5371	8060	91
1952	51090	35388	6510	9192	100
1953	62510	39415	9241	13854	121
1954	66230	41708	9384	15138	125
1955	69748	42413	10646	16689	128
1956	79610	44961	14538	20111	141
1957	90359	48206	19471	22682	154
1958	103925	49357	29659	24909	174
1959	125501	40997	53922	30582	210
1960	128171	30519	67266	30386	220
1961	79866	28874	26435	24557	142
1962	77482	35064	21974	20444	140
1963	84932	42271	23191	19470	151
1964	104283	50382	31250	22651	180
1965	136371	59250	45569	31552	228
1966	167303	63481	65756	38066	271
1967	146728	64966	44858	36904	231
1968	119505	60438	26949	32118	183
1969	151898	62810	53191	35897	227
1970	205059	68416	91279	45364	299
1971	232066	72740	105637	53689	328
1972	223627	72340	95511	55776	307
1973	231546	78786	95797	56963	311
1974	222283	83198	82927	56158	293
1975	248198	83355	110844	53999	321
1976	221926	81344	87763	52819	282
1977	287141	90442	131807	64892	362

注：本地生产总值的历年数据已经根据 2004 年经济普查数据调整，下同。

续表 1

年 份	本 地 生产总值 (万元)	第一产业	第二产业	第三产业	人均本地生产总值 (元)
1978	359356	114449	169748	75159	448
1979	413577	126351	196055	91171	510
1980	462957	126040	229767	107150	565
1981	490129	130146	239291	120692	592
1982	554095	163066	267797	123232	661
1983	627673	173242	315517	138914	742
1984	712035	189588	343487	178960	836
1985	864945	209288	420508	235149	1008
1986	948905	224929	437115	286861	1092
1987	1158644	273588	516883	368173	1315
1988	1464911	322463	687197	455251	1641
1989	1639063	344174	741164	553725	1814
1990	1940857	405650	770657	764550	2123
1991	2327841	413213	880691	1033937	2520
1992	2925556	454357	1089187	1382012	3138
1993	3885838	539474	1500798	1845566	4125
1994	5073962	745596	1987076	2341290	5319
1995	6472632	941089	2462805	3068738	6700
1996	7722699	1051228	2913114	3758357	7911
1997	8754888	1089434	3248582	4416872	8888
1998	9618871	1118116	3549095	4951660	9686
1999	10449059	1121532	3837886	5489641	10446
2000	11567929	1163651	4221275	6183003	11471
2001	13220544	1184869	4902971	7132704	13004
2002	14887638	1254993	5585906	8046739	14536
2003	17052732	1370525	6524538	9157669	16454
2004	20310663	1682481	8055886	10572296	19307
2005	23707644	1820488	10065045	11822111	22139
2006	27504776	1951271	12116139	13437366	25171

注：人均本地生产总值按户籍人口计算。

1-10 历年本地生产总值构成及增长速度

Composition and Growth Rate of Gross Domestic Product by Year

年 份	三次产业构成（%）			增长速度(%)				本地生产总值发展指数以1949年为100
	第一产业	第二产业	第三产业	本地生产总值	第一产业	第二产业	第三产业	
1949	73.4	9.7	16.9					
1950	72.8	9.6	17.6	5.0	4.5	4.5	8.9	105.0
1951	70.7	11.7	17.6	8.0	6.0	32.8	8.9	113.4
1952	69.3	12.7	18.0	10.5	9.0	21.1	13.7	125.4
1953	63.0	14.8	22.2	14.0	4.9	41.9	49.9	142.9
1954	62.9	14.2	22.9	5.5	5.3	1.5	8.7	150.8
1955	60.8	15.3	23.9	4.1	1.7	13.4	8.5	157.0
1956	56.4	18.3	25.3	11.7	5.6	36.6	20.2	175.3
1957	53.4	21.5	25.1	8.5	2.3	33.9	12.6	190.3
1958	47.5	28.5	24	12.0	2.4	52.3	9.8	213.2
1959	32.7	42.9	24.4	11.0	–20.5	81.8	22.5	236.6
1960	23.8	52.5	23.7	–2.6	–26.8	23.8	–0.9	230.4
1961	36.2	33.1	30.7	–38.1	–14.8	–61.0	–23.9	142.6
1962	45.2	28.4	26.4	–2.4	17.2	–16.9	–16.8	139.2
1963	49.8	27.3	22.9	10.4	20.0	5.5	–4.8	153.6
1964	48.3	30.0	21.7	21.6	19.2	34.7	13.5	186.9
1965	43.5	33.4	23.1	29.1	17.6	45.6	38.8	241.2
1966	37.9	39.3	22.8	20.6	7.1	43.3	20.6	290.8
1967	44.2	30.6	25.2	–10.8	2.3	–32.0	–3.1	259.5
1968	50.5	22.6	26.9	–17.5	–7.0	–40.4	–14.0	214.1
1969	41.4	35.0	23.6	23.6	3.9	96.5	11.8	264.6
1970	33.4	44.5	22.1	31.8	8.9	71.4	26.3	348.7
1971	31.3	45.6	23.1	11.6	4.0	15.7	18.3	389.1
1972	32.3	42.8	24.9	–4.1	–2.6	–9.6	3.9	373.3
1973	34.0	41.4	24.6	3.5	8.9	–0.1	1.0	386.4
1974	37.4	37.3	25.3	–4.6	2.1	–13.6	–1.4	368.7
1975	33.6	44.6	21.8	9.7	–1.8	33.5	–3.8	404.5
1976	36.7	39.5	23.8	–10.6	–4.1	–20.8	–2.2	361.7
1977	31.5	45.9	22.6	26.0	8.8	48.8	19.9	455.8

注：增长速度以上年为基期，按可比价格计算。

续表 1

年 份	三次产业构成(%)			增长速度(%)				本地生产总值发展指数以1949年为100
	第一产业	第二产业	第三产业	本地生产总值	第一产业	第二产业	第三产业	
1978	31.8	47.3	20.9	19.2	10.2	28.7	14.6	543.2
1979	30.6	47.4	22.0	13.8	8.3	14.6	20.2	618.0
1980	27.2	49.7	23.1	10.9	–1.7	17.1	15.1	685.1
1981	26.6	48.8	24.6	4.1	2.9	3.1	7.7	713.1
1982	29.4	48.4	22.2	10.3	15.4	11.7	2.0	786.8
1983	27.6	50.3	22.1	11.2	6.0	14.5	10.4	875.1
1984	26.6	48.3	25.1	11.4	6.2	8.6	24.3	974.7
1985	24.2	48.6	27.2	18.4	3.0	24.3	22.6	1154.5
1986	23.7	46.1	30.2	5.2	3.7	3.6	9.8	1214.6
1987	23.6	44.6	31.8	12.0	6.2	16.3	8.5	1360.4
1988	22.0	46.9	31.1	12.7	–0.9	20.2	8.2	1533.6
1989	21.0	45.2	33.8	2.7	3.1	0.9	6.5	1574.9
1990	20.9	39.7	39.4	4.8	4.6	0.8	13.9	1651.0
1991	17.8	37.8	44.4	14.1	2.6	10.8	23.4	1883.3
1992	15.5	37.2	47.3	16.2	5.8	15.9	21.1	2188.8
1993	13.9	38.6	47.5	18.4	4.4	25.9	17.2	2590.8
1994	14.7	39.2	46.1	13.5	3.1	14.8	15.8	2939.4
1995	14.5	38.0	47.5	11.8	3.9	13.6	12.5	3285.1
1996	13.6	37.7	48.7	11.3	4.4	12.2	12.3	3655.8
1997	12.4	37.1	50.5	11.2	3.2	12.8	11.9	4066.7
1998	11.6	36.9	51.5	10.0	3.1	10.3	11.4	4474.1
1999	10.7	36.8	52.5	10.1	3.4	10.0	11.7	4927.6
2000	10.1	36.5	53.4	10.7	4.3	11.3	11.5	5455.4
2001	9.0	37.1	53.9	12.8	4.3	14.9	12.9	6151.9
2002	8.4	37.5	54.0	13.1	5.3	15.7	12.6	6955.1
2003	8.0	38.3	53.7	13.0	5.6	15.8	12.3	7861.7
2004	8.3	39.7	52.0	13.6	5.7	17.9	11.6	8928.2
2005	7.7	42.4	49.9	13.5	5.7	20.0	9.6	10133.7
2006	7.1	44.0	48.9	13.8	4.8	18.4	11.2	11532.2
平均增长速度								
1949-2006				8.7	3.6	13.5	10.5	
1978-2006				11.5	4.5	13.3	13.0	

1-11 历年支出法本地生产总值

Gross Domestic Product by Expenditure Approach by Year

年　份	支出法本地生产总值(万元)	＃最终消费	＃资　本形成总额	最终消费率(%)	资本形成率(%)
1978	359356	170906	80326	47.6	22.4
1979	413577	210317	83971	50.9	20.3
1980	462957	253687	86934	54.8	18.8
1981	490129	290307	101708	59.2	20.8
1982	554095	308727	130072	55.7	23.5
1983	627673	342830	139400	54.6	22.2
1984	712035	422163	168301	59.3	23.6
1985	864945	520571	262097	60.2	30.3
1986	948905	595148	283415	62.7	29.9
1987	1158644	711667	373801	61.4	32.3
1988	1464911	953240	454188	65.1	31.0
1989	1639063	1038328	547435	63.3	33.4
1990	1940857	1128800	727239	58.2	37.5
1991	2327841	1298167	870581	55.8	37.4
1992	2925556	1519164	1191319	51.9	40.7
1993	3885838	1900524	1702254	48.9	43.8
1994	5073962	2643753	2145035	52.1	42.3
1995	6472632	3363453	2823044	52.0	43.6
1996	7722699	3967385	3465512	51.4	44.9
1997	8754888	4617586	3842845	52.7	43.9
1998	9618871	4942999	4443042	51.4	46.2
1999	10449059	5235461	4979985	50.1	47.7
2000	11567929	5825144	5553157	50.4	48.0
2001	13220544	6487929	6559727	49.1	49.6
2002	14887638	7079540	7634479	47.6	51.3
2003	17052732	7992132	8885391	46.9	52.1
2004	20310663	9408665	10723814	46.3	52.8
2005	23707644	10434283	13086334	44.0	55.2
2006	27504776	11662913	16016637	42.4	58.2

1-12 历年支出法本地生产总值结构

Structure of Gross Domestic Product by Expenditure Approach by Year

年 份	最终消费				资本形成总额			
	绝对额(万元)		比重(%)		绝对额(万元)		比重(%)	
	居民消费	政府消费	居民消费	政府消费	固定资本形成总额	存货增加	固定资本形成总额	存货增加
1978	128249	42657	75.0	25.0	23388	56938	29.1	70.9
1979	156184	54133	74.3	25.7	40323	43648	48.0	52.0
1980	190888	62799	75.2	24.8	44360	42574	51.0	49.0
1981	217958	72349	75.1	24.9	58293	43415	57.3	42.7
1982	228428	80299	74.0	26.0	75803	54269	58.3	41.7
1983	252809	90021	73.7	26.3	85363	54037	61.2	38.8
1984	312113	110050	73.9	26.1	116457	51844	69.2	30.8
1985	390488	130083	75.0	25.0	192491	69606	73.4	26.6
1986	448823	146325	75.4	24.6	198036	85379	69.9	30.1
1987	536428	175239	75.4	24.6	243153	130648	65.0	35.0
1988	712527	240713	74.7	25.3	290270	163918	63.9	36.1
1989	812590	225738	78.3	21.7	283744	263691	51.8	48.2
1990	892823	235977	79.1	20.9	358766	368473	49.3	50.7
1991	1013675	284492	78.1	21.9	513816	356765	59.0	41.0
1992	1227360	291804	80.8	19.2	764247	427072	64.2	35.8
1993	1520011	380513	80.0	20.0	1204357	497897	70.8	29.2
1994	2108378	535375	79.7	20.3	1577291	567744	73.5	26.5
1995	2710831	652622	80.6	19.4	2087927	735117	74.0	26.0
1996	3167271	800114	79.8	20.2	2696994	768518	77.8	22.2
1997	3670171	947415	79.5	20.5	3106393	736452	80.8	19.2
1998	3861050	1081949	78.1	21.9	3715621	727421	83.6	16.4
1999	3967190	1268271	75.8	24.2	4200054	779931	84.3	15.7
2000	4350956	1474188	74.7	25.3	4710674	842483	84.8	15.2
2001	4739697	1748232	73.1	26.9	5745946	813781	87.6	12.4
2002	5114619	1964921	72.2	27.8	6712748	921731	87.9	12.1
2003	5735507	2256625	71.8	28.2	7879353	1006038	88.7	11.3
2004	6659242	2749423	70.8	29.2	9591183	1132631	89.4	10.6
2005	7123978	3310305	68.3	31.7	11824638	1261696	90.4	9.6
2006	7803097	3859816	66.9	33.1	14558132	1458505	90.9	9.1

1-13　历年分产业本地生产总值及构成

Gross Domestic Product and Its composition by Industry by Year

	1978 年	1979 年	1980 年	1981 年	1982 年
绝 对 额 (万 元)					
本地生产总值	**359356**	**413577**	**462957**	**490129**	**554095**
第一产业	114449	126351	126040	130146	163066
第二产业	169748	196055	229767	239291	267797
工　业	163508	185025	215974	221665	245435
建筑业	6240	11030	13793	17626	22362
第三产业	75159	91171	107150	120692	123232
交通运输、仓储和邮政业	15280	17454	20028	22680	23159
信息传输、计算机服务和软件业	1978	2300	2656	3203	3425
批发和零售业	19648	24336	28314	30214	30485
住宿和餐饮业	5548	6995	8230	9031	9075
金融业	5602	6842	8072	9107	9432
房地产业	1822	2476	2969	3798	3894
租赁和商务服务业	2125	2626	3181	3717	3763
科学研究、技术服务和地质勘查业	2860	3457	4445	5897	6084
水利、环境和公共设施管理业	1192	1451	1718	2012	2073
居民服务和其他服务业	5329	6554	7881	9134	9210
教育	4516	5614	6773	7767	8028
卫生、社会保障和社会福利业	1666	2045	2444	2772	2937
文化、体育和娱乐业	2564	3050	3536	3897	3992
公共管理和社会组织	5029	5971	6903	7463	7675
构　　成 (%)					
本地生产总值	**100.0**	**100.0**	**100.0**	**100.0**	**100.0**
第一产业	31.8	30.6	27.2	26.6	29.4
第二产业	47.2	47.4	49.7	48.8	48.4
工　业	45.5	44.7	46.7	45.2	44.3
建筑业	1.7	2.7	3.0	3.6	4.1
第三产业	21.0	22.0	23.1	24.6	22.2
交通运输、仓储和邮政业	4.2	4.2	4.3	4.6	4.2
信息传输、计算机服务和软件业	0.6	0.6	0.6	0.6	0.6
批发和零售业	5.5	5.9	6.1	6.2	5.5
住宿和餐饮业	1.5	1.7	1.8	1.8	1.6
金融业	1.6	1.7	1.7	1.8	1.7
房地产业	0.5	0.6	0.6	0.8	0.7
租赁和商务服务业	0.6	0.6	0.7	0.8	0.7
科学研究、技术服务和地质勘查业	0.8	0.8	0.9	1.2	1.1
水利、环境和公共设施管理业	0.3	0.3	0.4	0.4	0.4
居民服务和其他服务业	1.5	1.6	1.7	1.9	1.7
教育	1.3	1.4	1.5	1.6	1.4
卫生、社会保障和社会福利业	0.5	0.5	0.5	0.6	0.5
文化、体育和娱乐业	0.7	0.7	0.8	0.8	0.7
公共管理和社会组织	1.4	1.4	1.5	1.5	1.4

1983 年	1984 年	1985 年	1986 年	1987 年	1988 年	1989 年	1990 年	1991 年
627673	**712035**	**864945**	**948905**	**1158644**	**1464911**	**1639063**	**1940857**	**2327841**
173242	189588	209288	224929	273588	322463	344174	405650	413213
315517	343487	420508	437115	516883	687197	741164	770657	880691
290225	311380	370931	384931	454655	606861	675042	679216	777829
25292	32107	49577	52184	62228	80336	66122	91441	102862
138914	178960	235149	286861	368173	455251	553725	764550	1033937
26206	33529	38538	46970	62702	78565	97858	122114	159222
4204	5742	6800	8287	11270	14159	19158	25514	39231
33922	44023	57145	68540	84833	99474	117331	165873	229757
10085	12660	17042	21033	29225	36542	42172	57601	77404
9574	11462	16853	21532	29466	38561	48198	71529	109741
4567	6111	10272	12454	16786	21236	23269	35660	55069
4363	5860	8102	9764	11979	14908	17560	24652	31100
7028	9569	13004	15850	21772	25383	32487	45933	58639
2449	3103	4167	5304	6458	8360	9736	14699	18308
10501	13174	18372	22022	26653	32985	38112	53175	66063
9027	11937	15977	19847	23799	30495	38783	52747	67280
3315	4467	6188	7446	9232	11723	15315	20498	26698
4645	6109	8115	9961	11996	15272	18861	25754	32215
9028	11214	14574	17851	22002	27588	34885	48801	63210
100.0	**100.0**	**100.0**	**100.0**	**100.0**	**100.0**	**100.0**	**100.0**	**100.0**
27.6	26.6	24.2	23.7	23.6	22.0	21.0	20.9	17.8
50.3	48.2	48.6	46.1	44.6	46.9	45.2	39.7	37.8
46.3	43.7	42.9	40.6	39.2	41.4	41.2	35.0	33.4
4.0	4.5	5.7	5.5	5.4	5.5	4.0	4.7	4.4
22.1	25.2	27.2	30.2	31.8	31.1	33.8	39.4	44.4
4.2	4.7	4.5	4.9	5.4	5.4	6.0	6.3	6.8
0.7	0.8	0.8	0.9	1.0	1.0	1.2	1.3	1.7
5.4	6.2	6.6	7.2	7.3	6.8	7.2	8.5	9.9
1.6	1.8	2.0	2.2	2.5	2.5	2.6	3.0	3.3
1.5	1.6	2.0	2.3	2.6	2.6	2.9	3.7	4.7
0.7	0.9	1.2	1.3	1.4	1.4	1.4	1.8	2.4
0.7	0.8	0.9	1.0	1.0	1.0	1.1	1.3	1.3
1.1	1.3	1.5	1.7	1.9	1.7	2.0	2.4	2.5
0.4	0.4	0.5	0.6	0.6	0.6	0.6	0.8	0.8
1.7	1.9	2.1	2.3	2.3	2.3	2.3	2.7	2.8
1.4	1.7	1.8	2.1	2.1	2.1	2.4	2.7	2.9
0.5	0.6	0.7	0.8	0.8	0.8	0.9	1.1	1.2
0.8	0.9	0.9	1.0	1.0	1.0	1.1	1.3	1.4
1.4	1.6	1.7	1.9	1.9	1.9	2.1	2.5	2.7

续表 1

	1992 年	1993 年	1994 年	1995 年	1996 年
绝 对 额 (万 元)					
本地生产总值	**2925556**	**3885838**	**5073962**	**6472632**	**7722699**
第一产业	454357	539474	745596	941089	1051228
第二产业	1089187	1500798	1987076	2462805	2913114
工　业	956795	1297115	1697523	2063821	2393144
建筑业	132392	203683	289553	398984	519970
第三产业	1382012	1845566	2341290	3068738	3758357
交通运输、仓储和邮政业	190123	241468	294198	390036	478618
信息传输、计算机服务和软件业	54982	80502	119019	194641	261230
批发和零售业	303645	405735	508480	672624	801241
住宿和餐饮业	102031	142492	176667	221758	273339
金融业	174122	232645	277252	345705	459419
房地产业	87328	112266	162489	203601	293639
租赁和商务服务业	41405	56301	70884	92470	102353
科学研究、技术服务和地质勘查业	72449	93641	118003	153074	169515
水利、环境和公共设施管理业	23941	32469	39978	50887	54901
居民服务和其他服务业	86832	116634	145807	187987	205636
教育	87527	119331	158480	198265	229123
卫生、社会保障和社会福利业	34021	45729	57069	74414	95594
文化、体育和娱乐业	41288	53944	68456	91391	106087
公共管理和社会组织	82318	112409	144508	191885	227662
构　　成 (%)					
本地生产总值	**100.0**	**100.0**	**100.0**	**100.0**	**100.0**
第一产业	15.5	13.9	14.7	14.5	13.6
第二产业	37.2	38.6	39.2	38.0	37.7
工　业	32.7	33.4	33.5	31.9	31.0
建筑业	4.5	5.2	5.7	6.1	6.7
第三产业	47.3	47.5	46.1	47.5	48.7
交通运输、仓储和邮政业	6.5	6.2	5.8	6.0	6.2
信息传输、计算机服务和软件业	1.9	2.1	2.4	3.0	3.4
批发和零售业	10.4	10.4	10.0	10.4	10.4
住宿和餐饮业	3.5	3.7	3.5	3.4	3.5
金融业	5.9	6.0	5.5	5.3	6.0
房地产业	3.0	2.9	3.2	3.2	3.8
租赁和商务服务业	1.4	1.4	1.4	1.4	1.3
科学研究、技术服务和地质勘查业	2.5	2.4	2.3	2.4	2.2
水利、环境和公共设施管理业	0.8	0.8	0.8	0.8	0.7
居民服务和其他服务业	3.0	3.0	2.9	2.9	2.7
教育	3.0	3.1	3.1	3.1	3.0
卫生、社会保障和社会福利业	1.2	1.2	1.1	1.2	1.2
文化、体育和娱乐业	1.4	1.4	1.3	1.4	1.4
公共管理和社会组织	2.8	2.9	2.8	3.0	2.9

1997 年	1998 年	1999 年	2000 年	2001 年	2002 年	2003 年	2004 年	2005 年	2006 年
8754888	**9618871**	**10449059**	**11567929**	**13220544**	**14887638**	**17052732**	**20310663**	**23707644**	**27504776**
1089434	1118116	1121532	1163651	1184869	1254993	1370525	1682481	1820488	1951271
3248582	3549095	3837886	4221275	4902971	5585906	6524538	8055886	10065045	12116139
2632077	2830872	3028570	3287170	3781046	4238688	4926753	6095983	7573472	9236700
616505	718223	809316	934105	1121925	1347218	1597785	1959903	2491573	2879439
4416872	4951660	5489641	6183003	7132704	8046739	9157669	10572296	11822111	13437366
539436	601768	634446	712203	814932	887277	1018056	1130647	1218633	1388943
344270	402481	457828	535748	615976	694205	778898	876261	967105	1090894
907343	990538	1092716	1210087	1355162	1526259	1714172	1953369	2173709	2429053
341992	399696	465732	527235	626052	706339	796131	937768	1057451	1190267
538763	574739	615746	657144	721191	792589	886490	1020267	1129037	1308589
351649	408863	450154	515438	650570	787658	944036	1123164	1274747	1481485
118441	128147	143333	167334	194227	223361	257231	306091	362022	424198
208581	242144	286431	316443	365345	416047	472337	560082	630457	746658
59535	67662	74933	82831	97591	111832	126735	148427	162479	181475
237299	268252	297618	344324	397181	456757	520888	612227	686132	760006
272815	316506	346455	383268	456727	516235	584657	666024	760936	821822
107088	118645	138460	167512	187183	210500	242702	283505	307887	357679
121741	132209	146590	175145	208531	235073	264808	305180	352138	407314
267919	300010	339199	388291	442036	482607	550528	649284	739378	848983
100.0	**100.0**	**100.0**	**100.0**	**100.0**	**100.0**	**100.0**	**100.0**	**100.0**	**100**
12.4	11.6	10.7	10.1	9.0	8.4	8.0	8.3	7.7	7.1
37.1	36.9	36.8	36.5	37.1	37.5	38.3	39.7	42.4	44.0
30.1	29.4	29.0	28.4	28.6	28.5	28.9	30.0	31.9	33.6
7.0	7.5	7.8	8.1	8.5	9.0	9.4	9.7	10.5	10.4
50.5	51.5	52.5	53.4	53.9	54.1	53.7	52.0	49.9	48.9
6.2	6.2	6.1	6.1	6.2	6.0	6.0	5.6	5.1	5.0
3.9	4.2	4.4	4.6	4.6	4.7	4.6	4.3	4.1	4.0
10.4	10.3	10.5	10.5	10.2	10.2	10.0	9.6	9.2	8.8
3.9	4.2	4.5	4.6	4.7	4.7	4.7	4.6	4.5	4.3
6.2	6.0	5.9	5.7	5.5	5.3	5.2	5.0	4.8	4.8
4.0	4.3	4.3	4.5	4.9	5.3	5.5	5.5	5.4	5.4
1.3	1.3	1.4	1.4	1.5	1.5	1.5	1.5	1.5	1.5
2.4	2.5	2.7	2.7	2.8	2.8	2.8	2.8	2.6	2.7
0.7	0.7	0.7	0.7	0.7	0.8	0.7	0.7	0.7	0.7
2.7	2.8	2.8	3.0	3.0	3.1	3.1	3.0	2.9	2.8
3.1	3.3	3.3	3.3	3.5	3.5	3.4	3.3	3.2	3.0
1.2	1.2	1.3	1.4	1.4	1.4	1.4	1.4	1.3	1.3
1.4	1.4	1.4	1.5	1.6	1.6	1.6	1.5	1.5	1.5
3.1	3.1	3.2	3.4	3.3	3.2	3.2	3.2	3.1	3.1

1-14 各时期本地生产总值

Gross Domestic Product by Period

单位：万元

时 期	本地生产总值	第一产业	第二产业	第三产业
“一五”时期	368457	216703	63280	88474
“二五”时期	514945	184811	199256	130878
1963—1965 年	325586	151903	100010	73673
“三五”时期	790493	320111	282033	188349
“四五”时期	1157720	390419	490716	276585
“五五”时期	1744957	538626	815140	391191
“六五”时期	3248877	865330	1586600	796947
“七五”时期	7152380	1570804	3153016	2428560
“八五”时期	20685829	3093729	7920557	9671543
“九五”时期	48113446	5543961	17769952	24799533
“十五”时期	89179221	7313356	35134346	46731519

注：各计划时期对应年份为：“一五”1953–1957 年；“二五”1958–1962 年；“三五”1966–1970 年；“四五”1971–1975 年；“五五”1976–1980 年；“六五”1981–1985 年；“七五”1986–1990 年；“八五”1991–1995 年；“九五”1996–2000 年；“十五”2001–2005 年。

1-15 各时期本地生产总值平均增长速度

Average Annual Growth Rate of Gross Domestic Product by Period

单位：%

时 期	本地生产总值	第一产业	第二产业	第三产业
“一五”时期	100.0	58.8	17.2	24.0
“二五”时期	100.0	35.9	38.7	25.4
1963–1965 年	100.0	46.7	30.7	22.6
“三五”时期	100.0	40.5	35.7	23.8
“四五”时期	100.0	33.7	42.4	23.9
“五五”时期	100.0	30.9	46.7	22.4
“六五”时期	100.0	26.6	48.9	24.5
“七五”时期	100.0	22.0	44.1	33.9
“八五”时期	100.0	15.0	38.3	46.7
“九五”时期	100.0	11.5	36.9	51.6
“十五”时期	100.0	8.2	39.4	52.4

1-16 按所有制分组的本地生产总值(2000-2006 年)

Gross Domestic Product by Ownership (2000-2006)

	本地生产总值	公有经济	国有经济	集体经济	民营经济	个体、私营经济	外商、港澳台经济
绝对额（万元）							
2000	11567929	7202693	5922605	1280088	4365236	3952563	412673
2001	13220544	8111824	6769104	1342720	5108720	4625374	483346
2002	14887638	8974178	7556554	1417624	5913460	5357337	556123
2003	17052732	10075872	8508361	1567511	6976860	6324975	651885
2004	20310663	11596425	9760379	1836046	8714238	7921873	792365
2005	23707644	12855441	10806454	2048987	10852203	9652177	1200026
2006	27504776	14238936	12019482	2219454	13265840	11742788	1523052
占 GDP 比重（%）							
2000	100.0	62.2	51.2	11.0	37.8	34.2	3.6
2001	100.0	61.4	51.3	10.1	38.6	35.0	3.6
2002	100.0	60.3	50.8	9.5	39.7	36.0	3.7
2003	100.0	59.1	49.9	9.2	40.9	37.1	3.8
2004	100.0	57.1	48.1	9.0	42.9	39.0	3.9
2005	100.0	54.2	45.6	8.6	45.8	40.8	5.0
2006	100.0	51.8	43.7	8.1	48.2	42.7	5.5
增长率（%）							
2001	12.8	11.1	12.2	6.2	15.5	15.5	16.0
2002	13.1	11.1	12.3	5.3	16.2	16.2	15.7
2003	13.0	10.5	11.1	7.7	16.8	16.8	17.4
2004	13.6	9.5	10.4	4.7	19.4	19.7	16.6
2005	13.5	7.8	7.6	9.0	21.0	18.3	46.8
2006	13.8	8.4	9.0	5.4	20.1	19.5	24.8

1-17　按所有制分组的第一产业增加值(2000-2006 年)

Primary Industry by Ownership (2000-2006)

	第一产业增加值	公有经济	国有经济	集体经济	民营经济	个体、私营经济	外商、港澳台经济
绝对额（万元）							
2000	1163651	929620		929620	234031	234031	
2001	1184869	937561		937561	247308	247308	
2002	1254993	969095		969095	285898	285898	
2003	1370525	1038876		1038876	331649	331649	
2004	1682481	1225203		1225203	457278	457278	
2005	1820488	1297444		1297444	523044	523044	
2006	1951271	1392277		1392277	558994	558994	
占 GDP 比重（%）							
2000	10.0	8.0		8.0	2.0	2.0	
2001	9.0	7.1		7.1	1.9	1.9	
2002	8.4	6.5		6.5	1.9	1.9	
2003	8.0	6.1		6.1	1.9	1.9	
2004	8.3	6.0		6.0	2.3	2.3	
2005	7.7	5.5		5.5	2.2	2.2	
2006	7.1	5.1		5.1	2.0	2.0	
增长率（%）							
2001	4.3	3.3		3.3	8.3	8.3	
2002	5.3	2.7		2.7	14.9	14.9	
2003	5.6	3.6		3.6	12.1	12.1	
2004	5.7	1.5		1.5	18.8	18.8	
2005	5.7	3.4		3.4	12.0	12.0	
2006	4.8	3.9		3.9	7.0	7.0	

1-18 按所有制分组的第二产业增加值(2000-2006 年)

Secondary Industry by Ownership (2000-2006)

	第二产业增加值	公有经济	国有经济	集体经济	民营经济	个体、私营经济	外商、港澳台经济
绝对额（万元）							
2000	4221275	2474212	2258884	215328	1747063	1444972	302091
2001	4902971	2846094	2595807	250287	2056877	1707434	349443
2002	5585906	3222927	2945191	277736	2362979	1963490	399489
2003	6524538	3649158	3311758	337400	2875380	2409228	466152
2004	8055886	4280638	3887690	392948	3775248	3216482	558766
2005	10065045	4975248	4452604	522644	5089797	4156908	932889
2006	12116139	5638664	5061156	577508	6477475	5257665	1219810
占 GDP 比重（%）							
2000	36.4	21.3	19.5	1.8	15.1	12.5	2.6
2001	37.0	21.5	19.7	1.8	15.5	12.9	2.6
2002	37.5	21.7	19.8	1.9	15.8	13.2	2.6
2003	38.3	21.4	19.4	2.0	16.9	14.2	2.7
2004	39.6	21.1	19.2	1.9	18.5	15.8	2.7
2005	42.4	20.9	18.8	2.1	21.5	17.6	3.9
2006	44.0	20.5	18.4	2.1	23.5	19.1	4.4
增长率（%）							
2001	14.9	13.8	13.7	14.8	16.5	16.8	15.1
2002	15.7	15.2	15.5	12.6	16.3	16.5	15.2
2003	15.8	12.0	11.2	20.5	21.0	21.6	17.8
2004	17.9	11.9	12.0	11.2	25.6	27.7	14.9
2005	20.0	11.8	10.1	27.9	29.3	23.7	60.7
2006	18.4	11.5	11.8	8.7	25.2	24.4	28.9

1-19 按所有制分组的工业增加值(2000-2006 年)

Industry by Ownership (2000-2006)

	工业增加值	公有经济	国有经济	集体经济	民营经济	个体、私营经济	外商、港澳台经济
绝对额（万元）							
2000	3287170	1927279	1772353	154926	1359891	1059169	300722
2001	3781046	2197288	2019086	178202	1583758	1235854	347904
2002	4238688	2453128	2253357	199771	1785560	1387790	397770
2003	4926753	2756192	2508992	247200	2170561	1706344	464217
2004	6095983	3218661	2931990	286671	2877322	2320873	556449
2005	7573472	3758542	3366788	391754	3814930	2886747	928183
2006	9236700	4324750	3885985	438765	4911950	3697864	1214086
占 GDP 比重（%）							
2000	28.4	16.6	15.3	1.3	11.8	9.2	2.6
2001	28.5	16.6	15.3	1.3	11.9	9.3	2.6
2002	28.5	16.6	15.2	1.4	11.9	9.3	2.6
2003	29.0	16.2	14.7	1.5	12.8	10.1	2.7
2004	30.0	15.9	14.5	1.4	14.1	11.4	2.7
2005	31.8	15.7	14.2	1.5	16.1	12.2	3.9
2006	33.5	15.7	14.1	1.6	17.8	13.4	4.4
增长率（%）							
2001	14.5	13.4	13.4	14.5	15.9	16.1	15.1
2002	14.7	14.5	14.5	14.7	15.0	14.9	15.3
2003	15.6	11.5	10.5	23.1	21.4	22.3	17.9
2004	18.6	11.8	11.9	11.2	27.1	30.5	15.0
2005	19.7	12.6	10.7	31.6	27.6	19.7	60.5
2006	20.2	13.4	13.8	10.4	26.9	26.3	28.9

1-20 按所有制分组的建筑业增加值(2000-2006 年)

Construction by Ownership (2000-2006)

	建筑业增加值	公有经济	国有经济	集体经济	民营经济	个体、私营经济	外商、港澳台经济
绝对额（万元）							
2000	934105	546933	486531	60402	387172	385803	1369
2001	1121925	648806	576721	72085	473119	471580	1539
2002	1347218	769799	691834	77965	577419	575700	1719
2003	1597785	892966	802766	90200	704819	702884	1935
2004	1959903	1061977	955700	106277	897926	895609	2317
2005	2491573	1216706	1085816	130890	1274867	1270161	4706
2006	2879439	1313914	1175171	138743	1565525	1559801	5724
占 GDP 比重（%）							
2000	8.0	4.7	4.2	0.5	3.3	3.3	
2001	8.5	4.9	4.4	0.5	3.6	3.6	
2002	9.0	5.1	4.6	0.5	3.9	3.9	
2003	9.3	5.2	4.7	0.5	4.1	4.1	
2004	9.6	5.2	4.7	0.5	4.4	4.4	
2005	10.6	5.2	4.6	0.6	5.4	5.4	
2006	10.5	4.8	4.3	0.5	5.7	5.7	
增长率（%）							
2001	16.6	15.2	15.1	15.9	18.6	18.7	9.1
2002	18.9	17.5	18.8	7.1	20.9	20.9	10.6
2003	16.4	13.8	13.8	13.5	19.8	19.8	10.5
2004	15.8	12.1	12.2	11.4	20.4	20.4	13.4
2005	21.1	9.2	8.3	17.0	35.1	34.9	92.8
2006	13.0	5.6	5.8	3.7	20.1	20.1	19.0

1-21 按所有制分组的第三产业增加值(2000-2006 年)

Tertiary Industry by Ownership (2000-2006)

	第三产业增加值	公有经济	国有经济	集体经济	民营经济	个体、私营经济	外商、港澳台经济
绝对额（万元）							
2000	6183003	3798861	3663721	135140	2384142	2273560	110582
2001	7132704	4328169	4173297	154872	2804535	2670632	133903
2002	8046739	4782156	4611363	170793	3264583	3107949	156634
2003	9157669	5387838	5196603	191235	3769831	3584098	185733
2004	10572296	6090584	5872689	217895	4481712	4248113	233599
2005	11822111	6582749	6353850	228899	5239362	4972225	267137
2006	13437366	7207995	6958326	249669	6229371	5926129	303242
占 GDP 比重（%）							
2000	53.6	32.9	31.7	1.2	20.7	19.7	1.0
2001	54.0	32.8	31.6	1.2	21.2	20.2	1.0
2002	54.1	32.1	31.0	1.1	22.0	20.9	1.1
2003	53.7	31.6	30.5	1.1	22.1	21.0	1.1
2004	52.1	30.0	28.9	1.1	22.1	20.9	1.2
2005	49.9	27.8	26.8	1.0	22.1	21.0	1.1
2006	48.8	26.2	25.3	0.9	22.6	21.5	1.1
增长率（%）							
2001	12.9	11.2	11.2	12.3	15.5	15.4	18.4
2002	12.6	10.3	10.3	10.1	16.2	16.2	16.7
2003	12.3	10.9	10.9	10.7	14.2	14.1	16.4
2004	11.6	9.4	9.3	10.5	14.7	14.3	21.1
2005	9.6	5.8	5.9	3.3	14.6	14.8	12.0
2006	11.2	7.0	7.0	6.9	16.4	16.7	10.4

1-22 支出法本地生产总值及构成

Gross Domestic Product and Its Composition by Expenditure Approach

年 份	绝对额(万元)		增长速度 (%)
	2005 年	2006 年	
国内生产总值	23707644	27504776	13.8
一、最终消费	10434283	11662913	9.5
1、居民消费	7123978	7803097	7.4
农村居民消费	2063167	1905725	–9.4
城镇居民	5060811	5897372	14.2
2、政府消费	3310305	3859816	14.0
二、资本形成总额	13086334	16016637	20.1
1、固定资本形成总额	11824638	14558132	20.8
第一产业	114157	118099	
第二产业	2569025	3512851	
工 业	2543835	3473499	
建筑业	25190	39352	
第三产业	9141456	10927182	
交通运输、仓储和邮政业	708601	746199	
批发和零售业	184394	212982	
其他行业	8248461	9968001	
2、存货增加	1261696	1458505	13.6
第一产业	30674	34875	
第二产业	966547	1157206	
工 业	745077	906141	
建筑业	221470	251065	
第三产业	264475	266424	
交通运输、仓储和邮政业	–1112	–1035	
批发和零售业	261865	263280	
其他行业	3722	4179	
三、货物和服务净出口	187027	–174774	

1-23 本地生产总值构成项目(2006年)

Composition of Gross Domestic Product (2006)

单位：万元

	增加值	劳动者报酬	固定资产折旧	生产税净额	营业盈余
本地生产总值	27504776	11362000	5436818	4030130	6675828
第一产业	1951271	1740533	64391	54634	91713
农业	1187713	1059439	39194	33256	55824
林业	31370	27982	1036	878	1474
牧业	638235	569306	21061	17870	29998
渔业	41431	36956	1367	1160	1948
农林牧渔服务业	52522	46850	1733	1470	2469
第二产业	12116139	3340683	2920527	2513390	3341539
工业	9236700	1846253	2661377	2107389	2621681
#规模以上	7504000	1139311	2470780	1876939	2016970
建筑业	2879439	1494430	259150	406001	719858
第三产业	13437366	6280784	2451900	1462106	3242576
交通运输、仓储和邮政业	1388943	516936	368234	121354	382419
交通运输业	1352435	503350	358555	118165	372365
仓储业	15200	5657	4030	1328	4185
邮政业	21308	7929	5649	1861	5869
信息传输、计算机服务和软件业	1090894	618536	166907	61091	244360
信息传输业	1024941	581141	156816	57397	229587
计算机服务业	25978	14729	3975	1455	5819
软件业	39975	22666	6116	2239	8954
批发和零售业	2429053	818722	422330	617780	570221
住宿和餐饮业	1190267	612987	110695	63084	403501
住宿业	181952	93705	16921	9643	61683
餐饮业	1008315	519282	93774	53441	341818
金融保险业	1308589	540087	86668	88405	593429
金融业	1273705	529901	84644	78394	580767
保险业	34884	10186	2024	10011	12662
房地产业	1481485	223586	719333	342937	195629
房地产开发业	685502	118592	52784	318073	196053
房地产管理业	147869	90940	35932	19963	1034
房地产中介服务业	32460	14054	14963	4901	-1458
城市居民自有住房	425008		425008		
农村居民自有住房	190646		190646		
租赁和商务服务业	424198	156954	105624	51753	109867
科学研究、技术服务和地质勘查业	746658	445009	111251	62720	127678
水利、环境和公共设施管理业	181475	68960	44098	5988	62429
居民服务和其他服务业	760006	481084	28120	12160	238642
教育	821822	621298	103550	2466	94508
卫生、社会保障和社会福利业	357679	257171	40776	3576	56156
文化、体育和娱乐业	407314	201214	30550	11813	163737
公共管理和社会组织	848983	718240	113764	16979	

1-24 民营经济增加值及构成

Value Added of Private Economy and Its Composition

	增加值(万元)				构成(%)			
	2000 年	2001 年	2005 年	2006 年	2000 年	2001 年	2005 年	2006 年
本地生产总值	11567929	13220544	23707644	27504776	100.0	100.0	100.0	100.0
公有制经济	7202693	8111824	12855441	14238936	62.3	61.4	54.2	51.8
民营经济	4365236	5108720	10852203	13265840	37.7	38.6	45.8	48.2
个体私营经济	3952563	4625374	9652177	11742788	34.2	34.9	40.8	42.7
外商经济	286358	333368	829192	1046825	2.4	2.5	3.5	3.8
港澳台经济	126315	149978	370834	476227	1.1	1.2	1.5	1.7
第一产业	234031	247308	523044	558994	2.0	1.9	2.2	2.0
个体私营经济	234031	247308	523044	558994	2.0	1.9	2.2	2.0
第二产业	1747063	2056877	5089797	6477475	15.1	15.6	21.5	23.6
个体私营经济	1444972	1707434	4156908	5257665	12.5	12.9	17.6	19.1
外商经济	223845	259457	686149	883306	1.9	2.0	2.9	3.2
港澳台经济	78246	89986	246740	336504	0.7	0.7	1.0	1.2
工　业	1359891	1583758	3814930	4911950	11.8	12.0	16.1	17.9
个体私营经济	1059169	1235854	2886747	3697864	9.2	9.3	12.2	13.4
外商经济	223163	258692	683746	880444	1.9	2.0	2.9	3.2
港澳台经济	77559	89212	244437	333642	0.7	0.7	1.0	1.2
建筑业	387172	473119	1274867	1565525	3.3	3.6	5.4	5.7
个体私营经济	385803	471580	1270161	1559801	3.3	3.6	5.4	5.7
外商经济	682	765	2403	2862				
港澳台经济	687	774	2303	2862				
第三产业	2384142	2804535	5239362	6229371	20.6	21.1	22.1	22.6
个体私营经济	2273560	2670632	4972225	5926129	19.7	20.1	21.0	21.5
外商经济	62513	73911	143043	163519	0.5	0.5	0.6	0.6
港澳台经济	48069	59992	124094	139723	0.4	0.5	0.5	0.5
#交通运输、仓储和邮政业	181752	210542	392432	469462	1.6	1.6	1.7	1.7
批发和零售业	756533	860373	1594673	1850938	6.5	6.5	6.7	6.7
住宿和餐饮业	415837	485226	836358	987921	3.6	3.7	3.5	3.6
房地产业	368729	479195	1026571	1251855	3.2	3.6	4.3	4.6

1-25 民营经济增长速度和贡献率

Growth Rate and Contribution Rate of Value Added of Private Economy

	比上年增长(%)				对 GDP 增长的贡献率(%)			
	2001 年	2002 年	2005 年	2006 年	2001 年	2002 年	2005 年	2006 年
本地生产总值	12.8	13.1	13.5	13.8	100.0	100.0	100.0	100.0
公有制经济	11.1	11.1	7.8	8.4	54.1	52.2	32.9	33.2
民营经济	15.5	16.2	21.0	20.1	45.9	47.8	67.1	66.8
个体私营经济	15.5	16.2	18.3	19.5	41.4	43.5	53.2	57.6
外商经济	15.4	15.4	48.0	24.2	3.0	2.9	9.8	6.1
港澳台经济	17.3	16.3	44.2	26.1	1.5	1.4	4.1	3.0
第一产业	8.3	14.9	12.0	7.0	1.3	2.2	1.8	1.1
个体私营经济	8.3	14.9	12.0	7.0	1.3	2.2	1.8	1.1
第二产业	16.5	16.3	29.3	25.2	19.5	19.5	41.2	39.3
个体私营经济	16.8	16.5	23.7	24.4	16.4	16.4	28.4	31.1
外商经济	15.3	15.4	59.4	26.9	2.3	2.3	9.3	5.7
港澳台经济	14.4	14.7	64.5	34.4	0.8	0.8	3.5	2.6
工　业	15.9	15	27.6	26.9	14.6	13.9	30.2	31.5
个体私营经济	16.1	14.9	19.7	26.3	11.5	10.8	17.4	23.2
外商经济	15.3	15.4	59.3	26.9	2.3	2.3	9.3	5.6
港澳台经济	14.5	14.7	64.3	34.5	0.8	0.8	3.5	2.6
建筑业	18.6	20.9	35.1	20.1	4.9	5.6	11.0	7.9
个体私营经济	18.7	20.9	34.9	20.1	4.9	5.6	11.0	7.8
外商经济	8.9	13.9	93.5	16.5				
港澳台经济	9.3	7.5	92.0	21.5				
第三产业	15.5	16.2	14.6	16.4	25.1	26.1	24.1	26.3
个体私营经济	15.4	16.2	14.8	16.7	23.7	24.9	23.0	25.5
外商经济	15.6	15.1	9.7	11.1	0.7	0.6	0.5	0.5
港澳台经济	21.9	18.8	14.8	9.7	0.7	0.6	0.6	0.4
#交通运输、仓储和邮政业	11.6	15.7	17.3	12.2	1.4	1.9	2.0	1.5
批发和零售业	12.8	16.8	17.6	14.1	6.6	8.4	8.9	6.9
住宿和餐饮业	15.8	12.5	15.9	16.1	4.4	3.5	4.3	4.1
房地产业	27.2	24.1	11.7	19.7	6.8	6.6	3.7	6.2

1-26　成都高新技术产业开发区主要指标

Main Indicators of Chengdu High-Tech Developing Zone

	单　位	2001 年	2005 年	2006 年
本地生产总值	亿元	55	141	182
#第二产业	亿元	30.0	88.6	121.9
#工　业	亿元	24.7	66.5	95.0
第三产业	亿元	24	51.6	60.0
技工贸总收入	亿元	138	392.2	502
全部工业总产值	亿元	68	175	246
#支柱产业产值	亿元	37	115	175
#电　子	亿元	23	67	96
医　药	亿元	13	35	57
工业利税	亿元	7.96	20.15	24.96
社会消费品零售总额	亿元	13.43	32.2	47.4
财政收入	亿元	8.93	27.70	37.7
#地方财政收入	亿元	4.46	13.28	20.3
利用外资项目	个	47	60	104
协议外资金额	万美元	8462	101950	146309
实际到位外资金额	万美元	6630	45053	65109
全社会固定资产投资总额	亿元	33.24	116.84	175.40
年末总人口	万人	13.35	20.63	21.19
从业人员	万人	6.43	13.05	15.08

注：本表数据 2001 年为高新区南区数据，2005 年、2006 年为高新区南、西区数据。

主要统计指标解释

市 是指经国家批准成立“市”建制的城市。

按城市市区非农业人口规模分：

①超大城市：200 万人以上；

②特大城市：100 至 200 万人口；

③大 城 市：50 至 100 万人口；

④中等城市：20 至 50 万人口；

⑤小 城 市：20 万以下人口。

全市 指 9 区 4 市 6 县和在管理和统计均为单列的成都高新技术产业开发区。即锦江区、青羊区、金牛区、武侯区、成华区、龙泉驿区、青白江区、新都区、温江区、金堂县、双流县、郫县、大邑县、蒲江县、新津县、都江堰市、彭州市、邛崃市、崇州市和高新区。

市区 包括城区和郊区，不包括市辖县（含县级市）。即锦江区、青羊区、金牛区、武侯区、成华区、龙泉驿区、青白江区、新都区、温江区和在管理和统计均为单列的成都高新技术产业开发区。

城区 包括锦江区、青羊区、金牛区、武侯区、成华区和在管理和统计均为单列的成都高新技术产业开发区。

镇 是指经省、自治区、直辖市批准的镇。1963 年以前为常住人口在 2000 人以上，非农业人口占 50%以上的。1964 年起改为常住人口在 3000 人以上，非农业人口占 70%以上，或常住人口在 2500 人以上，不满 3000 人，非农业人口占 85%以上的。1984 年后又调整为：凡县级地方国家机关所在地；或总人口在 20000 人以下的乡，乡政府驻地非农业人口超过 2000 人的；或总人口在 20000 人以上的乡，乡政府驻地非农业人口占全乡人口 10%以上；或少数民族地区、人口稀少的边远地区、山区和小型工矿区、小港口、风景旅游、边境口岸等地，非农业人口虽不足 2000 人，都可建镇。

国内生产总值 是按市场价格计算的国内生产总值的简称。它是一个国家(地区)所有常住单位在一定时期内生产活动的最终成果。国内生产总值有三种表现形态，即价值形态、收入形态和产品形态。从价值形态看，它是所有常住单位在一定时期内所生产的全部货物和服务价值超过同期投入的全部非固定资产货物和服务价值的差额，即所有常住单位的增加值之和；从收入形态看，它是所有常住单位在一定时期内所创造并分配给常住单位和非常住单位的初次分配收入之和；从产品形态看，它是最终使用的货物和服务减去进口货物和服务。在实际核算中，国内生产总值的三种表现形态表现为三种计算方法,即生产法、收入法和支出法。三种方法分别从不同的方面反映国内生产总值及其构成。

根据国家新的国民经济行业分类(GB / T4754—2002)，考虑我国宏观经济管理、社会公众和对外交流工作的需要和统计基础，目前我国国内生产总值的产业部门分类如下：

一、第一产业(农、林、牧、渔及服务业)

二、第二产业

（一）工业

（二）建筑业

三、第三产业

（一）交通运输、仓储和邮政业

（二）信息传输、计算机服务和软件业

（三）批发和零售业

（四）住宿和餐饮业

（五）金融保险业

（六）房地产业

（七）租赁和商务服务业

（八）科学研究、技术服务和地质勘查业

（九）水利、环境和公共设施管理业

（十）居民服务和其他服务业

（十一）教育

（十二）卫生、社会保障和社会福利业

（十三）文化、体育和娱乐业

（十四）公共管理和社会组织

按照国家统计局的统一规定，从 2004 年起省及以下 GDP 的中文称谓改为“地区生产总值”。

支出法国内生产总值 指一个国家(或地区)所有常住单位在一定时期内用于最终消费、资本形成总额，以及货物和服务的净出口总额，它反映本期生产的国内生产总值的使用构成。

最终消费 指常住单位在一定时期内对于货物和服务的全部最终消费支出，也就是常住单位为满足物质、文化和精神生活的需要，从本国经济领土和国外购买的货物和服务的支出。它不包括非常住单位在本国经济领土内的消费支出。最终消费分为居民消费和政府消费。

资本形成总额 指常住单位在一定时期内获得减去处置的固定资产和存货的净额，包括固定资产形成总额和存货增加两项。

国有经济单位 指生产资料归国家所有的各种企业、事业单位，以及各级国家机关、人民团体等单位。

集体经济单位 指生产资料归公民集体所有的各种企业、事业单位。包括农村各种经济组织经营的农、林、牧、渔业、乡、村经营的企业、事业单位;城市、县、镇以及街道举办的集体经济性质的企业、事业单位。

私营经济单位 指生产资料归公民私人所有的单位。包括私营独资企业、私营合伙企业和私营有限责任公司。

联营经济单位 指不同所有制性质的企业之间或者企业、事业单位之间共同投资组成新的经济实体。包括紧密型联营企业，半紧密型联营企业和松散型联营企业。股份制经济单位指全部注册资本由全体股东共同出资，并以股份形成投资举办企业。主要包括股份有限公司和有限责任公司。

外商投资经济单位 指外国投资者根据中华人民共和国有关涉外经济的法律、法规,以合资、合作或独资的形式在中国大陆境内开办企业。包括中外合资经营企业、中外合作经营企业和外资企业。

港、澳、台投资经济单位 指港、澳、台地区投资者参照中华人民共和国有关涉外经济的法律、法规,以合资、合作或独资的形式在大陆举办企业。包括合资经营企业、合作经营企业

二、人口及劳动力

简 要 说 明

主要内容

本部份反映了全市人口总量、构成及变动情况、婚姻状况、计划生育情况、劳动力资源配置、从业人员构成、职工工资总额及平均工资等基本情况。

资料来源

人口资料来源于成都市公安局户籍统计年报资料。

婚姻状况资料来源于成都市民政局、成都市法院。

计划生育资料来源于成都市人口和计划生育委员会。

城镇登记失业资料及职业介绍机构、劳动仲裁受理及保险福利费用等资料来源于劳动和社会保障局。

劳动力资源配置、从业人员、职工工资等资料来源于成都市统计局。

2006年全市主要指标构成（%）

土地面积

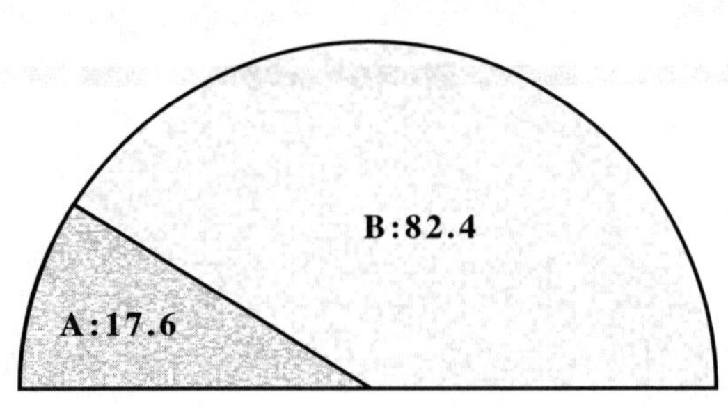

年末总人口

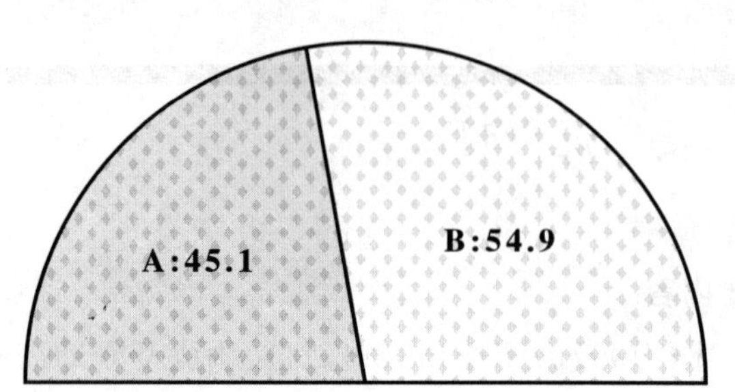

本地生产总值

A:69.0 B:31.0

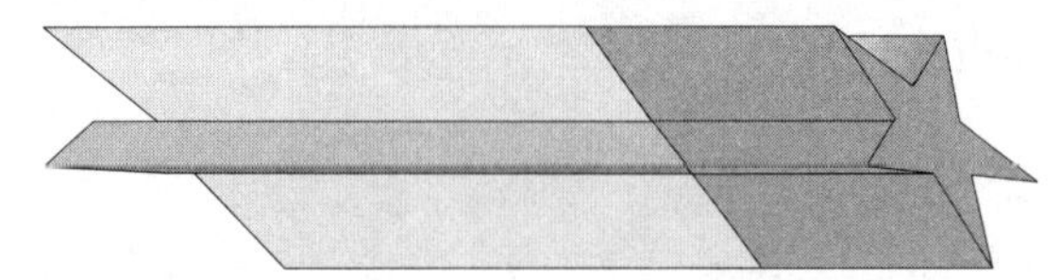

全社会固定资产投资

A:70.8 B:29.2

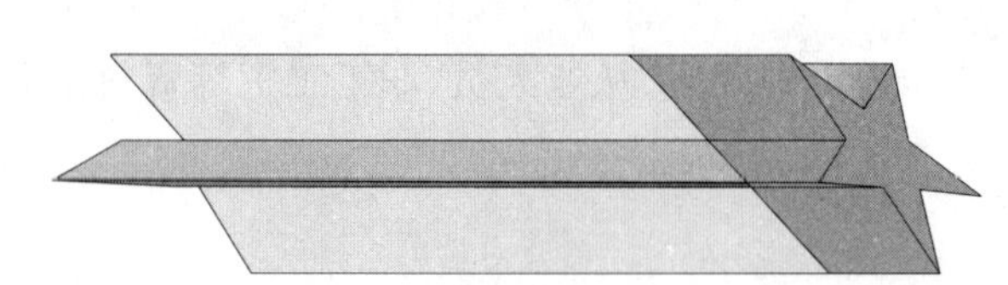

社会消费品零售总额

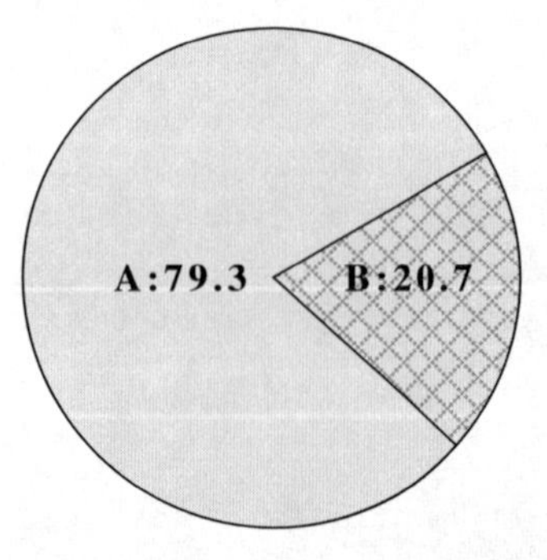

地方财政预算内收入

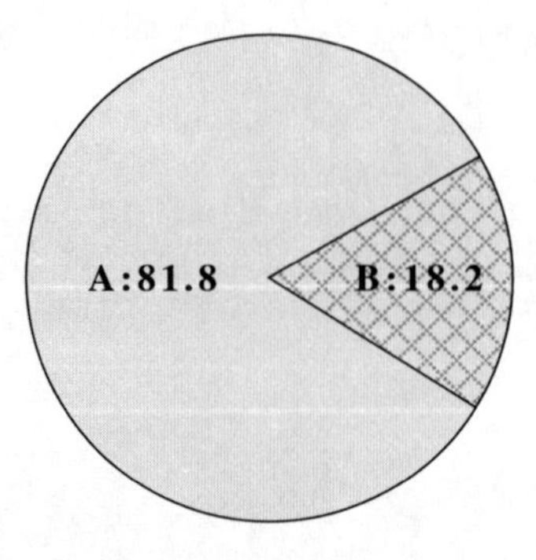

A：市区合计　　B：县（市）合计

2-1 历年全市年末总户数、总人口

Number of Households and Population by Year (Year-end)

年 份	总户数 (万户)	市区	县(市)	总人口 (万人)	市区	县(市)	在总人口中: 男	女
1949	105.83	24.35	81.48	501.32	112.50	388.82	259.23	242.09
1950	109.24	24.51	84.73	504.80	112.43	392.37	258.71	246.09
1951	111.39	26.10	85.29	507.07	109.67	397.40	258.90	248.17
1952	115.56	27.25	88.31	511.96	113.18	398.78	260.03	251.93
1953	118.02	27.84	90.18	523.51	117.68	405.83	265.89	257.62
1954	124.56	31.11	93.45	535.98	130.23	405.75	274.83	261.15
1955	126.30	32.14	94.16	549.77	136.22	413.55	281.21	268.56
1956	129.59	34.66	94.93	577.00	155.11	421.89	299.38	277.62
1957	132.10	36.41	95.69	594.19	162.69	431.50	305.46	288.73
1958	131.47	35.91	95.56	597.06	167.22	429.84	308.46	288.60
1959	131.51	38.11	93.40	595.79	180.41	415.38	311.51	284.28
1960	127.34	35.30	92.04	570.11	179.94	390.17	297.64	272.47
1961	129.27	36.56	92.71	552.59	174.85	377.74	284.32	268.27
1962	132.84	37.13	95.71	551.34	171.65	379.69	282.06	269.28
1963	134.17	38.07	96.10	572.14	178.56	393.58	292.06	280.08
1964	137.65	39.85	97.80	588.15	181.51	406.64	302.29	285.86
1965	138.74	40.38	98.36	609.38	188.83	420.55	311.45	297.93
1966	140.88	41.50	99.38	626.22	191.54	434.68	320.60	305.62
1967	142.91	42.29	100.62	641.81	195.60	446.21	329.52	312.29
1968	146.05	43.56	102.49	663.32	200.42	462.90	340.07	323.25
1969	151.85	45.10	106.75	676.44	199.14	477.30	344.94	331.50
1970	155.95	46.95	109.00	695.21	202.84	492.37	355.77	339.44
1971	159.29	47.47	111.82	719.81	207.57	512.24	368.47	351.34
1972	161.92	48.37	113.55	735.78	210.69	525.09	375.90	359.88
1973	165.76	49.40	116.36	752.25	214.24	538.01	384.26	367.99
1974	170.24	50.85	119.39	766.04	216.94	549.10	391.14	374.90
1975	175.16	52.03	123.13	781.97	218.71	563.26	398.20	383.77
1976	180.27	53.25	127.02	789.92	220.44	569.48	402.39	387.53
1977	184.15	54.38	129.77	798.60	223.06	575.54	406.66	391.94

续表 1

年 份	总户数 (万户)			总人口 (万人)			在总人口中:	
		市区	县(市)		市区	县(市)	男	女
1978	185.56	55.46	130.10	806.06	228.80	577.26	410.51	395.55
1979	188.15	56.70	131.45	815.81	234.90	580.91	415.43	400.38
1980	192.24	58.01	134.23	822.54	238.31	584.23	418.95	403.59
1981	200.00	61.39	138.61	833.41	242.77	590.64	424.56	408.85
1982	203.94	63.44	140.50	843.25	247.25	596.00	429.91	413.34
1983	208.06	65.02	143.04	848.85	250.54	598.31	432.94	415.91
1984	212.47	67.23	145.24	854.00	253.96	600.04	435.70	418.30
1985	218.24	69.08	149.16	862.68	258.31	604.37	440.43	422.25
1986	224.18	71.15	153.03	874.73	264.24	610.49	447.02	427.71
1987	233.36	73.76	159.60	887.30	269.43	617.87	453.80	433.50
1988	244.41	76.25	168.16	898.57	273.65	624.92	459.70	438.87
1989	254.37	79.20	175.17	908.59	277.62	630.97	465.21	443.38
1990	262.61	81.12	181.49	919.50	280.81	638.69	471.00	448.50
1991	268.15	82.69	185.46	927.73	284.18	643.55	475.11	452.62
1992	274.56	84.93	189.63	936.86	288.28	648.58	479.67	457.19
1993	278.42	86.55	191.87	947.30	293.35	653.95	485.09	462.21
1994	285.05	89.83	195.22	960.39	301.47	658.92	491.01	469.38
1995	289.51	92.62	196.89	971.60	307.86	663.74	496.78	474.82
1996	295.50	96.95	198.55	980.74	317.12	663.62	501.16	479.58
1997	300.08	99.93	200.15	989.19	321.92	667.27	505.50	483.69
1998	304.29	102.16	202.13	997.00	325.98	671.02	508.64	488.36
1999	309.93	106.95	202.98	1003.56	330.29	673.27	511.54	492.02
2000	317.20	110.84	206.36	1013.35	335.86	677.49	515.80	497.55
2001	320.63	112.08	208.55	1019.90	341.52	678.38	518.89	501.01
2002	325.35	145.33	180.02	1028.48	439.79	588.69	523.61	504.87
2003	336.12	152.60	183.52	1044.31	452.57	591.74	531.77	512.54
2004	350.53	159.69	190.84	1059.69	464.54	595.15	538.17	521.52
2005	366.72	168.31	198.41	1082.03	482.07	599.96	548.40	533.63
2006	382.22	174.54	207.68	1103.40	497.15	606.25	558.28	545.12

续表 2

年 份	在总人口：		出 生		死 亡		自然增长	
	农业人口 (万人)	非农业人口 (万人)	人 数 (人)	出生率 (‰)	人 数 (人)	死亡率 (‰)	人 数 (人)	增长率 (‰)
1949	399.6	101.7	133811		64491		69320	
1950	404.1	100.7	136426	27.1	65826	13.1	70600	14.0
1951	410.7	96.4	149622	29.6	77248	15.3	72374	14.3
1952	417.7	94.2	153469	30.1	73919	14.5	79550	15.6
1953	427.8	95.7	164276	31.7	67181	13.0	97095	18.7
1954	428.5	107.5	169748	32.1	58411	11.1	111337	21.0
1955	436.7	113.1	164417	30.3	62931	11.6	101486	18.7
1956	447.9	129.1	167416	29.7	58275	10.3	109141	19.4
1957	455.8	138.4	184963	31.6	74356	12.8	110607	18.8
1958	445.4	151.7	168719	28.3	115344	19.5	53375	8.8
1959	424.8	171.0	104306	17.5	230527	38.7	–126221	–21.2
1960	398.6	171.5	73974	12.7	307248	52.7	–233274	–40.0
1961	391.6	161.0	71568	12.8	151448	27.0	–79880	–14.2
1962	402.6	148.7	155735	28.2	76576	13.9	79159	14.3
1963	418.1	154.1	285634	50.9	57550	10.3	228084	40.6
1964	433.7	154.5	225550	38.9	52393	9.0	173157	29.9
1965	446.2	163.2	220307	36.8	52840	8.8	167467	28.0
1966	462.8	163.4	217252	35.3	45189	7.3	172063	27.9
1967	476.2	165.6	201477	31.8	42980	6.8	158497	25.0
1968	492.8	170.5	236703	36.3	46239	7.1	190464	29.2
1969	512.0	164.4	239366	35.8	46560	7.0	192806	28.8
1970	530.1	165.1	245224	35.9	45844	6.7	199380	29.2
1971	553.7	166.1	251582	35.7	57740	8.2	193842	27.5
1972	567.2	168.6	214835	29.5	58511	8.0	156324	21.5
1973	581.7	170.5	190465	25.6	51523	6.9	138942	18.7
1974	595.0	171.1	183811	24.2	55921	7.3	128240	16.9
1975	611.0	170.9	175745	22.7	54341	7.0	121404	15.7
1976	619.3	170.6	143973	18.3	53190	6.8	90783	11.5
1977	625.4	173.2	114031	14.4	54087	6.8	59944	7.6

续表 3

年 份	在总人口:		出 生		死 亡		自然增长	
	农业人口 (万人)	非农业人口 (万人)	人 数 (人)	出生率 (‰)	人 数 (人)	死亡率 (‰)	人 数 (人)	增长率 (‰)
1978	626.60	179.46	82372	10.3	48141	6.0	34231	4.3
1979	627.99	187.82	94811	11.7	49048	6.1	45763	5.6
1980	630.50	192.04	91450	11.2	49604	6.1	41846	5.1
1981	635.67	197.74	99299	12.0	40714	4.9	58585	7.1
1982	639.51	203.74	102489	12.2	41856	5.0	60633	7.2
1983	639.99	208.86	88709	10.5	51015	6.0	37694	4.5
1984	628.50	225.50	81265	9.5	51675	6.1	29590	3.4
1985	627.75	234.93	102427	11.9	51485	6.0	50942	5.9
1986	647.49	227.25	138763	15.9	51408	5.9	87355	10.0
1987	654.09	233.21	139874	15.9	52454	6.0	87420	9.9
1988	658.41	240.16	120285	13.5	57256	6.4	63029	7.1
1989	663.26	245.34	110200	13.2	56848	6.3	62352	6.9
1990	668.51	250.99	119446	13.1	58223	6.4	61223	6.7
1991	671.69	256.04	110067	11.9	58447	6.3	51620	5.6
1992	670.12	266.74	107086	11.5	61394	6.6	45692	4.9
1993	671.16	276.14	109881	11.7	58918	6.3	50963	5.4
1994	669.41	290.98	106333	11.2	58300	6.1	48033	5.1
1995	670.74	300.86	104362	10.8	61084	6.3	43278	4.5
1996	670.59	310.15	99279	10.2	60043	6.2	39236	4.0
1997	670.69	318.50	88460	9.0	57551	5.8	30909	3.1
1998	669.71	327.29	91112	9.2	61019	6.1	30093	3.0
1999	667.41	336.15	81729	8.2	59435	5.9	22294	2.2
2000	667.45	345.90	97092	9.6	66354	6.6	30738	3.1
2001	665.12	354.78	72504	7.1	56381	5.6	16123	1.6
2002	662.76	365.72	68338	6.6	65941	6.4	2397	0.2
2003	658.08	386.23	67966	6.6	62638	6.0	5328	0.5
2004	605.96	453.73	71601	6.8	62426	5.9	9175	0.9
2005	538.10	543.93	74638	7.0	56843	5.3	17795	1.7
2006	531.90	571.50	74226	6.8	50839	4.7	23387	2.1

2-2 人口构成及变动(2006年)

Composition of Population and Its Variations (2006)

	单位	全市	市区	县(市)
总人口	人	**11033982**	**4971499**	**6062483**
人口构成				
按性别分				
男性	人	5582823	2507654	3075169
女性	人	5451159	2463845	2987314
性比例(以女性为100)		102.42	101.78	102.94
按农业、非农业人口分				
农业人口	人	5319018	1168678	4150340
非农业人口	人	5714964	3802821	1912143
人口自然变动				
出生人口	人	74226	32143	42083
死亡人口	人	50839	17756	33083
出生率	‰	6.79	6.57	6.98
死亡率	‰	4.65	3.63	5.49
自然增长率	‰	2.14	2.94	1.49
人口机械变动				
迁入人口	人	349213	226372	122841
迁出人口	人	158903	89938	68965
迁入率	‰	31.96	46.24	20.37
迁出率	‰	14.54	18.37	11.44
机械变动增长率	‰	17.42	27.87	8.93
附:总户数	户	**3822239**	**1745407**	**2076832**

2-3 婚姻登记和离婚情况

Number of Marriages and Divorces

	单 位	1990 年	2000 年	2005 年	2006 年
准予登记结婚	对	96368	72339	84570	106751
#初　婚	人	179959	128342	129121	163582
再　婚	人	12777	16336	40019	49920
#华侨、港澳台居民登记结婚	对	125	431	19	130
结婚率	%	2.11	1.43	1.58	1.95
离　婚	对	15461	20069	29605	41372
离婚率	%	0.34	0.40	0.55	0.75

2-4 计 划 生 育 情 况(2006 年)

Conditions of Family Planning (2006)

	单 位	全　市	市　区	县　(市)
计划生育率	%	92.87	95.91	90.87
一孩率	%	86.33	89.76	84.08
已婚育龄妇女人数	人	2111454	807127	1304327
已婚育龄妇女占育龄妇女比例	%	83.04	85.03	81.81
综合避孕率	%	90.77	89.00	91.87

2-5 城乡劳动力资源配置情况(2006 年末)

Distribution on Source of Urban and Rural Labor Force (End of 2006)

单位：万人

	城乡合计	城 镇	乡 村
年末劳动力资源总数	882.20	478.36	403.84
#当年新增加的劳动力资源	17.45	12.79	4.66
经济活动人口	679.10	348.72	330.38
从业人员	640.14	310.09	330.05
按就业身份分组			
在岗职工	135.00	135.00	
再就业的离退休人员	0.79	0.79	
私营业主及雇工人数	100.70	67.31	33.39
个体户主及从业人员	168.94	75.62	93.32
农村从业人员	203.34		203.34
其 他	31.37	31.37	
按经济类型分组			
国有经济	80.73	80.73	
集体经济	137.45	10.20	127.25
私营经济	100.70	67.31	33.39
个体经济	168.94	75.62	93.32
股份合作	5.03	3.10	1.93
联营经济	0.33	0.22	0.11
有限责任公司	47.73	25.71	22.02
股份有限公司	17.22	11.02	6.20
外商投资经济	5.71	5.02	0.69
港、澳、台投资经济	3.12	2.47	0.65
其他经济	73.18	28.69	44.49
按国民经济行业分组			

续表 1　　单位：万人

	城乡合计	城镇	乡村
农、林、牧、渔业	188.76	0.95	187.81
采矿业	3.20	0.88	2.32
制造业	104.12	57.85	46.27
电力、燃气及水的生产和供应业	2.03	2.03	
建筑业	87.31	45.44	41.87
交通运输、仓储和邮政业	23.75	18.47	5.28
信息传输、计算机服务和软件业	5.81	4.26	1.55
批发和零售业	83.34	59.85	23.49
住宿和餐饮业	40.32	30.81	9.51
金融业	4.02	4.02	
房地产业	9.11	8.86	0.25
租赁和商务服务业	15.53	13.71	1.82
科学研究、技术服务和地质勘查业	5.92	5.92	
水利、环境和公共设施管理业	1.97	1.97	
居民服务和其他服务业	24.57	16.61	7.96
教育	15.29	15.29	
卫生、社会保障和社会福利业	7.68	7.68	
文化、体育和娱乐业	3.50	3.50	
公共管理和社会组织	13.91	11.99	1.92
城镇登记失业人员	6.76	6.76	
其他经济活动人口	32.20	31.87	0.33
非经济活动人口	203.10	129.64	73.46
#16 岁以上在校学生	109.61	81.18	28.43

2-6 历年全市年末从业人员情况(按产业分)

Number of Persons Employed by Industry (Year-end)

年份	从业人员(人)				从业人员构成(%)		
		第一产业	第二产业	第三产业	第一产业	第二产业	第三产业
1978	3722994	2358518	602615	761861	63.4	16.2	20.4
1979	3764661	2383030	609875	771756	63.3	16.2	20.5
1980	3931217	2488349	634664	808204	63.3	16.1	20.6
1981	4118652	2607106	679578	831968	63.3	16.5	20.2
1982	4276459	2732657	731275	812527	63.9	17.1	19.0
1983	4465414	2866943	785303	813168	64.2	17.6	18.2
1984	4728724	2796695	1061878	870151	59.1	22.5	18.4
1985	4933036	2736616	1315398	881022	55.5	26.7	17.8
1986	5085687	2780993	1348568	956126	54.7	26.5	18.8
1987	5268072	2884365	1353518	1030189	54.8	25.7	19.5
1988	5389769	2877430	1409976	1102363	53.4	26.2	20.4
1989	5511830	2966603	1436504	1108723	53.8	26.1	20.1
1990	5626680	3010955	1457603	1158122	53.5	25.9	20.6
1991	5809154	3046286	1531561	1231307	52.4	26.4	21.2
1992	5941185	3039578	1587082	1314525	51.2	26.7	22.1
1993	5959391	3019385	1514713	1425293	50.7	25.4	23.9
1994	6029501	2878742	1720745	1430014	47.8	28.5	23.7
1995	6037492	2835200	1806794	1395498	47.0	29.9	23.1
1996	6045850	2732497	1774346	1539007	45.2	29.3	25.5
1997	6064707	2691771	1764825	1608111	44.4	29.1	26.5
1998	5948366	2680317	1646067	1621982	45.0	27.7	27.3
1999	5829821	2538904	1529615	1761302	43.6	26.2	30.2
2000	5741347	2576208	1519515	1645624	44.9	26.5	28.6
2001	5758033	2410214	1481423	1866396	41.9	25.7	32.4
2002	5844215	2315113	1583001	1946101	39.6	27.1	33.3
2003	5932727	2209537	1666227	2056963	37.2	28.1	34.7
2004	6039731	2107853	1808403	2123475	34.9	29.9	35.2
2005	6190374	2001677	1905898	2282799	32.3	30.8	36.9
2006	6401398	1887612	1966586	2547200	29.5	30.7	39.8

注：本表数据已根据 2004 年经济普查数据进行了调整。

2-7 历年全市年末从业人员情况(按经济类型分)

Number of Persons Employed by Ownership (Year-end)

单位：人

年 份	从业人员合计	城镇	国有经济	集体经济	其他经济	私营与个体	农村
1978	3722994	1101925	832123	267769		2033	2621069
1979	3764661	1126661	862966	261680		2015	2638000
1980	3931217	1165499	896191	262787		6521	2765718
1981	4118652	1224652	934221	277176		13255	2894000
1982	4276459	1273459	971687	284267		17505	3003000
1983	4465414	1292205	982389	284893		24923	3173209
1984	4728724	1470071	981600	319406	129084	39981	3258653
1985	4933036	1538595	1017857	328212	146153	46373	3394441
1986	5085687	1594578	1056750	330413	154719	52696	3491109
1987	5268072	1659937	1099618	329053	160442	70824	3608135
1988	5389769	1715929	1133013	327634	169043	86239	3673840
1989	5511830	1738376	1157857	315211	175880	89428	3773454
1990	5626680	1803394	1188123	334923	183003	97345	3823286
1991	5809154	1887157	1240718	339265	196276	110898	3921997
1992	5941185	1938010	1268306	340176	207887	121641	4003175
1993	5959391	1974864	1245842	334379	259041	135602	3984527
1994	6029501	2027232	1246100	309200	278232	193700	4002269
1995	6037492	2060424	1246900	305100	290389	218035	3977068
1996	6045850	2106542	1239409	301505	301971	263657	3939308
1997	6064707	2115747	1234089	282361	307860	291437	3948960
1998	5948366	2058912	1101636	237310	358713	361253	3889454
1999	5829821	1902480	988500	185650	361577	366753	3927341
2000	5741347	1862139	934427	171193	380722	375797	3879208
2001	5758033	1868360	884121	118072	421546	444621	3889673
2002	5844215	1980767	818698	124313	494919	542837	3863448
2003	5932727	2127096	826105	126804	507949	666238	3805631
2004	6039731	2382938	790021	121984	466426	1004507	3656793
2005	6190374	2765412	789867	108614	624188	1242743	3424962
2006	6401398	3100921	807318	101998	762300	1429305	3300477

2-8 历年全市年末在岗职工人数及构成(按经济类型分)

Number of Fully Employed Staff and Workers and Their Compositions by Ownership (Year-end)

年　　份	在岗职工人　　数(人)				构　　　成 (%)		
		国　　有经济单位	城镇集体经济单位	其　　他经济单位	国　　有经济单位	城镇集体经济单位	其　　他经济单位
1978	1099892	832123	267769		75.7	24.3	
1979	1124646	862966	261680		76.7	23.3	
1980	1158978	896191	262787		77.3	22.7	
1981	1211397	934221	277176		77.1	22.9	
1982	1255954	971687	284267		77.4	22.6	
1983	1267282	982389	284893		77.5	22.5	
1984	1302262	981600	319406	1256	75.4	24.5	0.1
1985	1347588	1017858	328212	1518	75.5	24.4	0.1
1986	1388267	1056750	330413	1104	76.1	23.8	0.1
1987	1430713	1099618	329053	2042	76.9	23.0	0.1
1988	1463385	1133013	327634	2738	77.4	22.4	0.2
1989	1476727	1157857	315211	3659	78.4	21.3	0.3
1990	1527114	1188123	334923	4068	77.8	21.9	0.3
1991	1588060	1240718	339265	8077	78.1	21.4	0.5
1992	1618676	1268306	340172	10198	78.4	21.0	0.6
1993	1610430	1225842	334379	50209	76.1	20.8	3.1
1994	1594135	1217480	302369	74286	76.4	19.0	4.6
1995	1615166	1230768	300071	84327	76.2	18.6	5.2
1996	1540594	1148671	268049	123874	74.6	17.4	8.0
1997	1450610	1103500	248945	98165	76.0	17.2	6.8
1998	1340520	994736	198221	147563	74.2	14.8	11.0
1999	1299774	953582	182005	164187	73.4	14.0	12.6
2000	1245294	896721	166909	181664	72.0	13.4	14.6
2001	1173195	841870	115574	215751	71.8	9.8	18.4
2002	1213477	791372	119343	302762	65.2	9.8	25.0
2003	1216720	786691	119736	310293	64.7	9.8	25.5
2004	1232511	757038	117561	357912	61.4	9.5	29.1
2005	1295541	755951	105167	434423	58.4	8.1	33.5
2006	1349987	779719	98073	472195	57.8	7.3	34.9

2-9 企业、事业、机关单位数(2006年末)

Number of Enterprises, Institutions and Agencies Organizations (End of 2006)

单位：个

	合　计	国有经济	集体经济	其他经济
总　　计	**9687**	**5798**	**1512**	**2377**
按企业、事业、机关分组				
企　业	4609	1193	1051	2365
事　业	3462	2989	461	12
机　关	1616	1616		
按三次产业分组				
第一产业	175	130	45	
第二产业	2315	425	451	1439
第三产业	7197	5243	1016	938
按国民经济行业分组				
农、林、牧、渔业	175	130	45	
采矿业	16	7	2	7
制造业	1507	196	317	994
电力、燃气及水的生产和供应业	96	49	4	43
建筑业	696	173	128	395
交通运输、仓储和邮政业	212	142	21	49
信息传输、计算机服务和软件业	45	31		14
批发和零售业	821	273	312	236
住宿和餐饮业	235	77	36	122
金融业	385	173	138	74
房地产业	443	98	12	333
租赁和商务服务业	227	128	59	40
科学研究、技术服务和地质勘查业	417	387	13	17
水利、环境和公共设施管理业	150	123	10	17
居民服务和其他服务业	131	24	90	17
教育	1338	1327	2	9
卫生、社会保障和社会福利业	585	263	318	4
文化、体育和娱乐业	297	286	5	6
公共管理和社会组织	1911	1911		

2-10 分行业在岗职工人数(2006 年末)

Number of Fully Employed Staff and Workers by Sector (End of 2006)

单位：人

	总　　计	国有经济	集体经济	其他经济
总　　计	**1349987**	**779719**	**98073**	**472195**
按企事业和机关分组				
企　　业	919276	367941	81596	469739
事　　业	324314	305381	16477	2456
机　　关	106397	106397		
按三次产业分组				
第一产业	3230	2917	313	
第二产业	670829	233762	66194	370873
第三产业	675928	543040	31566	101322
按国民经济行业分组				
农、林、牧、渔业	3230	2917	313	
采矿业	6186	4656	365	1165
制造业	346304	100751	22960	222593
电力、燃气及水的生产和供应业	17488	9126	1111	7251
建筑业	300851	119229	41758	139864
交通运输、仓储和邮政业	84999	64321	3026	17652
信息传输、计算机服务和软件业	11050	9218		1832
批发和零售业	58869	22567	4072	32230
住宿和餐饮业	25252	7915	1602	15735
金融业	30166	19929	4343	5894
房地产业	18635	4556	267	13812
租赁和商务服务业	27733	22724	890	4119
科学研究、技术服务和地质勘查业	56905	52585	271	4049
水利、环境和公共设施管理业	18636	13657	3314	1665
居民服务和其他服务业	4518	1272	1584	1662
教育	145504	143779	52	1673
卫生、社会保障和社会福利业	62665	49901	12072	692
文化、体育和娱乐业	16131	15751	73	307
公共管理和社会组织	114865	114865		

2-11 单位女性从业人员数(2006 年末)

Number of Employed Female Staff and Workers (End of 2006)

单位：人

	总 计	国有经济	集体经济	其他经济
总 计	**479547**	**296272**	**30738**	**152537**
按企事业和机关分组				
企 业	283025	110735	20884	151406
事 业	162223	151238	9854	1131
机 关	34299	34299		
按三次产业分组				
第一产业	1127	1048	79	
第二产业	176050	58778	13977	103295
第三产业	302370	236446	16682	49242
按国民经济行业分组				
农、林、牧、渔业	1127	1048	79	
采矿业	1435	1302	26	107
制造业	124341	34603	7793	81945
电力、燃气及水的生产和供应业	6451	3271	481	2699
建筑业	43823	19602	5677	18544
交通运输、仓储和邮政业	27711	19577	1155	6979
信息传输、计算机服务和软件业	3976	3232		744
批发和零售业	28471	9831	2010	16630
住宿和餐饮业	13897	4344	1046	8507
金融业	21093	13296	2066	5731
房地产业	6741	1765	117	4859
租赁和商务服务业	8507	6599	418	1490
科学研究、技术服务和地质勘查业	19229	17991	71	1167
水利、环境和公共设施管理业	8329	5892	1726	711
居民服务和其他服务业	1750	393	497	860
教育	76834	75871	45	918
卫生、社会保障和社会福利业	41782	33783	7496	503
文化、体育和娱乐业	6514	6336	35	143
公共管理和社会组织	37536	37536		

2-12 城镇登记失业人员基本情况

Basic Conditions on Registered Urban Unemployed Persons

单位：人

	2005年		2006年			2005年		2006年	
	合计	#女性	合计	#女性		合计	#女性	合计	#女性
总　计	**58572**	**29260**	**67591**	**33097**	6个月以上	27233	16760	35608	18022
按年龄分					**按文化程度分**				
16—25岁	11992	5509	22031	9315	大专及以上	6344	3328	7821	3969
26岁及以上	46580	23751	45560	23782	中专和高中	24015	13529	30038	15095
按失业时间分					初中及以下	28213	12403	29732	14033
6个月以下	31339	12500	31983	15075					

2-13 职业介绍机构及工作情况

Basic Conditions of Employment Services

	单　位	2005年	2006年		单　位	2005年	2006年
年末职业介绍机构	个	**193**	**195**	**求职登记总数**	**人次**	**424410**	**718028**
#劳动部门办	个	20	20	#介绍成功人数	人次	232314	265533
非劳动部门办	个	173	175	用人登记总数	人次	608491	807608
#地市级	个	28	27	#失业人员	人次	151588	90754
县、区级	个	165	168				

2-14 历年在岗职工工资总额及平均工资

Total Wages and Average Wage of Fully Employed Staff and Workers by Year

年 份	在岗职工工资总额(万元)	国 有经济单位	城镇集体经济单位	其 他经济单位	在岗职工平均工资(元)	国 有经济单位	城镇集体经济单位	其 他经济单位
1978	61400	50584	10816		584	648	406	
1979	71984	59031	12953		652	706	494	
1980	88395	72170	16225		771	824	616	
1981	92129	74542	17587		772	819	640	
1982	97816	79145	18671		789	831	668	
1983	103159	83740	19419		817	888	626	
1984	127873	101440	26345	88	993	1049	849	727
1985	149045	119033	29892	120	1092	1161	908	821
1986	177609	144392	33108	109	1297	1395	1025	1041
1987	201047	164701	36130	216	1435	1536	1140	1143
1988	243740	201446	41842	452	1696	1821	1321	1589
1989	284793	238527	45556	710	1949	2097	1476	1191
1990	328585	273879	53891	815	2189	2347	1687	2037
1991	359676	29343	62559	1774	2412	2571	1909	2594
1992	439675	367603	69359	2713	2752	2943	2123	2953
1993	549777	449782	80444	19551	3451	3684	2434	4583
1994	780236	618509	120742	40985	4821	5103	3412	6147
1995	893039	724678	115025	53336	5592	5926	3835	6313
1996	1005061	812199	126252	66610	6258	6666	4316	7001
1997	1082417	884054	124669	73694	7420	7911	5019	7944
1998	1119941	888237	106567	125137	8248	8822	5310	8328
1999	1200672	950075	100949	149666	9035	9763	5462	8753
2000	1332340	1042404	111302	178634	10370	11197	6533	9738
2001	1489823	1171993	90628	227202	12493	13613	7753	10585
2002	1672484	1247596	99681	325207	13712	15581	8404	10828
2003	1873261	1405355	108225	359681	15275	17704	9098	11591
2004	2156401	1570673	118798	466930	17556	20785	10297	13071
2005	2572464	1820795	117452	634217	19962	23987	11431	14857
2006	3008605	2090253	128170	790182	22564	27064	13425	16972

2-15　在岗职工工资总额(2006 年)

Total Wages of Fully Employed Staff and Workers (2006)

单位：万元

	在岗职工工资总额	国有经济	集体经济	其他经济
总　　计	**3008605**	**2090253**	**128170**	**790182**
按企业、事业、机关分				
企　业	1870117	983676	101563	784878
事　业	810117	778206	26607	5304
机　关	328371	328371		
按三次产业分				
第一产业	5069	4709	360	
第二产业	1180152	530601	75962	573589
第三产业	1823384	1554943	51848	216593
按国民经济行业分				
农、林、牧、渔业	5069	4709	360	
采矿业	7966	5959	428	1579
制造业	637356	257794	27414	352148
电力、燃气及水的生产和供应业	59793	38501	1714	19578
建筑业	475037	228347	46406	200284
交通运输、仓储和邮政业	250896	199892	3760	47244
信息传输、计算机服务和软件业	53086	47726		5360
批发和零售业	120789	59224	5041	56524
住宿和餐饮业	35349	13015	1618	20716
金融业	133564	93000	12056	28508
房地产业	39815	10818	465	28532
租赁和商务服务业	72972	65224	1394	6354
科学研究、技术服务和地质勘查业	196552	183273	658	12621
水利、环境和公共设施管理业	28543	23755	3222	1566
居民服务和其他服务业	6379	2467	1725	2187
教育	318206	313057	58	5091
卫生、社会保障和社会福利业	175703	152775	21702	1226
文化、体育和娱乐业	42916	42103	149	664
公共管理和社会组织	348614	348614		

2-16 在岗职工平均工资(2006年)

Average Wages of Fully Employed Staff and workers (2006)

单位：元

	总　计	国有经济	集体经济	其他经济
总　　计	**22564**	**27064**	**13425**	**16972**
按企业、事业、机关分				
企　业	20579	26845	12829	16947
事　业	25314	25829	16320	21826
机　关	31393	31393		
按三次产业分				
第一产业	15615	16012	11790	
第二产业	17850	22774	11851	15755
第三产业	27257	28989	16691	21342
按国民经济行业分				
农、林、牧、渔业	15615	16012	11790	
采矿业	13131	13464	11729	12377
制造业	18685	25560	12136	16179
电力、燃气及水的生产和供应业	34289	42822	15482	26673
建筑业	16018	19235	11590	14534
交通运输、仓储和邮政业	29829	31413	12390	27086
信息传输、计算机服务和软件业	47454	50740		30097
批发和零售业	20130	26383	12098	16929
住宿和餐饮业	14105	16561	10442	13235
金融业	44652	46774	27907	49936
房地产业	21656	24004	16413	20987
租赁和商务服务业	26403	28763	15459	15651
科学研究、技术服务和地质勘查业	34946	35321	21658	31140
水利、环境和公共设施管理业	15661	17237	11016	10304
居民服务和其他服务业	14359	19408	10964	13686
教育	22197	22102	11192	30536
卫生、社会保障和社会福利业	28623	31282	18298	17844
文化、体育和娱乐业	26679	26889	16011	19812
公共管理和社会组织	30875	30875		

2-17 离开本单位仍保留劳动关系的职工基本情况

Basic Conditions of Staff and Workers Who Have Left Their Working Units While Keeping Their Labor Employment Relation Unchanged

	年末人数(人)				劳动报酬和生活费(万元)			
	离开本单位仍保留劳动关系的职工人数		#内部退养职工		离开本单位仍保留劳动关系的职工人数		#内部退养职工	
	2005年	2006年	2005年	2006年	2005年	2006年	2005年	2006年
总　　计	**108173**	**91630**	**54902**	**50966**	**72912**	**78243**	**53724**	**59207**
按企业、事业、机关分								
企　业	90563	74553	45472	41321	56974	59634	42090	45084
事　业	15092	14706	8414	8105	13201	15562	10250	11830
机　关	2518	2371	1016	1540	2737	3047	1384	2293
按三次产业分								
第一产业	360	264	126	148	206	266	134	190
第二产业	64700	51193	30832	27158	35808	35122	25577	26154
第三产业	43113	40173	23944	23660	36898	42855	28013	32863
按国民经济行业分								
农、林、牧、渔业	360	264	126	148	206	266	134	190
采矿业	814	744	142	100	143	269	61	38
制造业	35819	26956	21062	18671	22490	21589	18238	19241
电力、燃气及水的生产和供应业	1987	1756	1357	1408	2032	2021	1675	1825
建筑业	26080	21737	8271	6979	11143	11243	5603	5050
交通运输、仓储和邮政业	7708	8881	3632	4581	7581	9788	4875	5874
信息传输、计算机服务和软件业	1036	931	1035	931	1295	1362	1290	1357
批发和零售业	8913	6702	4515	3381	4591	5281	3445	4372
住宿和餐饮业	1764	1435	835	604	649	707	467	548
金融业	2414	2517	2370	2457	4443	4875	4403	4821
房地产业	399	367	206	276	250	372	197	342
租赁和商务服务业	3921	3078	2572	2166	3074	3141	2429	2660
科学研究、技术服务和地质勘查业	6293	5946	2662	2630	4126	4871	3022	3129
水利、环境和公共设施管理业	561	558	404	318	659	592	574	485
居民服务和其他服务业	249	365	17	40	139	248	11	13
教育	3804	3552	2417	2277	3542	4235	2772	3316
卫生、社会保障和社会福利业	2636	2721	1605	1869	2589	3077	2249	2610
文化、体育和娱乐业	833	796	411	401	816	828	544	627
公共管理和社会组织	2582	2324	1263	1729	3144	3478	1735	2709

主 要 统 计 指 标 解 释

总人口 指一定时点、一定地区范围内的有生命的个人的总和。

年度统计的年末总人口是指每年 12 月 31 日 24 时的人口数。

出生率 指在一定时期内(通常为一年)平均每千人所出生的人数的比率，一般用千分率表示。计算公式：

$$出生率=\frac{年出生人数}{年平均人数}\times 1000‰。$$

死亡率 指在一定时期内(通常为一年)一定地区的死亡人数与同期平均人数(或期中人数)之比，一般用千分率表示。计算公式：

$$死亡率=\frac{年死亡人数}{年平均人数}\times 1000‰。$$

人口自然增长率 指在一定时期内(通常为一年)人口自然增加数(出生人数减死亡人数)与该时期内平均人数(或期中人数)之比，一般用千分率表示。计算公式：

$$人口自然增长率=\frac{本年出生人数-本年死亡人数}{年平均人数}\times 1000‰。$$

$$人口自然增长率=人口出生率-人口死亡率$$

从业人员 指从事一定社会劳动并取得劳动报酬或经营收入的人员。包括：

(1)全部职工

(2)再就业的离退休人员

(3)私营业主

(4)个体户主

(5)私营和个体从业人员

(6)乡镇企业从业人员

(7)农村从业人员

(8)其他从业人员（包括民办教师、宗教职业者、现役军人等）

这一指标反映了一定时期内全部劳动力资源的实际利用情况，是研究我国基本国情国力的重要指标。

各单位的从业人员是指在各级国家机关、政党机关、社会团体及企业、事业单位中工作，并取得劳动报酬的全部人员。包括在岗职工、再就业的离退休人员、民办教师以及在各单位中工作的外方人员和港、澳、台方人员。

各单位的从业人员反映了各单位实际参加生产或工作的全部劳动力。因此,从 1998 年开始,各单位的从业人员不包括离开本单位仍保留劳动关系的职工。

经济活动人口 指在 16 岁以上，有劳动能力，参加或要求参加社会经济活动的人口。包括：从业人员和失业人员。

城镇私营和个体从业人员 城镇私营从业人员指在工商管理部门注册登记，其经营地址设在县城关镇（含城关镇）以上的私营企业从业人员。包括：私营企业投资者和雇工。城镇个体从业人员指在工商管理部门注册登记，并持有城镇户口或在城镇长期居住，经批准从事个体工商经营的从业人员。包括：个体经营者和在个体工商户劳动的家庭帮工和雇工。

城镇登记失业人员及失业率 指有非农业户口，在一定的劳动年龄内，有劳动能力，无业而要求就业，并在当地就业服务机构进行求职登记的人员。城镇登记失业率，指城镇登记失业人数同城镇从业人数与城镇登记失业人数之和的比。计算公式为：

$$\text{城镇登记失业率}=\frac{\text{城镇登记失业人数}}{\text{城镇从业人数}+\text{城镇登记失业人数}}\times 100\%$$

在岗职工 指调查时期（点）在国有经济、城镇集体经济、联营经济、股份制经济、外商和港、澳、台投资经济、其他经济单位及其附属机构工作并领取工资的职工。

在岗职工工资总额 指各单位在一定时期内直接支付给本单位全部在岗职工的劳动报酬总额。

在岗职工工资总额的计算原则应以直接支付给在岗职工的全部劳动报酬为根据。各单位支付给在岗职工的劳动报酬以及其他根据有关规定支付的工资，不论是计入成本的还是不计入成本的，不论是按国家规定列入计征奖金税项目的，还是未列入计征奖金税项目的，不论是以货币形式支付的还是以实物形式支付的，均包括在工资总额内。

在岗职工平均工资 指企业、事业、机关单位的在岗职工在一定时期内平均每人所得的货币工资额。它表明一定时期在岗职工工资收入的高低程度，是反映在岗职工工资水平的主要指标。计算公式为：

$$\text{在岗职工平均工资}=\frac{\text{报告期实际支付的在岗职工工资总额}}{\text{报告期在岗职工平均人数}}$$

在岗职工平均实际工资 指扣除物价变动因素后的在岗职工平均工资。计算公式为：

$$\text{在岗职工平均实际工资}=\frac{\text{报告期在岗职工平均工资}}{\text{报告期城镇居民消费价格指数}}$$

三、固定资产投资、建筑业

简 要 说 明

主要内容

固定资产投资包括:全社会范围内的固定资产投资总额、发展速度及构成;基本建设、更新改造投资额及构成情况、资金状况;房地产开发投资情况等。

建筑业包括:全市建筑施工企业生产情况、财务状况及其他主要指标。

资料来源

固定资产投资和建筑业资料来源于成都市统计局。

其他需要说明的问题

建筑业统计范围:1995年以前为城镇集体及国有建筑企业;1996年起为具有建筑业资质等级四级及四级以上的各种经济类型的建筑企业。

建筑业统计原则:凡公司所在地成都的建筑企业(含本公司在外地的生产活动)均纳入统计范围。

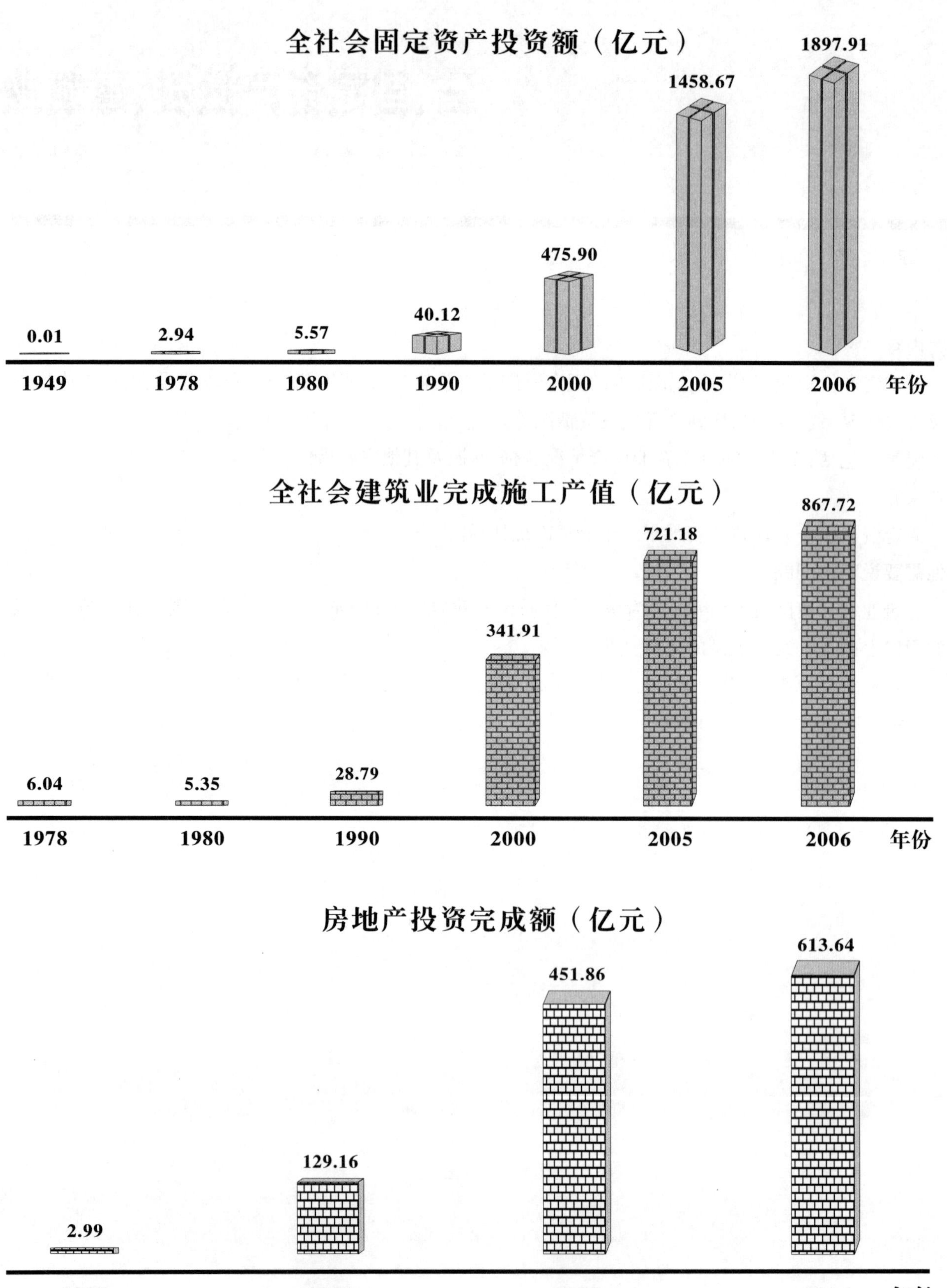
全社会固定资产投资额（亿元）
0.01
2.94
5.57
40.12
475.90
1458.67
1897.91
1949
1978
1980
1990
2000
2005
2006
年份
全社会建筑业完成施工产值（亿元）
6.04
5.35
28.79
341.91
721.18
867.72
1978
1980
1990
2000
2005
2006
年份
房地产投资完成额（亿元）
2.99
129.16
451.86
613.64
1990
2000
2005
2006
年份

3-1 历年全社会固定资产投资(按经济类型分)

Total Investment in Fixed Assets by Ownership

单位：万元

年　份	总　计	# 国有经济	# 集体经济	# 私营及个体经济	在总计中: 住　宅
1950	58	58			5
1951	440	440			57
1952	1303	1303			157
1953	3913	3913			512
1954	4395	4395			691
1955	4308	4308			903
1956	11275	11275			2724
1957	16124	16124			2180
1958	22197	22197			1003
1959	47190	47190			2207
1960	62127	62127			2124
1961	18784	18784			1050
1962	10653	10653			604
1963	13547	13547			1276
1964	20305	20305			2161
1965	32112	32112			1731
1966	31220	31220			1036
1967	14482	14482			794
1968	11917	11917			479
1969	14293	14293			827
1970	18540	18540			970
1971	19306	19306			1158
1972	23895	23895			1620
1973	20349	20349			1741
1974	13692	13692			1433
1975	17301	17196	105		1474
1976	16504	16403	101		1180
1977	19668	19468	200		2938

注：根据 2004 年国家投资口径变动和房地产普查结果，调整了 2004 年投资总量。

续表 1

单位：万元

年　份	总　计	# 国有经济	# 集体经济	# 私营及个体经济	在总计中：住　宅
1978	29391	28334	1057		4738
1979	50706	48851	1855		13022
1980	55744	52022	3722		18516
1981	73229	61295	6800	5134	27456
1982	95271	81874	7100	6297	32273
1983	107318	89160	7723	10435	38566
1984	146399	103594	16667	26138	40609
1985	241874	173565	44316	23993	62835
1986	248741	185426	29631	33684	60259
1987	286695	199733	38558	48404	80648
1988	364892	241474	46717	76701	103857
1989	356684	243455	44230	68999	105130
1990	401156	282024	45853	73279	120688
1991	485147	349698	56475	78794	131234
1992	788038	523473	150423	114142	225462
1993	1413826	757296	340030	126496	380789
1994	1797908	910033	406660	188132	511760
1995	2156272	1081961	550455	217100	672640
1996	2588457	1192478	568105	308000	832200
1997	3100791	1480027	627493	332443	821886
1998	3718700	2101225	526100	364500	951400
1999	4190983	2339883	453457	365256	1064080
2000	4759020	2278569	372682	422201	1386892
2001	5822157	2869402	420045	661221	1810758
2002	7021455	3322330	479117	812526	2074475
2003	8629700	4014537	404889	1054117	2487521
2004	10574474	4417333	500981	1398723	2849689
2005	14586741	5773710	106657	1791346	3989685
2006	18979098	6829070	123274	2174166	5994888

3-2 历年全社会固定资产投资构成(按经济类型分)

Composition of Total Investment in Fixed Assets by Ownership

单位：%

年份	总计	# 国有经济	# 集体经济	# 私营及 个体经济	在总计中： 住宅
1978	100	96.4	3.6		16.1
1979	100	96.3	3.7		25.7
1980	100	93.3	6.7		33.2
1981	100	83.7	9.3	7.0	37.5
1982	100	85.9	7.5	6.6	33.9
1983	100	83.1	7.2	9.7	35.9
1984	100	70.8	11.4	17.8	27.7
1985	100	71.8	18.3	9.9	26.0
1986	100	74.5	11.9	13.6	24.2
1987	100	69.7	13.4	16.9	28.1
1988	100	66.2	12.8	21.0	28.5
1989	100	68.3	12.4	19.3	29.5
1990	100	70.3	11.4	18.3	30.1
1991	100	72.1	11.6	16.3	27.1
1992	100	66.4	19.1	14.5	28.6
1993	100	53.6	24.0	8.9	27.0
1994	100	50.6	22.6	10.5	28.5
1995	100	50.2	25.5	10.1	31.2
1996	100	46.1	21.9	11.9	32.2
1997	100	47.7	20.2	10.7	26.5
1998	100	56.5	14.1	9.8	25.6
1999	100	55.8	10.8	8.7	25.3
2000	100	47.9	7.8	8.9	29.1
2001	100	49.3	7.2	11.4	31.1
2002	100	47.3	6.8	11.6	29.5
2003	100	46.5	4.7	12.2	28.8
2004	100	41.8	4.7	13.2	26.9
2005	100	39.6	0.7	12.3	27.4
2006	100	36.0	0.6	11.5	31.6

3-3 历年全社会固定资产投资发展速度(按经济类型分)

Development Rates of Total Investment in Fixed Assets by Ownership

单位：%

年　　份	总　　计	# 国有经济	# 集体经济	# 私营及个体经济	在总计中：住　　宅
1978	149.4	145.5	528.5		161.3
1979	172.5	172.4	175.5		274.8
1980	109.9	106.5	200.0		142.2
1981	131.4	117.8	182.7		148.3
1982	130.1	133.6	104.4	122.7	117.5
1983	112.6	108.9	108.8	165.7	119.5
1984	136.4	116.2	215.8	250.5	105.3
1985	165.2	167.5	265.9	91.8	154.7
1986	102.8	106.8	66.9	140.4	95.9
1987	115.3	107.7	130.1	143.7	133.8
1988	127.3	120.9	121.2	158.5	128.8
1989	97.8	100.8	94.7	110.0	101.2
1990	112.5	115.8	103.7	106.2	114.8
1991	120.9	124.0	123.2	107.5	108.7
1992	162.4	149.7	266.3	144.9	171.8
1993	179.4	144.7	226.0	110.8	168.9
1994	127.2	120.2	119.6	148.7	134.4
1995	119.9	118.9	135.4	115.4	131.4
1996	120.0	110.2	103.2	141.9	123.7
1997	119.8	124.1	110.5	107.9	101.2
1998	119.9	142.0	83.8	109.6	115.8
1999	112.7	111.4	86.2	100.2	111.8
2000	113.6	97.4	82.2	115.6	130.3
2001	122.3	125.9	112.7	156.6	130.6
2002	120.6	115.8	114.1	122.9	114.6
2003	122.9	120.8	84.5	129.7	119.9
2004	122.5	110.0	123.7	132.7	114.6
2005	137.9	130.7	122.3	128.1	140.0
2006	130.1	118.3	115.6	121.4	150.3
平均发展速度					
1949-2006	125.0	122.7	125.6②	127.4③	127.8
1978-2006	126.0	121.6	118.5	127.4③	129.1

注：①发展速度以上年为基期；②为 1975–2006 年平均发展速度；③为 1981–2006 年平均发展速度。

3-4 历年全社会固定资产投资(按种类和构成分)

Total Investment in Fixed Assets by Channel of Management and Use of Funds

单位：万元

年 份	总 计	按管理渠道分			按构成分		
		#基建投资	#更改投资	#房地产投资	建筑安装工程	设备工器具购 置	其他费用
1978	29391	27461			16670	10602	2119
1979	50706	44684	4167		31002	15770	3934
1980	55744	46686	5336		39649	12617	3478
1981	73229	35295	26000		52427	15634	5168
1982	95271	51874	30000		63219	22659	9393
1983	107318	61509	27651		75420	21700	10198
1984	146399	63838	35723		96268	35330	14801
1985	241874	114097	56004		149299	67021	25554
1986	248741	113860	67889		149833	69875	29033
1987	286695	113392	85352		185231	72314	29150
1988	364892	128933	107003		225847	101739	37306
1989	356684	129297	109019		212140	102570	41974
1990	401156	129438	117733	29883	253113	109338	38705
1991	485147	210967	95843	31021	305714	126972	52461
1992	788038	269816	151885	94446	545039	182227	60772
1993	1413826	440521	202886	207310	939120	281104	193602
1994	1797908	614111	308087	337506	1184909	409941	203058
1995	2156272	754208	224222	545376	1482024	369660	304588
1996	2588457	908735	254270	684379	1950825	304328	333304
1997	3100791	1199554	347932	730147	2074831	635973	389987
1998	3718700	1693757	469391	799675	2194308	885732	638660
1999	4190983	2013052	450020	998565	2613297	923373	654313
2000	4759020	2283936	489530	1291611	3129144	803781	826095
2001	5822157	2815371	649091	1707554	3998475	868248	955434
2002	7021455	3356275	906388	2033104	4163072	1292108	1566275
2003	8629700	4014091	1306440	2453991	4779214	1351187	2499299
2004	10574474	5029585	1847735	3089697	6280177	1522686	2771611
2005	14586741	6448805	2957605	4518628	8189462	2045539	4351740
2006	18979098	9007689	3618208	6136351	10720823	2668806	5589469

3-5 历年全社会固定资产投资比重(按种类和构成分)

Proportion of Total Investment in Fixed Assets by Channel of Management and Use of Funds

单位：%

年份	按管理渠道分			按构成分		
	#基建投资	#更改投资	#房地产投资	建筑安装工程	设备工器具购置	其他费用
1978	93.4			56.7	36.1	7.2
1979	88.1	8.2		61.1	31.1	7.8
1980	83.8	9.6		71.1	22.6	6.3
1981	48.2	35.5		71.6	21.3	7.1
1982	54.4	31.5		66.4	23.8	9.8
1983	57.3	25.8		70.3	20.2	9.5
1984	43.6	24.4		65.8	24.1	10.1
1985	47.2	23.2		61.7	27.7	10.6
1986	45.8	27.3		60.2	28.1	11.7
1987	39.6	29.8		64.6	25.2	10.2
1988	35.3	29.3		61.9	27.9	10.2
1989	36.2	30.6		59.5	28.8	11.7
1990	32.3	29.3	7.4	63.1	27.3	9.6
1991	43.5	19.8	6.4	63.0	26.2	10.8
1992	34.2	19.3	12.0	69.2	23.1	7.7
1993	31.2	14.4	14.7	66.4	19.9	13.7
1994	34.2	17.1	18.8	65.9	22.8	11.3
1995	35.0	10.4	25.3	68.7	17.1	14.2
1996	35.1	9.8	26.4	75.4	11.8	12.8
1997	38.7	11.2	23.5	67.3	20.1	12.6
1998	45.5	12.6	21.5	59.0	23.8	17.2
1999	48.0	10.7	23.8	62.4	22.0	15.6
2000	48.0	10.3	27.1	65.8	16.9	17.3
2001	48.4	11.1	29.3	68.7	14.9	16.4
2002	47.8	12.9	29.0	59.3	18.4	22.3
2003	46.5	15.1	28.4	55.4	15.6	29.0
2004	47.6	17.5	29.2	59.4	14.4	26.2
2005	44.2	20.3	31.0	56.2	14.0	29.8
2006	47.5	19.1	32.3	56.5	14.1	29.4

3-6 历年全社会固定资产投资发展速度(按种类分)

Development Rates of Total Investment In Fixed Assets by Channel of Management

单位：%

年份	总计	# 基建投资	# 更改投资	# 房地产投资
1978	149.4	141.1		
1979	172.5	162.7		
1980	109.9	104.5	128.1	
1981	131.4	75.6	487.3	
1982	130.1	147.0	115.4	
1983	112.6	118.6	92.0	
1984	136.4	103.9	129.2	
1985	165.2	178.7	156.8	
1986	102.8	99.8	121.2	
1987	115.3	99.6	125.7	
1988	127.3	113.7	125.4	
1989	97.7	100.3	101.9	
1990	112.5	100.1	108.0	
1991	120.9	163.0	118.6	103.8
1992	162.4	127.9	158.5	304.5
1993	179.4	163.3	133.6	219.5
1994	127.2	139.4	151.8	162.8
1995	119.9	122.8	72.8	161.6
1996	120.0	120.5	113.4	125.5
1997	119.8	132.0	136.8	106.7
1998	119.9	141.2	134.9	109.5
1999	112.7	118.8	95.9	124.9
2000	113.6	113.5	108.8	129.3
2001	122.3	123.3	132.6	132.2
2002	120.6	119.2	139.6	119.1
2003	122.9	119.6	144.1	120.7
2004	122.5	125.3	141.4	110.9
2005	137.9	128.2	160.1	157.0
2006	130.1	139.7	122.3	135.8
平均发展速度 1978-2006	126.0	123.0	128.5②	139.5③

注：①发展速度以上年为基期；②为 1979–2006 年平均发展速度；③为 1990–2006 年平均发展速度。

3-7 历年全社会固定资产投资效果主要指标

Main Indicators of Total Investment Results in Fixed Assets by Year

年　份	施工项目（个）	全部建成投产项目（个）	建设项目投产率（%）	新增固定资产（万元）	固定资产交付使用率（%）	房屋面积竣工率（%）	住宅面积竣工率（%）
1978	693	171	24.6	29345	99.8	52.6	56.9
1979	1067	323	30.3	38966	76.8	49.4	50.7
1980	1228	535	43.6	49430	88.7	53.9	53.0
1981	1289	548	42.5	64474	87.8	68.1	70.1
1982	1633	750	45.9	71030	74.6	66.4	69.3
1983	2427	1482	61.1	82754	77.1	76.2	83.5
1984	1708	863	50.5	116641	79.7	76.7	86.8
1985	2386	1290	54.1	170909	70.7	72.1	79.7
1986	1861	929	49.9	201450	80.9	74.2	82.9
1987	1940	788	40.6	217055	75.7	71.8	80.9
1988	1855	881	47.5	271395	74.4	74.7	85.6
1989	1328	640	48.2	268313	75.2	76.2	86.8
1990	1654	736	44.5	330572	82.4	73.8	78.3
1991	2476	1431	57.8	383200	78.9	73.9	79.3
1992	3822	2089	54.7	519400	65.9	58.8	66.7
1993	4493	2639	58.7	836800	59.2	57.5	63.8
1994	3516	2305	65.6	1230700	68.5	58.1	67.2
1995	3553	2438	68.6	1379900	63.9	52.8	63.5
1996	3161	2156	68.2	1768600	68.3	59.1	68.9
1997	2948	1937	65.7	2289851	73.8	60.9	72.2
1998	4106	2826	68.8	2572400	69.1	53.2	61.9
1999	3190	2068	64.8	3180245	75.8	57.8	61.2
2000	2992	1988	66.4	3237100	68.0	56.8	61.8
2001	2145	1266	59.0	4101094	70.4	53.6	59.9
2002	2137	1251	58.5	4542637	64.7	57.5	63.6
2003	1774	668	37.7	4498586	52.1	52.6	59.2
2004	2126	1132	53.2	5704363	52.6	47.3	48.2
2005	3697	1451	39.2	5254965	36.0	30.1	29.2
2006	3820	1984	51.9	8375907	44.1	30.2	26.6

3-8 历年国有经济单位固定资产投资

Total Investment in Fixed Assets of State–owned Units by Year

单位：万元

年　份	总　计	#基建投资	#更改投资	#房地产投资	在总计中：住　宅
1978	28334	27461			4706
1979	48851	44684	4167		12895
1980	52022	46686	5336		18198
1981	61295	35295	26000		21722
1982	81874	51874	30000		26020
1983	89160	61509	27651		28034
1984	103594	63838	35723		22963
1985	173565	114097	56004		38995
1986	185426	113860	67889		32100
1987	199733	113392	85352		36557
1988	241474	128933	107003		35276
1989	243455	129297	109019		42230
1990	282024	129438	117733	29883	52012
1991	349698	210967	95843	31021	60897
1992	523473	269816	151885	94446	128486
1993	757296	440521	202886	106647	195111
1994	910033	507497	270687	125555	209795
1995	1081961	673204	211501	191869	304617
1996	1192478	764703	189582	231519	324655
1997	1480027	1043977	273403	162647	253833
1998	2101225	1487162	379701	234362	356386
1999	2339883	1683602	319915	336366	447865
2000	2278569	1745390	192205	340974	441863
2001	2869402	2180143	242981	437594	577866
2002	3322330	2625351	265369	423496	566357
2003	4014537	3217917	395262	380273	513320
2004	4414864	3900470	387299	126432	646390
2005	5773710	4560259	563727	240896	772045
2006	6829070	5920456	623377	273939	1316574

3-9 历年国有经济单位固定资产投资效果主要指标

Main Indicators of Total Investment Results in Fixed Assets of State–owned Units by Year

年　份	施工项目（个）	全部建成投产项目（个）	建设项目投产率（%）	新　增固定资产（万元）	固定资产交付使用率（%）	房屋面积竣工率（%）	住宅面积竣工率（%）
1978	667	158	23.7	28365	100.1	49.0	53.2
1979	1026	314	30.6	37637	77.0	48.9	50.6
1980	1135	484	42.6	45634	87.7	50.2	52.2
1981	1202	513	42.7	51242	83.6	53.6	50.8
1982	1541	710	46.1	57503	70.2	49.0	49.7
1983	2234	1356	60.7	65508	73.5	57.1	66.5
1984	1405	671	47.8	78120	75.4	49.2	60.7
1985	1969	1009	51.2	108007	62.2	46.9	52.8
1986	1532	792	51.7	141620	76.4	48.1	56.5
1987	1647	742	45.1	137999	69.1	43.1	44.4
1988	1855	881	47.5	157657	65.3	41.6	69.4
1989	1328	640	48.2	173883	71.4	46.2	54.2
1990	1488	685	46.0	202219	80.2	43.5	46.6
1991	1553	723	46.6	226324	71.0	44.8	47.1
1992	1397	542	38.8	331491	63.3	31.0	30.2
1993	1672	477	28.5	416878	55.0	39.1	40.7
1994	1070	424	39.6	656545	72.1	40.1	43.2
1995	990	437	49.1	714788	66.1	41.0	45.8
1996	1057	533	50.4	894062	75.0	44.4	54.8
1997	940	393	41.8	1147845	77.6	45.5	54.3
1998	1258	595	47.3	1307070	62.2	36.3	33.3
1999	1009	531	52.6	1752261	74.8	43.4	46.3
2000	962	470	48.9	1450128	63.6	49.9	54.5
2001	830	322	38.8	2126044	74.1	45.6	53.2
2002	794	301	37.9	1884759	56.7	41.1	47.1
2003	734	251	34.2	1766630	44.0	31.5	39.9
2004	662	282	42.6	2044878	46.3	30.6	26.1
2005	1081	294	27.2	1854286	32.1	18.8	9.9
2006	1296	625	48.2	2711640	39.7	25.1	21.3

3-10 历年基本建设投资效果主要指标

Main Indicators of Investment Results in Capital Construction by Year

年份	项目竣工率(%)	施工项目(个)	固定资产交付使用率(%)	新增固定资产(万元)	房屋竣工率(%)	竣工房屋面积(万平方米)	住宅竣工率(%)	住宅竣工房屋面积(万平方米)
1978	23.7	667	120.0	28011	48.5	89.21	52.5	43.03
1979	26.2	736	79.7	35616	49.4	167.41	50.6	103.76
1980	33.1	845	90.7	42357	49.9	211.69	51.8	136.38
1981	38.0	923	88.5	31242	54.1	191.81	51.9	132.61
1982	42.3	1025	72.3	37503	47.4	212.00	48.1	156.72
1983	66.4	1033	74.9	46080	58.9	250.47	67.4	184.28
1984	44.3	774	69.5	44383	49.5	196.00	59.1	127.00
1985	48.5	968	58.8	67123	42.1	242.00	49.9	160.31
1986	57.8	809	74.2	84432	47.4	244.81	57.2	148.07
1987	46.2	741	68.2	77360	41.8	226.24	43.6	102.07
1988	44.1	743	65.3	84223	39.5	197.10	49.8	99.28
1989	50.7	745	81.9	105947	44.0	182.50	55.1	97.30
1990	42.5	857	78.6	101676	41.0	184.32	44.7	86.69
1991	47.7	938	69.4	146446	42.8	184.72	46.8	90.58
1992	36.5	792	78.9	212823	32.7	198.65	34.4	93.22
1993	40.6	793	53.1	233711	38.5	263.61	43.1	143.32
1994	39.3	781	68.6	421005	38.5	314.20	44.6	164.64
1995	39.8	788	61.9	466833	39.1	339.37	48.0	196.21
1996	44.1	833	68.3	620177	41.1	362.72	55.8	206.82
1997	36.6	747	75.4	904700	39.0	315.04	52.5	174.36
1998	36.6	993	64.2	1086984	37.2	352.16	41.0	187.89
1999	46.6	935	72.6	1460846	43.2	402.09	52.1	234.98
2000	48.1	1042	71.5	1632976	50.8	490.55	62.6	273.51
2001	43.4	1005	79.0	2225093	36.9	371.37	42.7	179.68
2002	39.6	970	55.6	1865408	33.6	355.17	33.4	113.14
2003	34.2	1014	40.8	1632512	25.8	309.83	27.0	93.00
2004	50.0	1108	50.0	2516435	30.1	524.89	22.0	158.77
2005	34.1	1795	31.1	1968084	19.0	420.81	9.1	80.58
2006	50.7	2258	43.2	3890792	27.3	1137.44	20.8	413.08

3-11 历年基本

Investment in Capital

年 份	总 计	按隶属关系分		按建设性质分	
		中央、省	市及市以下	#新 建	#改扩建
1978	27461	19578	7883	4744	21546
1979	44684	28383	16301	12481	31208
1980	46686	30983	15703	11444	34763
1981	35295	23534	11761	4306	28059
1982	51874	31635	20239	6329	41229
1983	61509	42623	18886	8657	41697
1984	63838	47704	16134	15820	37500
1985	114097	82087	32010	35112	60392
1986	113860	79102	34758	45402	51887
1987	113392	81138	32254	37546	65670
1988	128933	84121	44812	45711	76120
1989	129297	85020	44277	33879	72925
1990	129438	76721	52717	38398	71553
1991	210967	130035	80932	60168	120590
1992	269816	127368	142448	58383	159132
1993	440521	184218	256303	112791	254247
1994	614111	290406	323705	210700	288804
1995	754208	337648	416560	249075	372410
1996	908735	332456	576279	290734	509662
1997	1199554	517783	681771	309353	723236
1998	1693757	631755	1062002	462547	1023206
1999	2013052	738199	1274853	599024	1016971
2000	2283936	816508	1467428	899973	947529
2001	2815371	873320	1942051	1014528	1481105
2002	3356275	854092	2502183	1171334	1577386
2003	4014091	883774	3130317	1894660	1676503
2004	5029585	1171567	3858018	2717527	1889046
2005	6448805	1209322	5239483	4108461	1744590
2006	9007689	1422219	7585470	6144410	2169880

建设投资情况

Construction by Year

单位：万元

	按构成分			在总计中：
#单纯购置	建筑安装工程	设备工器具购置	其他费用	住　　宅
1171	15089	10326	2046	4351
995	29169	12064	3451	12660
479	35929	7897	2860	17939
2930	30432	2544	2319	17722
4316	37923	7841	6110	22020
2182	46179	8333	6997	24348
2147	42251	10889	10698	18773
2562	75473	21366	17258	34064
2780	72608	19429	21823	26042
164	82642	14692	16058	27668
1199	83886	26583	18464	25357
14785	77562	22858	28877	35172
455	90306	21836	17296	22748
132	127167	58328	25472	28875
351	177072	45527	47217	46936
256	339660	48538	52323	89869
180	454877	97128	62106	102803
409	568007	77349	108852	172543
2360	649348	113503	145884	148599
80149	843668	205701	150185	143795
97263	1036438	348353	308966	186683
278778	1272504	441684	298864	223373
277202	1611785	420404	251747	260052
176349	1933642	487865	393864	231518
349010	1934605	707003	714667	205211
428531	1865843	668665	1479583	166881
277208	2809872	661696	1558017	599796
465754	3698489	664264	2086052	586463
402311	5477081	939080	2591528	1411659

3-12 历年基本建

Composition of Capital

年　份	总　计	按隶属关系分		按建设性质分	
		中央、省	市及市以下	#新　建	#改扩建
1978	100	71.3	28.7	17.3	78.5
1979	100	63.5	36.5	27.9	69.8
1980	100	66.4	33.6	24.5	74.5
1981	100	66.7	33.3	12.2	79.5
1982	100	61.0	39.0	12.2	79.5
1983	100	69.3	30.7	14.1	67.8
1984	100	74.7	25.3	24.8	58.7
1985	100	71.9	28.1	30.8	52.9
1986	100	69.5	30.5	39.9	45.6
1987	100	71.6	28.4	33.1	57.9
1988	100	65.2	34.8	35.5	59.0
1989	100	65.8	34.2	26.2	56.4
1990	100	59.3	40.7	29.7	54.8
1991	100	61.6	38.4	28.5	57.2
1992	100	47.2	52.8	21.6	59.0
1993	100	41.8	58.2	25.6	57.7
1994	100	47.3	52.7	34.3	47.0
1995	100	44.8	55.2	33.0	49.4
1996	100	36.6	63.4	32.0	56.1
1997	100	43.2	56.8	25.8	60.3
1998	100	37.3	62.7	27.3	60.4
1999	100	36.7	63.3	29.7	50.5
2000	100	35.8	64.2	39.4	41.5
2001	100	31.0	69.0	36.0	52.6
2002	100	25.4	74.6	34.9	47.0
2003	100	22.0	78.0	47.2	41.8
2004	100	23.3	76.7	54.0	37.6
2005	100	18.8	81.2	63.7	27.1
2006	100	15.8	84.2	68.2	24.1

设投资构成

Construction by Year

单位：%

	按构成分			在总计中：
#单纯购置	建筑安装工程	设备工器具购置	其他费用	住　　宅
4.2	54.9	37.6	7.5	15.8
2.3	65.3	27.0	7.7	28.3
1.0	77.0	16.9	6.1	38.4
8.3	86.2	7.2	6.6	50.2
8.3	73.1	15.1	11.8	42.4
3.5	75.1	13.5	11.4	39.6
3.4	66.2	17.0	16.8	29.4
2.2	66.1	18.7	15.2	29.9
2.4	63.8	17.0	19.2	22.9
0.1	72.9	13.0	14.1	24.4
0.9	65.1	20.6	14.3	19.7
11.4	60.0	17.7	22.3	27.2
0.3	69.8	16.9	13.3	17.6
0.1	60.3	27.6	12.1	13.7
0.1	65.6	16.9	17.5	17.4
0.1	77.1	11.0	11.9	20.4
	74.1	15.8	10.1	16.7
0.5	75.3	10.3	14.4	22.9
0.3	71.5	12.5	16.0	16.4
6.7	70.3	17.2	12.5	12.0
5.7	61.2	20.6	18.2	11.0
13.8	63.2	21.9	14.9	11.1
12.1	70.6	18.4	11.0	11.4
6.3	68.7	17.3	14.0	8.2
10.4	57.6	21.1	21.3	6.1
10.7	46.5	16.7	36.8	4.2
5.5	55.9	13.1	31.0	11.9
7.2	57.3	10.3	32.4	9.1
4.5	60.8	10.4	28.8	15.7

3-13 历年基本建设投资资金来源

Capital Construction by Source of Funds by Year

单位：万元

年 份	总 计	#国 家 预算内资金	# 国内贷款	# 利用外资	# 自筹资金	# 其他资金
1978	27461	20572			6889	
1979	44684	29140	46		15498	
1980	46686	22743	1464	32	22447	
1981	35295	14847	2116	28	18304	
1982	51874	16927	1741	4801	25729	2676
1983	61509	24587	2365	4036	29509	1012
1984	63838	29975	4678	283	25146	3736
1985	114097	49848	13065		44623	6561
1986	113860	42582	17577		42039	11497
1987	114213	45279	13916		47469	7549
1988	131160	35119	25348	177	56852	6264
1989	141196	29352	23931	11743	60482	12163
1990	153562	28054	25080	30233	60674	4519
1991	284734	42430	48183	26860	95996	5710
1992	274872	48738	86710	1993	128219	9212
1993	443309	54743	112848	2190	227407	31194
1994	572310	55648	132642	24528	298296	52548
1995	749469	52162	164330	52768	370592	100367
1996	904586	47601	113683	45759	582707	102652
1997	1027699	50663	141203	34899	676260	119272
1998	1727367	130821	332852	134347	904951	138107
1999	2153283	133684	391282	134786	1187582	130037
2000	2430402	112098	528789	291572	1139342	201677
2001	2975173	152543	551451	242192	1588114	287703
2002	3467694	172506	765695	202394	1973426	172902
2003	4227149	122237	1416414	174279	2046469	319621
2004	5302645	201418	1409990	224757	2918829	196397
2005	6703345	133313	1501204	161095	4270249	336800
2006	9485780	216955	1702965	145607	6622692	550755

3-14　历年基本建设投资资金来源构成

Composition for Capital Construction by Source of Funds by Year

单位：%

年　份	总　计	#国家预算内资金	#国内贷款	#利用外资	#自筹资金	#其他资金
1978	100	74.9			25.1	
1979	100	65.2			34.7	
1980	100	48.7	3.1		48.1	
1981	100	42.1	6.0		51.9	
1982	100	32.6	3.4	9.3	49.6	5.1
1983	100	40.0	3.8	6.5	48.0	1.6
1984	100	47.0	7.3	0.4	39.4	5.9
1985	100	43.7	11.5		39.0	5.8
1986	100	37.4	15.4		36.9	10.1
1987	100	39.6	12.2		41.6	6.6
1988	100	26.8	19.3	0.1	43.3	4.8
1989	100	20.8	16.9	8.3	42.8	8.6
1990	100	18.3	16.3	19.7	39.5	2.9
1991	100	14.9	16.9	9.4	33.7	2.0
1992	100	17.7	31.5	0.7	46.6	3.4
1993	100	12.3	25.5	0.5	51.3	7.0
1994	100	9.7	23.3	4.3	52.1	9.2
1995	100	7.0	21.9	7.0	49.4	13.4
1996	100	5.3	12.6	5.1	64.4	11.3
1997	100	4.9	13.7	3.4	65.8	11.6
1998	100	7.6	19.3	7.8	52.4	8.0
1999	100	6.2	18.2	6.3	55.2	6.0
2000	100	4.6	21.8	12.0	46.9	8.3
2001	100	5.1	18.5	8.1	53.4	9.7
2002	100	5.0	22.1	5.8	56.9	5.0
2003	100	2.9	33.5	4.1	48.4	7.6
2004	100	3.8	26.6	4.2	55.0	3.7
2005	100	2.0	22.4	2.4	63.7	5.0
2006	100	2.3	18.0	1.5	69.8	5.8

3-15 历年更新改造投资资金来源情况

Investment in Innovation by Source of Funds

单位：万元

年　份	总　计	#国家预算内资金	#国内贷款	#利用外资	#自筹资金	#其他资金
1979	4167	612	624		2733	198
1980	5336	500	2000		2836	
1981	26000	2000	5000		17480	1520
1982	30000	2000	7000	300	18837	1863
1983	27651	1890	6495		18946	320
1984	35723	3016	10076	410	20833	1388
1985	56004	4003	15939	177	32655	3230
1986	67889	4073	24448	234	35282	3852
1987	87950	5271	29923	1601	44498	5228
1988	109334	3812	32137	3236	58954	11195
1989	98853	1085	30569	12716	50475	4008
1990	132356	841	54677	12023	61650	3165
1991	130875	678	59296	9620	57847	3434
1992	159697	2769	76969	3571	72176	4212
1993	206824	663	75125	589	112834	16129
1994	295427	2943	93976	25927	153916	18315
1995	224227	980	57365	18437	127089	20356
1996	282475	408	71125	19158	175668	16116
1997	363442	290	80797	26166	236442	17191
1998	455994		34298	9513	408991	3192
1999	479459	3979	118405	38740	278121	40214
2000	521816	12001	118679	13857	302408	30041
2001	659214	38523	106580	20562	421719	71830
2002	1008256	22133	179011	34290	650067	43426
2003	1410116	32175	276903	20533	979744	32839
2004	1961679	3438	388709	87319	1368631	31035
2005	2938958	14487	426747	150695	2160724	106094
2006	3961313	70390	455457	300963	2899398	116881

3-16 历年更新改造投资资金来源构成

Composition of Investment in Innovation by Source of Funds

单位：%

年份	总计	#国家预算内资金	#国内贷款	#利用外资	#自筹资金	#其他资金
1979	100	14.7	14.9		65.6	4.8
1980	100	9.4	37.5		53.1	
1981	100	7.7	19.2		67.3	5.8
1982	100	6.7	23.3	1.0	62.8	6.2
1983	100	6.8	23.5		68.5	1.2
1984	100	8.4	28.2	1.1	58.4	3.9
1985	100	7.1	28.5	0.3	58.3	5.8
1986	100	6.0	36.0	0.3	51.9	5.7
1987	100	6.0	34.0	1.8	50.6	6.0
1988	100	3.5	29.4	3.0	53.9	10.2
1989	100	1.1	30.9	12.8	51.1	4.1
1990	100	0.6	41.3	9.1	46.6	2.4
1991	100	0.5	45.3	7.4	44.2	2.6
1992	100	1.7	48.2	2.2	45.3	2.6
1993	100	0.3	36.3	0.3	54.6	7.8
1994	100	1.0	31.8	8.8	52.1	6.3
1995	100	0.4	25.6	8.2	56.7	9.1
1996	100	0.1	25.2	6.8	62.2	5.7
1997	100	0.1	22.2	7.2	65.1	4.7
1998	100		7.5	2.1	89.7	0.7
1999	100	0.8	24.7	7.0	58.0	8.5
2000	100	2.3	22.7	2.7	58.0	5.8
2001	100	5.8	16.2	3.1	64.0	10.9
2002	100	2.2	17.8	3.4	64.5	4.3
2003	100	2.3	19.6	1.5	69.5	2.3
2004	100	0.2	19.8	4.5	69.8	1.6
2005	100	0.5	14.5	5.1	73.5	3.6
2006	100	1.8	11.5	7.6	73.2	3.0

3-17 分行业固定资产投资完成情况

Total Investment in Fixed Assets by Sector

单位：万元

	2005年 固定资产投资	#基本建设	#更新改造	2006年 固定资产投资	#基本建设	#更新改造
总计	**9755317**	**6448805**	**2957605**	**12675038**	**9007689**	**3618208**
农、林、牧、渔业	143811	109631	10280	251226	238207	4183
采掘业	48476	33825	12920	56766	43870	12896
制造业	3587110	890214	2648612	4815073	1457013	3345409
电力、煤气及自来水生产和供应业	283455	168616	138639	483203	304681	178522
#电力	201303	104876	90227	396092	220834	175258
#燃气生产和供应	19734	18623	1111	16802	16302	500
#水的生产和供应	62418	45117	17301	70309	67545	2764
建筑业	45858	36159	9699	107032	86232	19060
交通运输、仓储及邮政业	836488	768334	43383	854415	842820	7045
#交通运输业	699248	667004	7473	683772	682572	900
#仓储业	136740	100830	35910	170643	160248	6145
#邮政业	500	500				
信息传输、计算机服务软件业	110033	106316	3717	155304	145754	9550
#电信和其他信息传输服务业	109980	106316	3664	155304	145754	9550
批发和零售贸易业	220317	195428	15799	246249	230766	14053
住宿和餐饮业	99316	84705	8200	92867	84078	7359
金融、保险业	5890	5690	200	153382	146688	6694
房地产业	107551	107551		113489	112703	
租赁和商务服务业	144705	143186	544	100211	95731	3300
科学研究、技术服务、地质查业	84409	69479	14930	104749	96128	8621
水利、环境公共设施管理业	3381856	3096779	41279	4168338	4155055	7861
#水利管理业	222892	220724		108327	102996	5331
#环境管理业	30217	27271	662	30889	30089	800
#公共设施管理业	3128747	2718784	40617	4029122	4021970	1730
居民服务和其他服务业	14993	12936	890	23933	22829	1104
教育	399113	395248	728	633465	631729	141
卫生、社会保障和其他服务业	103581	95260	5376	105945	103979	1266
文化、体育和娱乐业	81453	75062	1791	153137	150860	521
公共管理和社会组织	56902	54386	618	124523	121117	

注：固定资产投资不含农村投资、城镇私人和城镇工矿区。

3-18 历年市及市以下固定资产投资情况

Investment in Fixed Assets belong to Municipal & Below by Year

单位：万元

年 份	总 计	在总计中:			在总计中:			在总计中:
		#国有经济	#集体经济	#私营及个体经济	#基建投资	#更改投资	#房地产投资	住 宅
1978	9813	8756	1057		7883			1600
1979	22323	20468	1855		16301	4167		6455
1980	24761	21039	3722		15703	5336		6895
1981	38746	24761	6800	5134	11761	13000		8179
1982	50100	35539	7100	6297	20239	15300		12635
1983	51823	32414	7723	10435	18886	13528		10933
1984	82830	40025	16667	26138	16134	19858		10124
1985	142377	70672	44316	23993	32010	35218		19843
1986	154182	82849	29631	33684	34758	44414		16141
1987	181954	84177	38558	48404	32254	50934		16504
1988	263637	131235	46286	76701	44812	82042		18059
1989	247025	120828	44230	68999	44277	74868		22365
1990	289200	170113	45767	73279	52717	92138	24403	37041
1991	241935	185609	56326	78794	80932	68595	25272	42781
1992	637847	340589	150223	114142	142448	108665	84830	194332
1993	1017088	542521	325551	126496	284568	160845	107523	260734
1994	1240816	507611	399651	188132	305543	136031	268622	408201
1995	1680532	643704	542426	217100	416560	122801	509766	584518
1996	1943400	747600	545813	308000	576300	183200	649700	765500
1997	2424949	852287	592978	324055	681771	252409	683755	712747
1998	2897000	1451349	514500	358869	1062002	365366	720000	812675
1999	3212600	1458975	450457	365256	1274800	351443	861888	854463
2000	3707885	1443782	365419	369997	1467428	414750	1134904	942477
2001	4598998	3076144	409415	618949	1942051	478493	1533082	1616888
2002	5091006	2450773	476841	812526	2502183	721808	1842127	1915622
2003	7241321	3025894	394281	1054117	3130317	1014286	2255542	2256700
2004	9151191	3099998	500981	1346427	3858018	1560198	2672341	2625044
2005	12689408	4125996	105657	1777804	5239483	2476698	4346824	3857221
2006	16771098	5287883	114598	2287029	7585470	3125596	5843999	5683626

3-19 历年全社会房屋建筑情况

Total Construction of Buildings by Year

单位：万平方米

年　份	施工面积	# 住　宅	竣工面积	# 住　宅
1978	192.6		101.35	47.54
1979	86.61		179.27	107.54
1980	448.85	275.03	242.15	145.77
1981	647.35	498.82	440.98	349.49
1982	827.20	607.12	548.85	421.02
1983	982.43	649.33	748.67	542.22
1984	1143.56	730.29	877.53	634.37
1985	1375.25	860.68	990.97	686.02
1986	1331.19	800.09	988.15	663.62
1987	1490.86	911.27	1070.43	737.40
1988	1503.38	998.10	1123.70	846.20
1989	1305.19	870.37	994.42	755.68
1990	1430.50	1031.50	1056.22	807.44
1991	1436.46	993.20	1061.68	788.02
1992	1717.90	1180.60	1010.14	787.97
1993	2348.62	1262.79	1350.48	806.04
1994	2936.40	1572.49	1706.14	1056.89
1995	3177.41	1682.58	1677.18	1068.87
1996	3274.28	1916.11	1936.29	1320.17
1997	3177.66	1950.47	1937.89	1408.19
1998	3180.07	1991.26	1690.54	1232.48
1999	3462.30	2203.34	2000.57	1348.21
2000	3627.93	2502.18	2062.11	1545.80
2001	4147.85	2833.15	2223.60	1696.85
2002	5011.98	3425.59	2881.39	2176.93
2003	5808.96	3960.84	3052.94	2344.61
2004	6624.12	4096.87	3133.47	1975.64
2005	7271.86	4306.92	2188.60	1257.50
2006	10491.10	6238.64	3172.77	1659.36

3-20 全社会固定资产投资主要指标(2006 年)

Main Indicators of Total Investment in Fixed Assets (2006)

	单 位	合 计	# 基本建设	# 更新改造	# 房地产开发
建设项目个数					
施工项目	个	4678	2258	1502	855
全部建成投产项目	个	2282	1144	793	298
建成项目投产率	%	48.8	50.7	52.8	34.9
投资完成额	**万元**	**18979098**	**9007689**	**3618208**	**6136351**
按构成分					
建筑工程	万元	10195996	5248701	1356077	3409956
安装工程	万元	524827	228380	209819	85265
设备、工具、器具购置	万元	2668806	939080	1620085	83366
其他费用	万元	5589469	2591528	432227	2557764
本年新增固定资产	**万元**	**8375907**	**3890792**	**2046957**	**2251461**
固定资产交付使用率	%	44.1	43.2	56.6	36.7
房屋建筑面积					
施工面积	万平方米	10491.10	4160.63	1151.66	4857.74
#住宅	万平方米	6238.64	1985.84	7.92	3960.77
竣工面积	万平方米	3172.77	1137.44	514.14	1203.09
#住宅	万平方米	1659.36	413.08	3.00	959.18
房屋竣工率	%	30.2	27.3	44.6	24.8
#住宅	%	26.6	20.8	37.9	24.2

3-21 房地产开发投资情况

Real Estate Development

单位：万元

年份	本年投资完成额	按构成分 建筑安装工程	设备工具器具购置	其他费用	土地购置费	#住宅投资	本年新增固定资产
1990	29883	20726	18	9139		23374	16543
1991	31021	19406	302	11313		25863	26278
1992	94446	47386	80	46980		74207	29717
1993	207310	123726	63	83521	67759	172211	59411
1994	337506	227361	2250	107895	53932	226016	69206
1995	545376	375634	8660	161082	73045	319019	212255
1996	684379	497252	36277	150850	65116	372952	451813
1997	730147	511129	36188	182830	57437	349139	540428
1998	799675	525943	19554	254178	172775	455224	441452
1999	998565	649077	33270	316218	257849	554029	791459
2000	1291611	842613	16968	432030	333655	867561	617708
2001	1707554	1247879	40810	418865	260481	1228045	954046
2002	2033104	1298970	33977	700157	445444	1488834	1428225
2003	2453991	1604109	24344	825538	579929	1890935	1249370
2004	3089697	1778861	45143	1265693	923860	1899704	1081187
2005	4518628	2524226	136904	1857498	1376528	2953364	1351383
2006	6136351	3495221	83366	2557764	1630964	4419478	2251461

年份	本年资金来源合计	#资金来源小计 预算内资金	国内贷款	债券	利用外资	自筹资金	其他资金	定金及预收款
1991	59299	462	9969			18605	13987	
1992	207851	1000	46276		1437	71642	7391	
1993	329465		72470	6783	5265	128268	68004	
1994	472142		77716	13538	20100	138614	139987	
1995	923929	1630	176119	5726	32625	203744	357226	233879
1996	1018722	200	187832	4961	46143	276698	335559	202868
1997	1152949		255653	8278	41694	264529	403460	299650
1998	1205556		256554	533	34733	296355	413933	293054
1999	1406368		270707	5000	6164	455686	451019	363095
2000	1889031		307800	3020	19996	525043	757371	521799
2001	2408900		398929		15980	444538	1142603	770449
2002	2923740		632302		17263	693930	1181835	990684
2003	3832082		682418		5857	901263	1706931	1477360
2004	4606693		555037		16910	1028008	2364846	1929043
2005	6113568		592766		140601	2139824	2479102	1804209
2006	9759911		1086355		261226	3632142	3915844	2963387

3-22 房地产开发投资(按资金来源分、2006 年)

Real Estate Development by Source of Funds (2006)

单位：万元

	按资质等级分				
	一级	二级	三级	四级	其他
本年资金来源合计	773720	3181734	3829382	565086	1409989
上年末结余资金	59899	339459	314938	58966	91082
本年资金来源小计	713821	2842275	3514444	506120	1318907
国内贷款	172554	484975	323092	39024	66710
利用外资		134452	18867	19500	88407
#外商直接投资		134452	18867	19500	88407
自筹资金	175219	782235	1698329	206446	769913
#自有资金	113190	606344	988877	108311	347676
其他资金来源	366048	1440613	1474156	241150	393877
#定金及预收款	327047	1061443	1075053	176889	322955
本年各项应付款合计	25422	227947	300719	49344	60545
#工程款	22066	164216	161413	37609	36173

3-23 房地产投资(按工程用途分、2006年)

Investment in Real Estate by Use (2006)

单位：万元

按经济类型分	本年完成投资	按工程用途分			
		住　宅	办公楼	商业营业用房	其　他
合　　计	6136351	4419478	123799	615555	977519
#国　　有	273939	170380	18265	35502	49792
集　　体	63498	53588		690	9220
股份制经济	913086	688359	2558	100886	121283
私营个体经济	1371321	1015749	22415	162207	170950
港澳台投资	686397	457793	11147	23905	193552
外商投资	521320	311472	10231	53697	145920

3-24 房地产开发主要指标(按资质等级分、2006年)

Main Indicators of Real Estate Development by Qualification Grades (2006)

按资质等级分	本年完成投资(万元)	#住　宅	施工面积(万平方米)	#住　宅	竣工面积(万平方米)	#住　宅	销售面积(万平方米)	#住　宅
一　级	465016	383261	414.84	328.92	135.36	103.99	108.58	100.36
二　级	1743422	1309284	1436.25	1173.94	358.18	286.58	467.92	434.17
三　级	2519714	1706274	2041.76	1658.77	463.33	372.16	694.84	649.28
四　级	392190	297250	391.63	318.63	116.36	95.84	152.41	136.16
其　他	1016009	723409	573.26	480.52	129.86	100.60	166.81	162.20

3-25 房地产开发面积情况

Floor Space of Buildings of Real Estate Development

单位：万平方米

	1995 年	1996 年	2000 年	2005 年	2006 年
施工房屋面积	**881.50**	**1046.52**	**1553.51**	**3321.75**	**4857.74**
按用途分					
住 宅	630.20	730.13	1244.38	2599.55	3960.77
办公楼	83.76	112.90	65.76	60.93	96.19
商业营业用房	134.08	164.94	183.89	499.45	486.25
其 他	33.46	38.55	59.48	161.82	314.53
房屋新开工面积	**382.32**	**336.94**	**769.46**	**1385.54**	**2018.35**
按用途分					
住 宅	298.81	277.20	667.00	1146.76	1705.80
办公楼	26.28	15.92	15.99	14.82	37.87
商业营业用房	40.95	28.82	62.49	160.27	126.64
其 他	16.28	15.00	23.98	63.69	148.04
房屋竣工面积	**288.26**	**372.10**	**541.81**	**762.66**	**1203.09**
按用途分					
住 宅	235.40	314.45	464.77	597.69	959.17
办公楼	16.08	26.20	15.07	7.97	15.24
商业营业用房	30.99	25.04	48.32	123.69	152.21
其 他	5.79	6.41	13.65	33.31	76.47

3-26 房地产开发销售情况

Selling of Real Estate Development

	单 位	1996 年	1997 年	2000 年	2005 年	2006 年
商品房实际销售面积	**万平方米**	**231.09**	**292.42**	**433.62**	**1229.82**	**1590.56**
按用途分						
住 宅	万平方米	208.43	262.65	400.12	1112.35	1482.18
办公楼	万平方米	5.78	10.95	8.85	16.90	17.45
商业营业用房	万平方米	16.26	17.12	22.09	94.42	75.51
其 他	万平方米	0.62	1.80	2.56	6.15	15.42
商品房实际销售额	**万元**	**324788**	**441953**	**782108**	**3958843**	**5798728**
按用途分						
住 宅	万元	272554	352990	643201	3187776	5186062
办公楼	万元	20962	33114	36522	86943	81462
商业营业用房	万元	30139	54367	95659	668769	497086
其 他	万元	1133	1482	6726	15355	34118
商品房空置面积	**万平方米**	**105.36**	**170.87**	**152.30**	**153.83**	**158.93**
按用途分						
住 宅	万平方米	82.42	122.37	100.75	63.20	52.01
办公楼	万平方米	12.14	24.94	20.95	7.50	11.06
商业营业用房	万平方米	8.70	17.81	22.78	64.60	65.17
其 他	万平方米	2.10	5.75	7.82	18.53	30.69

注：自 2004 年起，商品房销售为新口径：预售+现房销售

3-27 历年全社会建筑企业基本情况

Basic Conditions of Construction Enterprises by Year

年 份	企业数（个）	完成施工产值（万元）	职工平均人数（人）	全员劳动生产率（元/人）	房屋建筑施工面积（万平方米）	房屋建筑竣工面积（万平方米）
1978	44	60412	185515	3256		287.55
1979	50	47391	136867	3463		150.18
1980	53	53531	148347	3608		165.39
1981	100	61993	157881	3926	416.18	212.61
1982	103	76414	172985	4417	642.27	246.19
1983	106	88100	178687	4930	500.82	247.33
1984	110	124050	183170	6772	557.91	292.13
1985	111	142044	192228	7389	656.88	266.83
1986	117	174456	212918	8194	784.67	324.43
1987	118	208230	226041	9212	830.09	355.96
1988	112	230928	228992	10085	833.64	325.93
1989	112	252416	215544	11711	764.69	299.21
1990	121	287922	225079	12792	771.76	348.72
1991	137	290981	210500	13823	805.84	334.78
1992	148	379295	229000	16563	995.60	376.70
1993	164	643554	240481	26761	1323.50	548.40
1994	168	834061	248604	33549	1652.50	608.00
1995	166	1080921	257069	42048	2120.20	571.20
1996	600	1963802	524996	37406	3413.10	1409.90
1997	669	2299019	505480	45482	3369.39	1458.69
1998	715	2554229	528796	48302	3347.05	1456.40
1999	879	2970103	586161	50670	3296.47	1644.62
2000	1017	3419146	577153	59242	3794.68	1860.41
2001	1001	3822085	659773	57930	4447.66	2246.85
2002	1005	4639105	718981	64523	5044.39	2542.58
2003	1112	5709221	832419	68586	5590.85	2801.74
2004	1522	6376470	654709	97394	5918.69	2821.62
2005	1461	7211773	617644	116762	7287.73	2618.62
2006	1343	8677195	620056	139942	9353.15	2748.42

主 要 统 计 指 标 解 释

全社会固定资产投资 固定资产投资额是以货币表现的建造和购置固定资产活动的工作量，它是反映固定资产投资规模、速度、比例关系和使用方向的综合性指标。全社会固定资产投资按经济类型分，包括国有经济单位投资、城乡集体经济单位投资、其他各种经济类型的单位投资和城乡居民个人投资。按照我国现行计划管理体制，全社会固定资产投资总额分为基本建设、更新改造、房地产开发投资和其他固定资产投资四个部分；城乡集体经济单位投资包括城镇集体所有制单位投资和农村集体所有制单位投资；其他各种经济类型单位投资包括联营经济、股份制经济、中外合资经营、中外合作经营、外资、与大陆合资经营、与大陆合作经营、港澳台独资及其他经济的单位投资。城乡居民个人投资包括城市、县城、镇、工矿区所辖范围内的个人建房和农村个人建房及购买生产性固定资产的投资。

基本建设投资 基本建设是企业、事业、行政单位以扩大生产能力或工程效益为主要目的的新建、扩建工程及有关工作。包括(1)列入中央和各级地方本年基本建设计划的建设项目，以及虽未列入本年基本建设计划，但使用以前年度基建计划内结转投资（包括利用基建设备材料）在本年继续施工的建设项目；(2)本年基本建设计划内投资与更新改造计划内投资结合安排的新建项目和新增生产能力（或工程效益）达到大中型项目标准的扩建项目，以及为发展生产力布局而进行的全厂性迁建项目；(3)国有单位既未列入基建计划，也未列入更新改造计划的总投资在50万元以上的新建、扩建、恢复项目和为发展生产力布局而进行的全厂性迁建项目，以及行政、事业单位增建业务用房和行政单位增建生活福利设施的项目。

更新改造投资 更新改造是指企业、事业单位对原有设施进行固定资产更新和技术改造，以及相应配套的工程和有关工作（不包括大修理和维护工程)。包括：(1)列入中央和各级地方本年更新改造计划的项目和虽未列入本年更新改造计划，但使用上年更新改造计划内结转的投资在本年继续施工的项目；(2)本年更新改造计划内投资与基本建设计划内投资结合安排的对企、事业单位原有设施进行技术改造或更新的项目和增建主要生产车间、分厂等其新增生产能力（或工程效益）未达到大中型项目标准的项目，以及由于城市环境保护和安全生产的需要而进行的迁建工作；(3)国有企、事业单位既未列入基建计划也未列入更新改造计划，总投资在50万元以上的属于改建或更新改造性质的项目，以及由于城市环境保护和安全生产的需要而进行的迁建工程。

房地产开发投资 包括各种经济类型的房地产开发公司、商品房建设公司及其他房地产开发单位统一开发的包括统代建、拆迁还建的住宅、厂房、仓库、饭店、宾馆、度假村、写字楼、办公楼等房屋建筑物和配套的服务设施、土地开发工程，如道路、给水、排水、供电、供热、通讯、平整场地等基础设施工程的投资。包括非房地产企业实际从事房地产开发或经营活动，不包括单纯的土地交易活动。

其他固定资产投资 全社会固定资产投资中未列入基本建设、更新改造和房地产开发投资的建造和购置固定资产的活动。包括：(1)国有单位按规定不纳入基本建设计划和更新改造计划管理，计划总投资或实际需要总投资在50万元以上的工程。(2)集体经济单位固定资产投资。(3)联营经济、股份制经济、外商投资经济、港澳台投资经济及其经济类型的企、事业单位建造和购置固定资产其计划总投资在50万元以上的、未列入基本建设计划和更新改造计划的项目。(4)城镇工矿区私人建房投资和农村个人投资。农村个人固定资产投资为根据抽样调查资料推算。

施工和竣工房屋建筑面积 房屋建筑面积是从房屋外墙线算起的各层平面面积的总和，包括房屋结构（如柱、墙）占用的面积和地下室面积。多层建筑按各自然层面积总和计算，包括房屋内的楼隔层，突出墙面的眺望间、门斗、有柱雨罩的面积。不包括突出墙面结构的构件、艺术装饰等所占的面积，如台阶等。凹阳台、挑阳台按其水平投影面积一半计算建筑面积。

新增固定资产 指通过投资活动所形成的新的固定资产价值。包括已经建成投入生产或交付使用的工程价值和达到固定资产标准的设备、工具、器具的价值及有关应摊入的费用。它是以价值形式表示的固定资产投资成果的综合性指标，可以综合反映不同时期、不同部门、不同地区的固定资产投资成果。

建设项目投产率 指一定时期内全部建成投入生产项目个数占同期正式施工项目个数的比率。它是从项目建设速度的角度反映投资效果的指标。

固定资产交付使用率 指一定时期新增固定资产与同期完成投资额的比率。它是反映各个时期固定资产动用速度，衡量建设过程中投资效果的一个综合性指标。

未完工程占用率 指年末未完工程累计完成投资额占全年实际完成投资额的比率。它反映未完工程的相对规模，并可从资金占用的角度反映固定资产投资效果。由于未完工程是指已经开工，但尚未建成交付使用的工程，有个跨年度问题，因此未完工程占用率会出现大于1的情况。

建筑业总产值（即自行完成施工产值） 指建筑业企业或附营建筑施工单位自行完成的按工程进度计算的建筑安装生产总值。建筑业产值包括：①建筑工程产值；②设备安装工程产值；③房屋、构筑物修理产值；④非标准设备制造产值。

建筑业增加值 指建筑业企业在报告期内以货币表示的建筑业生产经营活动的最终成果。目前建筑业增加值采用分配法计算，即从收入的角度出发，根据生产要素在生产过程中应得的收入份额计算。具体计算公式为：

$$\frac{\text{建筑业}}{\text{增加值}}=\frac{\text{本年提取的}}{\text{固定资产折旧}}+\frac{\text{主营业务}}{\text{应付工资}}+\frac{\text{主营业务}}{\text{应付福利费}}+\frac{\text{管理费用中的}}{\text{劳动待业保险金}}+\frac{\text{管理费用}}{\text{中的税金}}+\frac{\text{工程结算}}{\text{税金及附加}}+\text{营业利润}$$

房屋建筑施工面积 指在报告期内施工的全部房屋建筑面积。包括本期内新开工的、上期施工跨入本期继续施工、上期停建本期复工的房屋建筑面积；不包括上期开工后又停工，本期未施工的房屋建筑面积。

房屋建筑竣工面积 指在报告期内，按照设计所规定的工程内容全部完成，达到了设计规定的交工条件，经有关部门检查验收鉴定合格的房屋建筑面积。

四、财政、金融、证券和保险

简 要 说 明

主要内容

本部份包括全市财政收支情况；全市税收情况、金融机构及国家银行信贷收支、现金收支情况；全市保险机构在本市的保险业务开办情况。

资料来源

财政资料来源于成都市财政局。

税收资料来源于成都市国税局和成都市地税局。

金融资料来源于中国人民银行成都分行营业管理部。

保险资料来源于四川省保险行业协会。

证券资料来源于中国证券监督管理委员会成都证券监管办公室。

其他需要说明的问题

金融机构及国家银行信贷收支、现金收支统计数含省级在蓉金融机构和国家银行在本市发生的信贷收支、现金收支数。

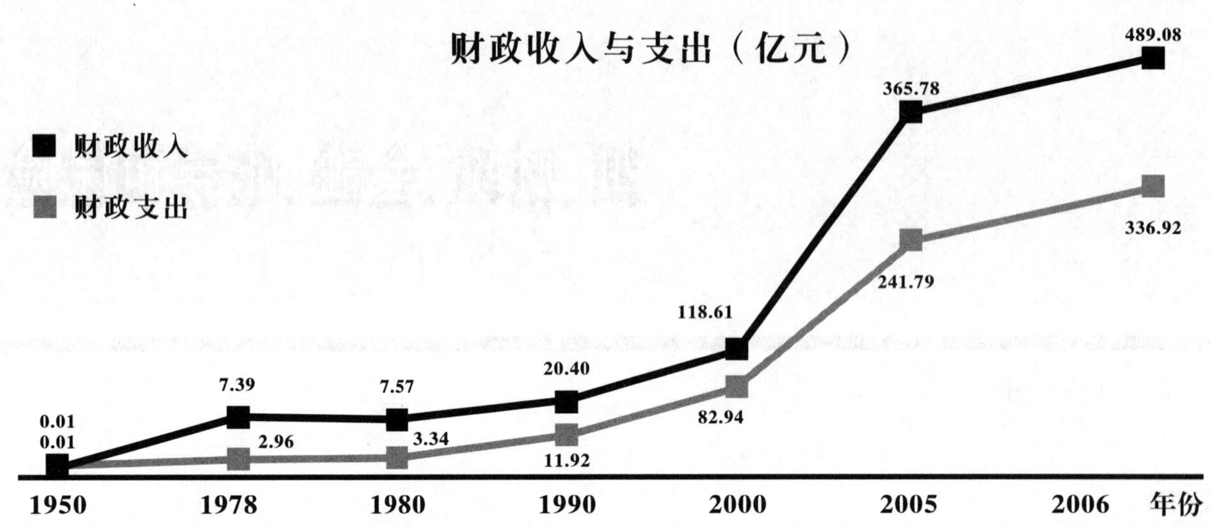
财政收入与支出（亿元）
财政收入
财政支出
0.01
0.01
7.39
2.96
7.57
3.34
20.40
11.92
118.61
82.94
365.78
241.79
489.08
336.92
1950
1978
1980
1990
2000
2005
2006
年份

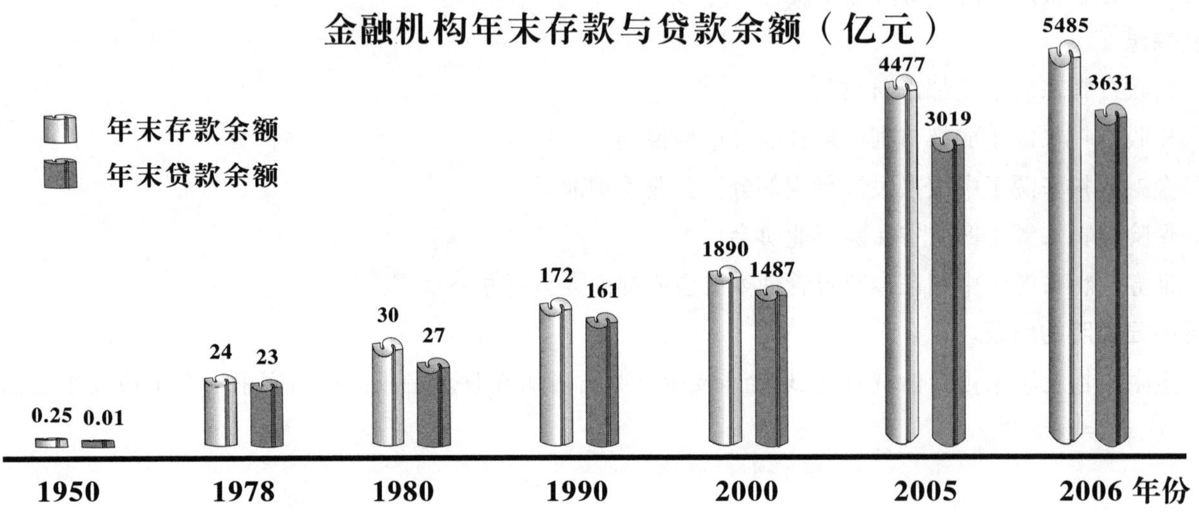
金融机构年末存款与贷款余额（亿元）
年末存款余额
年末贷款余额
0.25
0.01
24
23
30
27
172
161
1890
1487
4477
3019
5485
3631
1950
1978
1980
1990
2000
2005
2006 年份

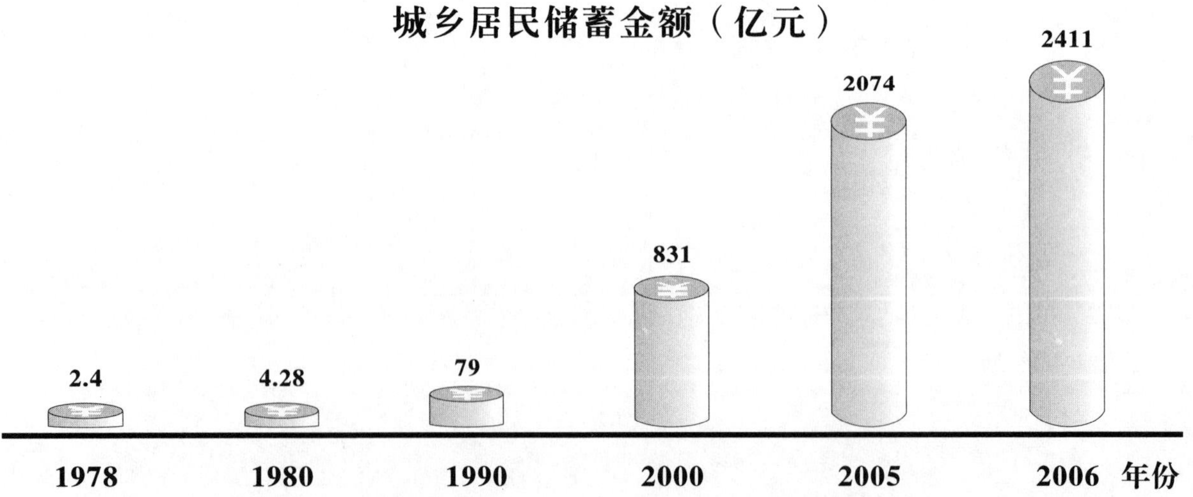
城乡居民储蓄金额（亿元）
2.4
4.28
79
831
2074
2411
1978
1980
1990
2000
2005
2006
年份

4-1 历年财政收入与财政支出

Government Financial Revenue and Expenditures by Year

年份	财政收入(万元)	财政支出(万元)	财政收支差额(万元)	增长速度(%)		相当于本地生产总值比例(%)	
				财政收入	财政支出	财政收入	财政支出
1950	52	83	–31			0.1	0.2
1951	282	463	–181	4.4 倍	4.6 倍	0.6	1
1952	794	1407	–613	1.8 倍	2.0 倍	1.6	2.8
1953	9409	2723	6686	10 倍	93.5	15.1	4.4
1954	9614	2887	6727	2.2	6.0	14.5	4.4
1955	10520	3188	7332	9.4	10.4	15.1	4.6
1956	12141	4635	7506	15.4	45.4	15.3	5.8
1957	15334	4923	10411	26.3	6.2	17.0	5.5
1958	25431	12174	13257	65.8	1.5 倍	24.5	11.7
1959	40407	17679	22728	58.9	45.2	32.2	14.1
1960	60046	26489	33557	48.6	49.8	46.9	20.7
1961	21690	8613	13077	–63.9	–67.5	27.2	10.8
1962	14346	4997	9349	–33.9	–42.0	18.5	6.5
1963	20010	5996	14014	39.5	20.0	23.6	7.1
1964	19321	10375	8946	–3.4	73.0	18.5	10.0
1965	21776	11314	10462	12.7	9.1	16.0	8.3
1966	25184	11583	13601	15.7	2.4	15.1	6.9
1967	18501	9730	8771	–26.5	–16.0	12.6	6.6
1968	9991	7327	2664	–46.0	–24.7	8.4	6.1
1969	18803	12430	6373	88.2	69.6	12.4	8.2
1970	27519	13991	13528	46.4	12.6	13.4	6.8
1971	33571	17326	16245	22.0	23.8	14.5	7.5
1972	35024	18636	16388	4.3	7.6	15.7	8.3
1973	33229	17077	16152	–5.1	–8.4	14.4	7.4
1974	29519	15734	13785	–11.2	–7.9	13.3	7.1
1975	40904	18989	21915	38.6	20.7	16.5	7.7
1976	39098	20009	19089	–4.4	5.4	17.6	9.0
1977	50167	21368	28799	28.3	6.8	17.5	7.5

注：①增长速度以上年为基期。②1950–1952 年属建国初期经济恢复时期，我市尚未建立地方级财政，该时期主要税收均由国家、省直接征收地方仅有极少部份税收项目收入，故数字偏小。

续表 1

年　份	财政收入 (万元)	财政支出 (万元)	财政收支差额 (万元)	增长速度(%)		相当于本地生产总值比例(%)	
				财政收入	财政支出	财政收入	财政支出
1978	73882	29626	44256	47.3	38.7	20.6	8.3
1979	74864	34597	40267	1.3	16.8	18.1	8.4
1980	75687	33359	42328	1.1	–3.6	16.4	7.2
1981	70933	30410	40523	–6.3	–8.8	14.5	6.2
1982	73839	30466	43373	4.2	0.2	13.3	5.5
1983	86090	35018	51072	16.6	15.0	13.7	5.6
1984	95642	45790	49852	11.1	30.8	13.4	6.4
1985	116497	59707	56790	21.8	30.4	13.5	6.9
1986	133535	68105	65430	14.6	14.1	14.1	7.2
1987	138508	72036	66472	3.7	5.8	12.0	6.2
1988	163280	81158	82122	17.9	12.7	11.2	5.6
1989	195905	105061	90844	20.0	29.2	12.0	6.4
1990	203981	119179	84802	4.1	13.4	10.5	6.1
1991	224354	144965	79389	10.0	21.6	9.5	6.1
1992	249041	167589	81452	11.0	15.6	8.3	5.6
1993	337751	244909	92842	35.6	46.1	8.1	5.9
1994	458905	284996	173909	35.9	16.4	8.2	5.1
1995	528933	352085	176848	15.3	23.5	7.4	4.9
1996	654185	444024	210161	23.7	26.1	7.5	5.1
1997	772534	528323	244211	18.1	19.0	7.7	5.2
1998	894140	600676	293464	15.7	13.7	8.1	5.4
1999	1047867	722136	325731	17.2	20.2	8.8	6.1
2000	1186106	829432	378634	15.3	14.9	9.2	6.3
2001	1453175	1056589	396586	22.5	27.4	9.7	7.1
2002	1819760	1296823	522937	22.8	22.7	10.9	7.7
2003	2161256	1545576	615680	15.1	19.5	11.6	8.3
2004	2751491	1875653	871500	27.1	21.4	12.6	8.6
2005	3657817	2417938	1239879	28.8	27.2	15.4	10.2
2006	4890756	3369189	1521567	30.0	37.3	17.8	12.2
平均增长速度							
1950-2006				22.8	21.2		
1978-2006				15.1	17.4		

4-2 城市维护费及建设资金支出

Expenditures for Municipal Maintenance and Construction

单位：万元

	1990 年	2000 年	2005 年	2006 年
总　　计	**29883**	**242181**	**804791**	**1101552**
城市公共设施及维护费	16486	143531	579606	812284
#道 路	5736	59712	326797	442250
排 水	444	4175	4986	19459
环境卫生	1817	29605	52561	55527
园林绿化	2921	21335	59656	51178
城市公用事业建设及维护费	2939	30614	27072	29205
#自来水	904	16806	14131	17672
城市住宅建设及维护费	4761	26727	60498	57807
#公共住宅建设及维护费	3355	23156	49306	47299
环境保护补助资金	1238	6424	4618	4311
城市水源建设资金	188	921	1815	1799
其他支出	4271	33964	131182	196146

4-3 地方财政用于文教、卫生、科学部门支出

Local Government Expenditures for Culture, Education, Public Health and Science

单位：万元

	1990 年	2000 年	2005 年	2006 年
总　　计	**38248**	**175169**	**359866**	**458811**
文化、出版	1193	5034	12367	17956
教　育	21874	103564	211555	275138
卫　生	6364	23524	57071	78173
公费医疗	5339	27436	26886	27821
体　育	995	2015	4135	5249
科　学	816	2681	5485	7062
地　震	31	159	418	325
广播电影电视	480	1558	4518	6059
文　物	144	583	1606	1947
计划生育	847	5240	21599	23926
其　他	165	3375	14226	15155

注：教育不含教育附加费支出。

4-4 分级一般预算内财政收支情况(2006年)

Financial Revenue and Expenditures in Current Budget by Grade and Source (2006)

单位：万元

	全 市	分级收支		占全市比重(%)	
		市本级	区县级	市本级	区县级
财政一般预算收入	**1867703**	**678616**	**1189087**	**36.3**	**63.7**
#增值税	183496	66024	117472	36.0	64.0
营业税	525190	140422	384768	26.7	73.3
企业所得税	174581	47502	127079	27.2	72.8
个人所得税	65538	17711	47827	27.0	73.0
其他收入	918898	406957	511941	44.3	55.7
财政一般预算支出	**2522439**	**761900**	**1760539**	**30.2**	**69.8**
#基本建设支出	146457	21820	124637	14.9	85.1
企业挖潜改造资金	175338	68776	106562	39.2	60.8
城市维护费	163061	44243	118818	27.1	72.9
农业支出	86274	6346	79928	7.4	92.6
文教卫支出	395311	57177	338134	14.5	85.5
行政管理费	295838	59870	235968	20.2	79.8
公检法司支出	211359	72282	139077	34.2	65.8

4-5 全市税收情况(2006年)

Main Indicators of Taxes Revenue (2006)

单位：万元

	合　计	内资企业			
		小　计	＃国有企业	＃集体企业	＃联营企业
总　　计	**4045979**	**3309660**	**946397**	**93952**	**2725**
增值税	1250948	1019386	376663	31171	1711
消费税	263668	226017	192343	665	1
营业税	877657	761476	96711	20888	242
企业所得税	517107	517107	111413	9869	348
外商独资企业和外国企业所得税	163180				
个人所得税	252069	136578	33215	2845	120
资源税	3352	2388	155	171	10
城市维护建设税	145913	140768	41954	2715	85
房产税	69200	58209	11104	3015	67
印花税	27862	23926	3788	464	15
城镇土地使用税	26380	25851	4091	722	50
土地增值税	46312	39517	1791	350	
车船使用税	6179	5030	1513		

	内资企业		港澳台外商投资企业	个体经营	在合计中：乡镇企业
	＃股份公司	＃私营企业			
总　　计	**1873267**	**161222**	**506634**	**229685**	**59758**
增值税	502628	100635	192656	38906	50498
消费税	32239	769	37360	291	532
营业税	556735	19516	71213	44968	1174
企业所得税	364291	24758			4581
外商独资企业和外国企业所得税			163180		13
个人所得税	76668	3646	24948	90543	743
资源税	1680	236	491	473	45
城市维护建设税	86475	3196		5145	586
房产税	38827	1633	7256	3735	255
印花税	16648	552	3245	691	132
镇土地使用税	19643	695		529	231
土地增值税	34762	1743	5117	1678	156
车船使用税	1270			1149	4

4-6 历年信贷及现金收支情况

Income and Expenditures on Credit and Cash by Year

单位：万元

年 份	金融机构信贷收支		国家银行现金收支		净投放(+) 净回笼(−)
	年末存款余额	年末贷款余额	现金收入	现金支出	
1950	2510	51	3361	4082	721
1951	4641	404	8338	10083	1745
1952	11245	716	13534	15058	1524
1953	8843	6958	18325	20657	2332
1954	18101	40420	30256	29425	−831
1955	22201	23503	34121	33743	−378
1956	14481	18563	45538	47125	1587
1957	20936	21878	55374	54497	−877
1958	38853	37297	63388	63251	−137
1959	103889	79316	70858	67662	−3196
1960	77298	143748	75006	73085	−1921
1961	101189	130652	73303	71947	−1356
1962	70450	90614	60100	55569	−4531
1963	74314	61371	64128	60651	−3477
1964	69339	68163	70908	69027	−1881
1965	88541	90464	78669	77925	−744
1966	112231	126901	84284	82863	−1421
1967	103697	125694	89287	85540	−3747
1968	102058	145786	78624	79804	1180
1969	106782	159196	87936	84430	−3506
1970	143296	169548	89822	82611	−7211
1971	161042	182252	95408	89627	−5781
1972	168218	178822	106045	101187	−4858
1973	158311	187762	114147	108213	−5934
1974	164467	186970	115292	110170	−5122
1975	158736	195459	118666	111249	−7417
1976	156813	183154	114897	111929	−2968
1977	223387	193600	122723	116698	−6025

续表 1

单位：万元

年份	金融机构信贷收支		国家银行现金收支		净投放(+) 净回笼(-)
	年末存款余额	年末贷款余额	现金收入	现金支出	
1978	237967	225304	144048	139022	-5026
1979	281399	250258	184524	180083	-4441
1980	303681	274013	230362	224825	-5537
1981	324079	294740	257694	247998	-9696
1982	375890	297258	285665	274832	-10833
1983	414984	301860	336814	324651	-12163
1984	561629	631535	419970	416516	-3454
1985	590613	539559	591895	575088	-16807
1986	814434	797886	673159	654730	-18429
1987	1000047	942447	913920	887621	-26299
1988	1121097	1139779	1358685	1388848	30163
1989	1327700	1322547	1545823	1467073	-78750
1990	1723157	1605300	1751065	1616964	-134101
1991	2227217	1996183	2256416	2046852	-209564
1992	2975379	2485056	3356674	3199444	-157230
1993	3494672	3091224	5237439	5097752	-139687
1994	4522346	3880226	7241492	6982354	-259138
1995	6019448	4978719	10189352	9467860	-721492
1996	7596120	5990567	12919604	11849209	-1070395
1997	9068225	7022430	15063348	13661810	-1401538
1998	10870715	8160632	16789857	15762008	-1027849
1999	16364174	13742177	24126046	22950528	-1175518
2000	18904394	14871362	28189459	27026857	-1162602
2001	22571432	17622699	33919325	33100139	-819186
2002	26356135	21817846	41130487	40728767	-401720
2003	32407873	25879425	48819720	48347133	-472587
2004	37715442	28598705	53991306	52923407	-1067899
2005	44774948	30187025	58027002	57195480	-831522
2006	54853432	36313698	68830779	66898658	-1932121

4-7 金融机构信贷收入与支出

Credit Income and Expenditures of Financial Institutions

单位：万元

	1990 年	2000 年	2005 年	2006 年
年末存款余额	**1723157**	**18904394**	**44774948**	**54853432**
#企业存款	558479	8195081	14936545	19423639
城乡居民储蓄存款	791512	8310016	20740894	24114509
#城镇居民储蓄存款	621117	7012579	18462583	21295763
年末贷款余额	**1605300**	**14871362**	**30187025**	**36313698**
#短期贷款	1239333	8971201	11853702	13367901
#工　业	586388	2301405	3223788	3735925
商　业	446325	2059152	2561078	2490588
农　业	23738	363771	644892	608484
中长期贷款	198217	3298020	15157682	19755940
#技术改造	130857	820163	479177	352854
基本建设	51409	1930634	5604007	8534724

4-8 国家银行信贷收入与支出

Credit Income and Expenditures of State Banks

单位：万元

	1978 年	1980 年	1990 年	2000 年	2005 年	2006 年
年末存款余额	**237967**	**248848**	**1296489**	**12982498**	**28876073**	**31975745**
#企业存款		90831	523869	6086016	8303589	10496822
城镇居民储蓄存款	19449	34252	599216	5915423	15584041	16889441
年末贷款余额	**225304**	**269629**	**1376560**	**10747811**	**19099229**	**21722377**
#短期贷款			1122828	6325305	5623883	5404729
#工　业	50153	126696	579349	1995384	1772820	2030544
商　业	102012	125748	434906	1767336	1572087	881039
农　业			20257	147192	225574	151012
中长期贷款			189325	3149853	12067390	14976587
#技术改造			130857	812770	370730	272017
基本建设			51409	1880237	5137976	7572513

注：2000 年以后的信贷数据为国有独资商业银行剥离不良资产后的统计数据。

4-9 国家银行现金收入

Cash Income of State Banks

单位：万元

	1978 年	1980 年	1990 年	2000 年	2005 年	2006 年
现金收入	**144048**	**230362**	**1751065**	**28189459**	**58027002**	**68830779**
#商品销售收入	97951	152552	615750	4677847	6403015	7005842
服务事业收入	14708	21067	152126	1813574	2395922	2904410
城乡个体经营收入			5963	750874	777937	757791
储蓄存款收入	21026	40312	666919	16876666	42951595	52353596
汇兑收入			22102	833516	383116	365737
有价证券收入			16077	461618	61957	67065

4-10 国家银行现金支出

Cash Expenditures of State Banks

单位：万元

	1978 年	1980 年	1990 年	2000 年	2005 年	2006 年
现金支出	**139022**	**224825**	**1616964**	**27026857**	**57195480**	**66898658**
#工资性支出			461644	2532132	4228633	4524825
#国家工资及奖金支出	43554	54726	235517	1131885	2191648	2055425
行政企事业管理费支出	10504	17174	144238	2257913	3198239	3841299
城乡个体经营支出			11341	762128	745220	795123
储蓄存款支出			520893	17010071	41841806	49869889
汇兑支出			28807	345780	470075	248956
有价证券支出			26249	400933	58378	47025

4-11　国家银行分机构信贷收入与支出(2006 年)

Credit Income and Expenditures of State Banks by Institutions (2006)

单位：万元

	合　计	# 工商银行	# 农业银行	# 中国银行	# 建设银行
年末各项存款	**31975745**	**8705822**	**6602170**	**4483074**	**12184679**
#企业存款	10496822	2438259	2200354	1547186	4311023
城镇储蓄存款	16889441	4598755	4129462	2584321	5576903
农业存款	5450				5450
年末各项贷款	**21722377**	**4666750**	**5422485**	**3330115**	**8303027**
#短期贷款	5404729	1193574	1985759	916037	1309359
#工 业	2030544	883792	671129	236060	239563
商　业	881039	60107	600654	106308	113970
建筑业	382872	36450	89379	110069	146974
农　业	151012		150532		480
乡镇企业					
三资企业	42610	651		41959	
中期流动资金贷款					
中长期贷款	14976587	3155020	3353555	1680941	6787071
#基本建设	7572513	1623787	1969133	571356	3408237
技术改造	272017			66025	2059912

注：“各项存款”由于机构的统计口径与国家银行统计口径不一致，故机构之和不等于合计数。

4-12 全市金融机构外汇信贷收支情况

Foreign exchange credit revenue & disbursement of Financial Institutions

单位：万美元

	2005 年	2006 年		2005 年	2006 年
年末存款余额	**143420**	**141073**	**年末贷款余额**	**116091**	**124508**
单位活期存款	28915	34617	短期贷款	17647	17396
单位定期存款	20694	24476	境内短期贷款	17647	17396
储蓄存款	75963	70579	境外短期贷款		
信托存款	948	948	中长期贷款	67359	71326
委托存款	–331	20	境内中长期贷款	67359	71326
其他类存款	17220	9770	境外中长期贷款		
境外存款	11	663			

4-13 上 市 公 司 情 况

Summary for Number of Listed Companies

	单 位	2005 年	2006 年		单 位	2005 年	2006 年
上市公司数量	个	31	33	A 股流通股本	万股	215566	343677
#上交所	个	17	18	H 股流通股本	万股	122432	295806
深交所	个	11	13	总股本	万元	939562	1036722
股票总发行股本	万股	939562	1036722	资产总计	万元	4158895	5064360
A 股总发行股本	万股	576156	740916	负债合计	万元	2085277	2580041
H 股总发行股本	万股	363406	295806	产品销售收入	万元	2538533	3793657
股票流通股本	万股	337998	639483	利润总额	万元	53372	170443

注：资料范围为注册地在成都市辖区范围内的上市公司。

4-14 证 券 交 易 情 况

Trading Summary for Securities

	单 位	2005 年	2006 年		单 位	2005 年	2006 年
证券营业部	个	87	87	基金成交金额	亿元	16	54
证券投资者人数	万人	177	205	国债成交金额	亿元	669	61
证券成交金额	亿元	1952	4319	B 股	亿元	5	13
#A 股成交金额	亿元	1207	3556	其它	亿元	55	635

注：资料范围包括成都市辖区范围内从事证券交易的所有证券机构。

4-15 保 险 业 务

Economic and Technical Indicators of Insurance Companies

单位：万元

	保 费		赔款支出	
	2005 年	2006 年	2005 年	2006 年
总 计	**750199**	**987467**	**173003**	**217792**
财产保险	226523	298353	114110	137847
＃企业财产险	17521	16159	6807	6002
机动车辆险	164790	234403	94812	116070
货物运输险	4289	5506	1257	1715
人寿保险	523676	689114	58893	79945
＃意外伤害险	21183	20590		
健康险	69974	82025		
寿 险	386457	136163		
＃满期给付			11749	10211
死伤医疗给付			8225	9713

主要统计指标解释

财政收入 包括：(1)各项税收包括增值税、营业税、消费税、土地增值税、城市维护建设税、资源税、城市土地使用税、印花税、固定资产投资方向调节税、个人所得税、企业所得税、关税、农牧业税和耕地占用税等。(2)专项收入包括征收排污费、征收城市水资源费收入，教育费附加收入等。(3)其他收入包括基本建设贷款归还收入、国家能源交通重点建设基金收入、国家预算调节基金等。(4)国有企业计划亏损补贴这项为负收入，冲减财政收入。

财政支出 主要包括：基本建设支出、企业挖潜改造资金、地质勘探费用、科技三项费用、支援农村生产支出、农林水利气象等部门的事业费用、工业交通商业等部门的事业费用、文教科学卫生事业费、抚恤和社会福利救济费、国际支出、行政管理费、价格补贴支出等。

属于地方财政的收入包括营业税、地方企业所得税、个人所得税、城镇土地使用税、固定资产投资方向调节税、城镇维护建设税、房产税、车船使用税、印花税、屠宰税、农牧业税、农业特产税、耕地占用税、契税、增值税25%部分，证券交易税（印花税）的50%部分和除海洋石油资源税以外的其他资源税。

地方财政支出 地方财政支出主要包括地方行政管理和各项事业费，地方统筹的基本建设、技术改造支出，支援农村生产支出，城市维护和建设经费，价格补贴支出等。

预算外资金收支 预算外资金是有关单位凭借国家权力或由国家授权而取得的没有纳入国家预算管理的财政性资金。其收入包括地方财政部门的各项附加收入，集中事业收入，专项收入等，事业行政单位的专用基金，经营性服务纯收入，行政事业性收费，专项资金，中小学勤工俭学收入，税收分成等。其支出包括固定资产投资支出，城市维护支出，福利奖励支出，行政事业支出等。

信贷资金 国家银行用于发放贷款的资金叫信贷资金。中国人民银行信贷资金的来源有各项存款、对国际金融机构负债、流通中货币、银行自有资金及当年结益等。信贷资金的运用有各项贷款、黄金占款、外汇占款、财政借款及在国际金融机构中的资产等。

存款 企业、机关、团体或居民根据可以收回的原则，把货币资金存入银行或其他信用机构保管并取得一定利息的一种信用活动形式。根据存款对象的不同可划分为企业存款、财政存款、机关团体存款、基本建设存款、城镇储蓄存款、农村存款等科目。它是银行信贷资金的主要来源。

贷款 银行或其他信用机构根据必须归还的原则，按一定利率，为企业、个人等提供资金的一种信用活动形式。我国银行贷款分为流动资金贷款、固定资产贷款、城乡个体工商户贷款以及农业贷款等科目。

保费 又叫保险费。是保险人根据保险合同的有关规定，为被保险人取得因约定危险事故发生所造成的经济损失补偿（或给付）权利，付给保险人的代价。包括财产险和人身险储金收入。

赔款支出 事故发生后，经查证确属保险责任范围以内的保险标的损失，保险人根据保险合同的规定履行赔偿义务，给予被保险人的款项叫做赔款。赔款可分为已决赔款和未决赔款两种。

主要统计指标解释

五、人民生活

简 要 说 明

主要内容

本部份反映人民生活状况,主要包括:市区居民家庭抽样调查的人口、收入、支出总量与结构指标、城市居民家庭人均食物消费量、穿用商品及耐用消费品拥有量情况;农村居民家庭的人口、文化程度、收支、居住情况以及农村居民家庭消费结构、消费量和耐用消费品拥有量等。

资料来源

城市居民家庭生活状况统计资料来源于成都市城市社会经济调查队。

农村居民家庭生活状况统计资料来源于农村居民住户调查。

城乡居民收入（元）

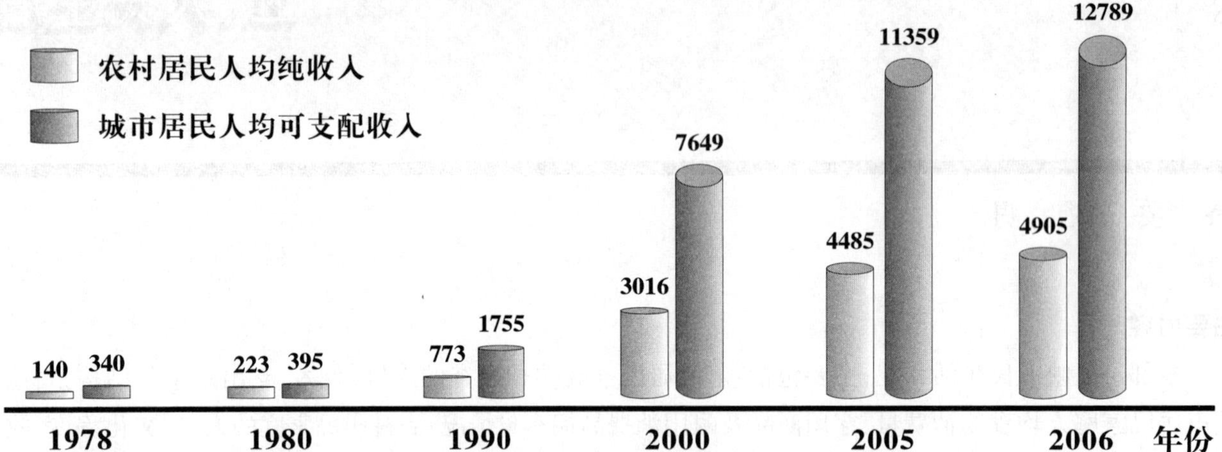

城乡居民人均生活消费支出构成（%）

城市居民

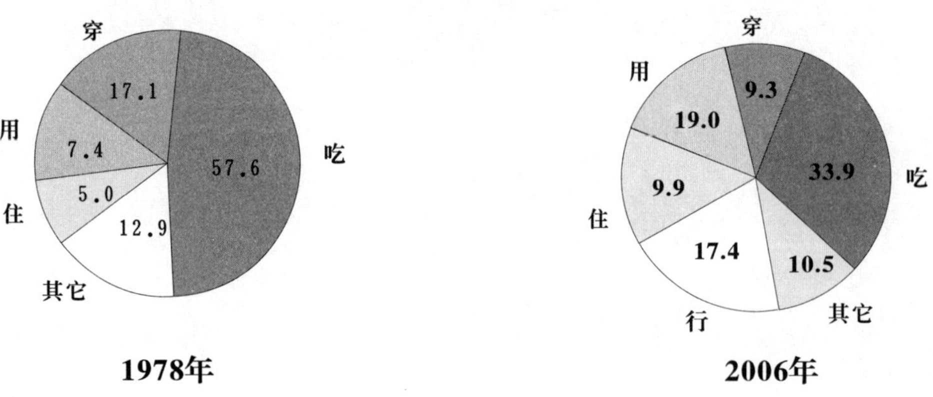

农村居民

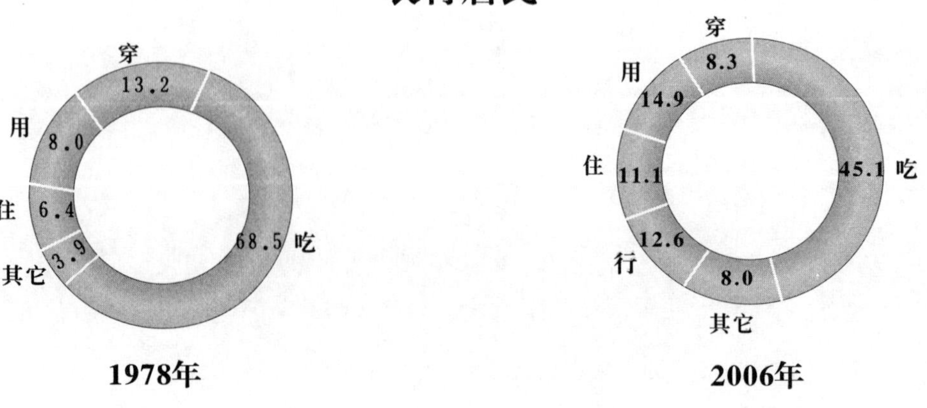

5-1 历年城市居民家庭基本情况

Basic Conditions of Urban Households by Year

年 份	调查户数 (户)	户均家庭人 口 (人)	户均就业人 口 (人)	每一就业者负担人数 (人)	平均每户就业面 (%)
1954	300	3.91	1.21	3.23	30.95
1955	300	3.90	1.24	3.15	31.79
1956	300	3.72	1.25	2.98	33.60
1957	300	3.62	1.35	2.68	37.29
1958	300	3.64	1.31	2.78	35.99
1959	300	3.80	1.42	2.68	37.37
1960	300	3.31	1.42	2.33	42.90
1961	300	3.61	1.40	2.58	38.78
1962	300	4.34	1.40	3.10	32.26
1963	300	5.88	1.37	4.29	23.3
1964	300	5.18	1.52	3.41	29.34
1965	300	5.25	1.53	3.43	29.14
1966	300	5.10	1.57	3.25	30.78
1967	300	5.00	1.35	3.70	27.00
1968	300	5.01	1.31	3.82	26.15
1969	300	4.66	1.20	3.88	25.75
1970	300	4.52	1.15	3.93	25.44
1971	300	4.54	1.28	3.55	28.19
1972	300	4.50	1.28	3.52	28.44
1973	300	4.44	1.35	3.29	30.41
1974	300	4.37	1.49	2.93	34.10
1975	300	4.29	1.59	2.70	37.06
1976	300	4.12	1.60	2.58	38.83
1977	300	4.09	1.67	2.45	40.83

续表 1

年　份	调查户数 （户）	户均家庭 人　　口 （人）	户均就业 人　　口 （人）	每一就业者 负担人数 （人）	平均每户 就业面 （%）
1978	300	4.19	1.74	2.41	41.53
1979	300	4.10	1.86	2.20	45.37
1980	300	3.84	1.97	1.95	51.30
1981	300	4.00	2.09	1.91	52.25
1982	300	3.82	2.07	1.85	54.19
1983	300	3.80	2.11	1.80	55.53
1984	300	3.75	2.10	1.79	56.00
1985	300	3.40	2.05	1.66	60.29
1986	300	3.32	1.98	1.68	59.64
1987	300	3.42	2.10	1.63	61.40
1988	300	3.28	1.87	1.75	57.01
1989	300	3.17	1.78	1.78	56.15
1990	300	3.15	1.79	1.76	56.83
1991	300	3.05	1.72	1.77	56.39
1992	300	3.03	1.66	1.83	54.79
1993	300	2.90	1.51	1.92	52.07
1994	300	2.88	1.56	1.85	54.17
1995	300	2.96	1.71	1.73	57.77
1996	300	2.97	1.76	1.69	59.26
1997	300	2.99	1.77	1.69	59.20
1998	300	2.97	1.72	1.73	57.86
1999	300	2.92	1.72	1.7	58.88
2000	300	2.88	1.44	1.99	50.15
2001	300	2.98	1.39	2.14	46.81
2002	300	2.92	1.33	2.21	45.55
2003	400	2.89	1.35	2.14	46.71
2004	400	2.89	1.48	1.95	51.21
2005	400	2.87	1.39	2.06	48.43
2006	400	2.98	1.56	1.91	52.70

5-2 历年城市居民家庭就业人口情况

The Number of Employee of Urban Households by Year

单位：人

年份	调查户家庭人口	就业人口	国有经济单位职工	集体经济单位职工	个体劳动者	其他劳动者
1978	1257	522				
1979	1318	558				
1980	1152	591				
1981	1200	626	479	144		3
1982	1147	621	488	128		5
1983	1141	632	497	132		3
1984	1125	630	507	113	5	5
1985	1019	614	456	143	12	3
1986	997	595	447	135	5	8
1987	1027	629	467	145	6	11
1988	985	561	428	105	8	20
1989	951	533	432	76	7	18
1990	945	538	454	59	4	21
1991	916	517	398	87	12	20
1992	909	498	383	90	11	14
1993	870	454	339	87	14	14
1994	864	468	365	56	20	27
1995	887	514	426	59	11	18
1996	891	528	437	68	8	15
1997	896	531	431	69	17	14
1998	891	516	423	60	21	12
1999	877	516	416	60	20	20
2000	864	433	320	35	37	41
2001	893	418	238	49	72	20
2002	876	399	240	27	75	57
2003	1156	540	328	28	68	116
2004	1156	592	356	20	80	136
2005	1148	556	292	16	84	164
2006	1184	624	296	24	24	280

注：1980 年以前就业人口未分经济类型；1997 年以前的国有经济单位职工为全民职工。

5-3 历年城市居民家庭人均现金收入情况

Households by Year Per Capita Cash Income of Urban

单位：元

年份	期初手存现金	家庭实际收入	# 可支配收入	储蓄借贷收入	实际支出	#消费性支出	存入银行及储金会款	期末手存现金
1954		159.78	153.85	20.35	157.38	138.48	11.13	
1955		178.66	167.40	31.21	175.44	152.16	14.68	
1956		186.48	173.16	37.80	179.64	166.32	18.60	
1957		250.68	224.40	56.16	243.84	217.44	31.32	
1958		228.36	202.20	40.56	215.04	188.88	27.00	
1959		212.18	209.99	42.33	223.49	197.79	26.54	
1960		217.68	196.92	31.08	193.68	179.64	12.12	
1961		208.44	190.80	34.09	204.27	190.32	6.42	
1962		199.20	187.56	31.44	210.48	198.84	3.00	
1963		203.24	188.04	24.96	207.72	192.72	2.40	
1964		214.80	201.48	24.72	210.84	197.52	4.44	
1965		208.08	194.52	25.20	211.80	198.24	3.48	
1966		223.79	208.12	26.34	219.48	204.12	5.33	
1967		208.77	194.57	24.69	204.35	189.85	4.94	
1968		201.23	186.94	30.30	197.82	186.23	12.37	
1969		207.88	193.54	28.79	208.76	195.36	9.67	
1970		204.10	183.69	33.21	199.87	181.49	8.24	
1971		208.64	193.82	37.69	201.22	183.12	6.36	
1972		229.35	213.75	32.03	213.45	190.69	12.87	
1973		241.11	224.59	28.79	237.56	218.61	10.88	
1974		284.04	264.64	35.74	279.89	261.13	9.24	
1975		291.86	272.89	37.23	281.24	254.79	32.30	
1976		314.03	293.30	32.66	311.03	286.42	12.09	
1977		342.77	327.08	38.77	341.67	329.13	9.64	

注：1980 年以前生活费收入未按经济类型和构成分组；1997 年以前的可支配收入为生活费收入。

续表 1

年　　份	期　　初 手存现金	家庭实际 收　　入	#可支配 收　入	储蓄借贷 收　　入	实际支出	#消费性 支　出	存入银行及 储金会款	期　　末 手存现金
1978		364.55	340.25	39.88	347.83	328.32	12.64	
1979		389.60	352.44	42.73	366.92	341.67	17.87	
1980	9.66	420.92	395.04	60.48	415.29	391.26	23.87	12.59
1981	10.41	484.62	457.68	58.56	479.48	451.98	38.15	12.63
1982	11.40	516.04	485.74	53.20	490.39	459.64	58.14	15.02
1983	15.47	567.11	520.59	64.22	545.11	513.60	57.21	22.55
1984	20.73	657.09	603.06	66.49	627.57	591.13	69.63	29.98
1985	23.95	852.91	786.74	143.43	851.67	810.26	93.58	36.69
1986	37.51	991.39	913.19	166.26	999.65	946.17	109.47	50.23
1987	48.73	1101.07	1015.64	151.64	1072.05	1006.60	132.61	59.08
1988	48.12	1340.35	1243.12	266.10	1400.45	1318.01	144.44	70.68
1989	54.22	1661.91	1564.62	256.91	1607.25	1511.89	167.03	108.18
1990	73.79	1870.91	1755.37	246.34	1767.28	1680.77	195.49	164.90
1991	66.25	2062.98	1924.71	262.35	1941.01	1845.11	214.37	151.84
1992	94.25	2254.44	2101.87	443.38	2217.68	1988.08	258.13	149.14
1993	92.09	2807.35	2624.20	532.88	2745.09	2428.32	286.48	192.84
1994	117.64	4239.48	3940.47	682.96	3907.62	3641.19	574.77	307.18
1995	204.82	5075.82	4708.99	676.28	4857.78	4502.46	541.43	411.23
1996	229.43	5700.71	5265.64	808.60	5432.62	4925.45	644.04	476.43
1997	264.36	6046.84	6018.74	1204.41	6083.39	4959.48	493.43	526.87
1998	302.01	6490.18	6446.44	1529.18	6458.53	5482.28	768.57	663.46
1999	345.02	7140.96	7098.01	1321.76	6639.39	5797.97	846.41	887.97
2000	227.23	7694.95	7649.09	1527.74	7174.33	6423.48	922.94	961.31
2001	340.29	8181.60	8128.39	1624.51	7672.85	6801.19	1083.36	873.89
2002	349.03	9026.38	8971.91	2616.02	9373.40	6874.17	1359.31	910.84
2003	457.06	10177.34	9641.00	2261.10	9582.58	7057.68	1800.11	661.51
2004	489.98	11057.90	10394.10	4052.10	12876.30	8996.97	1595.73	927.41
2005	479.85	12039.21	11358.81	3275.11	12921.01	9642.45	2223.34	815.48
2006	403.92	13646.97	12789.44	3866.76	14263.24	10302.37	2422.93	720.58

5-4 城 市 居 民 家

Basic Conditions of

	单 位	合 计	最 低 收入户	#更 低 收入户	低 收 入 户
调查户数	户	400	40	20	40
比 重	%	100	10		10
平均每户家庭人口	人	2.98	3.30	3.32	3.10
平均每户就业人口	人	1.56	1.57	1.58	1.46
平均每户就业面	%	52.35	47.58	47.59	47.10
平均每一就业者负担人数	人	1.91	2.1	2.10	2.12
平均每人可支配收入	元	12789.44	3842.61	3235.98	5384.26
平均每人消费性支出	元	10302.37	4681.79	4044.91	4806.62

5-5 城 市 居 民 家 庭 人 均

Per Capita Annual Living Expenditures of

	总平均	最 低 收入户	#更 低 收入户	低 收 入 户
消费性支出	**10302.37**	**4681.79**	**4044.91**	**4806.62**
1. 食 品	3490.06	1961.52	1688.04	2327.88
#粮油类	371.32	354.65	330.96	356.00
肉、禽蛋水产品类	810.70	613.94	539.77	712.50
#肉 类	13.43	12.24	12.49	12.48
禽 类	17.33	16.55	17.27	16.22
蛋 类	6.73	6.21	6.37	6.34
水产品类	94.74	52.20	51.68	60.10
2. 衣 着	959.97	332.71	321.91	399.26
#服 装	91.30	255.35	244.49	270.86
3. 家庭设备及服务	659.28	202.14	202.88	209.09
#耐用消费品	291.07	41.54	52.29	59.03
4. 医疗保健	600.14	399.20	180.15	209.27
5. 交通通讯	1794.71	300.11	260.74	429.67
6. 娱乐教育文化服务	1358.00	766.07	681.00	523.70
7. 居 住	1018.77	588.20	590.52	538.58
#住 房	333.22	106.57	124.06	59.73
8. 杂项商品	237.49	76.53	70.02	90.12

庭 基 本 情 况 (2006 年)

Urban Households (2006)

中 等 偏下户	中 等 收入户	中 等 偏上户	高 收 入 户	最 高 收入户	#更 高 收入户
80	80	80	40	40	20
20	20	20	10	10	
3.15	2.98	2.89	2.73	2.64	2.57
1.65	1.49	1.67	1.39	1.54	1.43
52.38	50.00	57.79	50.92	58.33	55.64
1.91	2.00	1.73	1.96	1.71	1.80
7290.90	10069.49	14420.16	20535.96	39681.29	52704.69
6873.11	8968.70	11851.64	15351.32	25921.33	31370.37

消 费 性 支 出 情 况 (2006 年)

Urban Households (2006)

单位：元

中 等 偏下户	中 等 收入户	中 等 偏上户	高 收 入 户	最 高 收入户	#更 高 收入户
6873.11	**8968.70**	**11851.64**	**15351.32**	**25921.33**	**31370.37**
2901.56	3498.05	3937.91	4811.47	5633.16	5075.36
357.86	354.60	394.90	3.97	4.19	4.19
790.86	806.31	869.27	919.11	969.05	928.96
13.27	13.52	13.76	14.04	14.61	14.51
16.92	17.22	16.95	18.93	18.61	17.81
6.6	6.88	6.83	6.89	6.98	6.63
83.67	94.63	108.73	111.85	163.17	167.08
655.23	922.08	1277.33	1209.99	2224.85	1965.43
447.84	659.24	911.84	882.18	1659.00	1524.27
346.27	683.03	602.09	1034.48	2147.97	3196.71
125.17	357.54	210.78	440.73	1115.46	1931.31
467.62	505.17	670.84	988.83	1265.36	1750.32
697.96	893.33	2343.51	2734.41	7666.45	11899.25
739.39	1128.71	1675.34	2249.16	3443.97	2761.08
835.95	1011.24	847.92	1592.21	2299.89	3408.37
276.38	369.33	129.13	596.88	1129.27	2277.15
130.32	202.24	281.37	376.83	697.71	733.64

5-6 城市居民家庭人均消费性支出情况

Per Capita Annual Living Expenditures of Urban Households

单位：元

	1978年	1980年	1990年	2000年	2005年	2006年
消费性支出	**328.32**	**391.26**	**1680.77**	**6423.48**	**9642.45**	**10302.37**
食　品	189.11	226.15	863.63	2491.43	3399.81	3490.06
#粮　食	42.62	45.02	70.15	160.36	211.41	210.54
油脂类			25.80	90.41	102.07	101.65
#食用植物油			25.80	72.25	96.98	96.86
肉禽及制品			225.33	599.14	718.65	650.85
蛋　类			34.06	61.82	71.08	65.11
水产品类			22.39	71.58	100.80	94.74
蔬菜类			102.22	240.15	310.30	321.23
#鲜　菜			94.14	227.44	285.08	298.29
糖　类			13.51	35.58	38.55	42.97
烟草类			61.73	112.05	201.69	222.36
酒和饮料			28.34	106.30	142.69	153.11
干鲜瓜果类			54.93	127.83	188.55	209.17
奶及奶制品			19.84	137.00	204.61	199.92
衣　着	56.14	60.21	246.07	580.47	812.52	959.97
#服　装			104.02	417.10	593.14	689.97
衣着材料			62.38	14.26	8.33	11.98
鞋袜帽及其它			43.12	146.56	200.70	247.85
家庭设备用品及服务	24.27	34.74	200.00	565.00	461.87	659.28
#耐用消费品			73.83	306.02	151.67	291.07
#洗衣机			31.92	9.71	12.06	17.51
电风扇			16.52	2.22	1.16	5.18
电冰箱			75.01	34.60	13.55	26.22
医疗保健	4.11	5.11	25.24	417.32	601.57	600.14
交通和通讯	4.08	4.23	22.31	378.95	1877.44	1794.71
#交　通	3.72	3.84	20.67	156.16	1272.39	1117.77
通　讯	0.36	0.39	1.64	222.8	605.06	676.94
娱乐文教服务	23.23	27.94	176.05	828.75	1228.04	1358.00
#耐用消费品			98.64	211.67	325.03	318.01
教　育	4.68	5.88	28.54	440.23	585.28	630.53
文化娱乐	11.76	12.46	29.86	176.85	317.73	409.46
居　住	16.49	17.88	81.91	764.31	937.77	1018.77
杂项商品和服务	10.89	15.00	65.56	397.26	323.43	421.44
#金银珠宝饰品				21.97	7.00	17.75
理发、美容用品				44.70	86.63	99.91

注：1990年以前蛋类为鲜蛋；“家庭设备用品及服务”指日用品；“教育”未含教材及参考书；“交通”未含交通工具。

5-7 城市居民家庭人均食品消费量

Per Capita Foods Consumption of Urban Households

单位：千克

	1980 年	1990 年	2000 年	2005 年	2006 年
粮　食	127.80	111.14	74.28	60.62	59.79
油脂类	3.70	8.40	12.33	11.90	11.83
#食用植物油			10.58	11.41	11.34
猪　肉	28.20	34.80	29.81	29.83	28.80
牛羊肉	2.90	1.90	2.95	2.77	2.42
蛋　类	2.40	7.50	13.18	10.12	9.67
#鸡　蛋			11.80	9.44	9.06
鲜　菜	140.20	153.91	145.82	130.76	125.47
干　菜	2.38	2.49	0.35	0.68	0.55
菜制品			1.05		
酒　类				4.94	5.35
#白　酒	1.70	2.84	2.16	1.75	1.84
果　酒		0.07	0.23	0.21	0.16
啤　酒	0.30	2.45	3.24	2.98	3.34
碳酸饮料				1.28	1.29
茶　叶	0.30	0.44	0.28	0.28	0.27
糕　点	2.00	3.71	3.44	4.39	3.94
鲜乳品	9.80	17.25	21.83	32.53	33.43
奶　粉		0.39	0.74	0.59	0.48

5-8 历年城市居民家庭每百人购买穿用商品情况

Consumption of Clothing and Using Per 100 Citizens by Year

年 份	服 装 (件)	# 男士服装	# 女士服装	煤 炭 (公斤)	液 化 石油气 (公斤)	金银珠宝 饰 品 (元)	美 容 化妆品 (元)
1980	235.2			16974	51.6		
1981	242.0			16800	32.6		
1982	251.1			14400	22.8		
1983	275.4			16400	30.6		
1984	330.6			14251	62.6		
1985	423.3			18600	46.4	154.4	
1986	448.2			17242	51.7	149.7	
1987	441.4			16675	29.2	120.2	
1988	424.6			19454	36.6	702.1	
1989	244.2			18060	106.0	1613.8	
1990	309.2			13939	122.2	1360.9	
1991	314.7			21121	90.1	1967.4	
1992	591.1	196.8	285.2	20973	181.5	858.4	904.2
1993	557.9	186.5	277.6	19972	440.6	1422.5	1340.9
1994	595.1	202.2	298.6	11874	319.5	3174.7	1828.1
1995	661.1	222.4	328.1	6528	222.3	2958.0	2967.9
1996	639.6	223.9	316.7	5279	242.3	1663.9	3646.6
1997	594.2	194.3	299.7	4087	262.3	536.2	3430.6
1998	658.1	206.6	354.3	2989	264.5	672.2	4800.4
1999	741.3	235.4	408.0	2663	239.0	1648.9	5174.7
2000	681.1	219.1	379.2	3715	305.1	2197.2	4436.0
2001	721.3	238.0	408.0	4007	279.7	1298.6	4526.3
2002	731.7	254.0	372.5	5036	345.9	2428.3	5116.2
2003	651.0	230.0	354.0	3972	350.0	793.0	5070.0
2004	648.0	209.0	367.0	1235	237.0	1355.0	7286.0
2005	723.0	239.0	408.0	1059	174.0	700.0	8637.0
2006	756.0	252.0	415.0	1296	185.0	1775.0	9919.0

5-9 历年城市居民家庭平均每百户年末耐用消费品拥有量

The Number of Major Durable Consumer Goods Owned Per 100 Urban Households by Year

年 份	自行车（辆）	洗衣机（台）	电冰箱（台）	彩 电（台）	电风扇（台）	摩托车（辆）	照相机（架）	电 话（部）	电 脑（台）	汽 车（辆）
1978	104.2				16.2					
1979	115.3			0.3	20.3		2.7			
1980	118.3			0.7	24.7		3.0			
1981	144.7			0.7	50.7		3.7			
1982	151.7			1.3	61.7		5.0			
1983	181.3			3.0	67.0		10.7			
1984	198.3			8.7	72.3		11.7			
1985	202.3	63.7	8.7	26.7	94.7	0.7	18.3			
1986	208.3	25.3	7.8	42.3	108.3	0.7	26.7			
1987	234.0	80.3	33.3	49.3	125.3	0.7	29.0			
1988	213.3	82.0	45.7	65.3	136.7	0.3	32.0			
1989	211.3	85.7	60.3	79.3	150.3		38.7			
1990	218.0	93.0	76.0	92.0	173.0	0.7	43.3			
1991	223.7	87.0	72.3	88.0	177.0	0.7	42.3			
1992	204.3	86.7	70.7	92.3	180.7		40.7	4.7		
1993	208.7	86.0	72.3	89.0	172.3	0.3	36.0	5.3		
1994	216.3	92.0	83.7	100.0	201.3	0.3	40.7	15.3		
1995	242.3	95.7	89.0	111.3	206.3	1.7	49.0	25.3		
1996	246.0	95.7	88.7	114.0	225.7	2.0	51.0	35.3		
1997	241.3	99.0	91.3	117.7	216.3	4.0	50.0	57.0	2.7	
1998	232.7	97.3	93.0	119.3	209.3	7.3	53.7	65.3	9.0	
1999	227.3	99.7	93.7	124.0	216.7	6.7	56.0	70.7	9.3	0.7
2000	203.7	96.0	94.0	141.0	203.0	5.0	64.3	81.0	17.7	1.3
2001	205.0	99.3	94.0	145.0	221.3	4.7	63.3	91.3	25.0	3.3
2002	192.0	98.5	96.6	140.4	201.8	4.3	54.2	93.8	26.4	3.4
2003	191.7	98.3	96.1	143.4	197.0	4.1	46.7	92.1	30.2	3.1
2004	181.5	99.3	98.5	147.1	184.7	5.5	56.1	94.5	42.1	8.5
2005	151.0	98.3	96.5	145.8	170.3	5.3	60.0	95.0	50.5	8.8
2006	145.0	99.0	98.0	151.3	174.5	2.8	58.5	93.8	58.5	9.3

续表 1

年　份	录放机（台）	钢　琴（架）	组合音响（套）	空调器（台）	中高档乐　器（件）	电炊具（台）	淋　浴热水器（台）	抽　排油烟机（台）	健身器材（件）	移动电话（部）
1978										
1979										
1980										
1981										
1982										
1983										
1984										
1985					4.3	5.0				
1986					6.3	6.0				
1987					7.7	6.3				
1988					13.0	8.3				
1989			1.3		11.0	6.7				
1990	8.0		3.0		13.0	10.0				
1991	16.3		1.0		7.3	17.7				
1992	21.0	0.3	6.0		8.0	24.7	41.7	19.0		
1993	27.0	0.3	7.3		9.3	24.0	44.3	18.7		
1994	32.7	1.0	14.0	1.3	9.0	54.3	72.7	28.7		
1995	38.7	1.0	18.3	3.0	8.7	61.0	78.0	33.7		
1996	42.7	0.7	21.0	6.0	9.0	50.7	76.0	33.3		
1997	41.0	1.3	25.7	8.7	8.0	51.3	83.0	47.7	2.0	0.7
1998	36.0	1.3	32.3	13.7	9.7	57.7	80.0	42.7	3.3	3.7
1999	41.7	2.7	40.0	25.7	10.3	65.7	87.0	48.0	5.6	8.3
2000	32.3	2.3	33.7	34.3	8.7	75.0	87.0	45.0	6.0	25.7
2001	34.3	1.7	42.3	47.7	11.0	72.3	90.3	51.7	8.0	54.7
2002	44.1	0.7	40.3	44.9	7.1	83.6	89.4	55.8	3.3	68.3
2003	23.3	0.8	38.5	55.2	6.1	80.1	89.2	45.6	2.9	94.9
2004	24.3	2.0	46.9	90.2	7.3	90.5	94.5	48.9	4.5	137.3
2005	19.8	2.8	45.5	103.8	5.5	97.0	96.5	54.5	4.3	165.3
2006	16.5	2.5	43.0	114.3	5.0	106.8	97.5	57.0	3.0	185.0

5-10 农村居民家庭基本情况

Basic Conditions of Rural Households

	单 位	1978 年	1980 年	1990 年	2000 年	2005 年	2006 年
调查户数	**户**	**85**	**162**	**1380**	**2240**	**2120**	**2120**
人口状况							
平均每户人口	人	5.5	5.2	4.2	3.6	3.5	3.2
平均每一劳动力赡养人口	人	2.2	2.0	1.4	1.4	1.4	1.4
劳动者文化程度构成							
文盲或半文盲	%			11.6	2.4	2.50	2.8
小学程度	%			45.4	33.7	23.9	24.4
初中程度	%			35.5	51.2	55.4	58.3
高中程度	%			7.0	10.2	14.0	10.6
中专程度	%			0.4	1.8	3.1	2.5
大专程度	%			0.1	0.6	1.2	1.4
人均收入状况							
可支配收入	元				2961	4241	4673
纯收入	元	140	223	773	3016	4485	4905
现金收入	元	87	161	996	3302	5843	6162
人均储蓄存款与手存现金							
年末存款余额	元			140	1453	3183	3959
年末手存现金	元	12	18	189	666	817	1073
人均居住情况							
年末住房面积	平方米	9.58	10.04	20.61	34.85	39.80	41.89
#砖木结构面积	平方米			11.43	17.08	18.36	20.2
钢筋混凝土结构面积	平方米			2.26	15.29	20.30	20.79
年末住房价值	元		156	917	4835	9559	11247
人均生产性固定资产情况							
年末生产性固定资产原值	元			214.80	1404.80	2061.05	1974.19
#役畜、产品畜	元			26.65	66.80	117.75	96.33
大中型铁木农具	元			29.68	89.80	78.06	68.77

5-11 农村居民家庭人均总收入

Per Capita Annual Gross Income of Rural Households

单位：元

	1978 年	1980 年	1990 年	2000 年	2005 年	2006 年
全年总收入	**168.56**	**262.06**	**1195.27**	**4298.28**	**6554.86**	**6895.14**
工资性收入	28.12	42.41	130.20	1006.78	1815.17	2080.63
家庭经营收入	117.83	190.57	1003.28	2911.70	4141.96	4120.86
#农业收入	66.88	111.16	491.52	1210.01	1580.02	1655.79
林业收入	0.38	0.67	7.74	40.83	33.14	63.21
牧业收入	46.69	71.88	355.61	895.43	1480.87	1231.73
渔业收入	0.08	0.22	4.26	60.59	55.17	51.31
工业收入			24.72	88.06	196.40	203.73
建筑业收入			21.82	80.90	106.10	117.91
交通、运输和邮电业收入	0.53	3.33	18.04	97.25	196.81	245.60
批发零售贸易餐饮业收入			20.53	153.12	290.77	327.54
社会服务业收入			19.61	92.68	104.17	121.79
转移性和财产性收入	22.61	29.08	61.79	379.80	597.72	693.53

注：从 2003 年起转移性和财产性收入不含“调查补贴”等项。

5-12　农村居民家庭人均现金收支情况

Per Capita Cash Income and Expenditure of Rural Households

单位：元

	1978 年	1980 年	1990 年	2000 年	2005 年	2006 年
年初手存现金	**11.98**	**11.98**	**142.43**	**1295.30**	**782.81**	**816.57**
年初存款余额			**118.12**	**701.66**	**1623.96**	**3182.66**
全年现金收入	**87.07**	**160.79**	**995.95**	**3302.32**	**5842.81**	**6161.99**
工资性收入	21.12	42.41	130.20	1006.48	1814.99	2078.97
家庭经营收入	55.10	98.34	668.39	1922.96	3431.13	3382.63
#农业	53.88	90.90	210.60	479.54	973.13	1015.83
牧业			309.07	679.12	1378.75	1162.23
建筑业现金收入			21.82	80.90	106.10	117.91
交通、运输和邮电业现金收入	0.53	3.33	18.04	97.25	196.81	245.60
转移性和财产性收入	8.86	9.62	76.14	372.89	596.69	700.39
非收入所得	1.99	10.42	121.22	326.27	523.74	532.40
全年现金支出	**86.68**	**154.45**	**949.23**	**2922.27**	**4683.52**	**4892.34**
#生产费用支出	20.35	29.29	286.07	915.30	1783.89	1679.81
生活消费支出	62.52	103.31	459.39	1769.71	2575.52	2894.92
非消费性现金支出	2.32	13.91	114.04	339.44	654.96	980.68
年末手存现金	**12.37**	**18.32**	**189.15**	**666.33**	**816.57**	**1073**
年末存款余额			**140.19**	**1453.47**	**3182.66**	**3959**

5-13 农村居民家庭人均支出情况

Per Capita Expenditure of Rural Households

单位：元

	1978 年	1980 年	1990 年	2000 年	2005 年	2006 年
全年总支出	**146.72**	**234.84**	**1124.89**	**3495.51**	**5309.52**	**5483.23**
家庭经营费用支出			354.23	999.79	1850.09	1770.37
#农业支出			86.96	240.59	441.10	471.98
牧业支出			229.36	618.72	1068.50	908.31
购置生产性固定资产			16.40	46.14	57.83	48.53
税费支出	0.02	0.04	46.37	77.06	9.67	9.41
生活消费支出	116.94	185.70	692.92	2200.74	3074.25	3343.87
食　品	80.12	132.04	440.96	1126.03	1429.31	1508.66
#主　食	49.15	70.69	154.57	228.57	281.07	288.71
副　食	22.68	56.87	217.18	616.53	636.62	639.43
衣　着	15.43	18.69	46.12	146.76	232.12	279.04
居　住	7.53	16.56	114.68	320.79	333.17	370.91
家庭设备、用品及服务	9.36	13.31	28.19	113.72	175.52	185.60
医疗保健		0.93	16.43	99.72	175.26	166.52
交通和通讯		1.21	10.91	120.10	347.51	419.73
文化教育娱乐用品及服务	4.50	5.10	31.67	209.37	301.40	333.22
其他商品和服务			3.96	64.25	79.95	80.19
财产转移性支出			14.97	169.46	316.49	310.13
附：生产性固定资产折旧			14.32	93.65	137.40	86.86

5-14　农村居民家庭人均纯收入

Per Capita Net Income of Rural Households

单位：元

	2003 年	2004 年	2005 年	2006 年
全年纯收入	**3656**	**4072**	**4485**	**4905**
工资性收入	1387	1582	1815	2080
家庭经营收入	1893	2069	2145	2209
#农业收入	959	1064	1074	1139
林业收入	25	17	20	47
牧业收入	287	333	372	282
渔业收入	27	18	21	24
工业收入	46	56	71	76
建筑业收入	75	86	91	100
交通、运输和邮电业收入	125	144	128	155
批发零售贸易餐饮业收入	161	165	196	193
社会服务业收入	90	91	89	104
转移性收入	208	234	289	340
财产性收入	168	187	236	276

注：按住户调查统计制度，2003 年开始计算分项纯收入。

5-15 农村居民家庭人均主要实物消费量

Major Foods Consumption Per Capita of Rural Households

	单 位	1978年	1980年	1990年	2000年	2005年	2006年
粮 食	千克			301.81	230.77	195.88	195.28
蔬 菜	千克	140.61	122.63	203.51	117.63	98.44	87.30
植物油	千克	2.27	3.14	4.07	7.90	5.12	5.07
动物油	千克	0.39	0.65	1.29	1.69	1.16	0.93
猪 肉	千克	7.45	12.20	22.55	30.10	31.41	32.16
蛋 类	千克	0.95	1.23	2.95	5.67	4.79	4.79
家 禽	千克	0.43	1.40	1.82	5.09	6.99	6.41
鱼 虾	千克	0.11	0.11	0.59	2.83	2.85	3.15
糖 类	千克	0.60	1.12	1.62	1.63	1.08	1.10
酒	千克	1.46	2.04	5.29	8.19	9.72	11.58
水 果	千克			4.40	18.07	15.40	18.26

5-16 农村居民家庭每百户耐用物品拥有量

The Number of Durable Consumer Goods Owned Per 100 Rural Households

	单 位	1978年	1980年	1990年	2000年	2005年	2006年
自行车	辆	46	68	161	149	115	110
电风扇	台			32.2	171.7	195.4	200.2
洗衣机	台			8.3	50.1	74.4	79.5
电冰箱	台			0.3	16.9	31.8	36.1
摩托车	辆			0.7	39.9	67.1	69.8
大型家具	件			432	407	408	432
抽油烟机	台				1.6	4.9	4.7
黑白电视机	台	8.2	31.5	59.2	57.6	17.2	13.6
彩色电视机	台			4.0	69.1	107.5	113.0
收录机	台			19.5	24.3	9.0	6.9
照像机	架			0.4	5.0	5.9	6.9
空调机	台				1.2	6.2	7.6
电话机	部				29.8	66.7	70.9
移动电话	部				9.2	98.5	115.2
家用计算机	台				3.0	4.2	4.4

5-17 历年农村居民家庭每百人购买穿用商品

The Purchase of Clothing and Using Per 100 Rural Residents by Year

年 份	服 装 (件)	电 话 (部)	电视机 (部)	# 彩 电	收录机 (部)
1978					
1979					
1980					
1981					
1982					
1983			1.09		0.13
1984			1.75		0.31
1985			1.28	0.07	0.21
1986			1.58	0.07	0.51
1987			2.20	0.02	0.53
1988			2.14	0.15	0.65
1989			1.09	0.10	0.77
1990			1.19	0.21	0.36
1991			1.38	0.11	0.55
1992			1.46	0.47	0.47
1993			2.17	0.68	0.52
1994			1.11	0.42	0.50
1995			1.18	0.62	0.62
1996			1.16	0.69	0.38
1997			1.24	1.01	0.36
1998			1.53	1.27	0.26
1999			2.05	1.81	0.21
2000	121.79	2.47	1.70	1.60	0.24
2001	141.58	1.97	1.70	1.65	0.31
2002	148.03	2.23	1.66	1.65	0.60
2003	243.68	1.94	1.93	1.87	0.13
2004	251.09	1.85	1.53	1.49	0.24
2005	259.63	2.66	1.39	1.36	0.13
2006	295.54	1.63	1.46	1.42	0.13

注：从 2000 年起购买棉布和化纤布中不再包括购买的棉布和化纤布服装的折合量。

续表 1

年 份	自行车 (辆)	洗衣机 (台)	电风扇 (台)	电冰箱 (台)	摩托车 (辆)	手 机 (部)
1978						
1979						
1980						
1981						
1982						
1983	3.03		0.20			
1984	3.65	0.03	0.12			
1985	3.29	0.09	0.31			
1986	3.33	0.10	0.58			
1987	3.62	0.24	0.98			
1988	4.14	0.42	1.44			
1989	2.29	0.33	0.82			
1990	2.49	0.14	0.79			
1991	3.50	0.28	1.71			
1992	3.46	0.47	1.42			
1993	4.46	0.71	2.72			
1994	3.21	0.50	2.55			
1995	2.72	0.45	3.43			
1996	1.74	0.45	2.70			
1997	1.97	0.66	1.71			
1998	1.68	0.55	2.46			
1999	2.07	0.58	1.86	0.35	1.25	
2000	2.98	0.66	2.37	0.23	0.94	0.30
2001	2.72	0.93	2.81	0.46	1.21	0.71
2002	2.82	0.94	2.55	0.37	1.52	2.12
2003	3.25	1.11	2.22	0.55	1.38	3.27
2004	2.49	1.21	1.98	0.64	1.43	3.31
2005	2.21	1.50	1.76	0.60	1.12	3.67
2006	2.15	1.42	3.59	0.92	1.11	4.39

主 要 统 计 指 标 解 释

城镇居民家庭实际收入 指被调查城镇居民家庭全部的实际现金收入，包括经常或固定得到的收入和一次性收入。不包括周转性收入，如提取银行存款、向亲友借入款、收回借出款以及其他各种暂收款。

城镇居民家庭总收入 指调查户中生活在一起的所有家庭成员在调查期得到的工薪收入、经营净收入，财产性收入、转移性收入的总和，不包括出售财物收入和借贷收入。

城镇居民家庭可支配收入 指调查户可用于最终消费支出和其它非义务性支出及储蓄的总和，即居民家庭可以用来自由支配的收入。它是家庭总收入扣除交纳的所得税、个人交纳的社会保障费以及调查户的记账补贴后的收入。计算公式：可支配收入=家庭总收入-交纳所得税-个人交纳的社会保障支出-记账补贴。

城镇居民家庭消费支出 指调查户用于本家庭日常生活的全部支出，包括食品、衣着、家庭设备用品及服务、医疗保健、交通和通讯、娱乐教育文化服务、居住、杂项商品和服务八大类。包括用于赠送的商品或服务。

农村居民可支配收入 指农村居民获得的经过初次分配与再分配后的收入。可支配收入可用于农村居民的最终消费、非义务性支出以及储蓄。其计算方法是：

农村居民可支配收入=全年总收入-家庭经营费用支出-税费支出-生产性固定资产折旧-调查补贴-财产性支出-转移性支出中除赠送农村内部亲友支出外的所有支出-亲友赠送收入+农村外部亲友赠送收入

农村居民家庭纯收入 指农村常住居民家庭总收入中，扣除相应的各项费用支出后，归农民所有的收入。它可以用于生产、非生产投资，改善物质和文化生活，以及用于再分配的支出和结余的收入。它是反映农民家庭实际收入水平的综合性的主要指标。农民家庭纯收入，既包括从事生产性和非生产性的经营收入，又包括取自在外人口寄回带回和国家财政救济、各种补贴等非经营性收入；既包括货币收入，又包括自产自用的实物收入。但不包括向银行、信用社和向亲友借款等属于借贷性的收入。其计算方法是：

纯收入＝全年总收入-家庭经营费用-税费支出-固定资产折旧-亲友赠送收入＋城市亲友赠送收入＋一次性工伤补贴＋保险公司赔付

农村居民生活消费支出 指农村常住居民家庭年内用于物质生活和精神生活方面的实际支出,直接反映农民的生活水平,是研究农民消费结构变化的基本指标。农民家庭生活消费支出,包括食品、衣着、居住、家庭设备、用品及服务、医疗保健、交通和通讯、文化教育娱乐用品及服务、其他商品和服务等消费支出。

城乡居民储蓄存款余额 城乡居民储蓄存款，包括城镇居民储蓄存款和农民个人储蓄存款两部分。不包括居民的手存现金和工矿企业、部队、机关团体等集团存款。储蓄存款余额，是指城乡居民存入银行及农村信用社储蓄的时点数（存入数扣除取出数的余额），如月末、季末或年末数额。

六、城市公用事业

简 要 说 明

主要内容

本部份资料反映城市基本情况，主要包括：城市规模、建设用地，城市绿化、环境卫生、道路、桥梁、自来水、天然气等城市基础设施情况；全市及分行业用电量情况，工业企业“三废”排放及处理利用情况。

资料来源

城市基础设施建设资料来源于成都市建委。

用电量资料来源于成都电业局。

环保资料来源于成都市环境保护局。

其他需要说明的问题

城市基础设施建设资料为市区范围内全社会统计口径，即包括建设系统内外两部分。

用电量资料仅为成都电业局售给成都地区的售电量，不含各县(市)未入网的自行发电量。

环保资料为全社会统计口径。

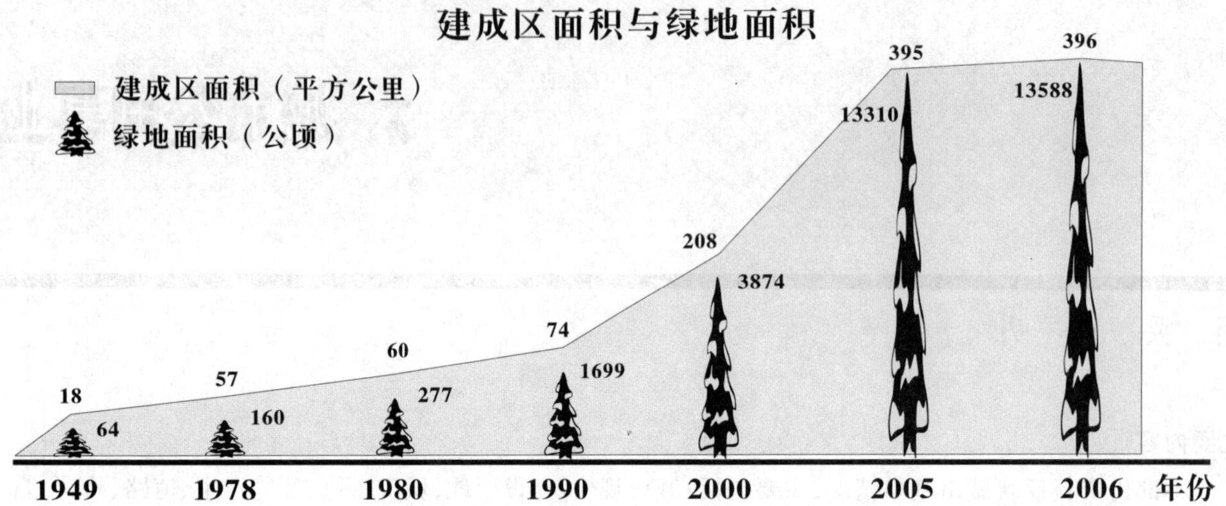
建成区面积与绿地面积
建成区面积（平方公里）
绿地面积（公顷）
18
64
57
160
60
277
74
1699
208
3874
395
13310
396
13588
1949
1978
1980
1990
2000
2005
2006
年份

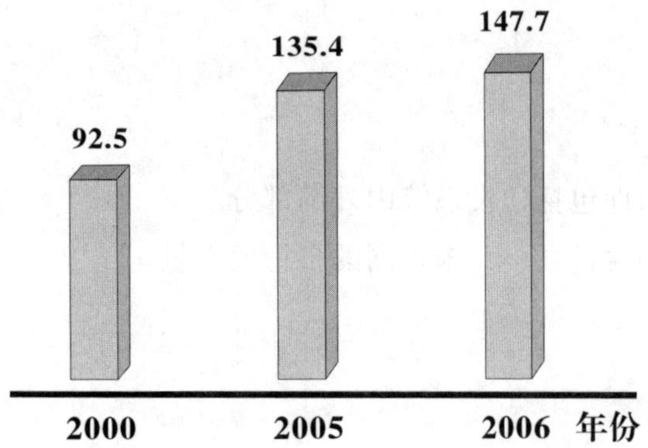
生活垃圾无害处理量（万吨）
92.5
135.4
147.7
2000
2005
2006 年份

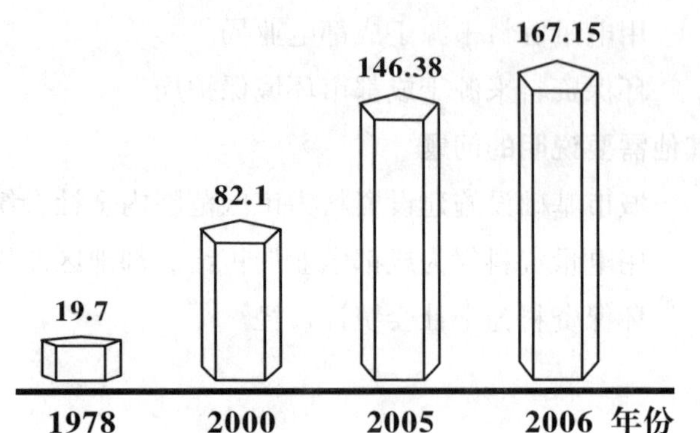
全市用电量（亿千瓦小时）
19.7
82.1
146.38
167.15
1978
2000
2005
2006 年份

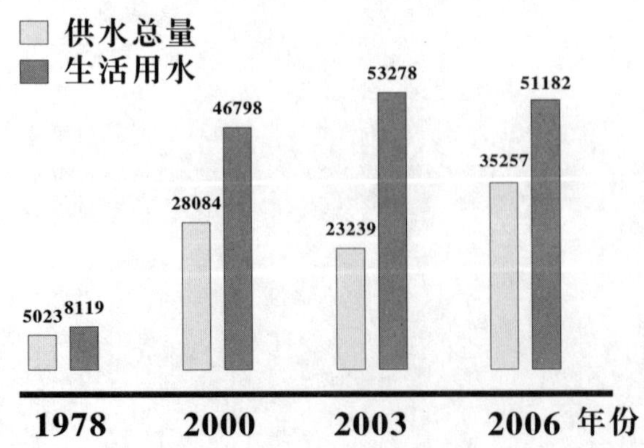
城市供水量（万吨）
供水总量
生活用水
5023
8119
28084
46798
23239
53278
35257
51182
1978
2000
2003
2006 年份

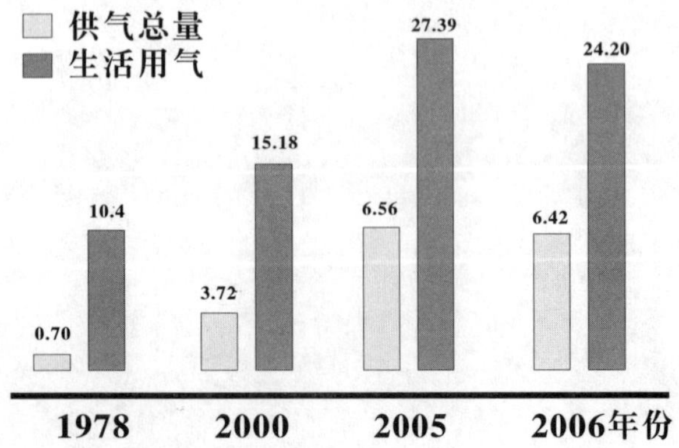
城市供天然气量（亿立方米）
供气总量
生活用气
0.70
10.4
3.72
15.18
6.56
27.39
6.42
24.20
1978
2000
2005
2006年份

6-1 城市规模和建设用地情况

Urban Scale and Construction Land

	单 位	2006年		单 位	2006年
城市人口	万人	497.15	#生活居住用地	平方公里	108.87
城市面积	平方公里	2176	公共设施用地	平方公里	51.47
建成区面积	平方公里	396.94	工业用地	平方公里	82.36
#城区	平方公里	288.08	对外交通用地	平方公里	4.91
城市建设用地面积	平方公里	359.68	仓储用地	平方公里	6.74

注：城市公用事业由于建设部统计口径调整，大部分指标与往年不可比。

6-2 市 政 设 施 水 平

Level of Urban Public Facilities

	单 位	2006年		单 位	2006年
用水普及率	%	94.1	人均公园绿地面积	平方米	10.6
用气普及率	%	91.5	建成区绿地率	%	34.2
每万人拥有公共交通车辆	标台	15.4	建成区绿化覆盖率	%	38.0
人均拥有道路面积	平方米	12.5			

注：人均市政设施水平按市区全部人口计算。

6-3 市政工程设施情况

Municipal Engineering Facilities

	单　位	2006年		单　位	2006年
年末实有铺装道路长度	公里	2123	污水排放量	万立方米	38908
年末实有铺装道路面积	万平方米	4775	污水处理厂座数	座	9
＃人行道面积	万平方米	882	污水处理厂处理能力	万立方米/日	113.9
路灯盏数	千盏	125.0	＃二、三级处理	万立方米/日	98.5
桥梁数	座	441	污水处理总量	万立方米	30403
＃立交桥	座	63	污水再生利用总量	万立方米	998
排水管道长度	公里	3169	防洪堤长度	公里	466
＃污水管道	公里	1240			

6-4 自来水供应情况

Basic Statistics of Tap Water Supply

	单　位	2006年		单　位	2006年
年末供水综合生产能力	万吨/日	177	全年供水量	万吨	51182
＃地下水	万吨/日	18.1	＃生活用水	万吨	35257
年末自来水管长度	公里	3942	用水人口	万人	360.5

6-5 天然气、液化石油气情况
Basic Statistics of Urban Supply for Natural Gas and Liquefied Petroleum Gas

	单 位	2006 年		单 位	2006 年
天然气			**液化石油气**		
输气管道长度	公里	5632	供气量	吨	130007
供气总量	万立方米	242025	#家庭用量	吨	49759
#家庭用量	万立方米	64227	用气人口	万人	24.8
用气人口	万人	325.7			

6-6 公共汽车、出租车情况
Basic Statistics of Buses, Trolley Buses and Taxies

	单 位	1990 年	2000 年	2005 年	2006 年
年末营运汽车	辆	942	2118	4643	5137
年末运营线路网长度	公里	628	919	1460	1548
全年客运总量	万人次	37039	45164	79663	89319
年末出租汽车	辆	1885	7852	9029	9016

6-7 园 林 绿 化 情 况

Basic Statistics of Parks, Gardens and Green Areas

	单　位	1990 年	2000 年	2005 年	2006 年
年末园林绿地面积	公顷	1896	4013	13562	14269
#建成区	公顷	1699	3874	13310	13588
#城区	公顷		3553	9382	10959
年末公园绿地面积	公顷	436	901	3841	4065
绿化覆盖面积	公顷	2466	4873	14779	15351
#建成区	公顷	2206	4696	14418	15092
#城区	公顷		4305	10198	11786

6-8 城市维护建设资金收支情况

Revenue and Expenditures of urban Maintenance and Construction Funds

单位：万元

	2006 年		2006 年
一、城市维护建设资金收入	**424475**	#固定资产支出	304289
#两项城市维护建设资金	96692	维护支出	160871
#城市维护建设税	85155	**按行业分**	
公用事业附加	11537	#供　水	7640
地方财政拨款	32390	燃　气	26
水资源费	3165	公共交通	16690
市政公用设施配套费	70881	道路桥梁	195124
市政公用设施有偿使用费	89261	排水工程	58081
土地出让转让金	105695	园林绿化	70166
二、城市维护建设资金支出	**505262**	环境卫生	49104
按用途分			

6-9 历 年 全 市 用 电 量

Urban Electricity Consumption by Year

单位：万千瓦小时

年　　份	用电量	# 工业用电	# 交通运输用电	# 城乡居民生活用电
1950	770	377		
1951	1019	591		
1952	1141	722		
1953	1540	909		
1954	1929	1206		
1955	2331	1457		
1956	3426	2209		
1957	4276	2777		
1958	8386	6559		
1959	21717	18984		
1960	47508	43455		
1961	42103	38514		
1962	35633	30704		
1963	37319	32107		
1964	46417	42619		
1965	70084	62821	25	
1966	96492	86855	63	
1967	77595	68445	147	
1968	44587	35257	123	
1969	85931	72706	267	
1970	147391	127357	3637	
1971	163559	137687	6098	
1972	165761	140600	6093	
1973	173619	147826	5389	
1974	181273	152666	6457	
1975	138626	112246	1100	
1976	135847	115992	1765	
1977	162564	140421	2125	

续表 1

单位：万千瓦小时

年　　份	用电量	# 工业用电	# 交通运输用电	# 城乡居民生活用电
1978	197000	171281	2268	
1979	219477	188343	2174	
1980	236796	200477	2160	
1981	232955	192777	1879	
1982	242919	199843	2032	
1983	262682	217953	2206	
1984	269408	220028	4625	
1985	273763	218888	5771	
1986	283501	233569	8362	
1987	297163	237476	8862	
1988	302933	236183	7353	
1989	337198	263915	6964	
1990	356117	269271	7112	
1991	405748	310748	7139	
1992	446621	335390	9110	
1993	511759	374196	9526	
1994	555674	391665	10206	
1995	594427	410396	10415	
1996	647423	424693	11740	
1997	678070	425725	14004	
1998	699964	427596	11861	
1999	734982	431075	13570	
2000	821001	453625	15699	191046
2001	903557	476157	23247	209509
2002	1115973	625479	27461	236596
2003	1181635	632120	47087	256962
2004	1318347	691741	37818	292576
2005	1465839	760470	24318	334690
2006	1671532	867800	34905	382409

6-10 分 行 业 用 电 量

Electricity Consumption by Sector

单位：万千瓦小时

	1990 年	2000 年	2005 年	2006 年
总　　计	**356117**	**821001**	**1465839**	**1671532**
农、林、牧、渔、水利业	9447	17278	14019	19577
工　业	269271	453625	760470	867800
建筑业	1212	7112	25621	36513
交通运输、仓储和邮政业	7784	15699	31495	34905
商业、住宿和餐饮业	3694	62921	141204	158052
城乡居民生活用电	41195	191046	334690	382409
城　市	34353	144338	240692	282687
乡　村	6842	46708	93998	99722

6-11 工业主要污染物排放及处理利用情况

Discharge, Treatment and Utilization of Industrial Pollutants

	单　　位	2006 年		单　　位	2006 年
工业废水			排放量	万吨	5.5
排放总量	万吨	23599	**工业粉尘**		
排放达标量	万吨	23107	排放量	万吨	2.59
工业废气			**工业固体废物**		
排放总量	亿标立方米	1397	产生量	万吨	535
燃烧过程排放量	亿标立方米	599	综合利用量	万吨	520
生产工艺过程排放量	亿标立方米	799	贮存量	万吨	8.26
工业烟尘			处置量	万吨	6.51

主 要 统 计 指 标 解 释

自来水生产能力 指城建部门管理的自来水厂和自备水源的社会单位取水、净化、送水、出厂输水干管等环节的实际生产能力。

城市人口用水普及率 指城市用水的人口数（不包括临时人口和流动人口）与城市总人口数之比。计算公式：

用水普及率＝（城市用水的人口数÷城市总人口数）×100%

城市用气普及率 指使用煤气（包括人工煤气、液化石油气、天然气）的城市总人口数（不包括临时人口和流动人口）与城市人口总数之比。计算公式：

$$城市煤气普及率=\frac{城市用气的人口数}{城市总人口数}\times 100\%$$

城市污水日处理能力 指污水处理厂每昼夜处理污水量的设计能力。

营运线路长度 指设置的固定营运线路长度，包括郊区营运线路长度。不包括临时行驶的线路长度。

城市园林绿地面积 指城市公共绿地、专用绿地、生产绿地、防护绿地、郊区风景名胜区的全部面积。

公共绿地 指供游览休息的各种公园、动物园、植物园、陵园以及花园、游园和供游览休息用的林荫道绿地、广场绿地。不包括一般栽植的行道村及林荫道的面积。

工业废水排放量 指经过企业厂区所有排放口排到企业外部的工业废水量。包括生产废水、外排的直接冷却水、超标排放的矿井地下水和与工业废水混排的厂区生活污水，不包括外排的间接冷却水（清污不分流的间接冷却水应计算在内）。

工业废水排放达标量 指各项指标都达到国家或地方排放标准的外排工业废水量，包括未经处理外排达标的和经过处理后外排达标的两部分。国家排放标准见GB8978-88。

工业废气排放量 指企业厂区内燃料燃烧和生产工艺过程中产生的各种排入空气的含有污染物的气体的总量，以标准状态［273K,101325Pa］计。

工业粉尘排放量 指企业在生产工艺过程中排放的颗粒物重量。如钢铁企业的耐火材料粉尘、焦化企业的筛焦系统粉尘、烧结机的粉尘、石灰窑的粉尘、建材企业的水泥粉尘等。不包括电厂排入大气的烟尘。

工业固体废物产生量 指企业在生产过程中产生的固体状、半固体状和高浓度液体状废弃物的总量，包括危险废物、冶炼废渣、粉煤灰、炉渣、煤矸石、尾矿、放射性废物和其他废物等；不包括矿山开采的剥离废石和掘进废石（煤矸石和呈酸性或碱性的废石除外）。酸性或碱性废石是指采掘的废石其流经水、雨淋水的pH值小于4或pH值大于10.5者。

工业固体废物综合利用量 指通过回收、加工、循环、交换等方式，从固体废物中提取或者使其转化为可以利用的资源、能源和其他原材料的固体废物量（包括当年利用往年的工业固体废物累计贮存量）。如用作农业肥料、生产建筑材料、筑路等。综合利用量由原产生固体废物的单位统计。

工业固体废物贮存量 指以综合利用或处置为目的，将固体废物暂时贮存或堆存在专设的贮存设施或专设的集中堆存场所内的量。专设的固体废物贮存场所或贮存设施必须有防扩散、防流失、防渗漏、防止污染大气、水体的措施。，工业固体废物处置量指将固体废物焚烧或者最终置于符合环境保护规定要求的场所并不再回取的工业固体废物量（包括当年处置往年的工业固体废物累计贮存量）。处置方法如：填埋（其中危险废物应安全填埋）、焚烧、专业贮存场（库）封场处理、深层灌注、回填矿井等。

七、农　业

简　要　说　明

主要内容

本部份资料反映全市农业生产和农村经济的基本情况，主要包括农村基层组织、乡村从业人员，农、林、牧、渔业产值及其主要产品产量、农业机械拥有量、水利设施、林业生产和乡镇企业等方面的统计资料。

资料来源

农林牧渔业产值、产量及有关资料来源于成都市统计局。

农业机械资料来源于成都市农业委员会。

渔业生产等资料来源于成都市水务局。

林业生产资料来源于成都市林业和园林局。

乡镇企业资料来源于成都市中小企业局。

注：由于省实行分季定产，时间较早，个别农产品产量与报省数据略有差异。

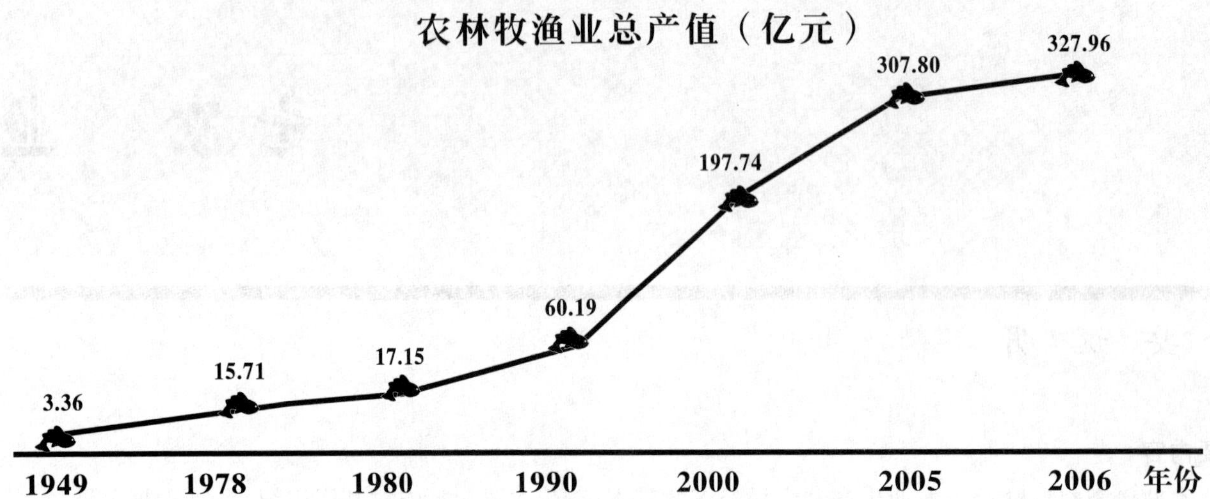
农林牧渔业总产值（亿元）
3.36
15.71
17.15
60.19
197.74
307.80
327.96
1949
1978
1980
1990
2000
2005
2006
年份

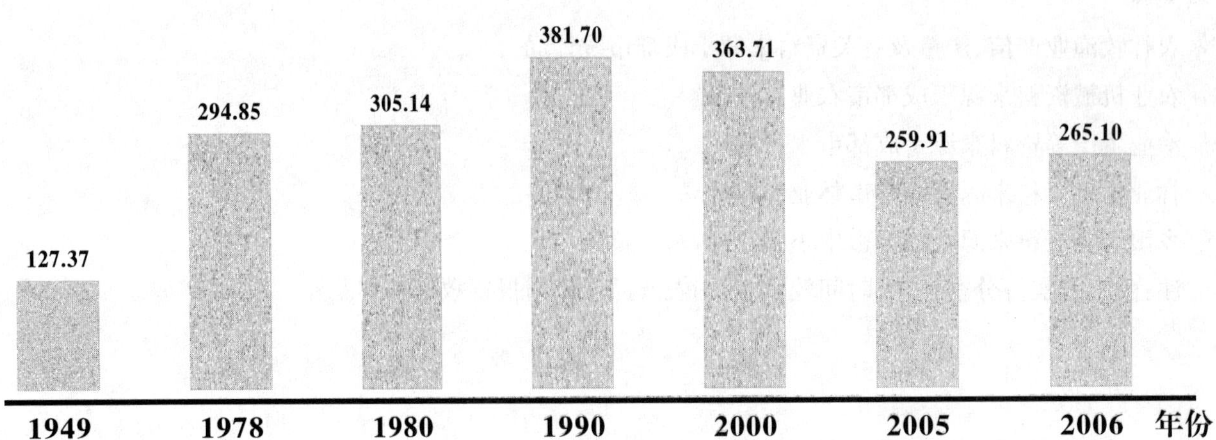
粮食总产量（万吨）
127.37
294.85
305.14
381.70
363.71
259.91
265.10
1949
1978
1980
1990
2000
2005
2006
年份

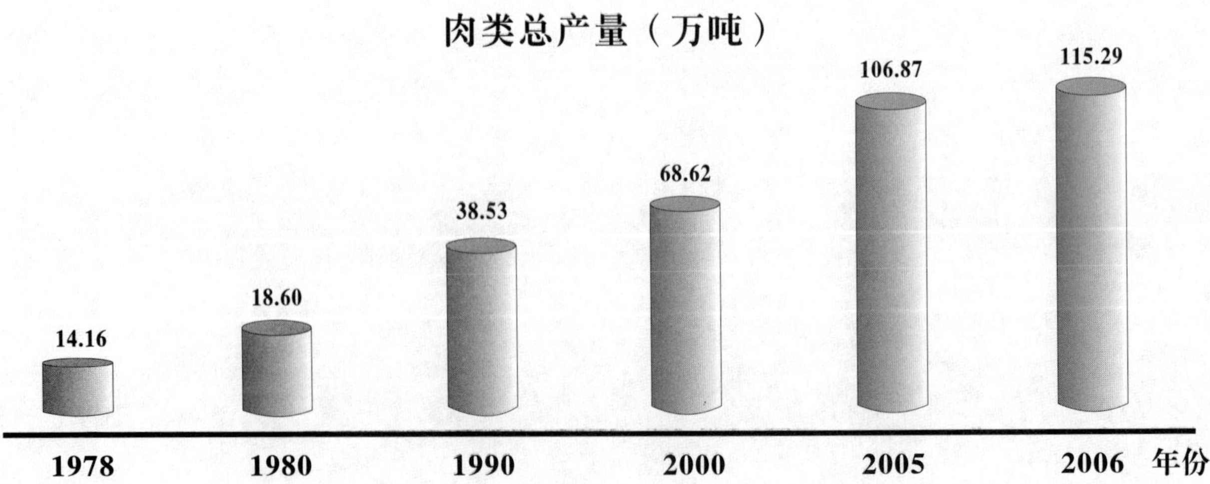
肉类总产量（万吨）
14.16
18.60
38.53
68.62
106.87
115.29
1978
1980
1990
2000
2005
2006
年份

7-1　农村基层组织及农业生产条件

Basic Conditions of Rural Grassroots Units and Agriculture

	单　位	1978 年	1980 年	1990 年	2000 年	2005 年	2006 年
农村基层组织							
乡镇个数	个	394	395	408	338	225	220
#镇个数	个			78	208	198	193
村委会个数	个	4575	4639	4651	4582	2856	2804
乡村户数、人口与从业人员							
乡村户数	户	1445797	1473951	1977835	2081843	2086792	2086618
乡村人口数	人	6348345	6376564	6918256	6841033	6667190	6654975
#乡村从业人员	人	2635876	2774188	3916699	4088305	4057947	4038372
#转移出省的从业人员	人			13904	126959	217408	248086
按性别分							
男	人	1342399	1388855	2028586	2113385	2133525	2120935
女	人	1293477	1385333	1888113	1974920	1924422	1917437
按行业分							
农、林、牧、渔业	人	2413646	2584538	3051316	2440924	1992493	1878125
工　业	人	87706	105547	348459	412239	499754	543429
建筑业	人	40133		158749	351166	456664	502380
交通运输仓储业及邮电通讯业	人	6126		52632	101882	127934	128299
批发、零售贸易业	人	9452		110166	258698	233738	234812
其他行业	人	78813		193577	523396	747364	751327

注：其他行业：2005、2006 年包含住宿和餐饮业。2005、2006 年交通运输仓储业及邮电通讯业包含计算机服务和软件业。

续表 1

	单　位	1978 年	1980 年	1990 年	2000 年	2005 年	2006 年
农村社会基础设施							
自来水受益村数	个				1897	1306	1401
通汽车村数	个				4577	2856	2804
通电话村数	个				4548	2856	2804
农业主要能源及物质消耗							
乡、村办水电站数	个	810	691	345	316	291	283
发电能力	千瓦	31353	50863	122062	211318	247683	236676
农村用电量	万千瓦小时	12033	17173	77482	222405	292141	290845
农用化肥施用量(折纯)	万吨	15.59	13.22	15.78	21.42	19.71	19.26
#氮　肥	万吨	11.50	9.24	11.67	9.42	8.16	7.92
磷　肥	万吨	4.09	3.88	2.99	4.58	4.45	4.06
钾　肥	万吨		0.06	0.38	1.73	1.97	2.07
复合肥	万吨		0.04	0.74	5.69	5.13	5.21
农用塑料薄膜使用量	吨			1131	7331	8841	10260
#地膜使用量	吨				4449	6204	7585
地膜覆盖面积	万公顷				4.67	5.02	6.09
农用柴油	万吨				2.42	2.58	2.68
农药使用量	吨			4080	7146	5915	6119
机耕地面积(负担面积)	公顷	155467	207375	260460	268649	246166	257456
机耕地占耕地面积比重	%	31.37	42.32	55.96	63.27	69.87	74.27

7-2 历年农林牧渔业总产值

Gross Output Value of Farming, Forestry, Animal Husbandry and Fishery by Year

单位：万元

年 份	农林牧渔业总产值	其中：农业	林业	牧业	渔业
1950	35140	30850	1070	3192	28
1951	37231	32527	1116	3557	31
1952	40583	35315	1269	3967	32
1953	46049	39992	1526	4489	42
1954	49264	41788	2105	5327	44
1955	50101	42344	2249	5458	50
1956	53498	44926	2428	6089	55
1957	57859	48160	2681	6950	68
1958	67215	54521	5265	7338	91
1959	52465	42641	4281	5471	72
1960	42184	35224	3340	3546	74
1961	36998	31938	1997	2971	92
1962	45840	39385	2041	4345	69
1963	55284	45216	2336	7642	90
1964	65290	51599	3026	10573	92
1965	76227	60247	3053	12829	98
1966	83034	65507	3151	14293	83
1967	84823	66425	3038	15264	96
1968	77963	60731	2856	14293	83
1969	81898	64835	2868	14111	84
1970	90799	73016	2893	14792	98
1971	97206	77463	2989	16658	96
1972	97890	75476	3211	19096	107
1973	105872	81759	3636	20366	111
1974	110799	86075	3801	20795	128
1975	113923	88472	3807	21503	141
1976	113083	87941	3887	21064	191
1977	124834	98381	4059	22121	273

续表 1　　　　单位：万元

年　份	农林牧渔业 总 产 值	其 中： 农 业	林 业	牧 业	渔 业
1978	157073	122713	4725	29349	286
1979	173161	132675	5308	34852	326
1980	171518	126158	5175	39849	336
1981	177416	128085	4975	43949	407
1982	219738	166598	5527	47001	612
1983	237768	176620	5983	54107	1058
1984	262666	193216	8339	59181	1930
1985	291302	203470	8756	75682	3394
1986	324607	219259	8041	92244	5063
1987	395987	255562	7935	125554	6936
1988	479787	284690	9386	176896	8815
1989	520868	312455	9886	188248	10279
1990	601911	375241	11248	204964	10458
1991	639111	401953	11361	214000	11797
1992	739631	462607	14415	249449	13160
1993	884061	544490	14837	307831	16903
1994	1279351	750677	16651	491217	20806
1995	1504482	899164	18877	562630	23811
1996	1683751	1020560	21279	612394	29518
1997	1812981	1073548	20612	685333	33488
1998	1919066	1187104	28482	667369	36111
1999	1935590	1207099	28117	666298	34076
2000	1977360	1210837	28556	700601	37366
2001	2121433	1238181	33819	810704	38729
2002	2256349	1227188	29649	909268	42981
2003	2438091	1303164	33584	990880	51820
2004	2832163	1418945	30644	1258726	59444
2005	3077972	1513190	36452	1391177	69542
2006	3279600	1594729	42177	1489285	78951

注：从 2002 年起农林牧渔业总产值中增加农林牧渔服务业产值；农民家庭兼营性商品工业产值从农业产值中扣出；林业产值改为全社会口径。

7-3 历年农林牧渔业总产值发展速度

Development Rates of Gross Output Value of Farming, Forestry, Animal Husbandry and Fishery by Year

单位：%

年份	农林牧渔业总产值	其中：			
		农业	林业	牧业	渔业
1950	100.0	100.0	100.0	100.0	100.0
1951	106.0	105.3	104.2	111.4	109.8
1952	109.0	108.5	113.7	111.5	105.1
1953	106.9	106.0	112.6	111.7	121.8
1954	106.4	104.4	137.8	112.5	104.0
1955	101.7	101.3	106.8	102.5	114.4
1956	106.4	105.6	107.4	111.0	107.9
1957	103.2	102.1	105.1	108.7	118.6
1958	105.8	103.6	178.7	96.6	122.9
1959	82.1	82.3	85.6	78.5	83.5
1960	79.0	81.7	76.1	64.0	101.3
1961	79.0	81.7	53.8	75.4	111.3
1962	119.5	118.4	98.2	140.4	72.3
1963	120.6	113.3	113.0	174.0	129.7
1964	118.1	113.4	128.7	137.6	100.9
1965	116.2	115.9	100.2	120.5	105.4
1966	108.8	108.6	103.0	110.8	101.4
1967	102.2	101.1	96.2	106.9	96.1
1968	91.9	91.3	93.9	93.5	86.6
1969	105.0	107.1	100.7	99.0	102.0
1970	110.9	112.9	101.1	105.1	116.4
1971	104.7	103.5	100.8	109.9	95.8
1972	98.6	94.8	104.5	111.5	108.0
1973	108.1	108.4	113.3	106.7	104.6
1974	101.8	102.6	101.8	99.5	112.0
1975	100.2	100.1	97.6	100.7	107.5
1976	97.6	97.8	100.5	96.4	133.2
1977	108.1	109.8	102.5	103.1	139.6
1978	109.6	108.3	101.1	115.2	91.2

注：发展速度以上年为基数，按可比价格计算。

续表 1

单位：%

年 份	农林牧渔业总产值	其中：农业	林业	牧业	渔业
1979	108.2	105.6	109.8	116.1	111.3
1980	100.2	95.9	87.0	114.0	98.9
1981	100.4	97.2	104.9	107.6	124.0
1982	112.7	119.4	102.6	98.4	133.9
1983	110.9	109.3	105.5	115.2	145.3
1984	105.3	103.0	121.3	108.8	166.6
1985	105.1	101.2	105.7	113.3	149.0
1986	105.7	103.5	90.2	110.5	144.1
1987	106.5	105.0	95.7	110.3	108.3
1988	100.6	96.1	103.6	108.6	113.2
1989	105.4	109.1	97.3	99.2	111.6
1990	103.0	103.0	97.9	103.3	99.3
1991	104.8	104.0	95.9	106.6	107.2
1992	105.1	103.5	118.8	107.5	105.5
1993	104.8	103.8	98.8	106.5	116.1
1994	105.5	103.5	99.2	109.1	107.2
1995	105.5	105.1	97.0	106.4	110.2
1996	104.6	103.7	106.7	105.2	116.8
1997	104.7	103.5	93.0	106.7	110.0
1998	104.3	105.1	105.0	102.9	107.5
1999	104.1	104.8	112.4	102.9	99.5
2000	105.0	103.3	97.6	107.4	114.3
2001	105.5	101.9	106.0	110.9	105.0
2002	106.6	103.1	119.7	111.0	107.9
2003	106.2	101.5	115.7	110.2	117.8
2004	107.4	99.4	92.6	116.8	105.1
2005	106.7	104.9	117.7	108.3	111.7
2006	105.4	104.1	113.8	106.1	112.9
平均发展速度					
1949-2006	104.2	103.1	103.3	106.9	110.6
1978-2006	105.7	103.9	103.6	108.7	115.1

7-4 农林牧渔业总产值

Gross Output Value of Farming, Forestry, Animal Husbandry and Fishery

	绝对额(万元)		构　成(%)	
	2005 年	2006 年	2005 年	2006 年
农林牧渔业总产值	**3077972**	**3279600**	**100**	**100**
一、农业产值	1513190	1594729	49.16	48.63
（一）谷物及其它作物	502324	517176	16.32	15.77
谷　物	344842	361494	11.20	11.02
薯　类	35598	31682	1.16	0.97
油　料	62505	61493	2.03	1.88
豆　类	15908	14723	0.52	0.45
（二）蔬菜园艺作物	722063	768952	23.46	23.45
蔬　菜（含菜用瓜）	614548	659209	19.97	20.10
花　卉	26209	32254	0.85	0.98
其他园艺作物	81306	77489	2.64	2.36
（三）水果、坚果、饮料和香料	249741	270215	8.11	8.24
水果、坚果（含果用瓜）	243688	263079	7.92	8.02
茶及其他饮料	5969	7045	0.19	0.21
香料作物	84	91		
（四）中药材	39062	38386	1.27	1.17
二、林业产值	36452	42177	1.18	1.29
（一）林木的培育和种植	16091	17101	0.52	0.52
（二）林产品	8062	8367	0.26	0.26
（三）竹木采运	12299	16709	0.40	0.51
三、牧业产值	1391177	1489285	45.20	45.41
（一）牲畜饲养	104079	108705	3.38	3.31
（二）猪的饲养	677442	724693	22.01	22.10
（三）家禽饲养	535261	582131	17.39	17.75
（四）狩猎和捕捉动物				
（五）其它畜牧业	74395	73756	2.42	2.25
四、渔业产值	69542	78951	2.26	2.41
#养　殖	69429	77759	2.26	2.37
五、农林牧渔服务业产值	67611	74458	2.20	2.26

7-5 耕地面积情况

Main Indicators of Cultivated Area

单位：公顷

	1978年	1980年	1990年	2000年	2005年	2006年
年初实有耕地面积	**497790**	**493385**	**466538**	**432914**	**357545**	**352315**
当年增加的耕地面积	**1714**	**710**	**360**	**514**	**1658**	**2140**
＃新开荒地	391	220	216	114	430	627
园地改为耕地					319	566
当年减少的耕地面积	**3911**	**4116**	**1459**	**8834**	**6888**	**7793**
国家基建占地	588	289	272	1610	4506	4588
＃扩修公路占地			47	379	266	350
乡村集体占地	909		74	963	1245	1210
农民个人建房占地			491	199	156	148
退耕还林还草面积					347	383
挖渔塘占地				36	4	110
改园地				1710	503	1301
改林地				4261	117	51
灾害毁地				64	10	2
年末实有耕地面积	**495593**	**489979**	**465439**	**424585**	**352315**	**346662**
水　田	363848	362961	350539	321810	272397	267154
旱　地	131745	127018	114900	102775	79918	79508
平均每一乡村人口占耕地(亩/人)	1.2	1.2	1.0	1.0	0.8	0.8
平均每一乡村从业人员占耕地(亩/人)	2.8	2.6	1.8	1.6	1.3	1.3

7-6 历年农业机械拥有量

Agricultural Machinery by Year

年份	农业机械总动力（千瓦）	农用大中型拖拉机		农用排灌动力机械		农用载重汽车（辆）
		台	千瓦	台	千瓦	
1978	401045	3130	86634	9437	90139	150
1979	547861	3830	108568	11903	115810	355
1980	668943	4132	117947	12096	110984	663
1981	751754	4323	144493	12261	120805	864
1982	810771	4337	125921	13921	136008	944
1983	880933	4307	125918	13266	131190	1359
1984	916337	4033	118510	12364	125120	2177
1985	1001914	4162	123521	12091	124118	2821
1986	1060317	4209	125978	12651	122034	3288
1987	1103871	4196	127139	13885	133852	3346
1988	1221017	4115	126475	13397	130678	3925
1989	1251611	3790	117789	13464	133430	4265
1990	1348769	3376	106235	14990	157097	4329
1991	1394756	2730	86817	14090	153435	4517
1992	1451580	2334	74572	14414	156764	4829
1993	1557072	2153	69849	14672	160099	4942
1994	1623060	2100	68988	16234	167906	5459
1995	1759407	1912	63316	16445	174122	6018
1996	1803993	1773	58770	16329	168709	6292
1997	1856009	1831	59375	17003	173272	6485
1998	1920602	2118	65814	17013	177142	6367
1999	2024727	3307	98472	19718	186752	6822
2000	2052884	6415	223449	20173	193664	7056
2001	2113830	7061	240621	20911	185356	6956
2002	2279774	7725	296129	20912	204102	6831
2003	2352992	8396	313535	22528	211477	6819
2004	2359000	9058	327840	22873	215661	6905
2005	2408373	9108	312182	21803	199653	6027
2006	2473248	9119	312041	23078	225018	6267

7-7 历年农村小水电、用电量、有效灌溉面积及化肥施用量情况

The Number of Small Hydropower Stations, Electricity Consumption, Effective Irrigated Area and Consumption of Chemical Fertilizers in Rural Areas by Year

	农村小型水电站		农村用电量（万千瓦小时）	有效灌溉面积（公顷）	化肥施用量（折纯：吨）
	个数(个)	发电能力(千瓦)			
1978	810	31353	12033	402333	155921
1979	759	39689	21018	403127	149627
1980	691	50863	17173	403533	132170
1981	642	55287	22619	404133	145630
1982	522	58658	25529	403533	145480
1983	455	60827	28262	403200	147081
1984	444	70526	34179	402333	132185
1985	375	73949	38963	399640	119625
1986	370	84002	50939	398120	143128
1987	374	92351	55167	396933	134453
1988	385	95334	59329	396667	136772
1989	386	110390	68113	394636	152904
1990	345	122062	77482	395513	157815
1991	333	125445	79777	394547	176083
1992	339	140066	91325	391293	168497
1993	354	182809	104562	388913	165078
1994	355	193921	117276	386400	172344
1995	366	217489	148686	384000	184865
1996	357	216609	161258	381628	191553
1997	356	223084	180553	369946	191557
1998	336	198461	195302	372813	199910
1999	312	200422	206600	366956	216103
2000	316	211318	222405	365937	214166
2001	312	217818	240596	359667	214635
2002	324	241339	253682	342388	207116
2003	319	240020	261202	334339	195859
2004	290	227168	280271	344640	200261
2005	291	247683	292141	316600	197055
2006	283	236676	290845	336680	192601

7-8 农 业 机 械

Main Indicators of Agricultural Machinery

	单 位	1978 年	1980 年	1990 年	2000 年	2005 年	2006 年
农业机械总动力	万千瓦	40.10	66.89	134.88	205.29	240.84	247.32
农用大中型拖拉机	台	3130	4132	3376	6415	9108	9119
	万千瓦	8.66	11.79	10.62	22.34	31.22	31.20
小型(手扶)拖拉机	台	8183	19547	42563	33878	27000	25964
	万千瓦	7.12	17.40	43.58	36.83	30.04	29.03
农用排灌动力机械	台	9437	12096	14990	20173	21803	23078
	万千瓦	9.01	11.10	15.71	19.37	19.97	22.50
农用载重汽车	辆	150	663	4329	7056	6027	6267
	万千瓦	0.91	4.44	31.08	53.13	47.70	48.79
大中型拖拉机配套农具	部	6522	8376	3228	1994	3442	2561
小型拖拉机配套农具	部	15859	34711	56787	44854	33434	31119
农用水泵	台	8522	11366	14701	19950	39072	42223
节水灌溉机械	套	3033	4643	596	1765	1729	1733
机动喷雾机	台	1176	4244	7672	7693	17093	18252
机动脱粒机	台	6065	15738	6243	49617	66042	64846
粮食加工机械	台	18323	23944	24871	24905	35945	37911
油料加工机械	台	662	792	588	1528	1682	1754
饲料粉碎机	台	7193	8555	9243	10302	11482	11508

7-9 历年粮食、油菜籽、蔬菜产量

Yield of Grains, Rapeseeds and Vegetables by Year

单位：万吨

年 份	粮 食	# 小 麦	# 稻 谷	油菜籽	蔬 菜
1949	127.37	7.68	98.11	4.05	36.49
1950	137.02	8.52	105.37	4.47	37.25
1951	143.02	9.84	109.99	4.73	42.86
1952	154.47	9.20	119.70	5.61	38.22
1953	163.26	9.66	125.88	5.48	39.05
1954	169.58	9.27	130.93	6.46	44.87
1955	176.55	10.52	134.34	6.92	52.88
1956	188.06	13.24	136.13	6.56	55.87
1957	187.03	13.96	134.68	6.12	54.92
1958	192.05	14.59	130.91	5.00	61.71
1959	150.14	13.78	109.79	4.81	102.85
1960	125.22	13.39	88.81	2.58	116.12
1961	105.49	8.50	78.08	1.86	98.17
1962	137.28	12.65	98.33	2.11	66.35
1963	148.10	10.19	112.46	2.46	59.71
1964	160.18	12.25	122.27	5.24	63.21
1965	191.78	16.09	136.68	7.07	60.10
1966	200.47	23.35	148.96	6.85	63.79
1967	199.11	24.74	146.11	8.36	60.25
1968	176.86	23.10	126.26	7.18	60.09
1969	199.09	20.79	145.18	6.51	62.76
1970	233.94	27.27	161.31	7.88	70.96
1971	231.23	32.48	163.07	8.88	74.04
1972	214.73	35.78	147.17	9.18	75.53
1973	242.20	36.70	167.15	9.09	78.60
1974	237.68	43.53	157.34	9.67	76.88
1975	253.97	40.27	166.33	8.76	76.68
1976	237.85	45.82	148.39	6.75	85.13
1977	266.63	43.82	176.23	6.78	89.03

续表 1

单位：万吨

年　份	粮　食	# 小　麦	# 稻　谷	油菜籽	蔬　菜
1978	294.85	60.64	182.83	10.82	87.61
1979	310.41	63.57	188.80	12.24	84.57
1980	305.14	62.26	189.78	13.70	75.09
1981	301.08	63.65	192.35	16.87	82.97
1982	352.66	76.45	228.31	21.52	102.66
1983	371.22	92.20	230.32	18.69	130.62
1984	359.36	84.33	226.70	17.89	132.67
1985	344.74	76.49	219.74	22.96	154.60
1986	357.73	80.65	231.30	22.32	174.10
1987	353.89	85.12	224.30	23.61	192.68
1988	329.57	74.04	211.03	18.46	203.76
1989	356.80	77.75	230.70	18.08	205.76
1990	381.70	90.14	243.10	19.85	222.80
1991	392.26	96.24	248.22	19.92	227.29
1992	399.05	92.21	255.14	17.88	244.93
1993	397.53	93.70	250.99	13.05	258.10
1994	397.30	99.11	245.79	14.38	271.33
1995	398.97	97.54	246.23	18.30	283.87
1996	400.61	92.68	250.88	15.68	292.47
1997	402.10	90.29	252.92	14.11	307.00
1998	403.86	91.71	252.14	15.06	337.77
1999	397.02	88.59	246.89	14.37	361.81
2000	363.71	72.72	234.50	18.59	409.82
2001	310.73	59.27	201.36	18.40	398.40
2002	299.08	55.85	194.85	18.64	425.93
2003	265.12	46.71	174.14	18.16	423.23
2004	276.03	46.14	177.92	18.70	394.58
2005	259.91	47.37	160.42	19.06	410.02
2006	265.10	45.82	170.87	19.89	425.21

7-10 农作物播种面积

Sown Area of Crops

单位：公顷

	1978年	1980年	1990年	2000年	2005年	2006年
农作物总播种面积	**997341**	**958152**	**990944**	**988093**	**835132**	**816230**
粮食作物	735222	718830	702559	616275	483330	467428
谷 物	624324	620069	607380	507259	380446	370207
稻 谷	353555	341394	332677	290118	228572	223296
小 麦	185990	199017	203745	161237	106031	100941
玉 米	77444	70373	65201	54922	44118	44178
高 粱	650	421	376	78	25	29
其他谷物	6685	8864	5381	904	1700	1763
豆 类	36169	32884	26116	25156	25762	25204
#大 豆	2853	5069	9509	10638	10808	10906
薯 类	74729	65877	69063	83860	77122	72017
#马铃薯	29157	17830	13301	27082	34142	33223
油 料	67388	79690	108210	105278	101663	100035
#花 生	2976	3834	5059	9835	10331	10099
油菜籽	64408	75803	103146	95430	91326	89867
棉 花	14414	12736	3532	3339	1	12
糖 类	2544	1339	1261	1123	585	483
#甘 蔗	2544	1339	1261	1123	585	483
烟 叶	3507	1940	2070	1844	703	771
药材类	3028	3102	3194	9148	9900	9851
蔬菜、瓜果类	34357	28606	79823	159035	157700	162565
蔬 菜	34357	28606	78384	157824	152559	156066
瓜果类			1439	1211	5141	6499
其他农作物	130931	109080	90123	92044	81250	75085
#青饲料	82425	69264	63383	45520	29966	27050

7-11 主 要 农 产 品 产 量

Yield of Major Agricultural Products

单位：吨

	1978 年	1980 年	1990 年	2000 年	2005 年	2006 年
主要农产品产量						
粮 食	2948539	3051394	3817016	3637072	2599076	2651040
谷 物	2720127	2851054	3606758	3332937	2286232	2350990
稻 谷	1828295	1897841	2430986	2344973	1604241	1708732
小 麦	606425	622579	901383	727238	473691	458211
玉 米	257943	296121	251793	256931	200212	175674
高 粱	1445	1010	1294	271	70	70
其他谷物	26019	33503	21302	3524	8018	8303
豆 类	42580	36937	44997	59757	57487	58352
#大 豆	6944	8940	18213	24958	21945	22773
薯 类	185832	163403	165261	244378	255357	241698
#马铃薯	47224	32480	28163	84254	126078	125580
油 料	112545	142658	207283	209143	216633	220941
#花 生	4306	5557	8784	23250	26033	21951
油菜籽	108238	137023	198492	185880	190591	198907
棉 花	6316	3055	2142	2497	1	17
糖 类	106952	52592	74088	66588	29784	20703
#甘 蔗	106952	52592	74088	66588	29784	20703
烟 叶	4276	2128	3791	4097	1581	1937
蔬 菜	876104	750908	2227982	4098199	4100207	4252106

7-12 历年畜牧业生产情况

Productive Statistics of Animal Husbandry by Year

年　份	年末牛存栏数 (万头)	年末生猪存栏数 (万头)	当年生猪出栏数 (万头)	猪肉产量 (万吨)	牛　奶 (吨)
1949	17.92	80.22	28.42	1.63	15
1950	18.50	82.23	30.14	1.69	15
1951	19.73	92.63	35.10	1.96	15
1952	21.02	100.45	41.06	2.28	48
1953	21.68	116.30	47.40	2.36	58
1954	21.66	129.85	56.91	2.91	78
1955	22.30	123.72	58.80	3.10	139
1956	22.96	133.16	65.75	3.36	173
1957	23.08	172.84	73.17	4.13	2537
1958	22.01	203.03	60.54	2.88	2988
1959	21.12	155.31	50.24	2.36	3933
1960	19.43	93.32	20.24	0.94	4044
1961	18.27	64.91	10.23	0.46	2912
1962	18.57	97.19	21.72	1.08	4103
1963	19.77	159.98	56.48	2.76	5737
1964	20.98	202.35	91.65	4.75	8575
1965	22.68	265.83	120.28	6.24	10073
1966	24.00	310.79	138.83	6.87	9845
1967	24.55	312.18	147.51	7.76	9555
1968	24.92	293.16	147.25	7.27	7867
1969	25.52	279.79	144.92	7.05	8539
1970	25.94	302.01	145.74	7.52	9498
1971	25.75	410.84	160.41	7.98	10455
1972	24.68	459.93	191.71	9.46	10283
1973	24.54	441.36	198.91	9.89	9121
1974	24.03	432.67	193.09	9.52	8668
1975	23.22	441.99	208.50	10.71	8340
1976	21.73	428.61	195.97	9.52	8276
1977	20.70	416.45	193.84	9.80	9587

续表 1

年　　份	年末牛存栏数(万头)	年末生猪存栏数(万头)	当年生猪出栏数(万头)	猪肉产量(万吨)	牛　奶(吨)
1978	20.88	459.01	238.88	12.95	11717
1979	20.09	526.37	292.12	15.35	11698
1980	18.68	542.20	334.40	17.14	12997
1981	17.99	502.62	362.28	18.49	12515
1982	17.73	483.08	349.18	17.98	11707
1983	18.04	488.83	350.59	20.77	14237
1984	17.62	527.43	369.98	22.17	15708
1985	16.48	540.26	436.32	26.74	18492
1986	15.85	543.68	468.99	29.42	21678
1987	16.40	540.67	479.00	30.81	27000
1988	16.52	547.43	520.81	34.27	28610
1989	16.20	525.92	521.32	33.01	31449
1990	16.14	532.93	533.52	33.79	31700
1991	16.47	535.05	552.52	34.76	31995
1992	16.61	529.51	567.12	35.87	35530
1993	20.22	520.52	581.67	37.40	37740
1994	22.80	532.87	617.94	39.49	39420
1995	22.48	525.45	637.94	41.81	37011
1996	20.05	521.58	655.07	43.00	36103
1997	16.03	502.56	670.65	44.19	39568
1998	15.40	490.76	676.03	44.82	42750
1999	15.30	436.83	665.26	45.41	44502
2000	15.45	433.17	680.06	46.52	49753
2001	17.92	438.29	724.25	49.81	62778
2002	18.08	447.97	753.68	52.02	84183
2003	18.13	457.67	792.73	54.63	93343
2004	18.01	492.54	888.95	60.96	100439
2005	18.28	526.14	1007.94	69.13	102151
2006	19.13	531.32	1095.35	75.40	108947

7-13 主要畜牧产品产量

Yield of Main Livestock Products

	单 位	1978年	1980年	1990年	2000年	2005年	2006年
出栏生猪头数	万头	238.88	334.40	533.52	680.06	1007.94	1095.35
出售和自宰肉用牛	万头	1.23	1.80	1.20	5.46	11.32	12.42
出售和自宰肉用羊	万只	3.92	6.14	5.81	73.44	122.56	125.09
肉类总产量	万吨	14.16	18.60	38.53	68.62	106.87	115.29
＃猪 肉	万吨	12.95	17.14	33.79	46.52	69.13	75.40
牛羊肉	万吨	0.17	0.25	0.22	2.17	4.27	4.49
禽 肉	万吨	1.04	1.21	4.14	18.30	30.13	31.80
奶类产量	吨	11717	12997	31759	49779	102151	108947
＃牛 奶	吨	11717	12997	31700	49753	102151	108947
禽蛋产量	吨	17652	18719	59660	146369	213231	226629
蜂蜜产量	吨			5575	4735	4857	5044

注：1978年、1980年禽肉产量含兔肉。

7-14 渔业生产情况

Productive Statistics of Fishery

	单 位	1978年	1980年	1990年	2000年	2005年	2006年
水产品总产量	吨	2300	2673	23885	49622	83025	95175
＃养殖产量	吨	1926	2223	23253	49032	80921	92981
＃池 塘	吨	1350	1830	16682	43788	72024	82903
稻 田	吨	469	302	5797	1775	1345	658
鱼 苗	万尾		24625	154286	159136	187951	244762
养殖水面	公顷	4473	4285	8386	9202	9996	9854
＃池 塘	公顷	3413	3280	7099	7698	8218	8102
稻田养鱼	公顷		4313	19516	4186	1258	791

7-15 蚕茧、茶叶和水果、花卉生产情况
Productive Statistics of Silkworm Cocoons,Tea, Fruits and Flowers

	单 位	1978 年	1980 年	1990 年	2000 年	2005 年	2006 年
蚕茧产量	吨	564	1112	766	1654	3790	3559
茶叶产量	吨	1067	914	1917	2531	6506	7562
水果产量	吨	26644	42097	111714	523978	970920	1098758
#苹 果	吨	4013	3890	2606	3303	4038	5672
柑 桔	吨	11136	21837	74473	241252	351336	378682
茶园面积	公顷	4108	4020	5022	3054	7724	8110
果园面积	公顷	6702	7361	23477	38567	55603	55470
#柑桔园	公顷	4853	4642	14420	16646	19503	19236
花卉种植面积	公顷			442	4978	16110	14888
花卉当年销售收入	万元			719	30394	107515	109743

7-16 林 业 生 产 情 况
Productive Statistics of Forestry

	单 位	1978 年	1980 年	1990 年	2000 年	2005 年	2006 年
造林面积	公顷	6724	6827	3958	12037	6211	2538
#用材林	公顷			2879	3833	4983	1215
经济林	公顷			312	5769	310	202
幼林抚育实际面积	公顷			10205	4752	14584	11146
成林抚育实际面积	公顷			987	5005	6763	2336
育苗面积	公顷			197	840	1481	297
四旁植树	万株			1935	1122	614	685
油桐籽产量	吨			267	157	36	49
棕片产量	吨			625	601	1215	1313

注：2006 年造林面积不包括工业原料林面积，同时工程造林面积减少。

7-17 农村居民家庭平均每百户生产性固定资产原值

Original Value of Productive Fixed Assets Owned Per 100 Rural Households

单位：元

	1985 年	1990 年	2000 年	2005 年	2006 年
合　　计	**58732**	**90094**	**500273**	**728465**	**693697**
役畜、产品畜	8149	11178	23788	41588	32767
大中型铁木农具	5936	12446	31979	27589	24104
农林牧渔业机械	2179	4066	25069	36553	33029

7-18 农村居民家庭平均每百户拥有生产性固定资产数量

The Number of Productive Fixed Assets Owned Per 100 Rural Households

	单　位	1985 年	1990 年	2000 年	2005 年	2006 年
汽　车	辆	0.11	0.30	1.90	2.65	2.64
大中型拖拉机	台	0.28	0.36	0.80	0.49	0.87
小型及手扶拖拉机	台	3.22	2.23	2.72	1.19	1.20
机动脱粒机	台	0.22	0.30	10.76	11.50	10.30
胶轮大车	辆	0.22	0.51	5.40	1.63	1.50
农用水泵	台		2.13	19.33	24.77	26.08
役　畜	头	10.12	8.12	9.72	10.33	4.67
产品畜	头	44.67	30.09	45.31	47.24	44.88

7-19 中小企业产品出口情况(2006年)

Exported Products of Medium and Small-sized Enterprises (2006)

	企业个数（个）	从业人员（人）	出口产品交货值(万元)	#自营出口
总计	**489**	**38515**	**270499**	**163858**
#年出口交货值500万元以上	61	17179	157178	84611
按产品类别分类				
化工	14	3513	22608	12141
机械	33	6032	53484	18212
矿产	2	591	917	
轻工	18	10690	32332	22675
食品	47	7139	54235	30134
畜产	17	934	26776	19444
纺织、服装	8	1479	11761	5455
工艺品	1	125	160	160
其他	349	8012	68226	55637

7-20 规模以上农业产业化经营龙头企业情况(2006年)

Basic Statistics on leading enterprise of industrialization of agricultural managing above Set Scale (2006)

	单位数（个）	从业人员（人）	增加值（万元）	营业收入（万元）	利税总额（万元）	实交税金（万元）
总计	**145**	**27868**	**302633**	**914274**	**38925**	**12531**
粮食加工企业	14	1536	20432	86738	1049	377
#大米	8	520	7713	34993	822	169
油料加工企业	8	731	11090	40549	1171	283
果品加工企业	2	365	1633	4764	258	194
蔬菜加工企业	11	1989	9373	31224	754	239
茶叶加工企业	7	348	6913	17187	969	244
肉制品加工企业	17	5350	70552	240327	10085	2328
皮革、毛皮、羽绒加工企业	15	4583	61862	163663	4055	2514
木材、竹、藤、棕、草加工企业	6	689	3328	12169	1512	1321
花卉生产	1	260	1908	8524	121	33
中药材加工企业	6	718	8422	19590	1322	599
其他农产品加工企业	57	10743	104404	282755	17368	4257

7-21 中小企业固定资产投资情况(2006年)

Main Indicators on Investment in Fixed Assets of Medium and Small-sized Enterprises (2006)

单位：万元，个

	合 计	按建设性质			按国民经济行业	
		#新 建	#改 建	#扩 建	#工 业	#建筑业
本年施工项目个数(个)	2176	1076	445	444	1549	809
本年新开工项目数(个)	1664	972	327	292	1186	624
本年投产项目个数(个)	1449	639	338	338	1007	543
本年完成投资	2836248	1490872	325067	583139	1652697	1399186
#设备购置	726777	372116	101820	195706	609958	273185
按完成投资资金来源						
国家及有关部门扶持资金	27317	15523	5138	6581	20913	22358
金融机构贷款	134291	50874	18896	39466	63209	64750
引进资金	671015	436183	68588	105400	346456	437627
#引进外资	100613	48154	25357	26110	68579	77380
自有资金	1906906	934419	218661	417204	1178785	853618
其他资金	96719	53873	13784	14488	43334	20833
本年新增固定资产	2028827	1093364	248902	465898	1320280	829710

注：建筑业为资质等级建筑企业承建。

主 要 统 计 指 标 解 释

农林牧渔业总产值概念 是以货币表现的农林牧渔业的全部产品总量和对农林牧渔业生产活动进行的各种支持性服务活动的价值。它反映一定时期内农林牧渔业生产总规模和总成果，是观察农林牧渔业生产水平和发展速度，研究农林牧渔业内部比例关系、农林牧渔业与工业、农林牧渔业与国家建设、人民生活比例关系的重要指标，同时也是计算农林牧渔业劳动生产率和农林牧渔业增加值的基础资料。

农林牧渔业总产值的核算范围

农林牧渔业总产值的统计范围是辖区内各种经济组织类型、各个系统的全部农林牧渔业生产单位和非农行业单位附属的农林牧渔业生产活动单位。军委系统的农林牧渔业生产（除军马外）也包括在内，但不包括农业科学试验机构进行的农业生产。

农林牧渔业总产值的核算范围也就是本辖区内在一定时期内生产的农业、林业、牧业、渔业产品的价值量和对农林牧渔业生产活动进行的各种支持性服务活动的价值的总和，执行日历年度。对于收获期延长到次年年初的个别农产品（如甘蔗），仍然把延期收获的部分算在本年度内。

粮食总产量 指全社会的产量。包括国有经济经营的、集体统一经营的和农民家庭经营的粮食产量，还包括工矿企业家属办的农场和其他农业生产单位的产量。粮食除包括稻谷、小麦、玉米、高粱及其他杂粮外，还包括薯类和豆类。其产量计算方法，豆类按去豆荚后的干豆计算；薯类（包括甘薯和马铃薯，不包括芋头和木薯）1963 年以前按每 4 公斤鲜薯折 1 公斤粮食计算，从 1964 年开始及以后改为按 5 公斤鲜薯折 1 公斤粮食计算。城市郊区作为蔬菜的薯类（如：马铃薯、嫩玉米、青豌豆、葫豆）按鲜品计算，并且不作为粮食统计。其他粮食一律按脱粒后的原粮计算。

油料产量 指全部油料作物的生产量。包括花生、油菜籽、芝麻、向日葵籽、胡麻籽（亚麻籽）和其他油料。不包括大豆，也不包括木本油料和野生油料。花生以带壳干花生计算。

肉类总产量 是指当年出栏并已屠宰的畜禽肉产量，即屠宰后除去头蹄下水后带骨肉的重量，也叫酮体重。

耕地面积 指种植农作物并经常进行耕种、能够正常收获的土地。包括当年实际耕种的熟地、弃耕、当年新开荒地、连续撂荒未满三年，随时可以复耕的地和当年的休闲地（轮歇地）；南方小于 1 米、北方小于 2 米宽的沟、渠、路、田埂；还包括以种植农作物为主并附带种植桑树、茶树、果树和其他林木的土地，以及沿海、沿湖地区已围垦利用的“海涂”、“湖田”等面积。但不包括属于专业性的桑园、茶园、果园、果木苗圃、林地、芦苇地、天然或人工草地面积；不包括临时种植农作物的坡度在 25 度以上的陡坡地；在河套、湖畔、库区临时开发的成片或零星土地；也不包括已列为国家和省（区、市）退耕计划但仍临时耕种的土地。

农作物播种面积 指实际播种或移植有农作物的面积。凡是实际种植有农作物的面积，不论种植在耕地上还是种植在非耕地上，均包括在农作物播种面积中。在播种季节基本结束后，因遭灾而重新改种和补种的农作物面积，也包括在内。

有效灌溉面积 指具有一定的水源，地块比较平整，灌溉工程或设备已经配套，在一般年景下当年能够进行正常灌溉的耕地面积。

农用化肥施用量 指本年内实际用于农业生产的化肥数量。包括氮肥、磷肥、钾肥和复合肥。化肥施用量要求按折纯量计算数量。折纯法化肥施用量是把氮肥、磷肥和钾肥分别按含氮、含五氧化二磷、含氧化钾的百分之一百成份折算后的数量。复合肥按其所含主要成分折算。

农业机械总动力 指主要用于农、林、牧、渔业生产的各种动力机械的动力总和。包括耕作机械、农用排灌机械、收获机械、农用运输机械、植物保护机械、牧业机械、林业机械、渔业机械和其他农业机械（内燃机按引擎马力折成瓦（特）计算，电动机按功率折成瓦（特）计算）。不包括专门用于乡、镇、村、组办工业、基本建设、非农业运输、科学试验和教学等非农业生产方面用的动力机械与作业机械。

乡村从业人员 是指实际参加生产经营活动并取得实物或货币收入的人员，既包括劳动年龄内实际参加劳动的人员，也包括不在劳动年龄实际参加劳动人员，但不包括户口在家的在外学生、现役军人和丧失劳动能力的人，也不包括待业人员和家务劳动者。从业人员年龄 16 岁以上，从业时间为一个农事季节，一般为 2 个月以上的劳动时间。

八、工业

简 要 说 明

主要内容

本部份包括全部国有和年销售收入在500万元及以上非国有独立核算工业企业主要经济指标，大中型工业企业主要经济指标等资料。

资料来源

本部分资料全部来源于成都市统计局。

其他需要说明的问题

表内年销售收入500万元及以上企业指全部国有和年销售收入500万元及以上的非国有企业两部分之和。

规模以上工业总产值（亿元）

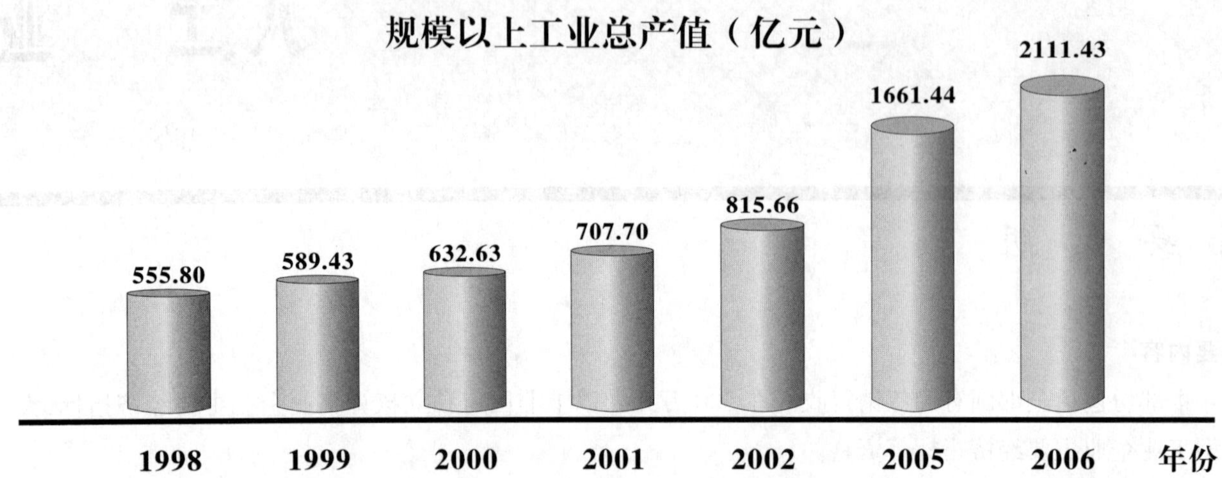

规模以上工业总产值结构（%）

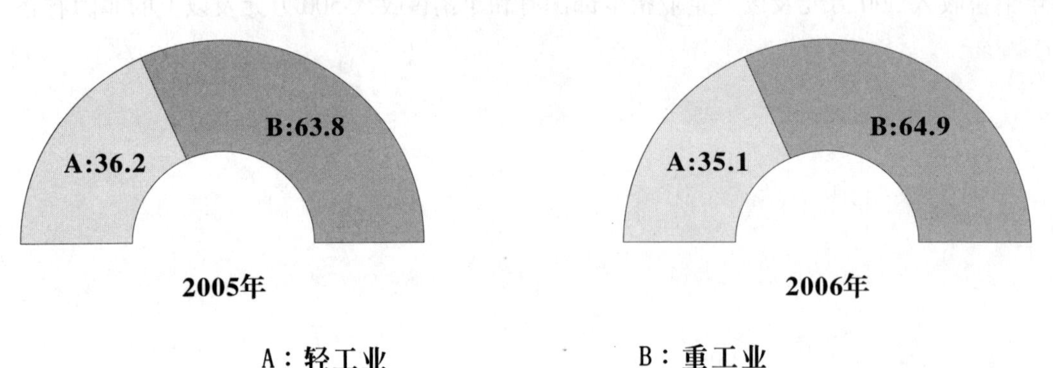

A：轻工业　　B：重工业

2006年全市工业四大支柱产业完成总产值及占全市工业比重（%）

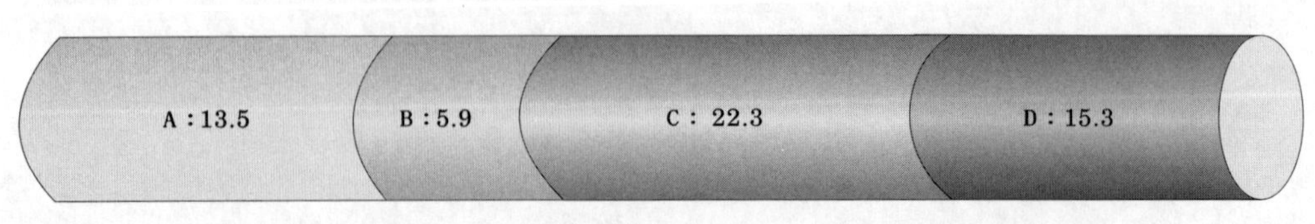

A：食品（烟草）工业284.34亿元　B：医药工业124.28亿元　C：机械(汽车)工业470.17亿元　D：电子信息工业322.91亿元

8-1 历年主要工业产品产量

Output of Major Industrial Products by Year

年 份	合 成 洗涤剂 (万吨)	卷 烟 (万箱)	饮料酒 (混合量) (万吨)	# 白 酒	# 啤 酒	软饮料 (万吨)	配混合 饲 料 (万吨)	化 学 原料药 (吨)
1949		0.28	0.40					
1950		0.54	0.35					
1951		0.95	0.54					
1952		0.71	0.46					
1953		0.74	0.55					
1954		0.74	0.59					
1955		0.78	0.50					
1956		1.02	0.64					
1957		1.13	0.67					
1958		1.79	0.92					
1959		2.41	1.17					
1960		1.45	1.39					
1961		1.62	0.83					
1962		1.19	0.44					
1963		1.21	0.61					
1964		3.08	0.75					
1965		3.09	0.70					
1966		4.34	0.50					
1967		3.98	0.54					
1968		2.07	0.55					
1969		3.96	0.57					
1970	0.04	5.31	0.66					229
1971	0.10	7.03	0.66					275
1972	0.12	4.88	0.79					276
1973	0.25	6.3	0.75					290
1974	0.20	7.25	0.94					264
1975	0.35	8.53	0.98					346
1976	0.41	8.61	0.99					309
1977	0.51	10.64	1.15					374

续表 1

年份	合成洗涤剂（万吨）	卷烟（万箱）	饮料酒（混合量）（万吨）	#白酒	#啤酒	软饮料（万吨）	配混合饲料（万吨）	化学原料药（吨）
1978	0.81	11.19	1.28					544
1979	1.07	12.10	1.70					517
1980	1.27	12.60	2.77					447
1981	1.58	12.50	2.89					686
1982	1.88	12.00	2.86					801
1983	2.13	12.50	3.70					1112
1984	2.62	12.50	5.80					837
1985	2.84	13.23	8.00	4.96	2.27	0.70	7.29	614
1986	3.08	15.57	8.52	5.26	2.63	0.75	10.33	930
1987	3.34	16.00	12.31	8.87	2.96	0.77	12.79	1104
1988	3.63	16.05	9.61	6.11	2.97	0.87	16.29	1105
1989	5.15	20.01	9.82	6.43	2.91	1.32	16.37	1120
1990	6.53	22.01	11.00	8.53	2.47	1.26	24.34	1344
1991	5.92	26.00	15.93	12.28	3.65	1.50	33.72	1462
1992	6.33	27.00	24.71	19.91	4.80	1.15	48.95	2271
1993	7.33	28.00	32.93	26.69	6.24	1.30	72.24	2127
1994	8.04	27.00	41.72	34.62	7.10	1.03	112.78	2598
1995	13.01	28.00	54.02	44.76	9.26	3.28	115.47	5098
1996	9.31	30.00	44.28	34.55	8.86	5.30	150.30	2366
1997	10.10	30.00	43.89	30.89	12.99	9.04	103.43	5459
1998	10.92	50.24	47.52	35.99	11.53	10.79	94.65	2964
1999	10.62	49.00	50.90	40.96	9.94	17.52	92.62	2975
2000	6.49	51.10	48.54	36.41	10.65	22.28	88.88	3109
2001	12.27	54.00	55.99	44.79	11.20	30.39	72.26	3174
2002	13.41	53.47	51.03	39.76	11.27	39.45	77.22	3612
2003	16.85	57.79	48.45	39.30	9.15	43.53	85.69	6570
2004	35.79	299.05	6.73	5.46	1.27	54.60	106.95	3630
2005	36.67	461.25	6.64	4.22	2.42	61.70	113.29	5060
2006	33.41	473.93	6.76	4.00	2.76	82.63	135.65	6021

注：2004 年起卷烟单位亿支；饮料酒及白酒和啤酒单位亿升。

续表 2

年 份	钢（万吨）	钢 材（万吨）	原 煤（万吨）	发电量（万千瓦时）	化学纤维（吨）	布（万米）	印染布（万米）
1949			5.82	1027		113	276
1950			5.81	524		106	281
1951			8.26	1533		317	275
1952			10.06	1556		413	455
1953			10.95	2057		600	568
1954			12.37	2522		885	700
1955			13.94	2983		763	616
1956			14.68	4261		878	710
1957			28.00	5215		1932	549
1958	0.01		44.66	10714		2203	707
1959	0.67	1.01	145.23	26544		2872	924
1960	1.33	1.64	188.96	57168		3306	1451
1961	1.43	1.16	128.91	51524		1499	937
1962	0.19	0.29	67.27	43846		1224	591
1963	0.08	0.83	69.23	45076		2025	711
1964	0.37	1.76	61.06	57789		2501	618
1965	1.10	3.67	73.43	82843	27	2452	763
1966	2.57	8.30	76.84	111263	1767	9150	1857
1967	4.40	4.89	82.76	91946	1207	3427	1794
1968	0.60	0.31	82.11	47354	50	2109	112
1969	6.33	1.15	102.15	79317	281	6940	1252
1970	9.35	2.70	126.24	94839	701	8967	4635
1971	18.80	7.99	146.59	106714	1148	8548	5474
1972	20.51	10.76	147.71	95574	1307	8099	4661
1973	20.03	12.32	139.14	125068	1145	6395	5613
1974	11.01	8.5	130.31	71640	863	3366	2758
1975	16.59	16.43	170.57	76181	1125	6957	6242
1976	7.89	11.74	148.61	83051	1266	5370	5594
1977	17.71	20.58	195.13	81901	1631	10398	8053

续表 3

年 份	钢（万吨）	钢 材（万吨）	原 煤（万吨）	发电量（万千瓦时）	化学纤维（吨）	布（万米）	印染布（万米）
1978	32.73	35.55	174.72	103645	2013	11550	10632
1979	30.97	40.04	187.73	71429	1622	11658	12383
1980	32.29	40.86	183.09	70621	2487	12241	11845
1981	28.34	34.50	216.49	109155	3023	12627	15591
1982	37.06	45.21	192.54	120165	2431	12790	17021
1983	43.61	49.42	217.86	125000	2654	12604	15338
1984	45.10	50.98	246.16	139717	3091	11212	14932
1985	50.00	59.34	280.75	160700	3177	11341	15091
1986	53.63	63.29	283.64	179300	4048	10568	16159
1987	58.50	69.13	305.60	186000	6469	10598	14039
1988	63.24	72.35	308.87	197005	6028	10107	13543
1989	77.30	78.53	321.88	208310	8258	9534	12042
1990	79.96	86.32	310.98	235977	10400	8772	11351
1991	90.53	92.50	312.88	379300	11800	8700	11200
1992	112.88	118.06	346.46	390100	14400	10400	11400
1993	124.44	183.86	432.04	406000	15800	7800	10800
1994	131.59	123.84	519.10	435600	17200	8500	7100
1995	129.37	141.67	437.92	440200	15700	10200	14400
1996	128.45	108.73	346.86	456060	17760	12012	12937
1997	156.37	125.91	312.97	501146	21050	8075	13945
1998	144.38	130.95	293.00	457098	31239	8756	10392
1999	125.08	127.85	280.52	390800	32500	7600	15583
2000	118.75	126.21	250.17	531300	33977	5942	6681
2001	165.60	168.13	270.92	485258	31160	5732	4322
2002	157.90	173.16	218.71	492120	37112	3591	3952
2003	147.39	170.06	236.33	631511	37924	2276	3025
2004	176.75	184.15	256.16	623595	39846	1747	2997
2005	193.04	221.90	210.36	565513	46727	3001	
2006	191.22	253.16	207.46	668222	42776	4223	

注：2005 年起规模以上工业企业无印染布产品产量。

续表 4

年份	机制纸及纸板（万吨）	中成药（吨）	生物制品（吨）	合成氨（万吨）	水泥（万吨）	汽车（辆）	金属切削机床（台）
1949							
1950							
1951	0.04						
1952	0.07						
1953	0.06						
1954	0.07						
1955	0.12						3
1956	0.18						11
1957	0.26						14
1958	0.42		9.60		0.64		772
1959	0.67		34.40	0.15	0.17		480
1960	1.63		67.80	0.56	3.13		1490
1961	0.64		73.30	2.56	1.20		465
1962	0.50		26.60	3.82	0.05		145
1963	0.72		71.40	4.80	0.65		119
1964	0.89		59.00	7.54	3.90		138
1965	1.07		72.90	10.93	0.14		228
1966	1.35		65.60	13.56	2.87		753
1967	1.19		45.60	7.92	2.70		577
1968	0.43		42.20	1.90	1.02	2	448
1969	0.83		34.00	3.82	1.48	33	700
1970	1.29		57.50	8.08	3.79	102	1105
1971	1.73		64.70	12.53	7.15	181	1472
1972	1.66		69.10	14.92	9.46	158	1672
1973	1.61		72.80	16.36	10.38	308	1701
1974	1.66		65.80	16.35	9.61	315	1728
1975	2.18		66.60	20.58	14.86	414	2218
1976	1.83		98.60	27.10	13.18	243	1701
1977	2.33		88.90	46.23	20.84	614	2231

续表 5

年 份	机制纸及纸板（万吨）	中成药（吨）	生物制品（吨）	合成氨（万吨）	水 泥（万吨）	汽 车（辆）	金 属切削机床（台）
1978	2.99		130.00	61.44	25.37	641	2265
1979	3.74		151.10	63.64	30.98	886	2798
1980	4.71		142.90	61.99	37.46	966	2845
1981	4.56		99.60	57.44	39.65	681	2368
1982	6.25		177.80	54.78	50.49		3696
1983	7.33		239.50	58.10	60.13	2312	2533
1984	8.26		209.50	61.27	72.89	2055	2253
1985	9.13	1533	250.70	57.21	83.05	4065	2500
1986	9.59	1422	203.70	53.87	92.24	3763	2642
1987	11.05	1712	145.42	49.78	104.32	5082	2106
1988	11.44	1690	178.92	55.49	121.26	9422	2115
1989	12.22	1819	192.30	54.57	118.99	5924	1840
1990	12.70	2137	194.22	55.58	112.87	5230	1033
1991	12.00	3592	177.54	48.40	145.89	9113	1300
1992	15.00	3695	171.09	53.97	177.78	18834	1700
1993	18.00	13100	126.96	52.37	210.06	23951	1300
1994	24.00	12843	108.71	60.37	214.75	19298	900
1995	23.00	22144	102.43	64.04	226.23	43912	3700
1996	18.03	8022	106.56	107.09	253.73	23513	1300
1997	21.48	9801	145.26	63.69	235.41	22629	348
1998	15.13	12662	161.10	64.71	277.43	19701	371
1999	12.70	14838	79.70	73.44	301.00	19040	499
2000	9.60	15827	85.00	74.40	324.00	20124	1378
2001	15.47	15162	65.05	73.22	338.82	21897	1717
2002	13.99	17441	35.40	70.69	370.69	33500	1960
2003	11.73	20623	25.16	69.83	492.81	33109	3292
2004	12.44	19047	46.56	57.36	498.79	53415	3525
2005	18.44	22570	49.37	78.85	559.33	54702	3764
2006	12.99	19697	31.50	78.28	574.78	60270	2995

8-2 工业企业数及工业总产值(2006 年)

(全部国有和年销售收入 500 万元及以上的非国有企业)

The Number of Industrial Enterprises and Gross Industrial Output Value (2006)

	企业数		工业总产值	
	个数 (个)	构成 (%)	绝对额 (万元)	构成 (%)
总计	**2630**	**100.0**	**21114292**	**100.0**
按登记注册类型分组				
#国有企业	145	5.5	2140462	10.1
集体企业	104	4.0	391120	1.9
股份合作企业	104	4.0	644737	3.1
联营企业	15	0.6	60659	0.3
有限责任公司	807	30.7	7348191	34.8
股份有限公司	176	6.7	2439833	11.6
私营企业	939	35.7	4158104	19.7
港澳台商投资企业	95	3.6	916739	4.3
外商投资企业	205	7.8	2854421	13.5
按经济组织类型分组				
#独资企业	542	20.6	4213978	20.0
合作合伙企业	187	7.1	1007883	4.8
股份有限公司	234	8.9	2822848	13.4
有限责任公司	1667	63.4	13069583	61.9
按轻重工业分				
轻工业	1060	40.3	7410381	35.1
重工业	1570	59.7	13703911	64.9
按企业规模分				
大型企业	19	0.7	3540259	16.8
中型企业	276	10.5	7313401	34.6
小型企业	2335	88.8	10260632	48.6
按工业行业大类分				
#煤炭开采和洗选业	10	0.4	22484	0.1
石油和天然气开采业	3	0.1	38095	0.2
有色金属矿采选业	1		968	
非金属矿采选业	1		6638	
农副食品加工业	138	5.2	977593	4.6
食品制造业	106	4.0	627357	3.0

续表 1

	企业数		工业总产值	
	个 数 (个)	构 成 (%)	绝对额 (万元)	构 成 (%)
饮料制造业	56	2.1	592748	2.8
烟草制品业	3	0.1	645737	3.1
纺织业	46	1.7	251296	1.2
纺织服装、鞋、帽制造业	17	0.6	132587	0.6
皮革、毛皮、羽毛(绒)及其制品业	114	4.3	591960	2.8
木材加工及木、竹、藤、棕、草制品业	44	1.7	174149	0.8
家具制造业	65	2.5	448862	2.1
造纸及纸制品业	67	2.5	240516	1.1
印刷业和记录媒介的复制	81	3.1	360842	1.7
文教体育用品制造业	5	0.2	8766	
石油加工、炼焦及核燃料加工业	8	0.3	177693	0.8
化学原料及化学制品制造业	206	7.8	1215158	5.8
医药制造业	140	5.3	1242784	5.9
化学纤维制造业	5	0.2	82069	0.4
橡胶制品业	23	0.9	93149	0.4
塑料制品业	90	3.4	524068	2.5
非金属矿物制品业	184	7.0	1125385	5.3
黑色金属冶炼及压延加工业	75	2.9	1343717	6.4
有色金属冶炼及压延加工业	64	2.4	923725	4.4
金属制品业	124	4.7	557247	2.6
通用设备制造业	199	7.6	889045	4.2
专用设备制造业	115	4.4	807897	3.8
交通运输设备制造业	200	7.6	3004743	14.2
电气机械及器材制造业	171	6.5	1672936	7.9
通信设备、计算机及其他电子设备制造业	125	4.8	1301087	6.2
仪器仪表及文化、办公用机械制造业	44	1.7	255123	1.2
工艺品及其他制造业	15	0.6	62900	0.3
废弃资源和废旧材料回收加工业	2	0.1	12435	0.1
电力、热力的生产和供应业	39	1.5	385110	1.8
燃气生产和供应业	24	0.9	167364	0.8
水的生产和供应业	20	0.8	150058	0.7

8-3 全部独立核算工业企业主要经济指标(2006 年)

(全部国有和年销售收入 500 万元及以上的非国有企业)

Main Economic Indicators of Corporate Industrial Enterprises with Independent Accounting System (2006) 单位：万元

	企业数（个）	#亏损企业	工业总产值
总计	**2630**	**542**	**21114292**
按登记注册类型分组			
#国有企业	145	49	2140462
集体企业	104	19	391120
股份合作企业	104	22	644737
联营企业	15	5	60659
有限责任公司	807	170	7348191
股份有限公司	176	43	2439833
私营企业	939	166	4158104
港澳台商投资企业	95	23	916739
外商投资企业	205	40	2854421
按经济组织类型分组			
#独资企业	542	120	4213978
合作合伙企业	187	34	1007883
股份有限公司	234	54	2822848
有限责任公司	1667	334	13069583
按轻重工业分			
轻工业	1060	241	7410381
重工业	1570	301	13703911
按企业规模分			
大型企业	19		3540259
中型企业	276	35	7313401
小型企业	2335	507	10260632
按工业行业大类分			
#煤炭开采和洗选业	10	5	22484
石油和天然气开采业	3		38095
有色金属矿采选业	1		968
非金属矿采选业	1		6638
农副食品加工业	138	35	977593
食品制造业	106	23	627357

续表 1　　　单位：万元

	企业数（个）	#亏损企业	工业总产值
饮料制造业	56	10	592748
烟草制品业	3		645737
纺织业	46	13	251296
纺织服装、鞋、帽制造业	17	5	132587
皮革、毛皮、羽毛(绒)及其制品业	114	11	591960
木材加工及木、竹、藤、棕、草制品业	44	10	174149
家具制造业	65	2	448862
造纸及纸制品业	67	20	240516
印刷业和记录媒介的复制	81	20	360842
文教体育用品制造业	5	2	8766
石油加工、炼焦及核燃料加工业	8	2	177693
化学原料及化学制品制造业	206	40	1215158
医药制造业	140	48	1242784
化学纤维制造业	5	1	82069
橡胶制品业	23	3	93149
塑料制品业	90	21	524068
非金属矿物制品业	184	42	1125385
黑色金属冶炼及压延加工业	75	24	1343717
有色金属冶炼及压延加工业	64	12	923725
金属制品业	124	22	557247
通用设备制造业	199	38	889045
专用设备制造业	115	17	807897
交通运输设备制造业	200	35	3004743
电气机械及器材制造业	171	32	1672936
通信设备、计算机及其他电子设备制造业	125	19	1301087
仪器仪表及文化、办公用机械制造业	44	9	255123
废弃资源和废旧材料回收加工业	15	3	62900
工艺品及其他制造业	2	1	12435
电力、热力的生产和供应业	39	9	385110
燃气生产和供应业	24	1	167364
水的生产和供应业	20	7	150058

续表 2

单位：万元

	实收资本	资产合计	流动资产年平均余额	固定资产原价	固定资产净值年平均余额
总计	**5264897**	**24078531**	**10994595**	**10750070**	**7125011**
按登记注册类型分组					
#国有企业	764545	3631451	1393237	2391886	1482240
集体企业	71304	263386	135266	86546	54598
股份合作企业	132326	472498	266238	143145	101833
联营企业	36441	68088	31931	37635	21230
有限责任公司	1688319	9039729	3823573	3670527	2419663
股份有限公司	543611	3019175	1518054	1165063	814840
私营企业	588407	2886458	1481301	1009941	742427
港澳台商投资企业	255336	1029604	522502	544877	388052
外商投资企业	1171300	3578041	1783417	1652193	1065727
按经济组织类型分组					
#独资企业	1280740	5340091	2151865	3241682	2087837
合作合伙企业	221996	733633	382857	279447	189558
股份有限公司	667047	3487800	1764575	1338263	908868
有限责任公司	3095114	14517007	6695298	5890678	3938748
按轻重工业分					
轻工业	1700273	7221492	3362655	3357421	2348316
重工业	3564624	16857039	7631939	7392649	4776695
按企业规模分					
大型企业	713844	4749634	2327821	2495716	1436351
中型企业	2090711	9800804	4438670	4146032	2694933
小型企业	2460342	9528093	4228104	4108322	2993727
按工业行业大类分					
#煤炭开采和洗选业	16742	48545	19682	35103	21319
石油和天然气开采业	8986	81627	16332	93246	53616
有色金属矿采选业	100	701	390	528	388
非金属矿采选业	50	676	246	430	430
农副食品加工业	117612	549260	245651	177799	156439
食品制造业	113831	422761	180266	199407	170445

续表 3

单位：万元

	实收资本	资产合计	流动资产年平均余额	固定资产原价	固定资产净值年平均余额
饮料制造业	199231	614251	355339	274103	174149
烟草制品业	18215	602279	389447	273740	166840
纺织业	30515	240961	107494	87583	55125
纺织服装、鞋、帽制造业	19419	60743	19945	29886	20957
皮革、毛皮、羽毛(绒)及其制品业	51675	234648	119715	99811	76387
木材加工及木、竹、藤、棕、草制品业	29061	151897	76182	69456	45376
家具制造业	42704	204104	91601	92344	64609
造纸及纸制品业	73839	297362	122573	133027	90330
印刷业和记录媒介的复制	162438	494580	183743	380167	224468
文教体育用品制造业	3268	10179	5336	2165	1279
石油加工、炼焦及核燃料加工业	3868	134497	73612	39816	47099
化学原料及化学制品制造业	318643	1389826	589818	829197	452274
医药制造业	423592	1910813	908684	739066	556464
化学纤维制造业	17619	74738	29027	56569	38182
橡胶制品业	9229	44332	26021	18566	12310
塑料制品业	163469	566918	322675	220349	160310
非金属矿物制品业	512004	1562778	640594	924787	598592
黑色金属冶炼及压延加工业	223095	1488993	613783	833468	524115
有色金属冶炼及压延加工业	122840	361545	181192	159561	108436
金属制品业	107443	479004	277232	156087	95772
通用设备制造业	181462	1011747	605003	292269	204034
专用设备制造业	152570	1162319	684015	321037	236734
交通运输设备制造业	718658	4086200	1723417	1412062	850349
电气机械及器材制造业	360345	1280012	749626	413778	228449
通信设备、计算机及其他电子设备制造业	334905	2027814	1080269	576014	397600
仪器仪表及文化、办公用机械制造业	52749	273875	102371	84427	59920
工艺品及其他制造业	29456	168076	79811	83238	54843
废弃资源和废旧材料回收加工业	1700	2837	821	1419	495
电力、热力的生产和供应业	394994	1268817	168438	1083510	804370
燃气生产和供应业	98233	270447	105838	157190	101278
水的生产和供应业	150338	498369	98409	398867	271229

续表4

单位：万元

	负　债 合　计	流动负债 合　计	长期负债 合　计	所有者权益 合　计	主营业务 收　入
总　　计	**14004594**	**9908365**	**2248633**	**10067819**	**20006294**
按登记注册类型分组					
#国有企业	2157380	1022768	776316	1474070	2157908
集体企业	150264	131534	10365	113121	362928
股份合作企业	284340	244367	9632	188159	619895
联营企业	21134	18275	713	46954	52538
有限责任公司	5352924	3936294	861401	3680687	6894674
股份有限公司	1698670	1021644	269880	1320505	2249988
私营企业	1675555	1325831	128659	1210903	3844684
港澳台商投资企业	666044	525539	59626	363560	794812
外商投资企业	1942008	1634406	128334	1636033	2878441
按经济组织类型分组					
#独资企业	3075119	1747753	887316	2264971	3968527
合作合伙企业	404848	351765	15735	328786	950793
股份有限公司	1983140	1245814	280049	1504660	2631374
有限责任公司	8541487	6563033	1065533	5969402	12455600
按轻重工业分					
轻工业	3996585	2711838	461283	3224907	6732616
重工业	10008009	7196527	1787350	6842912	13273678
按企业规模分					
大型企业	3098189	2231902	570894	1645327	3679072
中型企业	5281029	3886581	812277	4519774	6880150
小型企业	5625376	3789882	865462	3902718	9447072
按工业行业大类分					
#煤炭开采和洗选业	36063	27975	7487	12482	22661
石油和天然气开采业	48485	16170	32315	33142	35721
有色金属矿采选业	684	283	401	17	968
非金属矿采选业	435	435		241	6439
农副食品加工业	341419	220178	13701	207842	968158
食品制造业	248943	201754	12433	173818	564805

续表 5　　单位：万元

	负　债 合　计	流动负债 合　计	长期负债 合　计	所有者权益 合　计	主营业务 收　入
饮料制造业	323503	250686	27807	290749	507075
烟草制品业	302213	1535		300065	628326
纺织业	110430	88798	18893	130531	237946
纺织服装、鞋、帽制造业	37676	26444	10557	23067	102562
皮革、毛皮、羽毛(绒)及其制品业	138851	116235	10673	95797	543925
木材加工及木、竹、藤、棕、草制品业	95138	76693	14726	56759	146960
家具制造业	109626	99214	8236	94478	387354
造纸及纸制品业	181844	137756	19894	115518	221295
印刷业和记录媒介的复制	278034	244165	16962	216546	348011
文教体育用品制造业	6262	5643	615	3917	7947
石油加工、炼焦及核燃料加工业	116461	38054	36	18036	154992
化学原料及化学制品制造业	640254	474208	91692	749572	1168438
医药制造业	1041552	719516	161663	869261	1016806
化学纤维制造业	43869	33266	603	30869	82730
橡胶制品业	22494	20879	839	21838	90680
塑料制品业	341975	324540	10364	224944	502647
非金属矿物制品业	783135	578728	181268	779643	1037316
黑色金属冶炼及压延加工业	1222927	914226	300228	266066	1344244
有色金属冶炼及压延加工业	214199	173409	28577	147346	907913
金属制品业	292728	268609	5389	186277	522527
通用设备制造业	672895	582510	25639	338852	851430
专用设备制造业	842298	689924	35405	320022	944168
交通运输设备制造业	2092245	1651099	356384	1987838	2859140
电气机械及器材制造业	751790	518780	14675	528223	1619521
通信设备、计算机及其他电子设备制造业	1170923	854423	123175	856891	1182868
仪器仪表及文化、办公用机械制造业	153090	83403	2405	120785	245904
工艺品及其他制造业	116813	94715	8445	51263	65717
废弃资源和废旧材料回收加工业	728	528		2108	10454
电力、热力的生产和供应业	826815	157511	552605	442003	360016
燃气生产和供应业	124620	89542	19125	145827	166750
水的生产和供应业	273179	126531	135418	225191	141880

续表 6

单位：万元

	主营业务成　本	利　润总　额	利　税总　额	应　交所得税	本年应交增值税
总　　计	**15929110**	**1094612**	**2130724**	**133242**	**625686**
按登记注册类型分组					
#国有企业	1455108	112619	484503	14559	120175
集体企业	308866	10068	21150	1442	7106
股份合作企业	539727	24294	41375	3808	12558
联营企业	44521	885	2978	274	1546
有限责任公司	5639308	337583	561804	42944	176765
股份有限公司	1740140	169130	268489	21472	78236
私营企业	3225850	156627	274277	17396	86635
港澳台商投资企业	614800	32943	62132	3871	25733
外商投资企业	2228449	244797	405235	26945	114647
按经济组织类型分组					
#独资企业	2940985	184101	616596	21264	167479
合作合伙企业	824401	34517	61638	5034	19090
股份有限公司	2057674	195450	306551	22675	88716
有限责任公司	10106050	680544	1145939	84269	350401
按轻重工业分					
轻工业	4947490	384653	945757	45492	256684
重工业	10981620	709959	1184967	87750	369002
按企业规模分					
大型企业	2778549	232657	626539	19512	139349
中型企业	5282787	511563	846285	63634	251589
小型企业	7867774	350392	657900	50096	234748
按工业行业大类分					
#煤炭开采和洗选业	19311	–2334	–343	34	1786
石油和天然气开采业	22402	8150	8805	1358	386
有色金属矿采选业	910	29	138		103
非金属矿采选业	5933	92	115		16
农副食品加工业	844730	18879	29267	1357	7168
食品制造业	461167	16907	31439	3721	10482

续表 7 单位：万元

	主营业务成本	利润总额	利税总额	应交所得税	本年应交增值税
饮料制造业	316684	66313	116032	4161	27188
烟草制品业	246947	56044	370162	410	71759
纺织业	200804	14111	20268	2587	5337
纺织服装、鞋、帽制造业	84200	4643	7701	1565	1976
皮革、毛皮、羽毛(绒)及其制品业	481752	14428	22677	756	4014
木材加工及木、竹、藤、棕、草制品业	122142	4916	9854	892	3823
家具制造业	323203	12846	22903	2109	7694
造纸及纸制品业	186515	7624	16854	835	7855
印刷业和记录媒介的复制	255029	28048	50856	7773	18425
文教体育用品制造业	6870	154	416	58	246
石油加工、炼焦及核燃料加工业	132803	5896	14132	650	7478
化学原料及化学制品制造业	940139	67724	101175	8443	29000
医药制造业	569400	88185	160726	15658	64383
化学纤维制造业	72868	3378	6874	342	3234
橡胶制品业	79385	4785	7488	754	2484
塑料制品业	439991	13885	28930	2236	12551
非金属矿物制品业	838509	71051	124225	7678	46044
黑色金属冶炼及压延加工业	1210809	47735	92596	3738	38122
有色金属冶炼及压延加工业	856382	16777	43343	826	22272
金属制品业	434500	23163	41816	1968	14128
通用设备制造业	687662	50710	85759	8951	29275
专用设备制造业	742455	66695	102815	10045	32739
交通运输设备制造业	2363638	159483	262048	16589	57107
电气机械及器材制造业	1359495	52812	88110	6576	25699
通信设备、计算机及其他电子设备制造业	843050	106996	143690	10729	30811
仪器仪表及文化、办公用机械制造业	189055	19201	27135	2598	4498
工艺品及其他制造业	47289	2849	3484	21	317
废弃资源和废旧材料回收加工业	10449	–154	262		400
电力、热力的生产和供应业	282873	4156	37987	4594	28940
燃气生产和供应业	130450	31555	37251	3096	4597
水的生产和供应业	119311	6879	13735	135	3348

续表 8

	亏损面 （%）	产销率 （%）	资　产 贡献率 （%）	负债率 （%）	流动资产 周转次数 （次）
总　　计	**20.6**	**96.5**	**9.7**	**58.2**	**1.8**
按登记注册类型分组					
#国有企业	33.8	98.5	13.9	59.4	1.5
集体企业	18.3	101.1	9.0	57.1	2.7
股份合作企业	21.2	96.3	9.5	60.2	2.3
联营企业	33.3	94.1	4.6	31.0	1.6
有限责任公司	21.1	96.2	7.1	59.2	1.8
股份有限公司	24.4	93.5	10.0	56.3	1.5
私营企业	17.7	96.3	10.3	58.0	2.6
港、澳、台商投资企业	24.2	95.7	7.1	64.7	1.5
外商投资企业	19.5	98.1	12.1	54.3	1.6
按经济组织类型分组					
#独资企业	22.1	98.3	12.2	57.6	1.8
合作合伙企业	18.2	96.9	9.1	55.2	2.5
股份有限公司	23.1	94.3	9.9	56.9	1.5
有限责任公司	20.0	96.4	8.8	58.8	1.9
按轻重工业分					
轻工业	22.7	95.9	14.0	55.3	2.0
重工业	19.2	96.9	7.8	59.4	1.7
按企业规模分					
大型企业		98.0	14.4	65.2	1.6
中型企业	12.7	95.3	9.5	53.9	1.6
小型企业	21.7	96.9	7.6	59.0	2.2
按工业行业大类分					
#煤炭开采和洗选业	50.0	100.0	–0.4	74.3	1.2
石油和天然气开采业		100.0	13.5	59.4	2.2
有色金属矿采选业		100.0	19.7	97.6	2.5
非金属矿采选业		89.7	18.2	64.4	26.2
农副食品加工业	25.4	99.2	6.3	62.2	3.9
食品制造业	21.7	96.7	8.1	58.9	3.1

续表 9

	亏损面（%）	产销率（%）	资　产贡献率（%）	负债率（%）	流动资产周转次数（次）
饮料制造业	17.9	92.8	19.9	52.7	1.4
烟草制品业		99.5	62.9	50.2	1.6
纺织业	28.3	100.7	9.7	45.8	2.2
纺织服装、鞋、帽制造业	29.4	83.8	14.5	62.0	5.1
皮革、毛皮、羽毛(绒)及其制品业	9.6	94.9	10.6	59.2	4.5
木材加工及木、竹、藤、棕、草制品业	22.7	96.0	8.0	62.6	1.9
家具制造业	3.1	93.1	11.9	53.7	4.2
造纸及纸制品业	29.9	97.1	6.9	61.2	1.8
印刷业和记录媒介的复制	24.7	97.9	10.8	56.2	1.9
文教体育用品制造业	40.0	98.6	4.4	61.5	1.5
石油加工、炼焦及核燃料加工业	25.0	94.3	12.6	86.6	2.1
化学原料及化学制品制造业	19.4	97.8	8.1	46.1	2.0
医药制造业	34.3	90.1	9.5	54.5	1.1
化学纤维制造业	20.0	100.3	10.2	58.7	2.9
橡胶制品业	13.0	97.3	17.6	50.7	3.5
塑料制品业	23.3	102.0	6.1	60.3	1.6
非金属矿物制品业	22.8	95.1	8.7	50.1	1.6
黑色金属冶炼及压延加工业	32.0	96.9	8.5	82.1	2.2
有色金属冶炼及压延加工业	18.8	98.2	12.8	59.2	5.0
金属制品业	17.7	95.2	9.6	61.1	1.9
通用设备制造业	19.1	96.7	9.1	66.5	1.4
专用设备制造业	14.8	97.5	9.7	72.5	1.4
交通运输设备制造业	17.5	96.6	6.8	51.2	1.7
电气机械及器材制造业	18.7	95.8	8.1	58.7	2.2
通信设备、计算机及其他电子设备制造业	15.2	97.2	7.6	57.7	1.1
仪器仪表及文化、办公用机械制造业	20.5	98.1	10.2	55.9	2.4
工艺品及其他制造业	20.0	103.8	3.3	69.5	0.8
废弃资源和废旧材料回收加工业	50.0	95.2	9.2	25.7	12.7
电力、热力的生产和供应业	23.1	99.2	3.4	65.2	2.1
燃气生产和供应业	4.2	99.2	14.1	46.1	1.6
水的生产和供应业	35.0	99.2	3.4	54.8	1.4

8-4 独立核算国有及国有控股企业主要经济指标(2006 年)

Main Economic Indicators of State–owned and State Holding Majority Shares Industrial Enterprises with Independent Accounting System (2006)

单元：万元

	企业数（个）	#亏损企业	工业总产值
总计	**281**	**79**	**5991554**
在总计中：亏损企业	79	79	444273
按隶属关系分			
中央企业	71	20	2174681
地方企业	210	59	3816873
按轻重工业分			
轻工业	84	34	1358922
重工业	197	45	4632632
按企业规模分			
大型企业	13		2922323
中型企业	76	18	1981051
小型企业	192	61	1088180
按工业行业大类分			
#煤炭开采和洗选业	5	4	19240
石油和天然气开采业	2		25133
农副食品加工业	6	3	47700
食品制造业	3	2	3763
烟草制品业	2		644294
纺织业	4	2	19557

续表 1 单元：万元

	企业数（个）	#亏损企业	工业总产值
纺织服装、鞋、帽制造业	3	3	7930
木材加工及木、竹、藤、棕、草制品业	2	1	3864
造纸及纸制品业	1	1	1067
印刷业和记录媒介的复制	24	8	183728
石油加工、炼焦及核燃料加工业	1		67534
化学原料及化学制品制造业	18	2	322259
医药制造业	12	4	135192
化学纤维制造业	1		62620
橡胶制品业	1	1	1198
塑料制品业	5	2	9144
非金属矿物制品业	20	9	180954
黑色金属冶炼及压延加工业	4	1	793920
有色金属冶炼及压延加工业	6	1	217442
金属制品业	10	1	106595
通用设备制造业	18	5	220497
专用设备制造业	15		120827
交通运输设备制造业	37	10	1946961
电气机械及器材制造业	15	3	154026
通信设备、计算机及其他电子设备制造业	19		226289
仪器仪表及文化、办公用机械制造业	8	3	59073
工艺品及其他制造业	5	2	45075
电力、热力的生产和供应业	18	6	281038
燃气生产和供应业	4		16682
水的生产和供应业	12	5	67954

续表 2

单位：万元

	实收资本	资产合计	流动资产年平均余额	固定资产原价	固定资产净值年平均余额
总计	**1886546**	**8827237**	**3793742**	**5174001**	**3181519**
在总计中:亏损企业	**440128**	**1584433**	**390487**	**1200162**	**824465**
按隶属关系分					
中央企业	721197	3119068	1449952	1714727	997089
地方企业	1165349	5708169	2343790	3459274	2184430
按轻重工业分					
轻工业	407059	1918713	834690	1222795	760640
重工业	1479487	6908524	2959052	3951206	2420879
按企业规模分					
大型企业	568615	3987152	1854699	2316082	1319292
中型企业	716597	2872361	1402889	1512064	893291
小型企业	601334	1967724	536154	1345855	968936
按工业行业大类分					
#煤炭开采和洗选业	14557	44138	18159	32184	20101
石油和天然气开采业	7680	70227	13168	85306	48585
农副食品加工业	4963	28689	15257	5804	5073
食品制造业	1153	4900	1506	2442	1447
烟草制品业	18000	601750	389270	273219	166576
纺织业	1900	29292	8516	15168	10571

续表 3　　　　　单元：万元

	实收资本	资产合计	流动资产年平均余额	固定资产原价	固定资产净值年平均余额
纺织服装、鞋、帽制造业	8077	25742	3675	16081	12930
木材加工及木、竹、藤、棕、草制品业	6678	24746	10307	12557	10196
造纸及纸制品业	642	1188	1080	477	223
印刷业和记录媒介的复制	112687	270134	80958	255540	142938
石油加工、炼焦及核燃料加工业	1474	33121	3603	11021	9201
化学原料及化学制品制造业	98430	585490	212027	472689	237942
医药制造业	46408	270780	99537	117251	82550
化学纤维制造业	5619	42598	16509	33564	18112
橡胶制品业	973	2149	850	1630	1301
塑料制品业	7022	15270	9135	9761	5046
非金属矿物制品业	78470	270316	125375	129642	96001
黑色金属冶炼及压延加工业	157247	1099937	394276	677269	418624
有色金属冶炼及压延加工业	96248	174600	72581	118452	78057
金属制品业	30700	148184	90254	55070	30720
通用设备制造业	50202	301541	204202	93240	48018
专用设备制造业	45129	176469	93780	95922	61312
交通运输设备制造业	443081	2300971	1202465	1025489	599250
电气机械及器材制造业	86745	234637	120996	101611	35719
通信设备、计算机及其他电子设备制造业	69678	504998	321783	159379	90700
仪器仪表及文化、办公用机械制造业	17784	73224	23254	28388	15044
工艺品及其他制造业	23649	127082	65561	77139	47667
电力、热力的生产和供应业	332540	974873	110306	914500	651698
燃气生产和供应业	4974	19749	8792	9342	5112
水的生产和供应业	113835	370444	76562	343865	230803

续表 4 单位：万元

	负债合计	所有者权益合计	主营业务收入	利润总额	利税总额
总计	**5606980**	**3214139**	**5824666**	**371451**	**910058**
在总计中:亏损企业	**1127423**	**457010**	**415635**	**–44941**	**–20464**
按隶属关系分					
中央企业	1973779	1139171	2086724	93524	131372
地方企业	3633201	2074968	3737942	277927	778686
按轻重工业分					
轻工业	1015487	903226	1315944	103520	459285
重工业	4591493	2310913	4508722	267931	450773
按企业规模分					
大型企业	2733933	1247101	2865305	166502	538548
中型企业	1673127	1199233	1949368	164811	286450
小型企业	1199920	767805	1009993	40138	85060
按工业行业大类分					
#煤炭开采和洗选业	33290	10848	19424	–2620	–1023
石油和天然气开采业	46183	24045	22589	7003	7399
农副食品加工业	21553	7136	40743	–1641	–1481
食品制造业	2530	2370	5745	10	19
烟草制品业	301938	299812	627380	56036	370101
纺织业	22379	6914	18067	274	1027

续表 5

单元：万元

	负　债 合　计	所有者 权　益 合　计	主营业务 收　入	利　润 总　额	利　税 总　额
纺织服装、鞋、帽制造业	18832	6910	4041	–272	163
木材加工及木、竹、藤、棕、草制品业	14136	10610	6865	–874	–810
造纸及纸制品业	1193	–5	591	–272	–250
印刷业和记录媒介的复制	128445	141689	181778	22357	38394
石油加工、炼焦及核燃料加工业	31646	1474	63725	1903	2153
化学原料及化学制品制造业	250489	335002	346998	22381	30613
医药制造业	142718	128062	125496	17725	32798
化学纤维制造业	27074	15524	62346	2131	4607
橡胶制品业	798	1350	1869	–14	–4
塑料制品业	6154	9116	8884	–30	96
非金属矿物制品业	150493	119823	180463	7151	14266
黑色金属冶炼及压延加工业	943896	156041	774867	40289	72400
有色金属冶炼及压延加工业	69382	105219	223377	6424	9935
金属制品业	112082	36103	105292	5256	9429
通用设备制造业	230591	70950	248501	6414	17476
专用设备制造业	104661	71807	108396	17580	23657
交通运输设备制造业	1501897	792956	1823025	107546	180594
电气机械及器材制造业	133854	100783	157625	14950	19081
通信设备、计算机及其他电子设备制造业	356613	148385	211302	31816	38703
仪器仪表及文化、办公用机械制造业	36767	36456	68754	4769	8278
工艺品及其他制造业	82537	44545	43386	1876	2042
电力、热力的生产和供应业	641279	333594	256931	–8010	15297
燃气生产和供应业	9847	9902	20740	5281	5977
水的生产和供应业	183724	186719	65466	6013	9119

续表 6

	亏损面（%）	产销率（%）	资　产贡献率（%）	负债率（%）	流动资产周转次数（次）
总　　　计	**28.1**	**97.7**	**11.2**	**63.5**	**1.5**
在总计中:亏损企业	**100.0**	**96.7**	**–1.0**	**71.2**	**1.1**
按隶属关系分					
中央企业	28.2	97.0	4.8	63.3	1.4
地方企业	28.1	98.1	14.7	63.6	1.6
按轻重工业分					
轻工业	40.5	98.2	25.0	52.9	1.6
重工业	22.8	97.5	7.4	66.5	1.5
按企业规模分					
大型企业		98.1	14.8	68.6	1.5
中型企业	23.7	97.4	10.7	58.2	1.4
小型企业	31.8	96.9	4.7	61.0	1.9
按工业行业大类分					
#煤炭开采和洗选业	80.0	100.0	–2.1	75.4	1.1
石油和天然气开采业		100.0	13.7	65.8	1.7
农副食品加工业	50.0	98.9	–4.5	75.1	2.7
食品制造业	66.7	89.2	1.0	51.6	3.8
烟草制品业		99.5	62.9	50.2	1.6
纺织业	50.0	96.9	3.9	76.4	2.1

续表 7

	亏损面 （%）	产销率 （%）	资 产 贡献率 （%）	负债率 （%）	流动资产 周转次数 （次）
纺织服装、鞋、帽制造业	100.0	90.6	1.7	73.2	1.1
木材加工及木、竹、藤、棕、草制品业	50.0	103.1	–2.9	57.1	0.7
造纸及纸制品业	100.0	57.8	–17.9	100.4	0.5
印刷业和记录媒介的复制	33.3	99.5	14.7	47.5	2.2
石油加工、炼焦及核燃料加工业		97.8	6.9	95.5	17.7
化学原料及化学制品制造业	11.1	94.6	6.0	42.8	1.6
医药制造业	33.3	92.5	13.5	52.7	1.3
化学纤维制造业		98.6	11.7	63.6	3.8
橡胶制品业	100.0	97.0	–0.2	37.2	2.2
塑料制品业	40.0	101.4	0.8	40.3	1.0
非金属矿物制品业	45.0	96.6	6.2	55.7	1.4
黑色金属冶炼及压延加工业	25.0	97.4	9.3	85.8	2.0
有色金属冶炼及压延加工业	16.7	99.5	6.5	39.7	3.1
金属制品业	10.0	89.7	7.5	75.6	1.2
通用设备制造业	27.8	100.4	6.6	76.5	1.2
专用设备制造业		92.6	13.9	59.3	1.2
交通运输设备制造业	27.0	97.3	8.2	65.3	1.5
电气机械及器材制造业	20.0	104.2	8.7	57.0	1.3
通信设备、计算机及其他电子设备制造业		95.8	8.1	70.6	0.7
仪器仪表及文化、办公用机械制造业	37.5	99.4	11.6	50.2	3.0
工艺品及其他制造业	40.0	101.7	2.9	64.9	0.7
电力、热力的生产和供应业	33.3	99.9	1.8	65.8	2.3
燃气生产和供应业		98.0	30.4	49.9	2.4
水的生产和供应业	41.7	98.7	3.1	49.6	0.9

8-5 独立核算集体工业企业主要经济指标(2006 年)

(年销售收入 500 万元及以上企业)

Main Economic Indicators of Collective–owned Industrial Enterprises with Independent Accounting System (2006) 单元：万元

	企业数(个)	#亏损企业	工业总产值
总计	**104**	**19**	**391120**
在总计中:亏损企业	19	19	47536
在总计中:农村工业	6	2	17126
按轻重工业分			
轻工业	24	4	88356
重工业	80	15	302764
按企业规模分			
#中型企业	4	1	43014
小型企业	100	18	348106
按工业行业大类分			
#煤炭开采和洗选业	1		926
石油和天然气开采业	1		12962
农副食品加工业	5	1	31328
纺织业	1		1067
纺织服装、鞋、帽制造业	1		3690
皮革、毛皮、羽毛(绒)及其制品业	2	1	4618
木材加工及木、竹、藤、棕、草制品业	1		3379
造纸及纸制品业	2		11811
印刷业和记录媒介的复制	2		4402
化学原料及化学制品制造业	7	1	19963
医药制造业	1		1300
塑料制品业	1		14671
非金属矿物制品业	8	1	14279
黑色金属冶炼及压延加工业	5	1	7381
有色金属冶炼及压延加工业	4	1	8737
金属制品业	6	2	8998
通用设备制造业	17	1	53249
专用设备制造业	3	1	11478
交通运输设备制造业	12	3	51792
电气机械及器材制造业	15	3	95376
通信设备、计算机及其他电子设备制造业	3	2	7392
废弃资源和废旧材料回收加工业	1		5093
燃气生产和供应业	2		10153
水的生产和供应业	3	1	7074

续表 1

单位：万元

	实收 资本	资产 合计	流动资产 年平均 余额	固定资产 原价	固定资产 净值年 平均余额
总计	**71304**	**263386**	**135266**	**86546**	**54598**
在总计中：亏损企业	21214	72244	38385	19121	10770
在总计中：农村工业	1941	10145	7602	3300	1258
按轻重工业分					
轻工业	8376	48255	28109	16977	10879
重工业	62928	215131	107157	69569	43719
按企业规模分					
#中型企业	20444	37495	28699	9293	7903
小型企业	50860	225891	106567	77253	46695
按工业行业大类分					
#煤炭开采和洗选业	259	515	183	847	104
石油和天然气开采业	1306	11399	3164	7940	5031
农副食品加工业	3325	10788	5671	2744	2001
纺织业	213	412	19	358	296
纺织服装、鞋、帽制造业	118	1401	1326	121	89
皮革、毛皮、羽毛(绒)及其制品业	22	1080	606	427	351
木材加工及木、竹、藤、棕、草制品业	130	391	329	99	62
造纸及纸制品业	1273	9026	4216	3468	2397
印刷业和记录媒介的复制	348	1713	749	1396	1097
化学原料及化学制品制造业	2071	15801	10388	6365	2943
医药制造业	500	1432	946	403	280
塑料制品业	7540	6557	4130	766	1895
非金属矿物制品业	2160	9101	5208	5287	2289
黑色金属冶炼及压延加工业	1570	3829	2713	1365	1241
有色金属冶炼及压延加工业	335	2810	1560	1155	504
金属制品业	1267	5712	3854	2636	1359
通用设备制造业	11454	53958	18775	15730	11952
专用设备制造业	1250	6153	3792	2975	1361
交通运输设备制造业	21698	43433	32460	12855	8673
电气机械及器材制造业	9001	40468	16773	8494	3708
通信设备、计算机及其他电子设备制造业	3424	17694	11088	1448	823
废弃资源和废旧材料回收加工业	1100	2000	90	1260	352
燃气生产和供应业	450	11851	3596	6521	4276
水的生产和供应业	490	5865	3622	1088	1517

续表2

单位：万元

	负债合计	所有者权益	主营业务收入	利润总额	利税总额
总　　计	**150264**	**113121**	**362928**	**10068**	**21150**
在总计中:亏损企业	49483	22761	42627	–2502	–1078
在总计中:农村工业	7823	2322	13228	194	749
按轻重工业分					
轻工业	32778	15477	79565	2204	4328
重工业	117486	97644	283363	7864	16822
按企业规模分					
#中型企业	21744	15751	40117	520	2278
小型企业	128520	97370	322811	9548	18872
按工业行业大类分					
#煤炭开采和洗选业	315	200	929	34	126
石油和天然气开采业	2303	9097	13133	1147	1406
农副食品加工业	5893	4895	28945	226	269
纺织业	29	383	1048	62	302
纺织服装、鞋、帽制造业	1283	118	4057	28	83
皮革、毛皮、羽毛(绒)及其制品业	1066	14	4521	–2	21
木材加工及木、竹、藤、棕、草制品业	436	–45	3210	162	411
造纸及纸制品业	7488	1537	11131	201	595
印刷业和记录媒介的复制	1397	316	4166	318	574
化学原料及化学制品制造业	8868	6933	17691	1743	2193
医药制造业	687	744	886	2	23
塑料制品业	4130	2427	13937	489	1207
非金属矿物制品业	6380	2721	11804	333	973
黑色金属冶炼及压延加工业	2544	1285	8505	102	620
有色金属冶炼及压延加工业	2350	459	7183	214	507
金属制品业	4258	1455	8884	–2	168
通用设备制造业	25323	28635	44371	430	1976
专用设备制造业	3931	2222	9931	1217	1787
交通运输设备制造业	26548	16885	51031	377	2488
电气机械及器材制造业	28859	11609	95086	1349	2727
通信设备、计算机及其他电子设备制造业	7338	10356	7013	–677	–443
废弃资源和废旧材料回收加工业	200	1800	3134		
燃气生产和供应业	5369	6481	5565	1879	2116
水的生产和供应业	3271	2593	6767	436	1021

续表 3

	亏损面（%）	产销率（%）	资产贡献率（%）	负债率（%）	流动资产周转次数（次）
总　　计	**18.3**	**101.1**	**9.0**	**57.1**	**2.7**
在总计中:亏损企业	100.0	98.2	–0.9	68.5	1.1
在总计中:农村工业	33.3	102.5	8.0	77.1	1.7
按轻重工业分					
轻工业	16.7	98.7	10.6	67.9	2.8
重工业	18.8	101.8	8.7	54.6	2.6
按企业规模分					
#中型企业	25.0	102.2	6.6	58.0	1.4
小型企业	18.0	101.0	9.4	56.9	3.0
按工业行业大类分					
#煤炭开采和洗选业		100.0	26.9	61.1	5.1
石油和天然气开采业		100.0	12.4	20.2	4.2
农副食品加工业	20.0	99.9	3.9	54.6	5.1
纺织业		98.2	73.4	7.0	56.0
纺织服装、鞋、帽制造业		100.0	5.9	91.6	3.1
皮革、毛皮、羽毛(绒)及其制品业	50.0	97.8	6.8	98.7	7.5
木材加工及木、竹、藤、棕、草制品业		100.0	110.5	111.5	9.8
造纸及纸制品业		99.9	8.1	83.0	2.6
印刷业和记录媒介的复制		97.7	34.6	81.6	5.6
化学原料及化学制品制造业	14.3	96.5	15.7	56.1	1.7
医药制造业		100.0	1.6	48.0	0.9
塑料制品业		100.0	19.4	63.0	3.4
非金属矿物制品业	12.5	98.4	11.8	70.1	2.3
黑色金属冶炼及压延加工业	20.0	91.7	18.9	66.4	3.1
有色金属冶炼及压延加工业	25.0	97.5	21.4	83.6	4.6
金属制品业	33.3	99.5	3.2	74.5	2.3
通用设备制造业	5.9	94.8	4.9	46.9	2.4
专用设备制造业	33.3	102.7	29.4	63.9	2.6
交通运输设备制造业	25.0	100.0	6.3	61.1	1.6
电气机械及器材制造业	20.0	109.3	7.9	71.3	5.7
通信设备、计算机及其他电子设备制造业	66.7	100.2	–2.4	41.5	0.6
废弃资源和废旧材料回收加工业		100.0		10.0	34.8
燃气生产和供应业		99.9	18.0	45.3	1.5
水的生产和供应业	33.3	99.6	18.2	55.8	1.9

8-6 独立核算“三资”工业企业主要经济指标(2006 年)

(年销售收入 500 万元及以上企业)

Main Economic Indicators of Overseas–funded Industrial Enterprises with Independent Accounting System (2006)　单位：万元

	企业数(个)	#亏损企业	工业总产值
总　　计	**300**	**63**	**3771160**
按登记注册类型分			
港、澳、台商投资企业	95	23	916739
合资经营企业(港、澳、台资)	52	12	377936
合作经营企业(港、澳、台资)	3		17605
港澳台商独资企业	37	9	499673
港澳台投资股份有限公司	3	2	21524
外商投资企业	205	40	2854421
中外合资经营企业	129	25	2181247
中外合作经营企业	6	1	53618
外资企业	66	13	538676
外商投资股份有限公司	4	1	80881
按轻重工业分			
轻工业	146	35	1636303
重工业	154	28	2134857
按企业规模分			
#中型企业	50	4	1877934
小型企业	249	59	1762766
按工业行业大类分			
#农副食品加工业	21	6	255628
食品制造业	23	3	174342

续表 1 单元：万元

	企业数（个）	#亏损企业	工业总产值
饮料制造业	11	1	250491
纺织业	3		5840
纺织服装、鞋、帽制造业	2		4598
皮革、毛皮、羽毛(绒)及其制品业	4		87728
木材加工及木、竹、藤、棕、草制品业	4	1	5407
家具制造业	5		55966
造纸及纸制品业	8	2	36323
印刷业和记录媒介的复制	9	4	44114
文教体育用品制造业	2	1	3695
化学原料及化学制品制造业	24	7	294702
医药制造业	27	8	335683
化学纤维制造业	3		16248
橡胶制品业	4	1	11451
塑料制品业	17	6	214416
非金属矿物制品业	19	1	248902
黑色金属冶炼及压延加工业	1		2052
有色金属冶炼及压延加工业	3		32881
金属制品业	11	5	60843
通用设备制造业	18	3	66393
专用设备制造业	14	3	309613
交通运输设备制造业	27	4	607424
电气机械及器材制造业	16	3	192628
通信设备、计算机及其他电子设备制造业	16	4	257127
仪器仪表及文化、办公用机械制造业	2		17180
电力、热力的生产和供应业	3		18633
燃气生产和供应业	2		90485
水的生产和供应业	1		70369

续表 2　　　　单位：万元

	资产总计	负债总计	所有者权益	实收资本
总　　计	**4607645**	**2608052**	**1999593**	**1426636**
按登记注册类型分				
港、澳、台商投资企业	1029604	666044	363560	255336
合资经营企业(港、澳、台资)	512928	311408	201520	121675
合作经营企业(港、澳、台资)	6164	636	5528	1407
港澳台商独资企业	411107	286978	124129	101972
港澳台投资股份有限公司	99405	67022	32383	30282
外商投资企业	3578041	1942008	1636033	1171300
中外合资经营企业	2644408	1497859	1146549	836185
中外合作经营企业	60856	22068	38788	29483
外资企业	710228	325736	384492	255032
外商投资股份有限公司	162549	96345	66204	50600
按轻重工业分				
轻工业	1723424	973676	749748	530599
重工业	2884221	1634376	1249845	896037
按企业规模分				
#中型企业	2234984	1235943	999041	714187
小型企业	2074137	1110210	963927	706802
按工业行业大类分				
#农副食品加工业	156859	93668	63192	53050
食品制造业	159664	86027	73637	56377

续表 3 单元：万元

	资 产 总 计	负 债 总 计	所有者 权 益	实 收 资 本
饮料制造业	160932	74443	86489	73028
纺织业	10275	5177	5099	3583
纺织服装、鞋、帽制造业	1103	866	237	158
皮革、毛皮、羽毛(绒)及其制品业	18348	14775	3572	1919
木材加工及木、竹、藤、棕、草制品业	2719	841	1878	1368
家具制造业	29007	17737	11270	8304
造纸及纸制品业	135868	82340	53529	36381
印刷业和记录媒介的复制	103012	72767	30246	20131
文教体育用品制造业	3733	2504	1229	968
化学原料及化学制品制造业	294066	127576	166489	124338
医药制造业	553462	343553	209910	130007
化学纤维制造业	29765	13828	15936	11779
橡胶制品业	10322	3937	6385	1990
塑料制品业	383542	246457	137085	97336
非金属矿物制品业	425524	192174	233351	176326
黑色金属冶炼及压延加工业	2507	190	2316	50
有色金属冶炼及压延加工业	8565	3534	5031	709
金属制品业	87521	50517	37004	24771
通用设备制造业	85689	42103	43586	24417
专用设备制造业	530975	437830	93145	34122
交通运输设备制造业	505655	236967	268688	187171
电气机械及器材制造业	299435	176381	123053	126109
通信设备、计算机及其他电子设备制造业	285500	120040	165460	100115
仪器仪表及文化、办公用机械制造业	29068	16421	12647	5153
电力、热力的生产和供应业	31003	6055	24948	20198
燃气生产和供应业	180960	76896	104064	80330
水的生产和供应业	85268	62450	20118	26450

续表 4

单位：万元

	主营业务收入	利税总额	应交所得税	本年应交增值税
总计	**3673254**	**467367**	**30817**	**140379**
按登记注册类型分				
港、澳、台商投资企业	794812	62132	3872	25732
合资经营企业(港、澳、台资)	336868	27395	1897	12219
合作经营企业(港、澳、台资)	16415	1308	29	346
港澳台商独资企业	423856	31409	1871	11345
港澳台投资股份有限公司	17673	2020	75	1822
外商投资企业	2878442	405235	26945	114647
中外合资经营企业	2320829	337818	24194	94034
中外合作经营企业	48857	4729	214	1525
外资企业	416134	40677	2241	14376
外商投资股份有限公司	92622	22011	297	4712
按轻重工业分				
轻工业	1505689	144374	9975	53413
重工业	2167565	322993	20842	86966
按企业规模分				
#中型企业	1760903	317509	17004	80990
小型企业	1572606	123648	10672	50680
按工业行业大类分				
#农副食品加工业	286614	11501	557	3241
食品制造业	158939	5928	806	4731

续表 5　　单元：万元

	主营业务收入	利税总额	应交所得税	本年应交增值税
饮料制造业	216556	36034	2489	7801
纺织业	5488	390	17	226
纺织服装、鞋、帽制造业	4700	29		12
皮革、毛皮、羽毛(绒)及其制品业	69840	2759	20	196
木材加工及木、竹、藤、棕、草制品业	5166	90		55
家具制造业	68405	6794	301	3093
造纸及纸制品业	36963	5684	238	3515
印刷业和记录媒介的复制	41415	1664	69	2246
文教体育用品制造业	2993	175	11	140
化学原料及化学制品制造业	266174	18240	1553	6813
医药制造业	280389	41180	4613	20092
化学纤维制造业	17382	2162	1	904
橡胶制品业	8795	2278	157	435
塑料制品业	188539	13085	738	7992
非金属矿物制品业	236347	48817	2970	17585
黑色金属冶炼及压延加工业	1949	287		38
有色金属冶炼及压延加工业	30510	1531	139	296
金属制品业	50829	4458	80	815
通用设备制造业	63381	9082	660	3339
专用设备制造业	499864	49939	5106	15696
交通运输设备制造业	569981	139421	8112	24522
电气机械及器材制造业	188565	17968	350	4884
通信设备、计算机及其他电子设备制造业	176712	15828	539	5540
仪器仪表及文化、办公用机械制造业	21994	1828	170	1018
电力、热力的生产和供应业	17174	3985	411	1824
燃气生产和供应业	90743	22563	711	3222
水的生产和供应业	66851	3668		109

续表 6

	亏损面（%）	产销率（%）	资产贡献率（%）	负债率（%）	流动资产周转次数（次）
总计	**21.0**	**97.5**	**11.0**	**56.6**	**1.6**
按登记注册类型分					
港、澳、台商投资企业	24.2	95.7	7.1	64.7	1.5
合资经营企业(港、澳、台资)	23.1	95.8	6.0	60.7	1.1
合作经营企业(港、澳、台资)		97.7	21.2	10.3	8.4
港澳台商独资企业	24.3	96.3	9.0	69.8	2.3
港澳台投资股份有限公司	66.7	80.6	4.1	67.4	0.6
外商投资企业	19.5	98.1	12.1	54.3	1.6
中外合资经营企业	19.4	97.8	13.6	56.6	1.7
中外合作经营企业	16.7	98.4	8.5	36.3	1.9
外资企业	19.7	97.7	6.2	45.9	1.5
外商投资股份有限公司	25.0	108.5	14.3	59.3	1.1
按轻重工业分					
轻工业	24.1	96.0	9.4	56.5	1.9
重工业	18.2	98.7	11.9	56.7	1.4
按企业规模分					
中型企业	8.0	97.7	15.1	55.3	1.7
小型企业	23.7	97.3	6.7	53.5	1.5
按工业行业大类分					
#农副食品加工业	28.6	100.6	8.3	59.7	4.4
食品制造业	13.0	96.9	4.2	53.9	2.6

续表 7

	亏损面 （%）	产销率 （%）	资　产 贡献率 （%）	负债率 （%）	流动资产 周转次数 （次）
饮料制造业	9.1	97.4	22.8	46.3	2.7
纺织业		101.1	4.9	50.4	0.7
纺织服装、鞋、帽制造业		102.2	-0.9	78.5	4.9
皮革、毛皮、羽毛(绒)及其制品业		83.8	16.5	80.5	4.4
木材加工及木、竹、藤、棕、草制品业	25.0	100.2	3.4	30.9	3.6
家具制造业		102.3	23.3	61.1	3.9
造纸及纸制品业	25.0	91.4	5.7	60.6	0.8
印刷业和记录媒介的复制	44.4	101.3	1.8	70.6	0.8
文教体育用品制造业	50.0	99.9	4.7	67.1	1.3
化学原料及化学制品制造业	29.2	99.9	7.1	43.4	1.8
医药制造业	29.6	88.5	9.0	62.1	1.1
化学纤维制造业		108.0	8.6	46.5	1.6
橡胶制品业	25.0	87.1	23.4	38.1	1.4
塑料制品业	35.3	104.3	4.5	64.3	0.9
非金属矿物制品业	5.3	98.0	12.1	45.2	2.5
黑色金属冶炼及压延加工业		100.0	12.1	7.6	0.8
有色金属冶炼及压延加工业		98.8	19.0	41.3	5.0
金属制品业	45.5	97.2	5.6	57.7	1.2
通用设备制造业	16.7	98.5	10.9	49.1	1.1
专用设备制造业	21.4	98.9	10.8	82.5	1.3
交通运输设备制造业	14.8	98.2	27.8	46.9	1.9
电气机械及器材制造业	18.8	94.4	6.5	58.9	1.1
通信设备、计算机及其他电子设备制造业	25.0	98.8	5.8	42.0	1.4
仪器仪表及文化、办公用机械制造业		99.5	6.9	56.5	1.9
电力、热力的生产和供应业		94.3	13.3	19.5	1.5
燃气生产和供应业		100.0	12.8	42.5	1.3
水的生产和供应业		100.0	4.8	75.6	5.7

8-7 大中型工业企业主要经济指标

Main Economic Indicators of Large–scale and Medium–scale Industrial Enterprises

单位：万元

合　　计	2000 年		2005 年		2006 年	
	合　　计	占全市工业的比重(%)	合　　计	占全市工业的比重(%)	合　　计	占全市工业的比重(%)
企业单位数(个)	270	21.1	287	12.1	295	11.2
#亏损企业	97	27.1	44	8.3	35	6.5
工业总产值	3723862	58.9	9141518	55.0	10853660	51.4
工业增加值	1212032	58.3	3371662	57.3		
固定资产净值年平均余额	2615459	70.3	3647226	65.0	4131284	58.0
流动资产年平均余额	3404668	68.2	5674408	61.3	6766491	61.5
资产总计	7727841	69.7	12189579	60.2	14550438	60.4
负债总计	4805708	70.0	7616634	60.6	8379218	59.8
主营业务收入	3720408	60.1	8826167	56.6	10559221	52.8
#主营业务税金及附加	148375	86.4	273297	90.1	337666	82.3
盈利企业的利润总额	216080	60.6	628830	66.3	798069	63.2
亏损企业的亏损总额	86372	71.0	67383	42.5	53849	32.2
盈亏相抵的利润总额	129708	55.3	561447	71.1	744220	68.0
利税总额	461670	66.6	1193149	73.3	1472824	69.1
从业人员平均人数(人)	326050	61.1	283734	54.4	285967	52.8

注：①"占全市工业的比重(%)"为大中型工业企业占全部国有和年销售收入在 500 万元及以上的非国有独立核算工业企业比重。②2003 年及以后工业大中型企业按新标准划型。

8-8 全部独立核算工业企业主要经济效益指标

（国有及年销售收入在500万元以上非国有企业）

Main Indicators on Economic Benefit of Industrial Enterprises with Independent Accounting System

	单位	2005	2006		单位	2005	2006
综合经济效益指数	%	**162.6**	**181.5**	**流动资产周转次数**	次	**1.7**	**1.8**
#国有及国有控股经济	%	158.8	187.3	#国有及国有控股经济	次	1.5	1.5
集体经济	%	133.5	166.5	集体经济	次	2.1	2.7
三资企业	%	193.7	226.2	三资企业	次	1.5	1.6
总资产贡献率	%	**9.0**	**9.7**	**成本费用利润率**	%	**5.5**	**6.0**
#国有及国有控股经济	%	8.9	11.2	#国有及国有控股经济	%	5.1	7.2
集体经济	%	8.0	9.0	集体经济	%	2.8	2.9
三资企业	%	9.2	11.0	三资企业	%	7.2	8.4
资本保值率	%	**117.5**	**115.3**	**劳动生产率**	元/人	**112806**	**136624**
#国有及国有控股经济	%	117.9	112.4	#国有及国有控股经济	元/人	113215	140173
集体经济	%	101.3	106.3	集体经济	元/人	80604	120414
三资企业	%	123.7	111.7	三资企业	元/人	153039	196332
资产负债率	%	**62.1**	**58.2**				
#国有及国有控股经济	%	65.0	63.5				
集体经济	%	56.9	57.05				
三资企业	%	60.3	56.6				

8-9 全市工业企业四大支柱产业主要经济指标(2006 年)

(全部国有和年销售收入在 500 万元及以上的非国有企业)

Main Economic Indicators of Four–prop Industry (2006)

单位：万元

	工业总产值	资产合计	应收帐款
四大支柱产业合计	**12017050**	**13941332**	**1978277**
占全市比重(%)	56.9	57.9	71.9
按工业行业分			
食品(含烟草)工业	2843435	2188552	233652
占全市比重(%)	13.5	9.1	8.5
占四大支柱产业合计比重(%)	23.7	15.7	11.8
医药工业	1242784	1910813	220376
占全市比重(%)	5.9	7.9	8.0
占四大支柱产业合计比重(%)	10.3	13.7	11.1
机械(含汽车)工业	4701685	6260267	903326
占全市比重(%)	22.3	26.0	32.8
占四大支柱产业合计比重(%)	39.1	44.9	45.7
电子信息工业	3229147	3581701	620923
占全市比重(%)	15.3	14.9	22.6
占四大支柱产业合计比重(%)	26.9	25.7	31.4

注：“占全市比重(%)”指支柱产业占全市全部国有和年销售收入在 500 万元及以上的非国有企业比重。

续表 1　　　　单位：万元

	产成品资金	负债合计	主营业务收入	管理费用
四大支柱产业合计	**1274806**	**7940870**	**11388200**	**816871**
占全市比重(%)	67.1	56.7	56.9	63.4
按工业行业分				
食品(含烟草)工业	171081	1216077	2668364	136497
占全市比重(%)	9.0	8.7	13.3	10.6
占四大支柱产业合计比重(%)	13.4	15.3	23.4	16.7
医药工业	156210	1041552	1016806	100033
占全市比重(%)	8.2	7.4	5.1	7.8
占四大支柱产业合计比重(%)	12.3	13.1	8.9	12.3
机械(含汽车)工业	475714	3607438	4654738	353354
占全市比重(%)	25.1	25.8	23.3	27.4
占四大支柱产业合计比重(%)	37.3	45.4	40.9	43.3
电子信息工业	471801	2075803	3048293	226986
占全市比重(%)	24.8	14.8	15.2	17.6
占四大支柱产业合计比重(%)	37.0	26.1	26.8	27.8

续表 2

单位：万元

	利息支出	利润总额	利税总额	从业人员平均人数（人）
四大支柱产业合计	**102052**	**702226**	**1417183**	**284622**
占全市比重(%)	49.8	64.2	66.5	52.6
按工业行业分				
食品(含烟草)工业	22668	158143	546900	51524
占全市比重(%)	11.1	14.5	25.7	9.5
占四大支柱产业合计比重(%)	22.2	22.5	38.6	18.1
医药工业	20568	88185	160726	30503
占全市比重(%)	10.0	8.1	7.5	5.6
占四大支柱产业合计比重(%)	20.2	12.6	11.3	10.7
机械(含汽车)工业	32634	276888	450622	131743
占全市比重(%)	15.9	25.3	21.2	24.3
占四大支柱产业合计比重(%)	32.0	39.4	31.8	46.3
电子信息工业	26181	179009	258935	70852
占全市比重(%)	12. 8	16.4	12.2	13.1
占四大支柱产业合计比重(%)	25.7	25.5	18.3	24.9

8-10 成都工业五十强企业名单(2006年)

List of Top 50 Industrial Enterprises in Chengdu (2006)

序号	企业名称	序号	企业名称
1	四川烟草工业有限责任公司	26	成都蓉生药业有限责任公司
2	四川一汽丰田汽车有限公司	27	成都亚光电子股份有限公司
3	攀钢集团成都钢铁有限责任公司	28	成都华融化工有限公司
4	四川水井坊股份有限公司	29	成都彩虹电器（集团）股份有限公司
5	成都印钞公司	30	成都宏天电传工程有限公司
6	成都神钢工程机械(集团)有限公司	31	成都博瑞传播股份有限公司印务分公司
7	成都地奥集团	32	成都宁江机床（集团）股份有限公司
8	四川科伦实业集团有限公司	33	明达玻璃(成都)有限公司
9	成都康弘药业集团	34	成都华明玻璃纸股份有限公司
10	成都神钢建设机械有限公司	35	四川升达林产工业集团有限公司
11	川化集团有限责任公司	36	成都南玻玻璃有限公司
12	成都飞机工业(集团)有限责任公司	37	成都宏明双新精密模具零件有限责任公司
13	成都电力机械厂	38	成都可口可乐饮料有限公司
14	成都发动机（集团）有限公司	39	成都国腾实业集团有限公司
15	成都恩威投资(集团)有限公司	40	台玻成都玻璃有限公司
16	成都统一企业食品有限公司	41	成都丰田纺汽车部件有限公司
17	都江堰拉法基水泥有限公司	42	成都普天电缆股份有限公司
18	四川维奥制药有限公司	43	成都中汇制药有限公司
19	汇源集团有限公司	44	华西铝业有限公司
20	华润蓝剑(成都)啤酒有限责任公司	45	迈普（四川）通信技术有限公司
21	纳爱斯成都有限责任公司	46	巨石集团成都有限公司
22	成都旭光科技股份有限公司	47	成都王牌车辆股份有限公司
23	成都光明光电股份有限公司	48	四川三联卷烟材料有限公司
24	成都天马铁路轴承有限公司	49	成都市希望食品有限公司
25	四川远大蜀阳药业有限公司	50	成都银河磁体股份有限公司

主要统计指标解释

工业总产值 是指工业企业在一定时期内生产的已出售或可供出售的以货币表现的工业产品总量，它反映一定时间内工业生产的总规模和总水平。它包括：在本企业内不再进行加工，经检验、包装入库（规定不需包装的产品除外）的成品价值、对外加工费收入、自制半成品在产品期末期初差额价值。工业总产值采用“工厂法”计算，即以工业企业作为一个整体，按企业工业生产活动的最终成果来计算，企业内部不允许重复计算，不能把企业内部各个车间（分厂）生产的成果相加。但在企业之间、行业之间、地区之间存在着重复计算。

工业增加值 是指工业企业在报告期内以货币表现的工业生产活动的最终成果。

实收资本 是指企业实际收到投资者投入企业的可作为长期周转使用的经营资金。实收资本按投资主体可分为国家资本、法人资本、个人资本金、港澳台资本和外商资本、集体资本等。

总资产 指企业拥有或控制的全部资产。包括流动资产、长期投资、固定资产、无形及递延资产、其他长期资产、递延税项等即为企业资产负债表的资产总计项。

(1)流动资产指企业可以在一年内或者超过一年的一个生产周期内变现或耗用的资产合计。包括现金及各种存款、短期投资、应收及预付款项、存货等。

(2)固定资产指企业固定资产净值、固定资产清理、在建工程、待处理固定资产损失所占用的资金合计。

(3)无形资产指企业长期使用而没有实物形态的资产。包括专利权、非专利技术、商标权、著作权、土地使用权、商誉等。

总负债 指企业承担并需要偿还的全部债务。包括流动负债、递延税项等即为企业资产负债表的负债合计项。

(1)流动负债指企业在一年内或者超过一年的一个营业周期内需要偿还的债务合计其中包括短期借款、应付及预收款项、应付工资、应交税金和应交利润等。

(2)长期负债指企业在一年以上或者超过一年的一个生产周期以上需要偿还的债务合计其中包括长期借款、应付债务、长期应付款项等。

所有者权益合计 指企业投资人对企业净资产的所有权。企业净资产等于企业全部资产减去全部负债后的余额包括企业投资人对企业的最初投入以及资本公积金、盈余公积金和未分配利润对股份制企业即为股东权益。

利税总额 指企业利润总额、产品销售税金及附加和应交增值税之和。

资金利税率 指在一定时期内已实现的利润、税金总额与同期的资产（固定资产净值和流动资产）之比。计算公式为：

$$资产利税率(\%)=\frac{报告期累计实现利税总额}{固定资产净值平均余额+流动资产平均余额}\times 100\%$$

工业成本费用利润率 指在一定时期内实现的利润与成本费用之比反映工业生产的成本及费用投入的经济效益同时也反映企业降低成本所取得的经济效益。计算公式为：

$$工业成本费用利润率(\%)=\frac{利润总额}{成本费用总额}\times 100\%$$

工业成本费用总额包括产品销售成本、产品销售费用、管理费用、财务费用之和。

工业增加值率 指在一定时期内工业增加值与同期工业总产值之比，反映降低中间消耗的经济效益。计算公式为：

$$工业增加值率(\%)=\frac{工业增加值（现价）}{工业总产值（现价）+销项税额}\times 100\%$$

流动资产周转次数 指在一定时期内流动资产完成的周转次数，反映流动资产的周转速度。计算公式为：

$$流动资产周转次数=\frac{产品销售收入}{全部流动资产平均余额}\times 100\%$$

产品销售率　指一定时期内销售产值与同期全部工业总产值之比反映工业产品已实现销售的程度。计算公式为：

$$工业产品销售率(\%)=\frac{工业销售产值}{现价工业总产值}\times 100\%$$

资产负债率　指报告期流动负债和长期负债之和与同期的流动资产、长期资产、固定资产、无形及递延资产和其他长期资产之和之比是反映企业偿债能力的主要指标。计算公式为：

$$资产负债率(\%)=\frac{负债总额}{资产总额}\times 100\%$$

资本保值增值率　反映企业净资产的变动状况是企业发展能力的集中体现。计算公式为：

$$资本保值增值率(\%)=\frac{报告期期末所有者权益}{上年同期期末所有者权益}\times 100\%$$

总资产贡献率　反映企业全部资产的获利能力是企业经营业绩和管理水平的集中体现是评价和考核企业盈利能力的核心指标。计算公式为：

$$总资产贡献率(\%)=\frac{利润总额+税金总额+利息支出}{平均资产总额}\times 100\%$$

其中：税金总额为产品销售税金及附加与应交增值税之和。

全员劳动生产率　指根据产品的价值量指标计算的平均每一个职工在单位时间内的产品生产量。是考核企业经济活动的重要指标是企业生产技术水平、经营管理水平、职工技术熟练程度和劳动积极性的综合表现。计算公式为：

$$全员劳动生产率=\frac{工业增加值}{全部职工平均人数}$$

九、运输、邮电

简　要　说　明

主要内容

本部份资料反映货物和旅客运输、能源以及邮电通信发展基本情况。

资料来源

铁路客、货运资料来源于铁道部成都铁路局。

民用航空资料来源于西南航空公司、四川航空公司、双流国际机场。

水运和公路运输资料来源于成都市交通管理委员会。

邮政通信资料来源于成都市邮政局、中国电信成都市电信分公司、中国电信成都市移动通信公司、中国联通四川分公司、省机要局等。

其他需要说明的问题

铁路运输按合并后成都铁路局所辖发出量统计；民用航空运输按成都港发出量统计；水运、公路运输按辖区全社会口径统计。

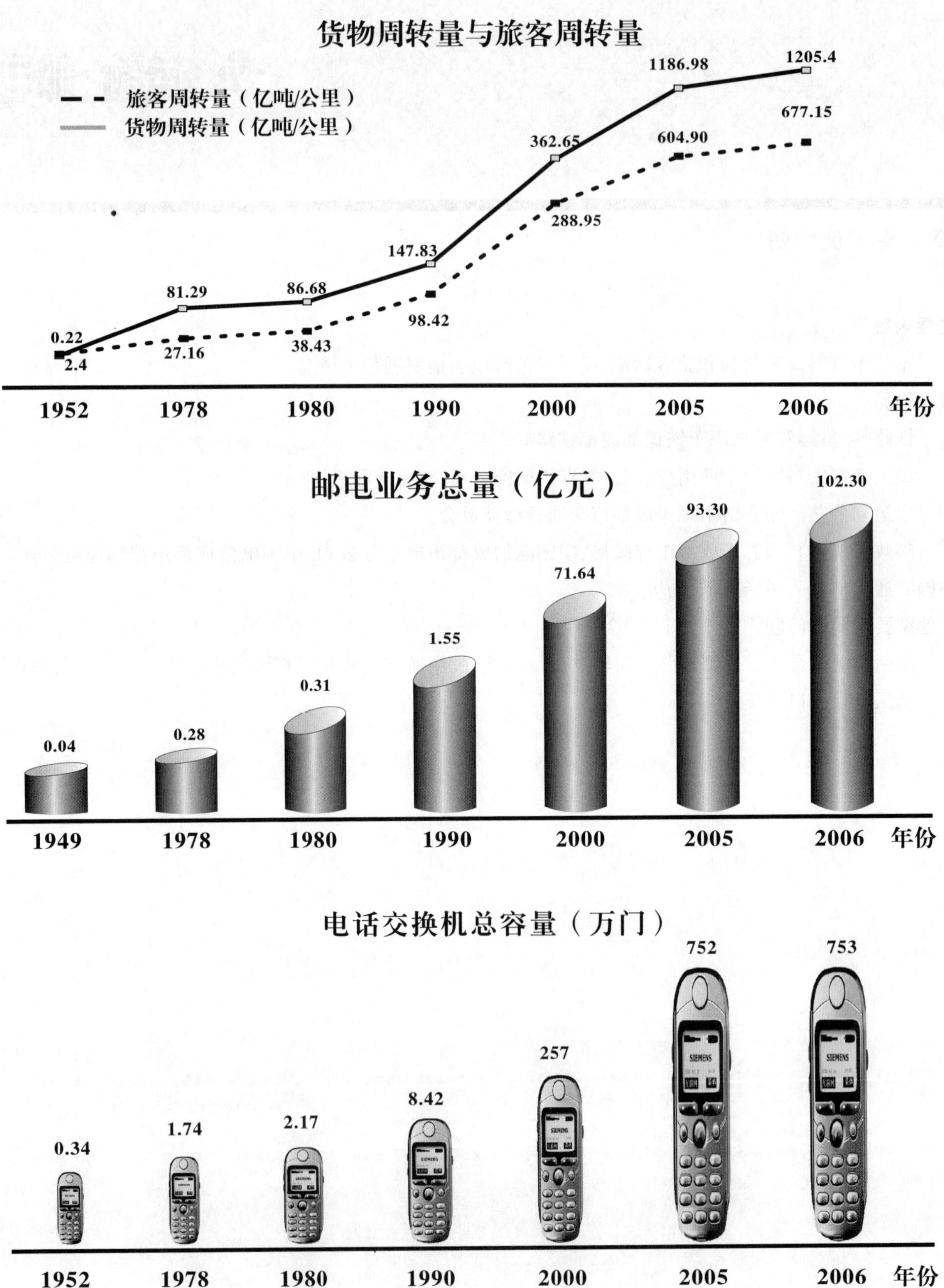
货物周转量与旅客周转量
旅客周转量（亿吨/公里）
货物周转量（亿吨/公里）
0.22
2.4
81.29
27.16
86.68
38.43
147.83
98.42
362.65
288.95
1186.98
604.90
1205.4
677.15
1952
1978
1980
1990
2000
2005
2006
年份
邮电业务总量（亿元）
0.04
0.28
0.31
1.55
71.64
93.30
102.30
1949
1978
1980
1990
2000
2005
2006
年份
电话交换机总容量（万门）
0.34
1.74
2.17
8.42
257
752
753
1952
1978
1980
1990
2000
2005
2006
年份

9-1 历 年 货 物 运 输 量

Freight Traffic by Year

单位：万吨

年 份	总 计	# 交通部门	铁 路	民用航空	水 运	公 路	# 交通部门
1949	0.6					0.6	
1950	1.6	0.9				1.6	0.9
1951	25.0	23.3				25.0	23.3
1952	76.0	72.0			8.4	67.6	64.4
1953	276.8	269.5	106.2		8	162.6	157.8
1954	242.6	234.0	83.9		9.8	148.9	143.5
1955	209.5	199.7	31.8		9.8	167.9	162.4
1956	513.9	496.1	200.4		24.3	289.2	283.3
1957	718.4	707.2	301.8		48.3	368.3	357.1
1958	690.9	636.4	184.5	0.1	49.6	456.7	402.2
1959	1370.7	1323.4	586.7	0.2	50.9	732.9	685.6
1960	1178.4	1087.3	269.1	0.3	61.3	847.7	756.6
1961	808.2	751.7	358.2	0.2	26.7	423.1	366.6
1962	915.9	890.5	472.8	0.1	23.5	419.5	394.1
1963	789.3	753.6	388.9	0.1	27.9	372.4	352.7
1964	992.2	950.3	507.2	0.1	29.6	455.3	428.1
1965	1248.9	1191.7	682.2	0.2	44.2	522.3	490.9
1966	1422.5	1353.1	758.7	0.2	44.6	619	576.1
1967	1113.4	1081.7	552.4	0.2	55.0	505.8	464.2
1968	813.2	758.0	400.9	0.2	25.9	386.2	345.5
1969	1143.3	1088.7	609.5	0.2	26.4	507.2	465.6
1970	1622.1	1445.8	864.4	0.2	30.8	726.7	566.4
1971	1874.7	1661.7	989.0	0.2	38.8	846.7	654.5
1972	1934.5	1697.6	995.7	0.2	43.2	895.4	684.7
1973	1905.0	1632.1	967.7	0.2	33.6	903.5	648.7
1974	1793.9	1470.7	846.2	0.1	26.5	921.1	611.1
1975	2126.2	1758.9	1060.6	0.2	30.8	1034.6	684.0
1976	1985.3	1541.0	899.1	0.2	33.5	1052.5	628.8
1977	2494.9	1912.3	1134.5	0.2	34.0	1326.2	764.0

续表 1　　　　单位：万吨

年　份	总　计	# 交通部门	铁　路	民用航空	水　运	公　路	# 交通部门
1978	2873.6	2122.3	1319.1	0.3	31.4	1522.8	791.7
1979	3723.7	2130.7	1395.2	0.3	24.8	2303.4	726.7
1980	4295.0	2093.4	1395.7	0.4	23.5	2875.4	689.9
1981	4546.2	2000.3	1317.4	0.4	19.1	3209.3	676.9
1982	4813.0	2118.0	1360.9	0.4	16.4	3435.3	752.0
1983	6013.4	2170.8	1414.7	0.4	19.9	4578.4	753.9
1984	6732.3	2245.2	1494.2	0.7	11.9	5225.5	749.4
1985	7467.8	2215.3	1484.3	1.0	15.9	5966.6	730.0
1986	7810.6	2227.3	1536.0	1.0	31.8	6241.8	690.3
1987	8437.4	2275.4	1574.8	1.5	34.1	6827.0	699.1
1988	9308.4	2340.0	1622.0	1.5	45.0	7639.9	716.5
1989	10006.0	2349.0	1669.0	2.0	45.0	8290.0	678.0
1990	10139.0	2239.0	1594.0	2.0	43.0	8500.0	643.0
1991	10719.0	2270.0	1608.0	2.0	43.0	9066.0	660.0
1992	10505.2	2410.0	1715.0	2.2	44.0	8744.0	692.0
1993	11073.8	2420.0	1801.0	2.8	45.0	9225.0	616.0
1994	11191.5	2311.0	1764.0	3.5	46.0	9378.0	543.0
1995	11659.3	2219.0	1714.0	4.3	48.0	9893.0	501.0
1996	13073.9	2407.0	1861.0	4.9	75.0	11133.0	541.0
1997	14341.9	2336.0	1753.0	5.9	32.0	12551.0	577.0
1998	18598.4	4488.9	3906.0	5.4	210.0	14477.0	577.5
1999	19633.0	4510.7	3913.0	6.5	20.0	15693.0	591.2
2000	21489.2	4693.1	4081.7	8.5	20.0	17379.0	602.9
2001	23718.5	4994.4	4402.0	9.5	103.0	19204.0	582.9
2002	15309.5	5358.0	4565.0	10.5	54.0	10680.0	782.5
2003	17117.9	5659.0	4977.0	12.2	84.7	12044.0	669.8
2004	25686.0		13050.0	15.3	82.7	12538.0	
2005	26696.0		13309.0	18.0	54.0	13315.0	
2006	28143.0		14007.0	20.0	42.0	14074.0	

注：①从 2002 年起交通部门的口径作了调整，公路客、货运输量不含人力车、出租车和私家车数据，下同。
②2005 年成铁分局撤销，2004 至 2006 年数据为合并后的成都铁路局数据,下同。

9-2 历 年 货 物 周 转 量

Freight Ton-Kilometers by Year

单位：万吨公里

年　份	总　计	#交通部门	铁　路	民用航空	水　运	公　路	#交通部门
1949	26					26	
1950	259	228				259	228
1951	1249	1030			144	1105	1030
1952	2164	1961			489	1675	1557
1953	62652	62269	59366		357	2929	2768
1954	52948	52444	46900		570	5478	5299
1955	24491	23904	17776		536	6179	5967
1956	122732	121981	112024		889	9819	9606
1957	180608	180445	168706		988	10914	10751
1958	112023	110961	103136	181	1304	7402	6340
1959	243218	242230	227965	336	1742	13175	12187
1960	168470	167097	150427	466	2452	15125	13752
1961	209017	208231	200234	430	1481	6872	6086
1962	279720	279170	264295	191	970	14264	13714
1963	227139	226473	217395	193	683	8868	8444
1964	293117	292258	283525	202	758	8632	8031
1965	396158	395060	381350	279	932	13597	12826
1966	445525	444413	424113	402	786	20224	19392
1967	328912	327706	308792	430	777	18913	18035
1968	237527	236405	224103	325	592	12507	11570
1969	358461	357299	340711	372	598	16780	15757
1970	530710	528352	505686	391	689	23944	21780
1971	579008	575916	551386	338	546	26738	23778
1972	580811	577801	553059	449	581	26722	23886
1973	560459	556836	532104	330	619	27406	23929
1974	491860	487102	462396	387	483	28594	23973
1975	632240	624833	597437	544	379	33880	26597
1976	534872	526288	501721	691	486	31974	23516
1977	693385	682235	652497	750	449	39689	28988

续表 1

单位：万吨公里

年份	总计	# 交通部门	铁路	民用航空	水运	公路	# 交通部门
1978	812941	798866	765995	793	496	45657	31733
1979	818572	768031	736246	910	294	81122	30686
1980	866799	812545	782111	897	259	83532	29358
1981	775434	708635	678534	978	223	95699	28979
1982	811892	739838	704655	1049	195	105993	33993
1983	897339	791046	751125	1004	123	145087	38882
1984	1059673	933907	891346	1864	59	166404	40680
1985	1164952	1014321	973843	2844	55	188210	37634
1986	1269569	1103810	1063715	4669	111	201074	35426
1987	1436309	1228716	1185030	5797	119	245363	37889
1988	1556123	1291571	1245801	4538	157	305627	41232
1989	1562690	1292257	1247164	5480	158	309888	39613
1990	1478332	1224802	1183150	6459	149	288574	35193
1991	1579549	1281529	1240720	6049	150	332630	34760
1992	1616289	1299823	1256236	7545	153	352355	36042
1993	1690540	1355483	1317584	10561	160	362235	27338
1994	1815262	1431354	1394032	13518	162	407550	23804
1995	1824422	1413922	1377400	16147	170	430705	20375
1996	1918702	1500228	1459543	18747	231	440181	21938
1997	1993532	1521061	1474000	19698	64	499770	24816
1998	3398369	2537984	2793895	18816	140	585518	25273
1999	3405441	2783779	2740700	17700	50	646991	25379
2000	3626456	2940435	2893000	21172	41	712243	26263
2001	4140255	3378417	3336200	20200	103	783752	22017
2002	4264690	3898320	3835800	25100	60	403730	37420
2003	4459619	4149027	3992220	22200	164	445035	35774
2004	11619900		11118000	27400	100	474400	
2005	11869780		11327800	32900	80	509000	
2006	12050427		11440000	42900	27	567500	

9-3 历 年 旅 客 运 输 量

Passenger Traffic by Year

单位：万人

年份	总计	# 交通部门	铁路	民用航空	水运	公路	# 交通部门
1949	7.9					7.9	
1950	9.9	1.8				9.9	1.8
1951	14.9	6.5				14.9	6.5
1952	29.2	16.9				29.2	16.9
1953	95.9	80.2	45.3			50.6	34.9
1954	107.1	88.4	41.1			66.0	48.3
1955	145.0	121.8	64.9			80.1	56.9
1956	231.6	231.6	113.4	0.2		118.0	118.0
1957	300.0	300.0	149.3	0.3		150.4	150.4
1958	254.7	154.7	158.8	0.8		95.1	95.1
1959	366.4	366.4	200.4	1.0		165.0	165.0
1960	414.9	414.9	276.6	1.3		137.0	137.0
1961	505.7	505.7	414.4	1.5		89.8	89.8
1962	777.3	777.3	455.3	1.1		320.9	320.9
1963	548.3	548.3	274.0	1.0		273.3	273.3
1964	604.1	604.1	218.1	1.7		384.3	384.3
1965	1001.5	1001.5	578.7	2.3		420.5	420.5
1966	1244.9	1244.9	723.5	1.9		519.5	519.5
1967	1510.2	1510.2	1020.6	2.3		487.3	487.3
1968	1530.2	1530.2	1133.9	2.3		394.0	394.0
1969	1919.7	1919.7	1400.0	2.2		517.5	517.5
1970	1960.7	1960.7	1432.8	2.2	4.8	520.9	520.9
1971	2009.3	2009.3	1367.4	2.6	5.0	634.3	634.3
1972	2405.6	2405.6	1560.6	3.3	7.4	834.3	834.3
1973	2489.5	2489.5	1700.4	3.4	7.4	778.3	778.3
1974	2255.8	2255.8	1493.3	4.1	9.3	749.1	749.1
1975	2155.7	2155.7	1415.5	5.8	8.9	725.5	725.5
1976	2114.0	2114.0	1413.9	7.3	9.7	683.1	683.1
1977	2281.0	2281.0	1495.8	8.5	5.3	771.4	771.4

续表 1

单位：万人

年　份	总　计	# 交通部门	铁　路	民用航空	水　运	公　路	# 交通部门
1978	2634.6	2634.6	1541.4	11.3	3.9	1078.0	1078.0
1979	3224.8	3224.8	1740.7	14.2	3.5	1466.4	1466.4
1980	4586.4	4269.3	1894.3	14.6	1.2	2676.3	2359.2
1981	5122.2	4748.4	1785.9	16.3	2.0	3318.0	2944.2
1982	5793.8	5336.3	1830.7	16.0	1.4	3945.7	3488.2
1983	6682.5	6023.4	1916.2	11.8	5.0	4749.5	4090.4
1984	8149.5	7172.1	2112.6	22.5	12.0	6002.4	5037.0
1985	9384.2	8383	2141.6	31.4	10.2	7201.0	6210.0
1986	9861.7	8759.4	2119.0	43.3	12.3	7687.1	6597.1
1987	11088.8	9538.9	2303.0	55.2	34.2	8696.4	7180.7
1988	11512.4	9560.4	2476.0	52.8	42.5	8941.1	7031.6
1989	12484.0	9908.0	2208.0	61.0	44.0	10171.0	7639.0
1990	12894.0	9986.0	1729.0	71.0	46.0	11048.0	8186.0
1991	14003.0	10950.0	1838.0	96.0	49.0	12020.0	9051.0
1992	14728.0	11389.0	1968.0	110.0	50.0	12600.0	9311.0
1993	13942.0	10371.0	2028.0	139.0	51.0	11724.0	8204.0
1994	14769.0	10770.0	1998.0	169.0	57.0	12545.0	8602.0
1995	19931.0	10890.0	1703.0	200.0	60.0	17968.0	8987.0
1996	24668.0	11081.0	1408.0	205.0	55.0	23000.0	9468.0
1997	29092.0	12954.0	1473.0	207.0	151.0	27261.0	11273.0
1998	36248.1	14826.1	2126.0	213.1	157.0	33752.0	12487.0
1999	40140.4	15766.1	2423.0	242.4	10.0	37465.0	13100.7
2000	46459.0	16999.0	2685.8	269.2	23.0	43481.0	14035.0
2001	52432.7	17611.8	2925.0	304.7	103.0	49100.0	14382.1
2002	28884.6	19080.6	2896.0	379.3	142.3	25467.0	15805.3
2003	28234.4	17049.2	2601.0	410.0	158.4	25065.0	14038.2
2004	35511.0		7323.0	581.0	161.0	27446.0	
2005	38086.0		7931.0	693.0	123.0	29339.0	
2006	41070.0		8837.0	808.0	120.0	31305.0	

9-4 历 年 旅 客 周 转 量

Passenger-Kilometers by Year

单位：万人公里

年 份	总 计	# 交通部门	铁 路	民用航空	水 运	公 路	# 交通部门
1949	14220					14220	
1950	15689	1029				15689	1029
1951	16346	1205				16346	1205
1952	23990	1921				23990	1921
1953	38444	10094	6116			32328	3978
1954	42608	10705	5549			37059	5156
1955	55573	13722	8762			46811	4960
1956	22561	22561	15309	166		7086	7086
1957	29895	29895	20156	305		9434	9434
1958	27294	27294	21438	913		4943	4943
1959	39479	39479	27054	1119		11306	11306
1960	47142	47142	37341	1470		8331	8331
1961	63589	63589	55944	1952		5693	5693
1962	79986	79986	61466	1150		17370	17370
1963	51745	51745	36990	1142		13613	13613
1964	53540	53540	29444	1895		22201	22201
1965	108661	108661	78125	2478		28058	28058
1966	131822	131822	97673	2116		32033	32033
1967	167960	167960	137781	2547		27632	27632
1968	176058	176058	153076	2504		20478	20478
1969	224763	224763	189000	2476		33287	33287
1970	227179	227179	193424	2150	89	31516	31516
1971	217262	217262	184604	3136	94	29428	29428
1972	252518	252518	210681	8705	151	32981	32981
1973	273320	273320	229551	8624	169	34976	34976
1974	247593	247593	201598	11466	213	34316	34316
1975	239669	239669	191087	15516	198	32868	32686
1976	240981	240981	190871	17724	199	32187	32187
1977	255573	255573	201930	19822	75	33746	33746

续表 1　　　　单位：万人公里

年　份	总　计	# 交通部门	铁　路	民用航空	水　运	公　路	# 交通部门
1978	271649	271649	206262	23826	55	41506	41506
1979	316515	316515	236050	30612	46	49807	49807
1980	384271	368421	267253	32251	25	84742	68892
1981	383510	364072	245020	34060	42	104388	84950
1982	431061	404526	269390	36262	29	125380	98845
1983	477603	439376	291645	31226	40	154692	116465
1984	590417	534372	335040	58460	52	196865	140872
1985	738637	681109	409835	92383	50	236369	178891
1986	794146	735065	443206	101884	31	249025	189975
1987	949921	883144	526262	134960	86	288613	229122
1988	1021681	939153	579028	126224	106	316323	233901
1989	1041080	935422	529545	141300	110	370125	264577
1990	984166	869570	436419	173439	116	374192	259712
1991	1180397	1066084	472902	288575	123	418797	304607
1992	1318135	1195420	506818	379124	135	432058	309478
1993	1485535	1359168	544638	545355	126	395416	269175
1994	1688276	1528237	569102	683796	140	435238	275340
1995	1874098	1656207	530012	835187	147	508752	291007
1996	1981118	1667990	460279	885593	134	635112	322118
1997	1946330	1709734	433000	755486	254	757590	370772
1998	2465278	1947240	793188	743575	248	928067	410477
1999	2703787	2118999	848100	822200	23	1033464	448699
2000	2889525	2226824	858900	882448	49	1148128	485476
2001	3156153	2365205	898900	963900	232	1293121	502405
2002	2918837	2615668	884000	1144900	373	889564	586768
2003	2686781	2412356	831139	1041500	486	813656	539717
2004	5343000		2909200	1428300	600	1004900	
2005	6049029		3239300	1728100	329	1081300	
2006	6771492		3549600	2074600	292	1147000	

9-5 航空及公路运输情况

Basic Statistics of Civil Aviation and Highways Transportation

	单　位	1990 年	2000 年	2005 年	2006 年
航空运输					
民用航空线路条数	条		245	245	272
飞机架数	架		58	72	82
旅客吞吐量	万人		552.41	1390	1628
货邮吞吐量	万吨		15.86	32.4	38.2
公路运输					
公路通车里程	公里	5221	13374	16676	18090
#晴雨通车里程	公里	4610	13349	15810	16938
#高级次高级	公里	2603	6739	11906	13530
国家级干线	公里	305	584	542	542
省级干线	公里	493	355	353	354
县公路	公里	1777	2566	2673	2739
乡公路	公里	2311	9869	8586	6801
村道	公里		956	4522	7628
全社会各种机动车辆	**万辆**	**13.04**	**72.70**	**148.13**	**166.31**
#载货汽车	万辆	2.98	8.20	7.93	8.38
载客汽车	万辆	1.94	22.31	50.1	61.64
特种车	万辆				
摩托车	万辆			88.46	91.2
#私人汽车	万辆			46.22	55.55
电动自行车	**万辆**			**44.83**	**87.68**

9-6 历年邮电业务基本情况

Basic Conditions of Postal and Telecommunications Services

年份	邮电业务总量 (万元)	函件 (万件)	电报 (万份)	长途电话 (万次)	市内电话用户 (户)
1952	381	351	13	20	1906
1957	1233	1480	14	27	3027
1962	2963	2312	69	103	5668
1965	1827	1999	59	133	6626
1970	1723	1833	75	89	6738
1975	2412	2004	126	160	8301
1978	2768	2140	127	203	9396
1979	2948	2371	135	218	9997
1980	3066	2655	145	207	11140
1981	3537	2794	166	210	12261
1982	3818	2876	169	229	13473
1983	4743	3307	196	260	14844
1984	5136	4173	196	311	17273
1985	6057	4681	272	370	19584
1986	6791	6353	258	395	21955
1987	8384	7450	333	475	27940
1988	10340	8358	430	592	34056
1989	13152	7873	413	717	42642
1990	15520	7538	379	946	50562
1991	20137	7415	385	1556	67287
1992	31160	8483	405	2844	105098
1993	48535	10070	337	5176	144867
1994	72166	11430	233	8884	246681
1995	110949	11939	173	14970	353470
1996	161132	11480	118	21706	477250
1997	196888	9256	62	18829	663758
1998	292225	9970	53	21855	813411
1999	464628	8983	23	25510	1054019
2000	716428	9481	24	30908	1481152
2001	731300	9565	18	27129	1684436
2002	756000	11400	6	27397	2216899
2003	808000	12428	3	31697	2959814
2004	866000	8467		42215	3837826
2005	933000	6877		48584	4283974
2006	1023000	5548		46521	4390186

续表 1

年　份	农村电话用　户(户)	邮电局(所)	邮路及投递路线总长度(公里)	电话交换机总　容　量(门)	移动电话用　户(户)
1952	489	398	481	3391	
1957	888	384	3568	7152	
1962	2616	371	9781	12420	
1965	1757	394	16627	14466	
1970	1649	440	18335	13451	
1975	1922	384	20101	14672	
1978	2069	396	21583	17360	
1979	2154	402	15308	19980	
1980	2232	406	21829	21740	
1981	2292	400	23481	19280	
1982	2401	399	18899	23550	
1983	2418	401	17091	30280	
1984	2716	416	18599	31100	
1985	2973	420	19083	37550	
1986	3028	412	47507	39800	
1987	3138	414	47099	52070	
1988	3281	417	56141	62580	
1989	3392	423	83827	63600	
1990	3686	429	83765	84186	
1991	4105	433	83268	90084	
1992	4914	432	83237	164873	
1993	5879	430	77064	217828	
1994	8776	433	75602	466652	
1995	13774	427	75125	836969	
1996	21020	489	78809	1077455	
1997	53361	505	114271	1507487	
1998	94306	480	128531	2265378	
1999	167579	465	136677	2228600	766500
2000	283163	487	147886	2574169	991000
2001	425982	539	142843	3103191	2301000
2002	565373	553	120154	4208563	3063000
2003	499703	576	120879	5464699	4419400
2004	512472	551	115730	5972728	6581000
2005	651818	603	118939	7518272	7899000
2006	704414	487	118402	7533800	9888000

主 要 统 计 指 标 解 释

货物（旅客）运输量 指在一定时期内，各种运输工具实际运送的货物（旅客）数量。是反映运输业为国民经济和人民生活服务的数量指标，也是制定和检查运输生产计划，研究运输发展规模和速度的重要指标。货运量按吨计算，客运量按人计算。货物不论运输距离长短，货物类别，均按实际重量统计；旅客不论行程远近或票价多少，均按一人一次作为客运量统计。半价票、小孩票也按一人统计。

货物（旅客）周转量 指在一定时期内，由各种运输工具运送的货物（旅客）数量与其相应运输距离的乘积之总和，是反映运输业生产总成果的重要指标，也是编制和检查运输生产计划，计算运输效率、劳动生产率以及核算运输单位成本的主要基础资料。通常以吨公里和人公里为计算单位。计算货物周转量通常按发出站与到达站之间的最短距离，也就是计费距离计算。

邮电业务总量 指以货币表现的邮电部门用于传递信息和提供其他邮电服务的总数量。它综合反映了一定时期邮电工作的总成果，是研究邮电业务量构成和发展趋势的重要指标。根据邮电管理体制不同，分为中央国营业务总量和地方国营业务总量。它用各种邮电分类业务量，如函件件数、电报份数、长话张数、市内电话和农村电话的年均户数、订销报刊累计份数等，分别乘以相应的平均单价（不变价），加总后再加上出租电路和设备的收入、代用户维护电话交换机和线路等设备的收入、其他业务收入求得。

市内电话 指接入县城（包括个别城镇）及县以上城市的市内电话网上，并按市内电话进行经营管理的电话。按计费办法分为包月制和计次制两种。

（1）住宅电话指话机装在居民住宅里的电话。它包括私人付费、公费和免费三部分。

（2）私人付费电话指住宅居民自费安装并自己缴纳通话费的电话。

移动电话用户 指在邮电部门登记，通过移动电话交换机进入移动电话网、占有移动电话号码的电话用户。用户数量以实际办理登记手续进入邮电部门移动电话网的户数进行计算，一部或一台移动电话统计为一户。

十、国内贸易、物价、外经、旅游

简 要 说 明

主要内容

本部份资料反映国内市场和外经、旅游发展情况与物价变动情况。

国内贸易:包括全市范围内历年社会消费品零售总额及构成;各种经济类型商业企业、物资流通企业商品销售总额;餐饮业销售总额;大中型批发零售贸易企业商品购、销、存情况;城乡个体私营工商企业情况;商品交易市场情况等。

物价:包括历年城市居民消费价格指数及商品零售价格指数。

外经:包括市及市以下招商引资、外商投资企业情况、海关进出口商品总值情况。

涉外旅游:包括成都地区涉外宾馆、饭店接待人数及创汇情况。

资料来源

国内贸易资料来自于成都市统计局。

城乡个体、私营工商企业及商品交易市场资料来源于成都市工商行政管理局。

物价资料来源于成都市城市社会经济调查队。

外经资料来源于成都市商务局、成都海关、成都市统计局和成都市工商行政管理局。

涉外旅游资料来源于成都市旅游局。

其他需要说明的问题

外经统计资料未包括省级部门在本市的引资数据。

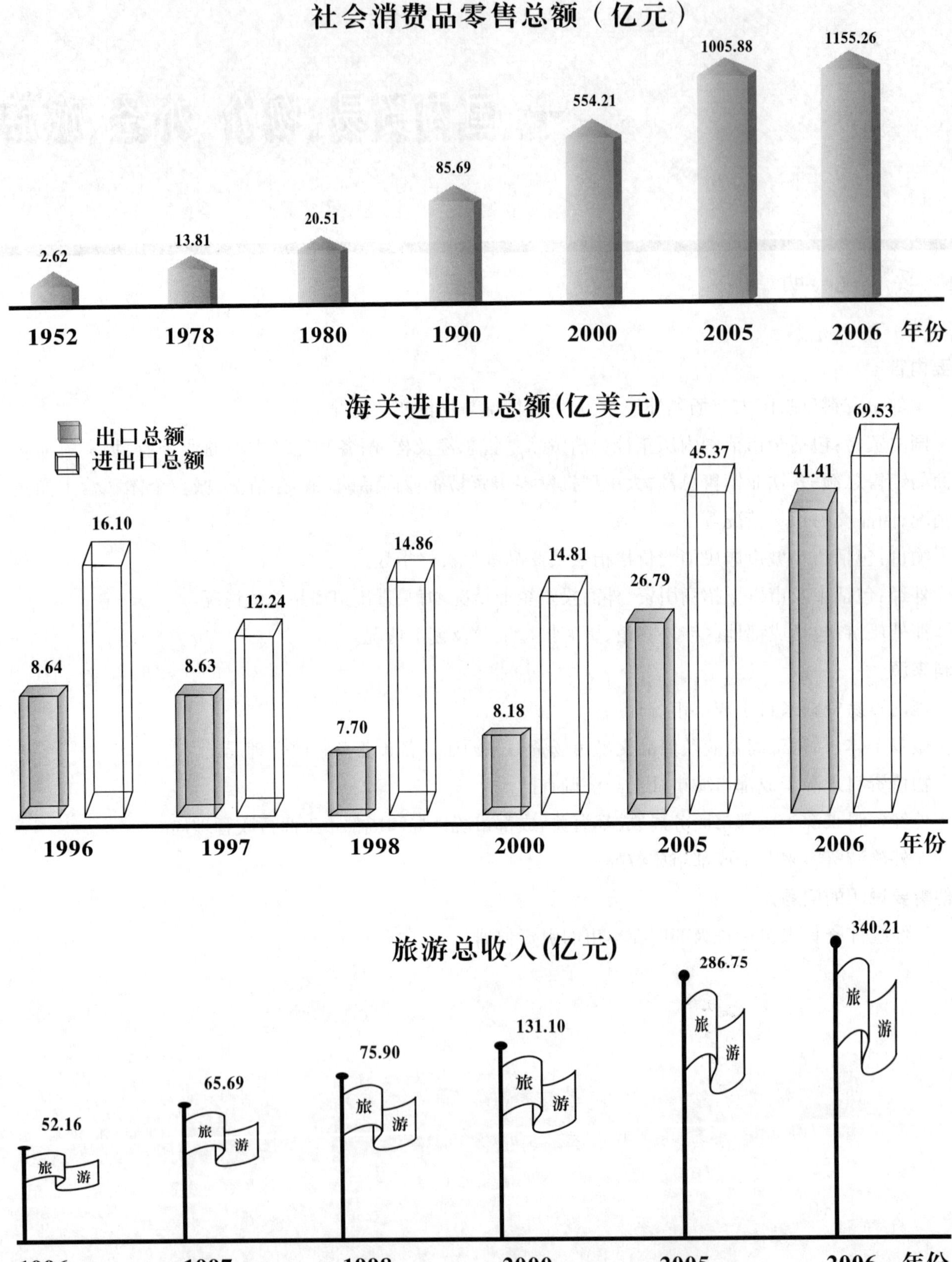
社会消费品零售总额（亿元）
2.62
13.81
20.51
85.69
554.21
1005.88
1155.26
1952
1978
1980
1990
2000
2005
2006
年份
海关进出口总额(亿美元)
出口总额
进出口总额
8.64
16.10
8.63
12.24
7.70
14.86
8.18
14.81
26.79
45.37
41.41
69.53
1996
1997
1998
2000
2005
2006
年份
旅游总收入(亿元)
52.16
65.69
75.90
131.10
286.75
340.21
旅
游
1996
1997
1998
2000
2005
2006
年份

10-1　历年社会消费品零售总额及发展速度

Total Retail Sale of Consumer Goods and Development Rates of Consumer Goods by Year

年　份	社会消费品零售总额(万元)	社会消费品零售总额发展速度(%)	年　份	社会消费品零售总额(万元)	社会消费品零售总额发展速度(%)
1952	26186		1980	205140	122.7
1954	36113	104.5			
1955	37545	103.9	1981	234329	114.2
1956	46902	124.9	1982	242251	103.3
1957	52521	111.9	1983	265505	109.5
			1984	318393	119.9
1958	57508	109.4	1985	401200	126.0
1959	70510	122.6			
1960	74193	105.2	1986	465422	116.0
1961	64280	86.6	1987	556536	119.6
1962	66705	103.7	1988	754398	135.6
			1989	800147	106.1
1963	62154	93.1	1990	856919	107.1
1964	67159	108.0			
1965	72601	108.1	1991	1022264	119.3
			1992	1188406	116.3
1966	78777	108.5	1993	1601707	134.8
1967	85721	108.8	1994	2204903	137.7
1968	70838	82.6	1995	2859688	129.7
1969	81556	115.1			
1970	86349	105.8	1996	3470809	121.4
			1997	4099934	118.1
1971	92003	106.5	1998	4511917	110.0
1972	101458	110.2	1999	5000817	110.8
1973	106568	105.0	2000	5542123	110.8
1974	110287	103.4			
1975	117196	106.2	2001	6275187	113.2
			2002	7095076	113.1
1976	112498	95.9	2003	7759984	109.4
1977	121196	107.7	2004	8807581	113.5
1978	138147	113.9	2005	10058833	114.2
1979	167159	121.0	2006	11552571	114.9

注：①1995 社会消费品零售总额含居民购房。②发展速度以上年为基期。③2003 年及以后社会消费品零售总额不含制造业和农业生产者零售。

10-2 历年社会消费品零售总额分类情况

Basic Statistics of Total Retail Sale of Consumer Goods by Sorts

单位：万元

年份	社会消费品零售总额	社会商品零售额	在总额中：国有经济	集体经济	个体、私营经济	股份制及其他经济	外资及港澳台经济
1952	26186	24813	2442	7636	14735		
1957	52521	51379	22169	28467	743		
1962	66705	70260	40981	29279			
1965	72601	79885	46045	33365	475		
1970	86349	94643	59915	34620	108		
1975	117196	128429	91750	36316	363		
1978	138147	158142	113848	44073	221		
1979	167159	189580	131166	58157	257		
1980	205140	225640	141661	83355	624		
1981	234329	250927	154529	94331	2067		
1982	242251	259166	154896	100869	3401		
1983	265505	281272	161007	107558	12707		
1984	318393	334470	166122	140083	28265		
1985	401200	408286	176959	172449	58878		
1986	465422	472590	195937	197063	79590		
1987	556536	562004	227345	219608	114787		264
1988	754398	756623	300273	270923	182692		2735
1989	800147	811170	325728	283226	195505		6711
1990	856919	859016	338499	293852	217232		9433
1991	1022264	1028718	416455	333806	266559		11898
1992	1188406	1180980	520126	336960	305577		18317
1993	1601707		360384	392418	469300	124933	12813
1994	2204903		497286	539405	646942	171751	17308
1995	2859688		641735	701299	696770	201108	48615
1996	3470809		618417	862025	941979	218771	73789
1997	4099934		644606	1021204	1248082	250130	91801
1998	4511917		632353	1109907	1444982	250272	127119
1999	5000817		568113	1015090	1830621	301512	212356
2000	5542123		547979	949167	2302111	426885	324435
2001	6275187		577638	1051145	2604057	560519	420392
2002	7095076		582283	1093529	2937575	854292	562792
2003	7759984		643456	1012999	3298024	2156410	649095
2004	8807581		625647	1002736	3918703	2394951	865544
2005	10058833		585849	936638	4701097	2766313	1068936
2006	11552571		616502	982132	5398833	3275558	1279546

注：① 1992 年以前按社会商品零售额分类，1992 年以后按社会消费品零售总额分类。

② 社会商品零售额=社会消费品零售总额+对农民的农业生产资料零售额－农民对非农业居民的零售额。

③ 2003 年以后股份制及其他经济零售额包括股份制和其他经济零售额，其余年份仅含股份制经济零售额。

续表 1　　单位：万元

年　份	在总额中：			在总额中：	
	批发零售贸易业	餐饮业	其　他	市	县及县下
1952	19875	2389	60	11485	13328
1957	41668	5226	415	25041	26338
1962	58047	8310	372	39817	30443
1965	69325	7053	450	42952	36933
1970	85731	6428	673	49750	44893
1975	115617	7520	988	63634	64795
1978	142345	9327	1194	75005	83137
1979	167621	11335	1916	90293	99287
1980	192121	13104	4620	108391	117249
1981	202051	14236	6095	127805	123122
1982	214024	14654	7630	131438	127728
1983	229606	15749	10332	140054	141218
1984	269233	17837	14487	162051	172419
1985	312890	23625	20239	199554	208732
1986	379872	29614	7719	232919	239671
1987	444796	42119	12427	326201	235803
1988	584342	60225	21321	466684	289939
1989	626841	66214	34140	520203	290967
1990	647934	70563	49527	565717	293299
1991	781647	82306	50283	690714	338004
1992	886478	93188	77238	799573	381407
1993	1075156	151252	224621	1081611	520096
1994	1360081	216486	380112	1633802	571101
1995	1618234	261646	694854	2159480	700208
1996	2054537	364366	721592	2308553	1162256
1997	2333547	546797	879904	2678785	1421149
1998	2538598	671567	998566	2919555	1592362
1999	2832153	831075	1055669	3216789	1784028
2000	3265303	1022633	976214	3554447	1987676
2001	3703392	1212790	1066014	4005583	2269604
2002	4361093	1373968	1060480	4594867	2500209
2003	6110052	1543727	106205	5092824	2667160
2004	7185349	1572232	50000	5814778	2992803
2005	8195353	1810205	53275	6808943	3249890
2006	9398393	2094432	59746	7850168	3702403

注：2004 年、2005 年餐饮业数据包括住宿业。

10-3 限额以上批发零售贸易业商品购进、销售、库存总额

Total Purchases, Sales and Inventory of Enterprises above Designated Size in Wholesale and Retail Sale Trade

单位：万元

	1995 年	1996 年	2005 年	2006 年
商品购进总额	**3338403**	**3150807**	**8928252**	**12373806**
#进　口	195229	80256	49739	395773
商品销售总额	**3705011**	**3579755**	**10419041**	**14122735**
批发额	3160837	2968742	6938778	8898006
#出　口	422794	351547	482433	461528
对居民和社会集团消费品零售额	544174	611013	3480263	5224729
年末库存总额	**487143**	**441277**	**605101**	**899426**

10-4 商 品 交 易 市 场 情 况

Main Indicators of Commodities Markets

	2000 年		2005 年		2006 年	
	合　计	#农　村	合　计	#农　村	合　计	#农　村
商品交易市场数(个)	**927**	**478**	**739**	**307**	**836**	**398**
一、消费品市场	807	449	635	288	725	372
(一) 综合市场	288	209	151	124	222	158
(二) 农副产品市场	358	213	320	145	366	190
#农副产品专业市场	43	22	35	20	38	23
(三) 工业消费品市场	159	27	159	15	132	20
(四) 其　他	2		5	4	5	4
二、生产资料市场	120	29	95	18	102	26
(一) 生产资料综合市场	33	9	41		44	3
(二) 工业生产资料市场	84	20	52	17	55	21
(三) 农业生产资料市场	2		2	1	3	2
(四) 其　他						
三、生产要素市场			9	1	9	

10-5 限额以上批发零售贸易业分类销售及库存总额(2006 年)

Total Value of Sales and Inventory of Enterprises above Designated Size in Wholesale and Retail Sale Trade (2006)

单位：万元

	商品销售总额	批发	零售
食品饮料烟酒类	1501647	1121803	379844
#肉禽蛋类	33640	1292	32348
烟酒类	898876	823353	75523
服装、鞋帽、针织品类	891540	349380	542160
化妆品类	114240	18659	95581
金银珠宝类	97750	25826	71924
日用品类	179792	29428	150364
五金、电料类	28192	18720	9472
电子出版物及音像制品类	23460	7951	15509
家用电器及音像器材类	745370	324680	420690
体育、娱乐用品类	29479	188	29291
文化、办公用品类	311285	269763	41522
家具类	7795	500	7295
通讯器材类	632552	429294	203258
中西药品类	1130091	1028162	101929
书报、杂志类	274728	15620	259108
建筑及装潢材料类	48021	41259	6762
化工材料及制品类	574093	573112	981
金属材料类	1793485	1793485	
木材及制品类	19371	4291	15080
机电产品及设备类	261039	255879	5160
煤炭及制品类	77698	77572	126
石油及制品类	3707283	3310706	396577
种子饲料类	3578	3576	2
棉麻类	45998	45998	
其它类	375741	331786	43955

10-6 城乡个体工商业、私营企业基本情况(2006 年)

Basic Conditions of Individual Enterprises and Private Enterprises in Urban and Rural Areas (2006)

	个体工商业企业		私营企业		
	户　数（户）	从业人员（人）	户　数（户）	投资者人数（人）	雇工人数（人）
总　　计	**449259**	**847287**	**102257**	**250941**	**762624**
按城乡分					
城　镇	240125	479531	73221	180907	483738
农　村	209134	367756	29036	70034	278886
按行业分					
#农林牧渔业	2097	5543	1661	4179	13965
采矿业	162	783	180	407	2023
制造业	34059	100548	16041	37291	169052
建筑业	716	3627	3462	10175	34646
交通运输仓储和邮政业	20496	24583	1934	5241	13944
批发零售业	260332	425943	41284	100706	274851
#批发业	77253	129770	18885	42996	140515
住宿餐饮业	47881	120211	4921	14165	36834
#餐饮业	35679	81895	2191	5520	20846
居民服务和其他服务业业	52917	93640	3541	8267	24351
#理发及美容保健服务	12987	23575	307	543	1667
洗浴服务	538	2502	38	61	423
其他行业	6886	18175	6492	16320	43198
按企业类型分					
独资企业			13006	13006	90420
合伙企业			1949	6403	15759
有限责任公司			87290	231478	655521
股份有限公司			12	54	924

10-7 历年居民消费价格指数与商品零售价格指数(以上年为 100)

General Consumer Price Index and General Retail Price Index by Year (Preceding Year=100)

年　份	居民消费价格指数	#食品类	#衣着类	#家庭设备及用品	#娱乐教育文化用品	#医疗保健	商品零售价格指数
1951	114.8	114.0	107.7	112.3	98.2	128.8	113.8
1952	110.6	112.6	96.7	97.8	80.8	93.1	110.3
1953	102.2	103.9	101.3	93.1	89.9	89.9	102.1
1954	103.2	100.8	99.3	97.3	90.8	87.3	103.1
1955	103.6	106.2	98.2	101.7	100.0	103.9	103.1
1956	104.9	107.4	96.4	100.3	103.2	102.9	103.4
1957	106.0	103.9	99.9	101.0	97.7	136.2	104.3
1958	101.0	100.5	99.8	101.0	99.7	98.5	100.1
1958	100.3	99.5	100.2	101.2	100.1	102.7	100.2
1960	100.6	101.1	100.0	98.9	102.2	98.8	100.9
1961	116.0	130.0	100.0	100.0	100.1	99.6	117.7
1962	99.8	99.0	101.4	109.1	109.4	106.3	99.5
1963	91.2	93.0	101.6	101.7	100.3	101.5	90.0
1964	94.4	94.6	99.1	92.8	96.4	88.1	93.8
1965	97.5	93.5	99.2	95.9	94.9	94.3	98.1
1966	100.7	103.0	100.5	99.9	99.7	99.0	101.2
1967	102.0	104.0	99.4	99.2	96.5	91.7	102.0
1968	100.2	100.2	100.0	100.1	98.8	100.0	100.2
1969	100.1	100.0	100.0	100.0	100.0	87.3	99.8
1970	99.5	100.2	100.0	100.0	100.0	77.7	99.5
1971	100.2	100.1	100.0	100.0	100.0	98.7	100.2
1972	100.5	100.8	100.2	99.9	99.1	97.2	100.5
1973	100.0	99.9	100.0	99.6	97.6	99.2	99.9
1974	100.2	100.2	100.0	100.7	100.9	98.9	100.2
1975	100.3	100.1	100.0	99.9	100.3	99.6	100.3
1976	100.0	100.0	100.0	100.0	101.2	100.0	100.0
1977	100.2	99.6	100.0	100.0	100.0	100.7	100.2

注:居民消费价格指数中 1994 年以前“家庭设备及用品”指日用品类;“娱乐教育文化用品”指文化娱乐用品类;“医疗保健”指药及医疗用品类。

续表 1

年　份	居民消费价格指数	#食品类	#衣着类	#家庭设备及用品	#娱乐教育文化用品	#医疗保健	商品零售价格指数
1978	101.0	101.1	100.0	100.0	100.0	103.1	101.1
1979	102.0	104.6	99.4	100.4	100.5	103.7	102.1
1980	106.6	110.6	99.6	101.2	100.3	101.3	107.1
1981	102.1	101.7	100.3	100.6	100.5	103.7	102.1
1982	101.9	103.6	99.2	97.4	100.0	100.8	102.0
1983	100.3	100.7	98.8	98.8	97.0	103.8	100.0
1984	104.6	105.3	101.4	100.0	100.1	101.8	103.8
1985	111.4	115.0	102.2	102.5	102.3	106.1	111.3
1986	104.8	104.9	104.8	104.8	100.4	97.3	104.7
1987	108.8	112.4	102.6	107.4	103.4	113.2	109.4
1988	124.6	130.5	115.6	115.0	122.8	132.0	125.7
1989	116.2	113.6	125.0	113.1	111.0	125.9	116.1
1990	103.5	102.5	106.4	103.4	95.3	100.6	102.9
1991	105.2	105.8	102.6	105.0	94.3	100.9	104.7
1992	110.8	113.5	101.4	100.4	94.3	102.6	108.5
1993	115.9	118.7	107.2	108.9	102.4	115.0	115.1
1994	126.5	136.2	123.1	111.3	113.6	107.2	123.3
1995	117.5	124.2	107.4	106.4	104.3	109.3	114.5
1996	109.7	109.4	109.5	102.1	112.3	109.0	106.5
1997	105.7	104.1	102.1	103.2	100.3	105.5	102.9
1998	100.3	96.9	103.3	99.7	100.4	102.0	98.4
1999	98.3	96.3	99.3	98.4	96.5	101.2	97.1
2000	100.2	96.3	100.2	99.2	94.0	102.2	98.2
2001	100.8	101.6	98.4	99.4	103.9	97.0	100.7
2002	98.7	98.4	98.0	99.0	98.3	99.2	98.8
2003	102.1	103.0	100.8	99.4	99.1	102.3	100.2
2004	103.9	107.6	97.1	98.0	106.0	104.1	101.4
2005	102.3	104.5	91.0	98.0	107.8	101.2	99.8
2006	101.8	102.5	100.9	103.7	99.4	100.3	101.2

10-8 居民消费价格指数(以上年为100)

General Consumer Price Index by Category (Preceding Year=100)

	2005年	2006年		2005年	2006年
居民消费价格指数	**102.3**	**101.8**	鲜果类	102.8	124.1
食品类	104.5	102.5	衣着类	91.0	100.9
#粮　食	103.1	100.6	家庭设备用品及维修服务	98.0	103.7
肉禽及其制品	104.9	100.1	医疗保健和个人用品	101.1	100.8
菜　类	111.4	106.4	交通和通讯	98.5	98.8
调味品	106.0	102.2	娱乐教育文化用品及服务	107.8	99.4
烟草类	101.3	98.7	居　　住	102.8	105.6
吸烟饮酒用品	100.8	100.3	**服务项目价格指数**	**106.7**	**101.2**

10-9 商品零售价格指数(以上年为100)

General Retail Price Index by Category (Preceding Year=100)

	2005年	2006年		2005年	2006年
商品零售价格指数	**99.8**	**101.2**	书报、杂志及电子出版物	100.3	99.4
食品类	104.6	102.4	文化体育用品类	98.1	100.1
#粮 食	102.9	100.5	日用品类	100.5	102.4
饮料、烟酒类	100.8	100.9	家用电器及音像器材类	94.3	100.4
服装、鞋帽类	90.9	100.6	首饰类	107.1	115.4
纺织品类	94.4	99.9	燃料类	110.0	117
中西药品及医疗保健品类	101.1	99.4	建筑装潢材料类	99.6	100.7
化妆品类	99.1	100.2	交通、通信用品类	89.1	93.5

10-10 外商直接投资(2006 年)

Direct Foreign Investment (2006)

	签订合同企业(项目个数)	合同外资金额(万美元)	实际利用外资总额(万美元)	期末累计注册企业(个)
总计	**363**	**204942**	**75863**	**2254**
按投资方式分				
#独资经营	230	156260	65305	927
合资经营	124	36931	8334	1195
合作经营	9	11751	2224	128
按国民经济行业分				
#农、林、牧、渔业	11	4547	96	48
制造业	123	52943	19771	1301
城市基础设施				59
交通运输、仓储、邮电业				17
批发和零售贸易、餐饮业				139
房地产、社会服务业	229	147452	55997	302
按国别、地区分				
#香港	109	93711	22460	992
台湾	39	9879	4249	297
新加坡	38	22235	472	118
英国	5	1779	232	36
加拿大	7	254	30	43
美国	42	5902	2382	274

注：期末累计注册企业中城市基础设施含建筑业。

10-11 旅 游 基 本 情 况

Basic Conditions of Tourism

	1990 年		2005 年		2006 年	
	数 量	构成(%)	数 量	构成(%)	数 量	构成(%)
旅游总收入(亿元)			**286.75**		**340.21**	
国内旅游收入(亿元)			**272.46**		**324.06**	
国内旅游人数(万人次)			**3619.63**		**4003.71**	
涉外旅游人数(人)	**131349**	**100**	**500156**	**100**	**579693**	**100**
外国人	44162	33.6	342326	68.4	398676	68.8
#日 本	11052	25.0	85145	24.9	126358	31.7
菲律宾	247	0.6	2309	0.7	1578	0.4
新加坡	1646	3.7	28489	8.3	28057	7.0
泰 国	892	2.0	18790	5.5	25357	6.4
印度尼西亚	165	0.4	9179	2.7	8884	2.2
美 国	5679	12.9	41795	12.2	47206	11.8
加拿大	1057	2.4	6482	1.9	8339	2.1
英 国	2554	5.8	9792	2.9	12078	3.0
法 国	3575	8.1	9291	2.7	11143	2.8
德 国	3543	8.0	13376	3.9	18785	4.7
意大利	2702	6.1	5425	1.6	5303	1.3
俄罗斯联邦	185	0.4	1075	0.3	1550	0.4
港澳台同胞	86918	66.2	157830	31.6	181017	31.2
海外旅游人天数(人天)	**335002**	**100**	**1025535**	**100**	**1097990**	**100**
外国人	172808	51.6	684357	66.7	764395	69.6
港澳台同胞	161713	48.4	341178	33.3	333595	30.4
旅游创汇收入(万美元)	**1690**		**17640**		**20208**	

10-12 国际旅游住宿设施经营和资产情况(2006 年)

Main Financial Indicators of International Tourist Hotels (2006)

项　目	计　量 单　位	实际数	项　目	计　量 单　位	实际数
营业收入	万元	260628	#存 货	万元	1207
客房收入	万元	148256	固定资产合计	万元	1077959
餐饮收入	万元	80976	#固定资产原价	万元	1388470
其他收入	万元	31393	累计折旧	万元	342659
营业成本	万元	51169	#本年折旧	万元	115447
营业费用	万元	86048	资产总计	万元	794252
营业税金及附加	万元	23613	负债合计	万元	535458
经营利润	万元	99798	所有者权益合计	万元	258794
管理费用	万元	74445	#实收资本	万元	251220
#税 金	万元	1888	年末从业人员	人	26595
劳动待业保险费	万元	3486	本年应付工资总额	万元	52372
财务费用	万元	8217	本年应付福利费	万元	7170
营业利润	万元	17135	客房数	间	21814
利润总额	万元	–3273	床位数	张	37567
流动资产	万元	355402	公寓数	套	198

10-13 “黄金周”旅游接待情况

Main Tourism Indicators in Golden Weeks

	单　位	2006 年五一节	2006 年国庆节	2007 年春节
旅游住宿设施				
累计接待人天数	万人天	309.56	220.29	206.51
平均停留天数	天	2.06	2.1	2.2
出租率				
#饭店宾馆	%	61.47	62.15	34.04
#旅馆招待所	%	52.52	56.5	39.45
旅行社				
累计接团数	个	2651	2714	2653
累计接待人数	万人次	6.97	7.92	7
景区(点)				
统计的景区(点)	个	59	58	57
累计接待人数	万人次	339.68	325.99	476.04
一日游游客所占比重	%	69	76	77.6
门票收入	万元	2703.83	2280.42	2393.64
交通客运				
累计抵达班车次	班、车次	32091	45108	22799
#铁　路	班、车次	361	382	441
民　航	班、车次	1595	1642	1416
公　路	班、车次	30135	43084	20942
累计抵达旅客量	万人次	126.47	139.61	103.17
#铁　路	万人次	36.29	39.25	31.99
民　航	万人次	15.4	16.96	15.7
公　路	万人次	74.78	83.4	55.48
接待综合情况				
接待人数	万人次	484.73	437.0	438.64
旅游收入	万元	169305	181361	130056
人均天花费				
#过夜旅游者	元/人天	375.32	467.8	371
一日游游客	元/人天	158.83	235.8	155

10-14 海关进出口商品总值

total value of import and export commodities through customs

指　　标	2005 年			2006 年		
	进出口总额	出　口	进　口	进出口总额	出　口	进　口
总　　值（万美元）	**453624**	**267923**	**185701**	**695299**	**414116**	**281183**
按贸易方式分						
一般贸易	376417	232668	143749	508875	350624	158251
来料加工装配贸易	6462	3103	3359	6668	3447	3221
进料加工贸易	20756	11573	9183	127598	52630	74968
对外承包工程出口货物	17962	17962		6418	6418	
外商投资企业作为投资进口的设备、物品	4461		4461	9845		9845
出料加工贸易	181	168	13	351	319	32
保税仓库进出境货物	5309	2387	2922	3026	644	2382
出口加工区进口设备	4711		4711	14902		14902
来料加工装配进口设备	2		2	3		3
租赁贸易	16151	12	16139	16753		16753
其他贸易	1100	4	1096	848	28	820
按运输方式分						
江海运输	322847	216171	106676	457624	324056	133568
铁路运输	9597	2893	6704	4942	2642	2300
汽车运输	29661	27979	1682	31382	27280	4102
航空运输	91117	20786	70331	200834	59973	140861
邮件运输	363	92	271	411	164	247
其　　他	40	2	38	105		105
按企业性质分						
国有企业	231890	124887	107003	265878	149966	115912
集体企业	37077	26711	10366	26757	21622	5135
外商投资企业	68172	22954	45218	190352	60381	129971
中外合资	43329	13024	30305	50820	15084	35736
中外合作	506	176	330	2028	743	1285
外商独资	24337	9754	14583	137504	44555	92949
其　　他	116485	93371	23114	212311	182146	30165

10-15 主要国别（地区）海关进出口商品总值

total value of import and export commodities through customs in main countries or territories

国别（地区）	2005 年			2006 年		
	进出口总额	出口	进口	进出口总额	出口	进口
总值（万美元）	**453624**	**267923**	**185701**	**695299**	**414116**	**281183**
亚洲	**224705**	**151781**	**72924**	**315613**	**208327**	**107286**
香港	31638	30599	1039	60146	58162	1984
印度	22811	14602	8209	46934	39583	7351
印度尼西亚	22791	22611	180	7842	7532	310
日本	64019	21479	42540	80649	21111	59538
马来西来	5503	3692	1811	9082	5106	3976
巴基斯坦	7235	7277	8			
菲律宾	3960	3209	751	6298	2435	3863
卡塔尔	79	79		158	158	
沙特阿拉伯	2049	1811	238	1449	1427	22
新加坡	6357	4377	1980	6766	3991	2775
韩国	16618	12073	4545	23135	12298	10837
泰国	4104	3252	852	6428	5541	887
土耳其	1292	1242	50	8347	8306	41
阿拉伯联合酋长国	3418	2874	544	3958	3543	415
越南	5960	5936	24	8480	8475	5
台湾省	9850	6256	3594	17963	7478	10485
非洲	**12070**	**11533**	**537**	**21446**	**19632**	**1814**
埃及	1046	1046		848	848	
南非	2436	2369	67	5293	4174	1119
欧洲	**121059**	**53775**	**67284**	**174875**	**94600**	**80275**
比利时	2419	1885	534	3540	2654	886
英国	7415	3797	3618	9098	4818	4280
德意志联邦共和国	34023	8197	25826	55992	10085	45907
法国	23996	3229	20767	17175	5378	11797
意大利	14607	5116	9491	12982	6711	6271
荷兰	8928	8398	530	6941	5908	1033
西班牙	2768	2369	399	3649	3110	539
芬兰	1245	880	365	1952	1151	801
瑞典	727	269	458	1988	248	1740
瑞士	2836	1438	1398	3966	1265	2701
俄罗斯	7452	6444	1008	6786	5858	928
拉丁美洲	**12489**	**7399**	**5090**	**18674**	**16003**	**2671**
阿根廷	816	309	507	378	372	6
巴西	1618	1159	459	4156	3578	578
智利	1533	878	655	1088	1077	11
墨西哥	1338	1085	253	4730	4129	601
北美洲	**73566**	**39406**	**34160**	**153311**	**71301**	**82010**
加拿大	5328	3444	1884	7182	5634	1548
美国	68238	35962	32276	146128	65667	80461
大洋洲	**9733**	**4028**	**5705**	**11380**	**4253**	**7127**
澳大利亚	5973	3433	2540	8701	3503	5198
新西兰	3511	349	3162	2471	542	1929

主要统计指标解释

社会消费品零售总额 指各种经济类型的批发零售贸易业、餐饮业和其他行业对城乡居民和社会集团的消费品零售额总和。社会消费品零售总额包括：

(1)售给城乡居民作为生活用的商品和修建房屋用的建筑材料；(2)售给机关、团体、学校、部队、企业、事业单位的职工食堂和旅店（招待所）附设专门供本店旅客食用，不对外营业的食堂的各种食品、燃料；企业、单位和国营农场直接售给本单位职工和职工食堂的自己生产的产品；(3)售给部队干部、战士生活用的粮食、副食品、衣着品、日用品、燃料；(4)售给来华的外国人、华侨、港澳台同胞的消费品；(5)居民自费购买的中、西药品、中药材及医疗用品；(6)报社、出版社直接售给居民和社会集团的报纸、图书、杂志、集邮公司出售的新、旧纪念邮票、特种邮票、首日封、集邮册、集邮工具等；(7)旧货寄售商店自购、自销部分的商品零售额；(8)煤气公司、液化石油气站售给居民和社会集团的煤气灶具和罐装液化石油气；(9) 售给社会集团的办公用品；公共用品和针织品；学校用的教学用具；文体用品；非专用的劳动保护用品；日用百货和杂品；家具、设备、日用电器、电器设备、和照相器材；取暖用的设备和燃料，防暑、降温的饮料；非生产经营用的交通工具和油料；零星修理用的各种零配件、材料、工具、建筑材料等；举办各种招待会、茶话会、宴会用的烟酒茶和各种食品及馈赠的礼品；从公费医疗经费中开支的中、西药品、中药材和医疗器材以及其他非生产性设备和用品。

商品交易市场成交额 指在固定场所、设施，有若干经营者入场实行集中、公开交易各类实物商品的市场成交的全部商品金额。包括各类消费品市场和生产资料市场成交的全部商品金额。

商品零售价格指数 是反映城乡商品零售价格变动趋势的一种经济指数。零售物价的调整变动直接影响到城乡居民的生活支出和国家的财政收入，影响居民购买力和市场供需平衡，影响消费与积累的比例。

居民消费价格指数 是反映一定时期内城乡居民所购买的生活消费品价格和服务项目价格变动趋势和程度的相对数。是按城市居民消费价格指数和农民消费价格指数综合计算取得。

对外借款 是我国利用外资的主要部分。包括我国通过外国政府贷款，国际金融组织贷款，外国银行商业贷款，出口信贷以及对外发行债券，股票等方式，从境外筹措的资金。

外商直接投资 是指外国企业和经济组织或个人（包括华侨、港澳台胞以及我国在境外注册的企业）按我国有关政策、法规，用现汇、实物、技术等在我国境内开办外商独资企业、与我国境内的企业或经济组织共同举办中外合资经营企业、合作经营企业或合作开发资源的投资（包括外商投资收益的再投资）以及经政府有关部门批准的项目投资总额内，企业从境外借入的资金。

入境游客 指报告期内来中国（大陆）观光、度假、探亲访友、就医疗养、购物、参加会议和从事经济、文化、体育、宗教等活动的外国人、港澳台同胞等海外游客（即旅游入境人数）。统计时，海外游客按每人入境一次统计1人次。

国际旅游（外汇）收入 入境游客在中国（大陆）境内旅行、游览过程中用于交通、参观游览、住宿、餐饮、购物、娱乐等全部花费。

进出口总额 海关进出口总额指实际进出我国国境的货物总金额。包括对外贸易实际进出口货物，来料加工装配进出口货物，国家间、联合国及国际组织无偿援助物资和赠送品，华侨、港澳台同胞和外籍华人捐赠品，租赁期满归承租人所有的租赁货物，进料加工进出口货物，边境地方贸易及边境地区小额贸易进出口货物（边民互市贸易除外），中外合资经营企业、中外合作经营企业、外商独资经营企业进出口货物和公用物品，到、离岸价格在规定限额以上的进出口货样和广告品（无商业价值、无使用价值和免费提供出口的除外），从保税仓库提取在中国境内销售的进口货物，以及其他进出口货物。我国规定出口货物按离岸价格统计，进口货物按到岸价格统计。

利用外资 指我国各级政府、部门、企业和其他经济组织通过对外借款，吸收外商直接投资以及用其他方式筹措的境外现汇、设备、技术等。

十一、科技、教育和文化

简　要　说　明

主要内容

本部份包括科学技术活动、科技人员、教育、文化、艺术事业等基本情况。

资料来源

科技资料分别来源于成都市科学技术局、成都市统计局和成都高新技术产业开发区管委会。

教育资料分别来源于四川省教育厅、成都市教育局和成都市劳动局。

文化资料分别来源于四川省文化厅、成都市文化局。

广播、电视资料分别来源于四川省广播电视厅、成都市广播电视局。

图书、报纸、杂志资料来源于四川省新闻出版局。

其他需要说明的问题

本部份资料除科技外,其余部分资料均为全社会统计口径。

普通高等学校情况

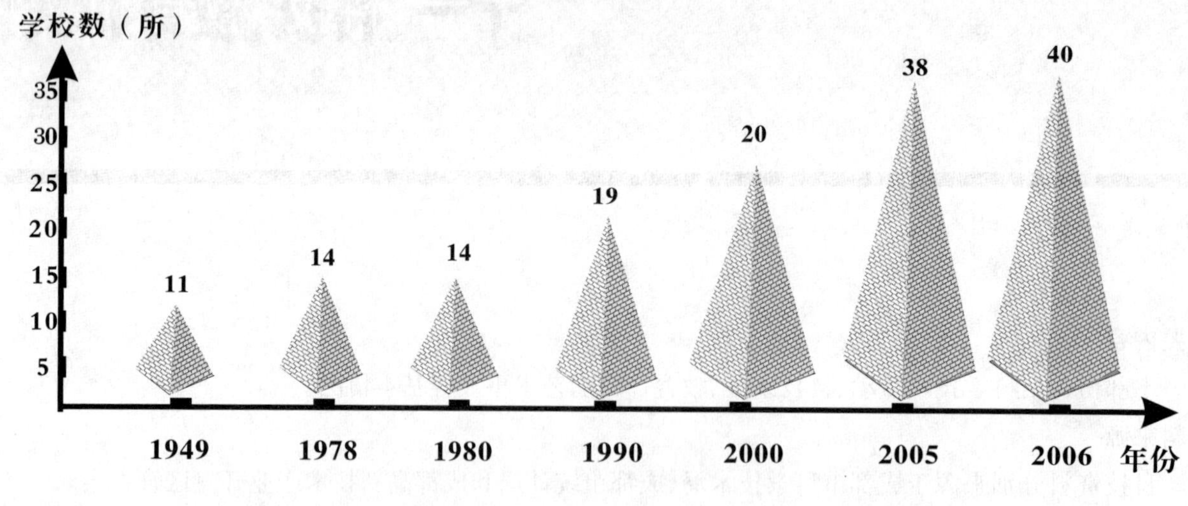
学校数（所）
35
30
25
20
15
10
5
11
14
14
19
20
38
40
1949
1978
1980
1990
2000
2005
2006
年份

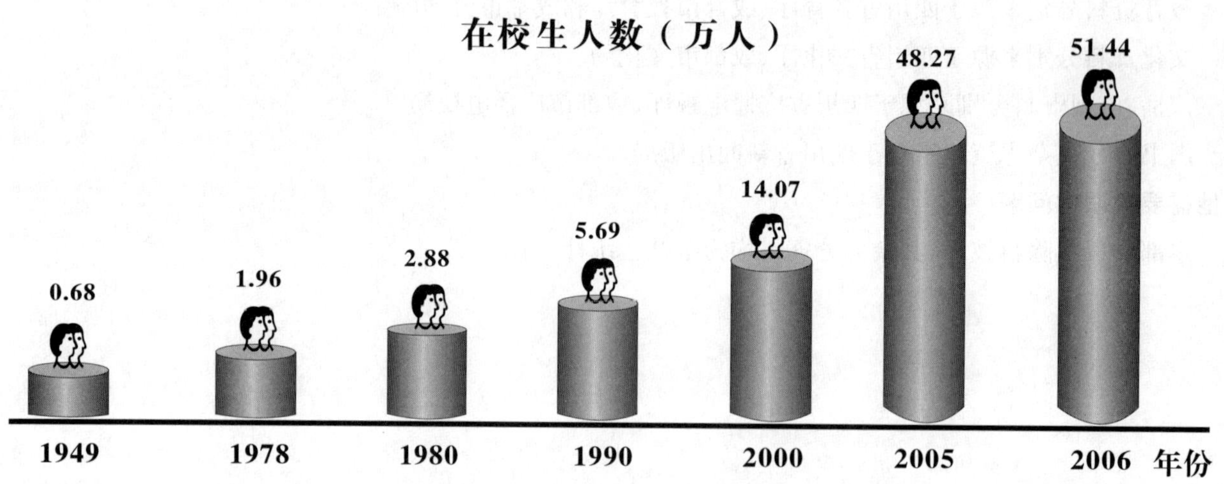
在校生人数（万人）
0.68
1.96
2.88
5.69
14.07
48.27
51.44
1949
1978
1980
1990
2000
2005
2006
年份

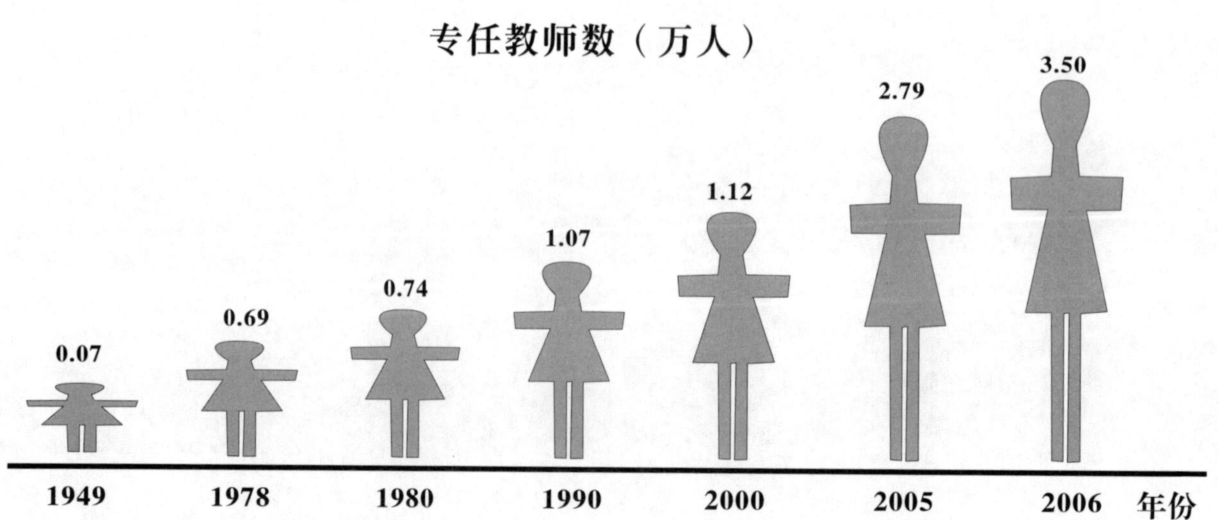
专任教师数（万人）
0.07
0.69
0.74
1.07
1.12
2.79
3.50
1949
1978
1980
1990
2000
2005
2006
年份

11-1 科研机构、人员、经费及活动情况(2006 年)

Basic Statistics on Agencies, Personnel, Expenditures and Activities of Scientific Technological Research Institutions (2006)

	单位	合计	自然科学技术	社会科学	转制机构	科技情报文献机构
机构数	个	108	60	9	30	9
#地市属	个	18	13	1	2	2
从业人员	人	17799	9293	653	7269	584
#从事科技活动人员	人	10459	5360	567	4069	463
#科学家、工程师	人	7902	3937	440	3207	318
经费收入	万元	391487	156506	5759	224550	4672
#政府资金	万元	119058	88297	5319	21723	3719
经费支出总额	万元	355311	145118	5632	199927	4634
#科技经费支出	万元	166993	100924	4777	56904	4388
固定资产原值	万元	671799	303785	12892	340013	15109
课题情况：课题数	个	1930	1388	157	365	20
内部经费支出	万元	57660	35590	916	20423	731
投入人员	人年	5208	2985	384	1677	162
发表科技论文	篇	3173	1729	928	429	87
#国外发表	篇	250	188	10	52	
出版科技著作	种	154	55	85	10	4
专利申请受理数	件	216	120		96	
专利授权数	件	69	30		39	
#发明专利	件	37	20		17	

11-2 国家级高新技术产业企业主要经济指标(2006 年)

Main Economic Indicators of State-Level High-Tech Enterprises (2006)

	单 位	合 计	区内企业	区外企业
企业数	个	1149	723	426
总产值	万元	8306768	5621404	2685365
总收入	万元	8771714	5854598	2917116
#技术收入	万元	715339	222173	493166
产品销售收入	万元	7515721	5183059	2332662
#高新技术产品收入	万元	4255159	3010080	1245079
出口创汇总额	万美元	96758	67621	29137
净利润	万元	637283	428861	208422
实际上缴税费总额	万元	390797	226121	164676
总成本与费用	万元	7767835	5303214	2464622
年末资产总计	万元	11928990	7526244	4402746
#流动资产	万元	6853477	4308562	2544915
长期投资	万元	673814	417884	255930
固定资产原价	万元	3888246	2545397	1342850
#固定资产净值	万元	2619140	1626725	992414
无形资产	万元	475314	244343	230971
年末负债合计	万元	6395880	4191415	2204464
年末所有者权益	万元	5533110	3334829	2198281
本年技术开发经费筹集额	万元	602175	450614	151562
科技活动经费内部支出	万元	535044	417366	117677
#研究与发展支出	万元	385084	324070	61014
年末从业人员	人	193260	104268	88992

注：区内、区外企业指高新技术产业开发区集中区范围内的企业。

11-3 国家级科技计划项目执行情况(2006 年)

Executive Statistics of State-Level Planning Projects on Science and Technology (2006)

	单　位	火炬计划项　目	星火计划项　目
项目数	项	173	51
计划总投资	万元	639891	44696
项目落实资金	万元	98986	17428
#政府部门资金	万元	1374	621
金融机构贷款	万元	10090	3490
企业资金	万元	78689	11077
其他资金	万元	8833	2240
项目支出合计	万元	78604	13828
#研究开发费	万元	23869	4306
已偿还贷款	万元	3050	750
新增产值	万元	433655	34851
出口额	万美元	13556	2841
净利润额	万元	50392	2443
实交税金	万元	32056	1301
专利授权数	件	40	5
#发明专利	件	20	2

11-4　大中型工业企业科技活动人员情况(2006年)

Scientific and Technological Personnel of Large and Medium-sized Industrial Enterprises (2006)

指　标　名　称	有科技活动企业数(个)	科技活动人员(人)	#全时人员	#高中级技术职称人员	#R&D 人员
总　　计	**155**	**23638**	**10480**	**7231**	**8958**
按登记注册类型分组					
#国　有	27	5250	1973	2262	1958
股份合作	2	332	101	43	111
国有独资公司	6	2930	1316	669	1129
其他有限责任公司	41	5704	2944	1622	2741
股份有限公司	32	5518	2300	1711	2090
私营有限责任公司	17	1111	787	330	446
港澳台商投资企业	4	208	50	54	48
外商投资企业	20	2195	887	427	324
按工业行业大类分组					
#农副食品加工业	3	154	52	37	38
食品制造业	6	169	73	39	72
饮料制造业	1	96	30	6	
烟草制品业	1	102	51	15	
纺织业	5	102	46	36	53
木材加工及木、竹、藤、棕、草制品业	1	7	4	4	6
化学原料及化学制品制造业	11	1101	508	508	339
医药制造业	19	1865	889	515	767
非金属矿物制品业	6	893	292	303	620
黑色金属冶炼及压延加工业	4	1432	439	547	413
有色金属冶炼及压延加工业	2	131	84	52	27
金属制品业	4	535	252	161	143
通用设备制造业	10	1763	512	583	773
专用设备制造业	10	1212	799	471	374
交通运输设备制造业	17	4865	2009	1426	2334
电气机械及器材制造业	11	1742	813	363	144
通信设备、计算机及其他电子设备制造业	28	6441	2968	1812	2573
仪器仪表及文化、办公用机械制造业	1	20	10	5	5
工艺品及其他制造业	2	289	210	127	174
燃气生产和供应业	1	60	60	60	
水的生产和供应业	1	15		6	10

11-5 大中型工业企业新产品产出和专利情况(2006 年)

Output Value of New Products and Patent Applications of Large and Medium-sized Industrial Enterprises (2006)

指标名称	新产品产值(万元)	新产品销售收入(万元)	出口	专利申请数(件)	发明专利	拥有发明专利数(件)
总　计	**1901795**	**1816918**	**111516**	**397**	**161**	**190**
按登记注册类型分组						
# 国有企业	897973	793938	38160	78	31	42
股份合作企业	27405	26857				
国有独资公司	76734	70842	10382	17	3	7
其他有限责任公司	169995	166015	23623	74	37	84
股份有限公司	250749	245095	34278	156	76	38
私营有限责任公司	14445	17775	4450	43	8	9
外商投资企业	433222	432161	510	9	1	4
按工业行业大类分组						
# 农副食品加工业	3500	3500				
食品制品业	4072	4074		6	2	5
纺织业	18379	1146		3	2	3
木材加工及木、竹、藤、棕、草制品业				20	7	15
化学原料及化学制品制造业	25833	21102	2988	7	3	23
医药制造业	66820	101748	38	55	49	63
非金属矿物制品业	42552	53309	17288	48	19	8
黑色金属冶炼及压延加工业	129572	129184	21084	4	2	1
有色金属冶炼及压延加工业	7679	7679	6476			
金属制品业	2590	2681	12	27	4	2
通用设备制造业	49131	52280	3390	11		
专用设备制造业	67152	95745	12879	46	6	11
交通运输设备制造业	1246202	1117258	15484	65	23	31
电气机械及器材制造业	45367	42082		7		
通信设备、计算机及其他电子设备制造业	180429	170171	313880	73	31	26
工艺品及其他制造业	2970	2970				

11-6 大中型工业企业科技活动项目(2006 年)

Scientific and Technological Items of Large and Medium-sized Industrial Enterprises (2006)

指标名称	科技项目数（项）	# 新产品开发项目数	# R&D项目数	项目经费内部支出（万元）	# R&D项目支出	# 新产品项目支出
总计	**788**	**604**	**466**	**89274**	**41806**	**72059**
按登记注册类型分组						
# 国有企业	335	219	183	16161	3956	11157
股份合作企业	13	10	4	722	67	672
国有独资公司	39	37	27	6317	2578	6270
其他有限责任公司	150	130	101	21689	12680	15586
股份有限公司	171	143	119	23108	16018	20536
私营有限责任公司	24	20	19	5821	5141	5701
港、澳、台商投资企业	10	7	1	4036	15	1141
外商投资企业	32	25	6	10398	1112	9975
按工业行业大类分组						
# 农副食品加工业	6	6		945		945
食品制造业	8	6	7	1352	1052	1012
饮料制造业	7			423		
烟草制品业	1	1		98		98
纺织业	4	4	4	324	324	324
木材加工及木、竹、藤、棕、草制品业	2	2	2	20	20	20
化学原料及化学制品制造业	56	37	20	12420	852	6953
医药制造业	64	54	40	5261	2673	5101
非金属矿物制品业	29	23	26	6443	6057	5016
黑色金属冶炼及压延加工业	57	19	24	2064	879	873
有色金属冶炼及压延加工业	5	5	3	171	36	171
金属制品业	25	24	23	441	405	411
通用设备制造业	42	33	27	5715	3072	4843
专用设备制造业	28	20	8	7362	714	3783
交通运输设备制造业	279	208	175	14274	6267	12929
电气机械及器材制造业	28	28	4	11342	6761	11342
通信设备、计算机及其他电子设备制造业	125	118	92	18352	11827	16354
仪器仪表及文化、办公用机械制造业	1	1		10		10
工艺品及其他制造业	6	6	6	675	675	675

11-7 教育事业基本情况

Basic Statistics on Education

	单 位	1978 年	1980 年	1990 年	1995 年	2000 年	2005 年	2006 年
学校数								
普通高等学校	所	14	14	19	20	20	38	40
普通中等专业学校	所	40	44	50	55	51	68	70
普通中学	所	791	625	580	558	548	524	536
小 学	所	4669	4860	3580	3063	2467	573	527
在校生数								
普通高等学校	人	19632	28790	56874	77507	140661	482692	514355
普通中等专业学校	人	14967	17306	27972	51160	64969	148246	155984
普通中学	人	574039	438221	347004	373207	482494	592474	621790
小 学	人	1202491	1234444	670718	725625	771582	757468	767147
毕业生数								
普通高等学校	人	4411	4216	16777	24535	23624	83232	104662
普通中等专业学校	人	3470	4293	8401	11651	20148	31639	37786
普通中学	人	224994	169679	87343	95417	106203	183912	185055
小 学	人	227553	193944	139585	118529	147700	135185	141912
招生数								
普通高等学校	人	7973	6603	16087	24636	55131	166054	150078
普通中等专业学校	人	6676	5153	9703	18913	17697	59357	60472
普通中学	人	254708	171351	115835	136447	182487	206640	219405
小 学	人	279079	230882	91258	130786	129966	108268	114851
专任教师数								
普通高等学校	人	6940	7366	10699	10701	11246	27915	34972
普通中等专业学校	人	2206	2622	3262	3514	3175	4942	5112
普通中学	人	27423	25636	24947	26976	30655	36391	38480
小 学	人	41040	42617	40492	37036	37618	35786	37025
每一教师负担学生数								
普通高等学校	人	2.8	3.9	5.3	7.2	12.5	17.3	14.7
普通中等专业学校	人	6.8	6.6	8.6	14.6	20.5	30.0	30.5
普通中学	人	20.9	17.1	13.9	13.8	15.7	16.3	16.2
小 学	人	29.0	29.0	16.6	19.6	20.5	21.2	20.7

11-8　各类学校基本情况(2006 年)

Basic Statistics on Various Schools (2006)

	学校数 (所)	毕业生 (人)	招生数 (人)	在校生 (人)	专任教师 (人)
普通高等学校	**40**	**104662**	**150078**	**514355**	**34972**
中等技术学校	**35**	**23657**	**26784**	**79007**	**1750**
普通中学	**536**	**185055**	**219405**	**621790**	**38480**
高　中	143	63060	66962	196775	13354
初　中	393	121995	152443	425015	25126
职业中学	**34**	**14129**	**33688**	**76977**	**3362**
高　中	34	14129	33688	76977	3362
小　　学	**527**	**141912**	**114851**	**767147**	**37025**
特殊教育学校	**14**	**136**	**210**	**978**	**313**

注：普通中学高中学校数中含完全中学。职业中学初中校数为初、高中合设。普通中学初中校数中含 9 年制学校 156 所。

11-9　普通高校研究生概况(2006 年)

Basic Statistics on Postgraduates in Regular Institutions of Higher Education (2006)

单位：人

	毕业生	招　　生	在校生	毕业班学生
总　　计	**11299**	**17291**	**50865**	**16952**
攻读博士学位研究生	1306	2321	9535	4431
攻读硕士学位研究生	9993	14970	41330	12521

11-10 普通中学基本情况(2006 年)

Basic Statistics on Regular Secondary Schools (2006)

	学校数(所)	毕业生(人)	招生数(人)	在校生(人)	专任教师(人)
总计	**536**	**185055**	**219405**	**621790**	**38480**
城市	113	45268	60089	166298	10820
县镇	284	113788	132112	377323	23185
农村	139	25999	27204	78169	4475
高中	**143**	**63060**	**66962**	**196775**	**13354**
城市	54	17383	18127	53845	3843
县镇	86	44004	46681	137359	9180
农村	3	1673	2154	5571	331
初中	**393**	**121995**	**152443**	**425015**	**25126**
城市	59	27885	41962	112453	6977
县镇	198	69784	85431	239964	14005
农村	136	24326	25050	72598	4144

11-11 小学基本情况(2006 年)

Basic Statistics on Primary Schools (2006)

	学校数(所)	毕业生(人)	招生数(人)	在校生(人)	教职员工(人)	专任教师(人)
总计	**527**	**141912**	**114851**	**767147**	**42577**	**37025**
城市	192	39167	39316	236994	12130	10323
县镇	219	62525	49440	331096	18716	16110
农村	116	40220	26095	199057	11731	10592

11-12 成人高等学校教育基本情况

Basic Statistics on Education in Institutions of Higher Learning for Adults

	单 位	1990 年	2000 年	2005 年	2006 年
成人高等院校					
学校数	所	40	31	22	19
毕业生数	人	14849	23943	43605	21955
在校生数	人	51247	82919	152243	47558
招生数	人	17925	47027	69058	19080
教职工数	人	6976	8239	7083	6042
＃专任教师	人	3044	3880	4224	3660

11-13 幼 儿 园 基 本 情 况

Basic Statistics on Kindergartens

	单 位	1990 年	2000 年	2005 年	2006 年
幼儿园数	所	2497	2835	1797	1664
幼儿园班数	班	6199	7697	8201	7707
在园幼儿数	人	181959	270318	257485	237165
＃学前班	人	54841	70579	78735	58255
教职员工数	人	13269	16049	19083	19439
＃教 师	人	8142	10193	10391	10532
保健员	人	587	1201	1636	1551

11-14 艺术表演团体及场所演出情况

Basic Statistics on Performance of Art Troupes and Sites

	单　位	1990 年	2000 年	2005 年	2006 年
艺术表演团体	**个**	**20**	**19**	**12**	**12**
国内演出场次	千场	2.6	3.0	2.1	3.7
国内观众人次	万人次	135.3	204.2	211.2	339
出访演出场次	场		251	222	82
艺术表演场所	**个**	**27**	**25**	**20**	**19**
座席数	千个	29.0	12.9	10.0	9.8
演映出场数	千场	53.8	8.8	5.4	12.5
#艺术场数	千场	0.7	0.5	1.5	1.6
观众人次	万人次	1294.6	49.0	40.3	129.6
#艺术场数	万人次	46.7	38.1	87.8	92.2

11-15 群众文化事业(2006 年)

Main Indicators on Mass Culture (2006)

	单　位	总　计	群众艺术馆	文化馆	文化站
机构数	个	336	3	18	315
人员数	人	1200	183	311	706
举办展览	个	2536	37	140	2359
举办训练班	次	2987	251	834	1902
组织文艺活动	次	4762	293	387	4082
藏　书	万册	97.2		0.3	96.9
总收入	万元	4195.5	797	1682.5	1716
总支出	万元	4130	753	1626	1751

11-16 公共图书馆基本情况

Basic Statistics on Public Libraries

	单 位	1990 年	2000 年	2005 年	2006 年
图书馆数	个	16	17	21	21
阅览室座席数	个	2375	2200	6243	5682
总藏量	万册(件)	643	746	812	866
图书流通人数	万人次	113	89	191	253
公共房屋建筑面积	万平方米	4.1	5.1	7.3	7
#书　库	万平方米	1.7	2.1	2.3	2.1
阅览室	万平方米	0.8	1	2.2	1.9
经费支出	万元	318	1416	3683	4133
#购书费	万元	106	277	687	786

11-17 博物馆基本情况

Basic Statistics on Museums

	单 位	1990 年	2000 年	2005 年	2006 年
博物馆数	个	8	10	14	14
综合馆	个	4	4	5	6
专业馆	个	1	4	9	8
纪念馆	个	3	2		
文物藏品	件	168275	183670	219637	222262
#一级品	件	513	910	1004	1006
陈　　列	个	17	39		
展　　览	个	21	34	30	41
参观人数	万人次	313	247	301.6	308.8
公用房屋建筑面积	万平方米	6.8	10.1	8.3	8.8

11-18 广播、电视事业基本情况(2006 年)

Basic Statistics on Broadcasting and Television (2006)

	单 位	广播事业	# 市 级	# 县 级	电视事业	# 市 级	# 县 级
基本情况							
电(电视)台	座	1	1		1	1	
县级广播电视	座	12		12	12		12
发射台	座	20	6	14	20	4	16
节目套数	套	10	4	6	18	6	12
日平均播音时间	时	111	77	34	252	128	125
人口覆盖率	%	99.99	97.94	22.51	99.76	81.46	40.93
节目制作情况	**小时**	**28392**	**24359**	**4033**	**23291**	**16237**	**7054**
新闻咨询节目	小时	4781	3634	1147	10767	9011	1756
综艺益智	小时	3337	1879	1458	4901	2902	1999
专题服务节目	小时	6758	5705	1053	4649	3559	1090
广告节目	小时	30	30		2189		2189

注：①表中数均指无线广播、电视情况；②县级电视发射台含系统内外电视发射台、转播台；③广播台为日平均播音时间；电视台为周平均播音时间；④广播事业中县级电台数为广播电视台数。⑤因行业统计口径变化，节目制作情况的项目有所变化。

主要统计指标解释

普通高等学校　指按照国家规定的设置标准和审批程序批准举办，通过国家统一招生考试，招收高中毕业生为主要培养对象，实施高等教育的全日制大学、独立设置的学院和高等专科学校、短期职业大学。

成人高等学校　指按照国家有关规定审批，招收通过全国成人高教统一招生考试的具有高中毕业或同等学历的在职从业人员利用脱产、半脱产、业余或函授等多种形式对其实施高等学历教育培养高等教育专科或本科毕业水平的专门人才，修业年限、课程设置和总学时数均按高等学历教育要求付诸实施的学校。包括广播电视大学、职工高等学校、农民高等学校、管理干部学院、教育学院、独立设置的函授学院等。

小学学龄儿童入学率　指调查范围内已入小学学习的学龄儿童占学龄儿童总数（包括弱智儿童在内，但不包括盲聋哑儿童）的比重。计算公式：

$$\text{小学学龄儿童入学率}=\frac{\text{已入学的小学学龄儿童数}}{\text{校内外小学学龄儿童总数}}\times 100\%$$

独立研究与开发机构　指有明确的任务和研究方向，有一定学术水平的业务骨干和一定数量的研究人员，具有研究、开发、开展学术工作的基本条件，主要进行科学研究与技术开发活动，并且在行政上有独立的组织形式，财务上独立核算盈亏，有权与其他单位签订合同，在银行有单独户头的单位。包括国务院各部门、中国科学院、中国社会科学院和各省、自治区、直辖市以及地（市）以上〔含地（市）〕各部门所属的国有独立的科学研究与技术开发机构。

独立研究与开发机构职工　指在科学研究与技术开发机构工作，并由其支付工资的各种人员。包括长期职工和临时职工，不包括编制以外的离休、退休人员和停薪留职人员，但包括招聘人员。

研究与发展经费支出　指报告期内用于研究与实验发展课题活动（基础研究、应用研究、实验发展）的全部实际支出。包括用于研究与发展课题活动的直接支出，还包括间接用于研究与发展活动的一切支出（院、所管理费、维持院、所正常运转的必需费用和与研究发展有关的基本建设支出）。

科学家和工程师　指具有大学本科及以上学历的和不具备上述学历但有高、中级职称的人员。

专业技术人员　指已取得科学技术职称，或大学、中专的理、工、农、医科系毕业，以及国民经济各部门从工作实践中提拔，从事理、工、农、医等自学科学技术的研究、教学、生产的专业人员和在机关、企业、事业中从事科学技术业务管理工作的专业人员。

工程技术人员　指在国民经济各行业从事工程技术工作的自然科学技术专业人员，包括：高级工程师、工程师、助理工程师、技术员和未评定职称的技术人员。

农业技术人员　指在国民经济各行业从事农业技术工作的自然科学技术专业人员，包括：高级农艺师、农艺师、助理农艺师、技术员和未评定职称的技术人员。

卫生技术人员　指在国民经济各行业从事卫生医务工作的自然科学技术专业人员，包括：正副主任医师、主治医师、医师、医（护）士和未评定职称的技术人员。

科学研究人员　指在国民经济各行业从事科学技术活动的自然科学技术专业人员，包括：正副研究员、助理研究员、研究实习员、技术员和未评定职称的技术人员。

自然科学教学人员　指在国民经济各行业从事自然科学技术方面教学活动的专业人员，包括：正副教授、讲师、助教、教师和在中学从事自然科学技术方面教学活动的人员。

文化事业机构　指从事专业文化工作和为专业文化工作服务的独立建制的单独核算的单位。不包括这些单位另外举办独立核算的其他机构和各部门的业余文化组织。

十二、体育、卫生、福利及其他

简 要 说 明

主要内容

本部份反映体育、卫生、社会福利及其他事业发展情况。

体育:包括群众体育和竞技体育运动员、教练员、裁判员人数,《国家体育标准达标》情况等。

卫生:包括各类医疗卫生机构、床位、工作人员及病床使用率等指标。

民政:包括社会福利院、儿童福利院、精神病人福利院、社会办敬老院等各级福利院个数、床位及收养人数;优抚、救济情况。

其他事业:包括全市范围内司法、社会治安情况等。

资料来源

体育资料来源于成都市体育局。

卫生资料来源于成都市卫生局。

社会福利资料来源于成都市民政局。

司法、社会治安等资料分别来源于成都市司法局、成都市公安局。

其他需要说明的问题

体育资料除《国家体育锻炼标准》达标人数外,其余指标均为市及市以下统计口径。

卫生资料为全社会统计口径。

福利机构相应指标为市及市以下统计口径。

职工保险福利费用:含国有、集体和其他经济单位的职工福利费用。

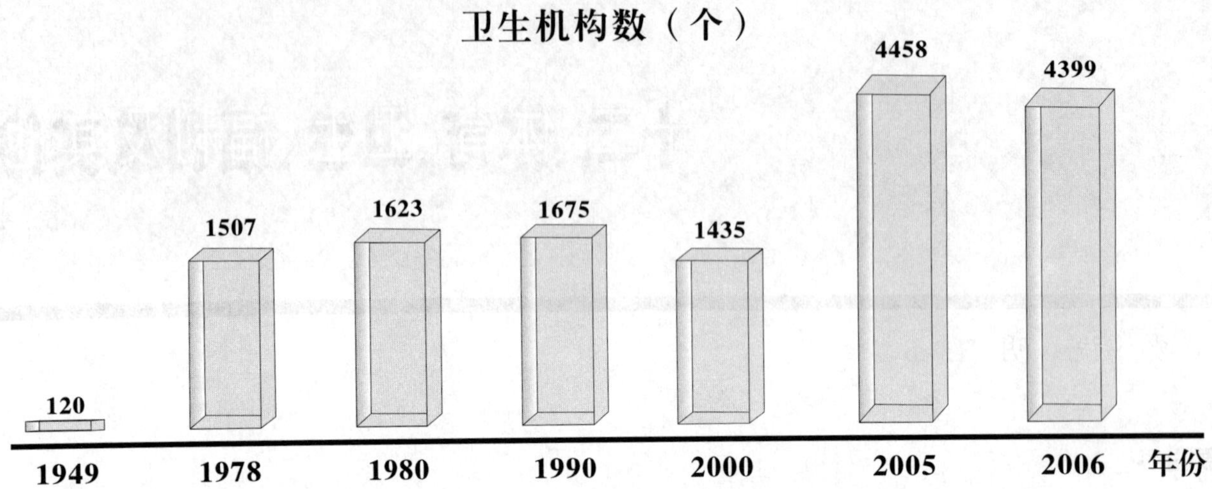
卫生机构数（个）
120
1507
1623
1675
1435
4458
4399
1949
1978
1980
1990
2000
2005
2006
年份

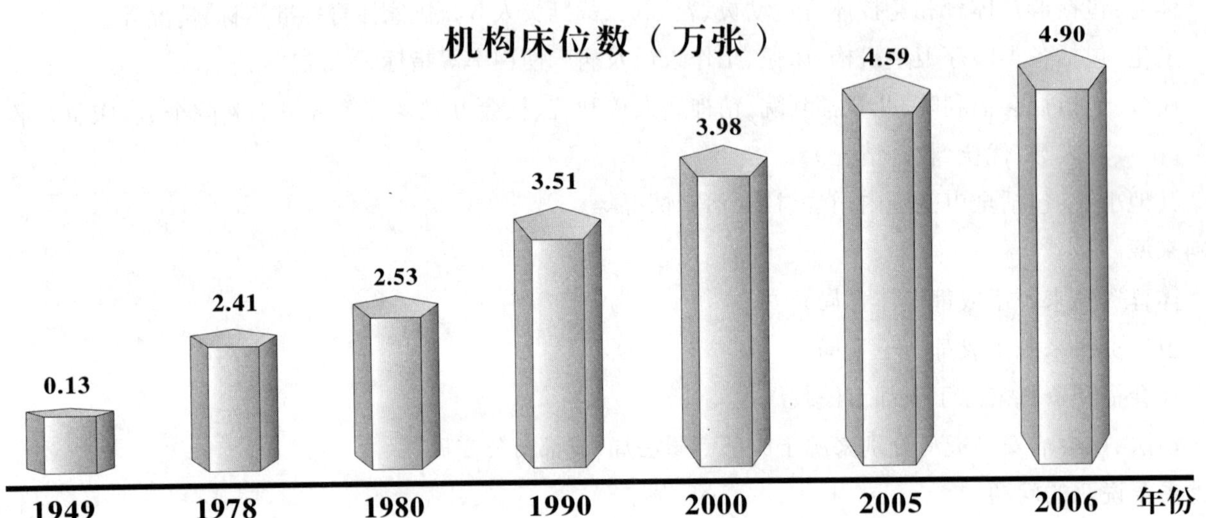
机构床位数（万张）
0.13
2.41
2.53
3.51
3.98
4.59
4.90
1949
1978
1980
1990
2000
2005
2006
年份

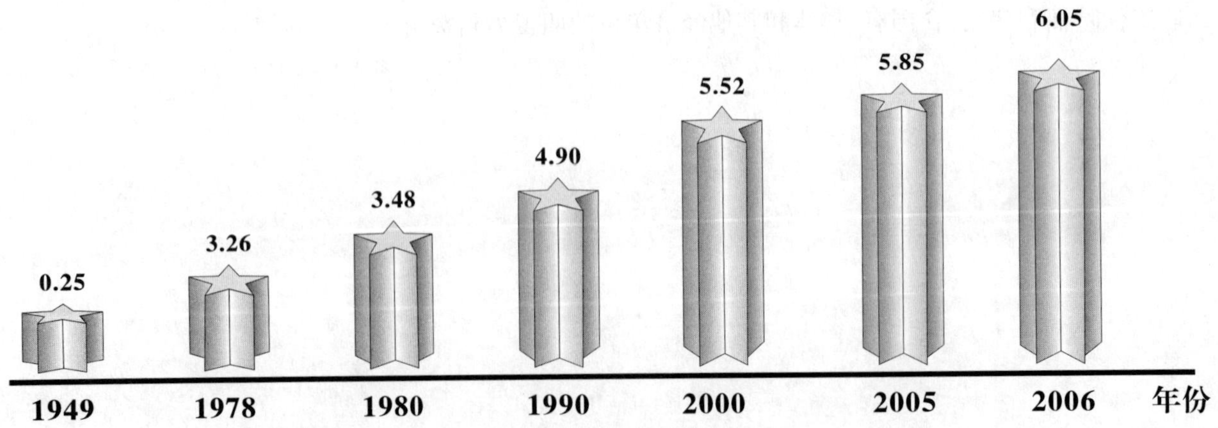
卫生技术人员（万人）
0.25
3.26
3.48
4.90
5.52
5.85
6.05
1949
1978
1980
1990
2000
2005
2006
年份

12-1 体育活动情况

Activities of Sports

	单　位	1990年	2000年	2005年	2006年
体育场地数	个	2831	3414	5411	5551
等级运动员发展人数	人	172	437	694	977
#二级运动员	人	93	149	694	977
等级裁判员发展人数	人	312	438	210	383
优秀运动队运动员	人	108	75	58	68
优秀运动队专职教练员	人	12	17	20	21
少年儿童业余体校	所	26	28	30	30
少年儿童业余体校在校生	人	2927	6121	12142	11503
少年儿童业余体校专职教练员	人	183	171	154	141
各部门举办运动会次数	次	1173	1439	800	803
全民健身路径	条			658	797
全民健身活动人数	万人次			480	460

12-2 医疗卫生事业基本情况
Basic Statistics of Health Care

	单　位	1990年	2000年	2005年	2006年
总　计					
机构数	个	1675	1435	4458	4399
#医院、卫生院	个	516	568	638	633
床位数	张	35121	39796	45873	49029
#医院、卫生院	张	30438	34107	42808	45449
工作人员	人	64934	72926	72126	74232
#卫生技术人员	人	49016	55176	58548	60456
#执业（助理）医师	人			26228	26925
注册护士	人			17733	18587
药剂人员	人		5355	4720	4845
总计中：政府办医院					
机构数	个	150	170	110	114
床位数	张	23154	26335	24582	26545
工作人员数	人	34823	39442	31169	31976
#卫生技术人员	人	26589	29966	23562	24646
#医　生	人	10734	12096	9356	9682
平均每万人口拥有					
医院、卫生院床位数	张	33	34	40	41
卫生技术人员	人	53	54	54	55
#医　生	人	25	26	24	24

注："总计中：政府办医院"的机构数2001年及以前年度指政府及非政府部门举办的县及县以上医院，2002年及以后各年度指由政府部门举办的所有医院。

12-3 农村村级卫生组织情况(2006年)
Health Organization at Village Level（2006）

	按设置/主办单位分						按行医方式分		
	总　计	村　办	乡卫生院设点	联合办	私人办	其他	西医为主	中医为主	中西医结　合
机构数（个）	3195	2115	42	156	856	26	1809	332	1054
执业（助理）医师（人）	926	635	11	22	217	41	199	37	690
乡村医生和卫生员（人）	4625	2999	81	338	1160	47	2214	395	2016
乡村医生数	4257	2735	74	337	1082	29	2172	389	1696
#大专及以上学历	547	368	8	17	130	24	116	20	411
中专学历及中专水平	2045	1072	56	254	659	4	957	161	927
在职培训合格者	1659	1292	10	66	290	1	1097	208	354
卫生员	368	264	7	1	78	18	42	6	320
孕产妇检查人次数	4129	2977	353	108	662	29	2131	55	1943
接生人数（人）	1039	987		52			90		949
儿童疫苗接种人次数	208071	149791	1979	7706	47556	1039	92864	17814	97393

12-4 医 院 诊 疗 情 况(2006 年)

Number of Hospital Patients (2006)

	诊疗人次 (人次)	#门急诊	健康检查人数 (人)	入院人数 (人)	病床使用率 (%)	出院者平均住院日 (天)	治愈率 (%)	好转率 (%)	死亡率 (%)
医院总计	**22931026**	**22046818**	**1295431**	**830366**	**71.5**	**11.1**	**50.4**	**44.8**	**1.6**
综合医院	16265934	15521652	1097813	658600	70.0	10.6	48.5	46.4	1.7
中医医院	3613701	3532347	123704	85698	75.2	11.2	47.6	48.9	1.3
中西医结合医院	30152	30062		10	1.3	8.9	80.0	20.0	
专科医院	3020239	2961757	73914	86058	77.0	15.3	67.9	28.8	1.1
口腔医院	384055	379265	4790	2959	82.6	12.9	84.7	14.9	
眼科医院	23102	22639		1196	31.8	7.7	99.8	0.2	
肿瘤医院	79172	79172	1180	8895	105.7	28.7	39.4	48.7	3.4
心血管病医院	8108	3713	4305	722	51.2	14.7	95.9	1.7	2.0
妇产(科)医院	235715	215775	12786	7241	62.0	5.2	97.2	2.8	
儿童医院	1336529	1336529	15341	37064	85.0	7.1	84.1	14.2	0.3
精神病医院	169751	168808	3805	6188	75.8	50.1	20.4	76.9	1.2
传染病医院	83331	64637	5044	4082	88.1	13.8	21.7	70.4	4.5
皮肤病医院	180097	180097		899	69.3	9.8	27.6	70.7	
职业病医院	43285	43285	19210	2077	97.8	21.0	3.3	84.6	8.7
骨科医院	377257	369857	5000	10378	71.6	21.2	66.9	31.4	0.1
康复医院	6325	4670	1586	179	37.0	52.4	32.0	41.4	24.9
其他专科医院	93512	93310	867	4178	61.0	14.3	67.5	29.7	0.5
护理院	1000	1000							

12-5 政府办医院有关经营情况(2006年)

Operation of Hospitals Runs by The Government (2006)

		机构数（个）	平均每所医院每天诊疗人次（人次）	病床使用率（%）	平均每诊疗人次医疗费（元）			平均每一出院者住院医疗费（元）			出院者平均每天住院医疗费（元）
					合计	#药品费	#检查费	合计	#床位费	#药费	
综合医院	**合　计**	**51**	**828**	**83**	**115**	**49**	**25**	**5496**	**324**	**2055**	**537**
	省　属	5	2710	82	148	52	42	11208	631	3995	833
	省辖市属	12	957	86	131	65	19	5540	325	2200	416
	地辖市属	21	443	78	82	35	18	2297	152	899	320
	县　属	13	610	84	76	37	15	2311	154	929	337
中医医院	**合　计**	**24**	**528**	**74**	**72**	**40**	**8**	**3060**	**202**	**1311**	**309**
	省　属	2	1791	81	108	71	9	6122	419	3057	355
	省辖市属										
	地辖市属	12	440	72	64	31	9	2507	162	1009	288
	县　属	10	381	71	50	23	7	2165	139	785	284

12-6 全市居民前十位死亡原因、死亡率(2006年)

Cause of Death and Death Rate of 10 Major Diseases（2006）

序位及死因	死亡序位	死亡率（/10万）	死亡构成（%）
十种死亡原因合计		**471.9**	**94.6**
恶性肿瘤	1	131.9	26.4
呼吸系统疾病	2	125.8	25.2
脑血管病	3	85.6	17.1
损伤和中毒外部原因	4	48.9	9.8
心脏病	5	34.3	6.9
消化系统疾病	6	17.3	3.5
内分泌、营养和代谢的其他疾病	7	11.8	2.4
其他疾病	8	6.7	1.3
泌尿生殖系统疾病	9	5.3	1.1
传染病（不包括呼吸道结核）	10	4.5	0.9

12-7 社会福利机构情况

Basic Statistics on Social Welfare Institutions

	单位	1990年	2000年	2005年	2006年
社会福利院					
单位数	个	5	5	6	6
床位数	张	710	1118	1518	1465
年末收养人数	人	648	893	1116	1215
儿童福利院					
单位数	个	1	2	2	2
床位数	张	150	492	847	860
年末收养人数	人	127	487	847	860
精神病人福利院					
单位数	个	1	1	1	1
床位数	张	320	358	450	450
年末收养人数	人	322	358	454	447
社会办敬老院					
单位数	个	344	344	315	303
床位数	张	6981	7998	14321	12984
年末收养人数	人	4804	6392	8549	9401

12-8 优 抚、救 济 情 况

Persons Receiving Subsidies or Relief Funds

	1990年	2000年	2005年	2006年
优抚革命伤残人员(人)	8288	8622	7931	7943
抚恤人数(人)	11003	10917	9719	9541
#烈属抚恤	2715	2295	831	747
复退军人得到定期定量补助人数(人)	25371	30898	29262	26662
精简退职老弱病残职工得到救济人数(人)	6000	5528	4239	3547
享受原工资40%救济人数	2043	1819	1204	1128
享受定期定量救济人数	3957	3709	2610	2419

12-9 律师、公证、调解工作基本情况

Basic Statistics on Lawyers, Notarization and Mediation

	单 位	1990 年	2000 年	2005 年	2006 年
律师工作					
律师事务所	个	22	78	151	180
律师人员	人	817	1229	1938	2022
#专职律师	人	142	731	1498	1671
民事诉讼代理	件	3852	4792	4138	3893
刑事诉讼辩护及代理	件	2727	3056	2094	1237
经济案件诉讼代理	件	5830	3459	3496	1741
行政诉讼代理	件		152	85	128
非诉讼法律事务	件	1049	3018	6412	4312
解答法律咨询	件	15625	32000	25370	13800
代写法律事务文书	件	8954	6110	3895	5700
公证工作					
公证处	个	18	21	22	22
公证人员	人	111	143	210	269
#公证员	人	48	121	148	135
办理国内公证	件	16032	72874	141347	129488
民事公证	件	10423	28464	70160	66824
经济合同公证	件	5609	44410	71187	62664
办理涉外及涉港澳台公证	件	4294	25750	21187	22631
#港澳台公证	件			1444	1660
公证收入	万元	59.86	946.62	1402.81	1420.02

12-10 国内公证文书分类情况

Domestic Notarial Documents by Type

单位：件

	1990 年	2000 年	2005 年	2006 年
总　　计	**16032**	**72874**	**141347**	**129488**
经济公证	**5609**	**44410**	**71187**	**62664**
#购　销	45	137	109	23
联　　营	77	14	3	4
贷　　款	493	11828	28402	34636
招标、投标	7	92	270	15
科技协作	21	11		
劳务合同	674	1029	461	442
建筑工程承包	73	31		
农、林、牧、渔业承包	2394	185	122	442
乡镇企业承包	115	42		
财产租赁	89	19	22	81
其他经济合同	710	8504	3240	
法人(代表人)资格	33	167	28	9
法人委托书	173	1347	1702	1730
民事公证	**10423**	**28464**	**70160**	**66824**
#收　养	813	54	30	12
解除收养	22	5	2	6
遗　嘱	319	630	1370	1044
产　权	218	2022	192	19
亲属关系	33	184	1187	885
房屋买卖	128	1596	718	507
房屋租赁	1981	51	46	41
留学协议	170	18	56	33
遗赠扶养协议	136	79	58	74
其他民事协议	529	4251	4479	8872
委托书	365	1627	17287	22544
赠与书	929	4517	5384	5349
声明书	215	1599	14435	12046
宅基地使用权	1	153	3	2
继承权	1500	3807	5721	6144

12-11 涉外及涉台、港、澳公证文书分类(2006 年)

Foreign-related Notarial Documents by Type (2006)

	办证件数 (件)	构 成 (%)		办证件数 (件)	构 成 (%)
总 计	**22631**	**100.0**	继承权		
#出 生	2942	13.0	受和未受刑事处分	3805	16.8
死 亡	9		声明书	288	1.3
生存、居住	276	1.2	委托书	322	1.4
学 历	1203	5.3	文本相符	3902	17.2
经 历	198	0.9	签名印鉴属实	980	4.3
婚姻状况	2631	11.6	其 他	2448	10.8
亲属关系	2437	10.8			

12-12 基层法律服务情况

Law Service for Grassroots Units

	单 位	2005 年	2006 年		单 位	2005 年	2006 年
一、机构人员情况				调解纠纷	件	4056	3955
已建基层法律事务所	个	146	140	协办公证	件	2368	2033
基层法律工作者	人	825	728	见 证	件	2906	1779
二、全年工作情况				代写法律事务文书	份	7882	9227
担任法律顾问	家	1238	1264	解答法律咨询	人次	58656	50374
代理诉讼事务	件	4257	4174	办理法律援助事务	件	738	986
代理非诉讼事务	件	4871	3694				

12-13 劳动仲裁受理及处理案件情况(2006 年)

Labor Disputes Accepted and Handled by labor Dispute Arbitration Committees (2006)

	单位	合计	#国有企业	#城镇集体企业	#外商及港澳台投资企业	#私营企业
上期末结案件数	件	**84**	**14**	**14**	**2**	**36**
案件受理情况						
案件数	件	4838	304	684	423	1126
劳动者申述案件数	件	4744	298	677	420	1073
劳动者当事人人数	件	7045	620	779	697	1348
#集体争议劳动者当事人数	人	2728	360	110	428	430
案件处理情况						
结案案件数	件	4768	302	690	419	1093
处理方式						
仲裁调解	件	1642	62	430	217	409
仲裁裁决	件	2036	177	188	132	374
其他方式	件	1090	63	72	70	310
处理结果						
用人单位胜诉	件	345	22	38	42	122
劳动者胜诉	件	2613	123	504	274	598
双方部分胜诉	件	1810	157	148	103	373
本期末结案数	件	**154**	**16**	**8**	**6**	**69**

12-14 社会治安及交通、火灾情况

Basic Statistics of law-and-order Situation, Traffic Accidents and Fires

	单 位	1997 年	1998 年	2000 年	2005 年	2006 年
刑事案件						
立案数	件	24195	24226	62708	63774	58667
破案数	件	18968	18990	28293	20484	22126
破案率	%	78.4	78.4	45.1	32.1	37.7
治安案件						
立案数	件	37436	33676	54476	67614	52853
查处数	件	30830	28357	33961	34058	30511
城市交通事故						
交通事故发生数	次	3094	3562	4877	8802	5578
死伤人数	人	2774	3386	5582	8901	7113
#死亡人数	人	570	585	1206	997	895
损失折款	万元	1215.2	1086.5	1342.4	2019.4	1451.0
火 灾						
火灾事故发生数	次	1374	1596	1929	2604	4155
死伤人数	人	84	73	78	36	42
#死亡人数	人	27	18	30	18	26
损失折款	万元	935.0	724.3	761.9	1130.6	1008.4

主 要 统 计 指 标 解 释

等级运动员人数 指经考核正式批准授予等级运动员称号的人数。运动员等级分为国际级运动健将、运动健将、一级运动员、二级运动员、三级运动员、少年级运动员。

等级裁判员人数 指经考核正式批准授予等级裁判员称号的人数。裁判员等级分为国际裁判、国家级裁判、一级裁判、二级裁判、三级裁判。

体育场 指有 400 米跑道（中心含足球场），有固定跑道 6 条以上，并有固定看台的室外田径场地。以看台容纳观众人数分：甲级 25000 人以上，乙级 15000－25000 人，丙级 5000－15000 人，丁级 5000 人以下。体育馆指有固定看台，可供篮球、排球、羽毛球、乒乓球、体操等项目训练比赛活动用的室内运动场地。以看台容纳观众人数分：甲级 6000 人以上，乙级 4000－6000 人，丙级 2000－4000 人，丁级 2000 人以下。

医院 指名称为医院，设有固定床位能收容病人住院并能为病人提供医疗、护理服务的医疗机构。包括县及县以上医院、农村乡卫生院、其他医院三部分。按所属性质分为卫生部门、工业及其他部门，集体经济单位三类。其中县及县以上医院按业务性质分为综合医院和专科医院。

卫生技术人员 指卫生事业机构支付工资的全部固定职工和合同制职工中现任职务为卫生技术工作的专业人员。包括中医师、西医师、中西医结合高级医师、护师、中药师、西药师、检验师、其他技师、中医士、西医士、护士、助产士、中药剂士、西药剂士、检验士、其他技士、其他中医、护理员、中药剂员、西药剂员、检验员，其他初级卫生技术人员。

社会福利事业单位 指集中收养社会孤老、残、幼的机构。包括由民政部门管理的社会福利院、儿童福利院、精神病人福利院和城镇集体办的福利院，以及农村集体举办的敬老院。

律师 指受聘参加法律顾问处工作，担任法律顾问、刑（民）事代理人、刑事辩护人，办理非诉讼事件、解答法律询问，代写法律事务文书等主要从事律师业务的专职法律工作者和兼职律师。

离休、退休、退职人员 指正式办理了离休、退休、退职手续，并享受相应的离休、退休、退职待遇的人员。

保险福利费用 指企业、事业、机关单位在工资以外实际支付给职工和离休、退休、退职人员个人以及用于集体的劳动保险和福利费用。

离休、退休、退职人员保险福利费用包括：①离休金；②退休金；③退职生活费；④医疗卫生费；⑤护理费；⑥生活补贴；⑦交通费补贴；⑧丧葬抚恤救济费；⑨其他。

十三、企业调查

简 要 说 明

主要内容

本部分资料反映成都市企业发展情况，主要包括：企业景气调查、企业集团统计、企业建立现代企业制度跟踪监测统计调查。

资料来源

本部分资料来源于国家统计局成都市企业调查队。

其他需要说明的问题

景气调查资料是在全市企业中采取抽样调查方式取得，企业集团统计和建立现代企业制度跟踪监测统计资料是在全市企业中采取重点调查方式取得。

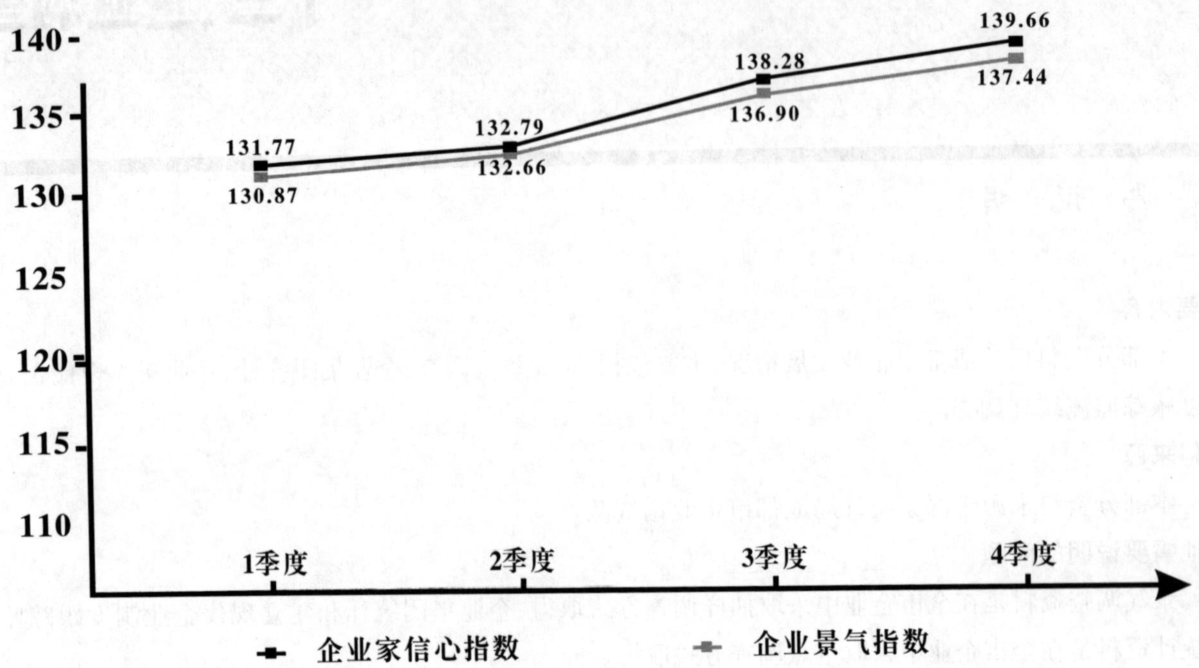
2006年全市企业景气指数走势
140
135
130
125
120
115
110
131.77
130.87
132.79
132.66
138.28
136.90
139.66
137.44
1季度
2季度
3季度
4季度
企业家信心指数
企业景气指数

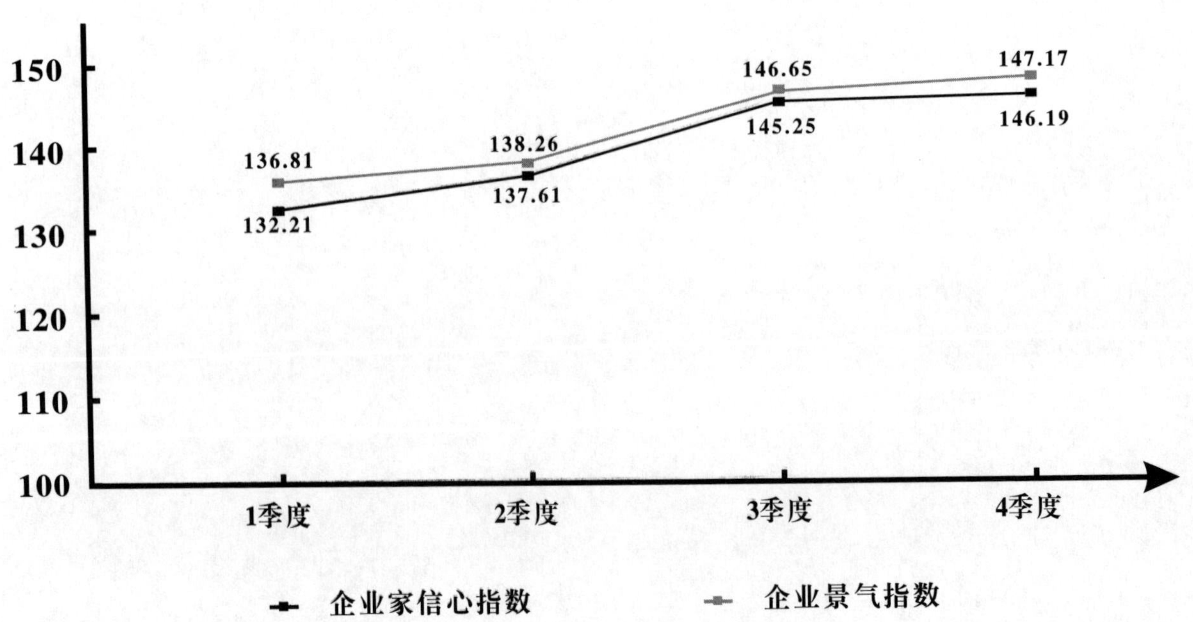
2006年工业企业景气指数走势
150
140
130
120
110
100
136.81
132.21
138.26
137.61
146.65
145.25
147.17
146.19
1季度
2季度
3季度
4季度
企业家信心指数
企业景气指数

13-1 企业家信心指数(2006 年)

Entrepreneur Confidence Index (2006)

	上年四季度(点)	一季度(点)	二季度(点)	三季度(点)	四季度(点)
全市企业家信心指数	**130.56**	**130.87**	**132.66**	**136.90**	**137.44**
按行业类别分					
工　业	130.37	132.21	137.61	145.25	146.19
建筑业	127.17	119.31	114.59	123.45	124.42
交通运输、仓储和邮政业	123.82	127.42	122.63	115.46	119.53
批发和零售业	130.99	128.78	137.64	133.84	135.60
房地产业	126.05	132.75	132.31	137.44	136.29
社会服务业	121.63	120.66	114.26	117.27	111.38
信息传输、计算机服务和软件业	147.91	154.83	156.53	154.83	158.27
住宿和餐饮业	143.53	143.98	140.31	144.85	141.59
按登记注册类型分					
#国有企业	113.71	121.29	121.94	130.58	126.72
有限责任公司	141.27	137.89	138.03	140.18	140.74
股份有限公司	139.31	142.48	121.10	130.14	152.28
私营企业	133.96	119.60	121.85	132.60	130.01
外商及港、澳、台投资企业	148.15	121.70	136.15	130.66	141.52
按企业规模分					
特大型及大型	136.26	139.20	139.89	144.07	144.40
#大　型	142.37	131.11	139.97	144.66	147.83
中小型	111.72	112.41	110.95	115.33	116.79
中　型	113.33	113.60	110.40	117.60	118.40
小　型	87.50	100.00	116.67	91.67	100.00

13-2 企业景气指数(2006年)

Business Climate Index (2006)

	上年四季度(点)	一季度(点)	二季度(点)	三季度(点)	四季度(点)
全市企业景气指数	**132.53**	**131.77**	**132.79**	**138.28**	**139.66**
按行业类别分					
工　业	133.13	136.81	138.26	146.65	147.17
建筑业	129.22	121.59	124.46	128.40	129.74
交通运输、仓储和邮政业	128.63	126.75	117.44	122.34	123.04
批发和零售业	137.78	136.85	139.77	146.93	148.88
房地产业	123.74	126.92	135.03	131.57	135.70
社会服务业	116.29	108.40	101.89	106.24	104.76
信息传输、计算机服务和软件业	151.92	153.09	156.72	159.84	163.28
住宿和餐饮业	130.77	127.50	126.94	126.25	131.76
按登记注册类型分					
#国有企业	117.39	126.22	134.53	140.07	140.11
有限责任公司	147.77	138.01	126.21	137.83	137.62
股份有限公司	140.46	135.39	124.66	130.51	131.12
私营企业	133.02	120.63	130.35	132.75	138.81
外商及港、澳、台投资企业	133.75	129.78	141.43	131.73	141.39
按企业规模分					
特大型及大型	143.57	147.04	143.90	153.70	154.94
#大　型	130.14	130.26	145.46	140.77	145.76
中小型	107.81	100.00	102.92	102.92	103.65
中　型	107.50	99.20	104.00	105.60	106.40
小　型	112.50	108.33	91.67	75.00	75.00

13-3　分行业综合生产经营景气指数(2006 年)

Business Climate Index by Sector (2006)

	一季度 (点)	二季度 (点)	三季度 (点)	四季度 (点)
工业企业景气指数	**136.81**	**138.26**	**146.65**	**147.17**
生产成本景气指数	74.84	70.67	74.34	73.62
生产总量景气指数	134.12	142.83	148.77	151.12
产品订货景气指数	137.08	138.30	145.48	140.03
产品销售量景气指数	153.23	143.35	147.59	149.80
产品销售价格景气指数	118.32	108.95	116.18	118.56
产成品库存景气指数	126.39	128.33	133.38	129.17
盈利（亏损）景气指数	133.43	138.44	129.32	132.59
流动资金景气指数	117.60	118.57	117.54	115.51
融资情况景气指数	126.42	129.92	120.89	122.50
货款拖欠景气指数	101.92	94.47	94.04	93.64
劳动力需求景气指数	104.97	112.85	111.56	115.98
固定资产投资景气指数	133.34	138.78	147.54	148.54
科技创新景气指数	152.47	153.54	150.29	148.13
主要原材料及能源供应购进价格景气指数	62.51	53.88	47.22	45.16
主要原材料及能源供应景气指数	125.50	128.48	128.79	132.64
建筑业企业景气指数	**121.59**	**124.46**	**128.40**	**129.74**
工程合同数景气指数	119.72	116.68	107.32	103.52
建筑工程量景气指数	133.84	126.12	132.67	142.57
新开工工程量景气指数	126.16	117.76	109.07	107.44
技术设备能力景气指数	139.49	134.87	137.02	142.96
工程进度景气指数	125.01	137.35	132.25	141.25
工程结算收入景气指数	133.28	135.38	129.94	136.32

续表 1

	一季度 (点)	二季度 (点)	三季度 (点)	四季度 (点)
建筑材料购进价格景气指数	78.17	68.36	54.20	57.51
工程结算成本景气指数	54.25	44.77	53.83	50.89
盈利（亏损）变化景气指数	124.77	132.90	131.30	133.90
流动资金景气指数	50.34	53.53	51.91	63.92
融资情况景气指数	60.83	61.15	62.12	67.19
工程款拖欠景气指数	92.63	84.84	87.99	95.72
劳动力需求景气指数	121.54	127.18	130.08	129.49
固定资产投资景气指数	110.84	125.98	123.86	113.75
交通运输、仓储及邮电通讯业				
企业景气指数	**126.75**	**117.44**	**122.34**	**123.04**
业务预定（或业务需求）景气指数	112.98	122.06	125.33	133.61
业务量景气指数	145.75	149.18	145.95	149.79
业务收费价格景气指数	103.76	117.67	117.24	127.91
业务成本景气指数	82.85	75.44	80.73	73.06
盈利（亏损）变化景气指数	109.38	96.97	100.22	108.35
流动资金景气指数	101.07	109.27	109.10	111.00
融资情况景气指数	105.62	104.92	103.97	113.81
货款拖欠景气指数	116.50	112.78	110.52	106.67
劳动力需求景气指数	105.63	99.28	90.33	114.57
固定资产投资景气指数	138.11	139.67	142.12	140.86
批发零售贸易、餐饮业企业景气指数	**136.85**	**139.77**	**146.93**	**148.88**
购货合同景气指数	121.94	129.34	132.83	136.42

续表 2

	一季度(点)	二季度(点)	三季度(点)	四季度(点)
商品购进价格景气指数	90.85	82.98	88.99	91.56
商品销售总额景气指数	126.54	132.99	134.52	134.77
商品销售价格景气指数	91.40	100.84	97.09	93.35
商品库存景气指数	127.28	132.59	128.17	128.55
经营费用景气指数	80.28	76.02	73.91	69.09
竞争能力景气指数	148.70	151.02	150.17	156.34
盈利（亏损）变化景气指数	122.47	131.67	138.43	148.93
流动资金景气指数	127.02	135.08	130.25	126.69
融资情况景气指数	107.95	112.38	113.22	115.67
货款拖欠景气指数	116.23	113.30	114.08	109.12
劳动力需求景气指数	107.48	112.29	119.57	113.59
固定资产投资景气指数	106.79	106.54	101.79	110.13
房地产业企业景气指数	**126.92**	**135.03**	**131.57**	**135.70**
完成土地开发面积景气指数	118.20	111.93	120.88	124.81
完成投资景气指数	113.09	106.15	110.21	113.95
新开工面积景气指数	101.99	101.36	108.73	109.12
房屋竣工面积景气指数	103.46	103.34	111.37	118.65
商品房预售面积景气指数	106.57	107.31	110.40	116.77
商品房销售面积景气指数	114.36	112.87	115.26	118.40
商品房销售价格景气指数	127.43	135.99	140.63	140.10
空置商品房面积景气指数	152.91	152.92	143.92	152.45
盈利（亏损）变化景气指数	117.39	122.11	121.56	128.07

续表 3

	一季度 (点)	二季度 (点)	三季度 (点)	四季度 (点)
流动资金景气指数	101.30	104.97	97.88	97.60
融资情况景气指数	86.84	81.60	81.22	84.56
货款拖欠景气指数	128.30	128.21	130.89	126.30
劳动力需求景气指数	101.23	108.61	112.25	114.93
固定资产投资景气指数	104.78	100.32	102.59	110.20
社会服务业企业景气指数	**108.40**	**101.89**	**106.24**	**104.76**
服务预定景气指数	107.19	108.53	109.18	106.92
竞争能力景气指数	134.91	144.19	142.73	134.58
旅游客源景气指数	112.50	111.16	109.14	114.66
业务(服务)收费价格景气指数	88.24	78.74	79.73	76.83
业务（提供服务）量景气指数	111.54	117.29	117.90	108.40
营业成本景气指数	102.63	100.25	100.39	94.61
盈利（亏损）变化景气指数	116.61	110.42	116.19	112.39
流动资金景气指数	85.36	84.65	79.95	77.86
融资情况景气指数	88.79	80.87	73.43	68.37
货款拖欠景气指数	82.10	85.72	88.11	78.61
劳动力需求景气指数	105.53	107.65	109.14	104.67
固定资产投资景气指数	114.64	108.15	116.55	114.28
信息传输、计算机服务和软件业企业景气指数	**153.09**	**156.72**	**159.84**	**163.28**
产品销售（提供服务）景气指数	145.01	147.09	145.01	151.57
产品订货（业务需求）景气指数	153.65	163.65	161.39	164.83
竞争能力景气指数	147.09	157.09	144.83	144.83

续表4

	一季度（点）	二季度（点）	三季度（点）	四季度（点）
销售（收费）价格景气指数	74.83	69.98	67.53	76.37
营业收入景气指数	147.28	148.85	149.84	151.39
营业成本景气指数	114.62	107.74	103.44	113.44
盈利（亏损）变化景气指数	143.63	133.63	129.63	131.18
流动资金景气指数	133.28	126.72	126.72	126.72
融资情况景气指数	126.72	126.72	126.72	126.72
货款拖欠景气指数	76.56	76.56	74.62	67.74
劳动力需求景气指数	126.72	136.72	128.27	128.27
固定资产投资景气指数	119.84	126.53	125.91	125.91
住宿和餐饮业企业景气指数	**127.50**	**126.94**	**126.25**	**131.76**
业务预定景气指数	130.90	135.43	143.30	148.86
业务量景气指数	123.25	137.75	143.30	148.86
竞争能力景气指数	126.94	136.47	134.08	130.92
客房出租景气指数	106.69	109.14	114.44	107.30
收费（服务）价格景气指数	111.12	111.95	105.56	111.11
营业收入景气指数	133.60	140.45	148.40	149.01
营业成本景气指数	84.72	85.33	80.83	81.18
盈利（亏损）变化景气指数	127.20	120.35	123.86	127.63
流动资金景气指数	99.26	104.82	112.69	116.95
融资情况景气指数	92.91	86.04	86.04	90.75
货款拖欠景气指数	94.44	88.88	92.07	98.97
劳动力需求景气指数	103.97	95.92	102.94	105.56
固定资产投资景气指数	107.47	114.63	114.04	107.16

13-4　企业集团概况(2006 年)

Basic Conditions on Enterprise Groups (2006)

	企业集团单位数(个)	#已建立母子公司体制的	#母公司职能为混合经营型的
合　　计	**77**	**69**	**48**
按集团主营行业类别分			
采矿业	1	1	
制造业	38	37	21
电力、煤气及水的生产和供应业	3	3	1
建筑业	8	7	7
交通运输、仓储和邮政业	2	2	2
批发和零售业	12	10	9
住宿和餐饮业	1		1
房地产业	9	9	5
其　它	3		2
按母公司登记注册类型分			
国有企业	6	3	5
国有独资公司	18	17	12
其他有限责任公司	37	34	19
股份有限公司	12	12	9
中外合资企业	3	2	3
港澳台商投资股份有限公司	1	1	
按母公司控股情况分			
国有控股	33	28	24
集体控股	7	7	3
私人控股	36	33	20
港澳台商控股			
外商控股	1	1	1

注：企业集团相关资料来源于成都市企业调查队。

13-5　企业集团主要财务指标

Main Financial Indicators of Enterprise Groups

	单　位	2005 年	2006 年	2006 年比 2005 年±%
企业集团数	个	77	77	
＃亏损企业集团数	个	10	12	−16.7
营业收入	万元	22690496	17961697	26.3
＃主营业务收入	万元	22093375	17543641	25.9
＃出口额	万元	554239	425397	30.3
主营业务成本	万元	18692760	14584969	28.2
主营业务税金及附加	万元	290453	231290	25.6
新产品销售收入	万元	3071420	2231075	37.7
营业费用	万元	564028	467317	20.7
管理费用	万元	1279622	1163321	10.0
财务费用	万元	414440	344570	20.3
投资收益	万元	81288	78149	4.0
利税总额	万元	1828694	1595305	14.6
＃利润总额	万元	1047504	905840	15.6
＃亏损集团亏损额	万元	−37123	−47002	−21.0
应交所得税	万元	210460	188227	11.8
应交增值税	万元	570730	501238	13.9
年末资产总计	万元	32932481	29075052	13.3
固定资产原价	万元	16388903	14230457	15.2
＃累计折旧	万元	5768422	4878797	18.2
＃本年折旧	万元	919185	814291	12.9
累计对外投资	万元	2686476	2392326	12.3
＃本年对外投资	万元	393132	289780	35.7
存　货	万元	4987463	3846279	29.7
流动资产年平均余额	万元	15154207	13259563	14.3
应收账款	万元	2729693	2163571	26.2
年末负债合计	万元	22912432	19902640	15.1
＃流动负债	万元	15481996	13083163	18.3
少数股东权益	万元	2305256	1920732	20.0
股东(所有者)权益合计	万元	7714793	7251680	6.4
＃股本(实收资本)	万元	3934884	4010102	−1.9
固定资产投资完成额	万元	1543826	961160	60.6
研究开发费用	万元	157448	91892	71.3

13-6 企业集团从业人员和劳动报酬

Employees and Remuneration Payment of Enterprise Groups

	单　位	2005 年	2006 年	2006 年比 2005 年±%
从业人员年末数	**人**	**498197**	**486353**	**2.4**
#在岗职工	人	411053	383772	7.1
其他从业人员	人	87144	102581	–15
#研究开发人员	人	12120	12304	–1.5
从业人员劳动报酬总额	**万元**	**1191273**	**958685**	**24.3**
#在岗职工	万元	1068273	835920	27.8
其他从业人员	万元	123000	122765	0.2
#研究开发人员	万元	51247	43174	18.7
从业人员人均劳动报酬	**元**	**23912**	**19712**	**21.3**
#在岗职工	元	25989	21782	19.3
其他从业人员	元	14115	11968	17.9
#研究开发人员	元	42283	35089	20.5

13-7 企业集团主要经济效益指标

Main Indicators on Economic Benefit of Enterprise Groups

	单　位	2005 年	2006 年	2006 年比 2005 年 ±（百分点）
资产负债率	%	69.6	68.5	1.1
劳动生产率	万元/人	45.5	36.9	8.6
销售利润率	%	4.6	5.0	–0.4
成本费用利润率	%	5.0	5.5	–0.5
资产利税率	%	5.8	5.6	0.2
总资产使用率	%	67.1	60.3	6.8
流动资产比率	%	46.0	45.6	0.4
研究开发费用与主营业务收入比率	%	0.7	0.5	0.2
资金利润率	%	4.1	4.0	0.1
净资产收益率	%	8.4	7.8	0.6
总资产报酬率	%	4.4	4.2	0.2

注：劳动生产率根据企业集团营业收入和年末从业人员计算， 2006 年比 2005 年为增长绝对额。

主 要 统 计 指 标 解 释

景气指数 又称景气度，它是对企业景气调查中的定性指标通过定量方法加以汇总，综合反映某一特定调查群体或某一社会经济现象所处的状态或发展趋势的一种指标。企业的景气指数是根据调查企业中，选择“好”或“上升”或“乐观”的企业与选择“差”或“下降”或“不乐观”的企业的所占份额(一般以主营业务收入对比重加权，下同)之差来计算的，统一用纯正数形式表示，以 100 作为景气指数的临界值，其数值范围在 0—200 之间；当景气指数大于 100 时，表明经济状况趋于上升或改善，处于景气状态；当景气指数小于 100 时，表明经济状况趋于下降或恶化，处于不景气状态。其具体计算方法为：(选择“好”的企业份额—选择“差”的企业份额)×100+100。

景气指数的种类 企业景气调查的景气指数共分为两类：综合景气指数和个体景气指数。综合景气指数指用以综合反映调查总体所处的状态和未来发展变化趋势的景气指数。包括企业家信心指数和企业景气指数。企业家信心指数也称宏观经济景气指数，它是根据企业家对当前宏观经济运行态势的判断而对未来发展变化的预期（通常是指对“乐观”“一般”、“不乐观”的选择）而编制的景气指数，用以综合反映企业家对宏观经济的看法和信心。企业景气指数也称为企业综合生产经营景气指数，它是根据企业家对当前企业生产经营状况所做出的判断和对未来发展变化的预期（通常是指对“良好”、“一般”、“不佳”的选择）而编制的景气指数，用以综合反映企业生产经营现状和未来发展变化趋势。个体景气指数也称为单位景气指数，是反映调查总体的某一方面（或某一单项）所处的状态和未来发展变化趋势的景气指数。企业调查的个体景气指数包括企业生产经营的各个方面的景气指数，包括：生产景气指数、产品订货景气指数、劳动力需求景气指数、赢利（亏损）变化景气指数、产品销售景气指数、生产成本景气指数等。

企业集团 是指以资本为主要纽带的母子公司为主体，以集团章程为共同行为规范的母公司、子公司、参股公司及其他成员企业或机构共同组成的具有一定规模的企业法人联合体。企业集团不具有企业法人资格。企业集团由母公司、子公司、参股公司以及其他成员单位组建而成。事业单位法人、社会团体法人也可以成为企业集团成员。企业集团具有以下特征：①多元的组织。企业集团不是公司那样单一的法人经济实体，它是以资本为联结纽带的多法人的联合体，本身不是企业法人，而成员单位都是独立的法人。②较大的规模。企业集团不仅是母公司的规模大，集团整体规模也很大。我国的企业集团由于原有基础较差，生产集约程度低，规模偏小，实力不强，按登记的条件，企业集团的母公司需拥有 5 家控股子公司，注册资本总和在 1 亿元以上即可申请组建企业集团。③分层次的结构。企业集团一般由 4 个层次的企业组成，它以一个母公司为核心，依据其与其他成员企业的不同的产权关系和生产技术、经营服务等方面的联系，可分成由全资、控股子公司组成的控股层，由有参股关系的公司组成的参股层，由较多的固定协作联系的企业组成的协作层。④多样化的经营。企业集团为了提高对市场的应变能力，减少经营风险，往往不是生产一种或一类产品，而是在不同行业、不同领域内开展多样化的经营。⑤多种功能。企业集团不仅具有生产产品的能力，还有强大的研究开发的能力，有自己的研究机构和技术开发中心，不断进行技术创新，不断发展和推出市场需求的新产品；企业集团有完善的销售服务网络，有很强的市场开拓、参加国内外市场竞争的能力；企业集团还有投融资功能，拥有集团的投资中心和融资中心。

集团公司 是企业集团中起主导作用的核心企业。它通过投资和生产经营协作等多种联结纽带，决定和影响着集团内的其他成员企业。在企业集团母子公司体制中，集团公司是母公司，是居于控制地位的控股公司。集团公司对外代表集团。

企业集团子公司 是集团母公司对其拥有全部股权或控股权的企业法人。

企业集团参股、协作企业 是集团母公司对其参股或与母子公司形成生产经营协作关系的企业法人、事业单位法人或者社会团体法人。

企业集团主营行业 指本企业集团生产经营活动的主要行业性质。企业集团往往从事多种生产经营活动，一般应根据集团内获得营业收入份额最大的三项产品或活动确定其主要行业性质。主营行业类别：从事多种经营的企业集团确定其主营行业类别时，要将各母子公司（单位）主营业务收入按行业小类分别汇总后，把主营业务收入合计最大的行业小类确定为企业集团的主营行业小类。

十四、区(市)县

简　要　说　明

主要内容

本部份资料反映成都市各区(市)县社会、经济发展的基本情况,主要包括:土地、人口、国内生产总值、农业、工业、交通运输邮电、固定资产投资、社会消费品零售总额、财政金融、税收情况等主要社会经济情况。

资料来源

全市资料来源于成都市统计局和市级有关主管部门。

区(市)县资料,主要来源于各区(市)县统计局,部份资料来源于市级相关主管部门。

其他需要说明的问题

历史资料按现行行政区划口径计算。

财政指标按分级核算口径计算,金融指标按金融业务统计口径计算,其余各项指标均按辖区口径计算。

因本章部分指标未列锦江、青羊、金牛、武侯、成华五区及高新区统计数,故分项之和不等于全市合计。

年末总人口（万人）

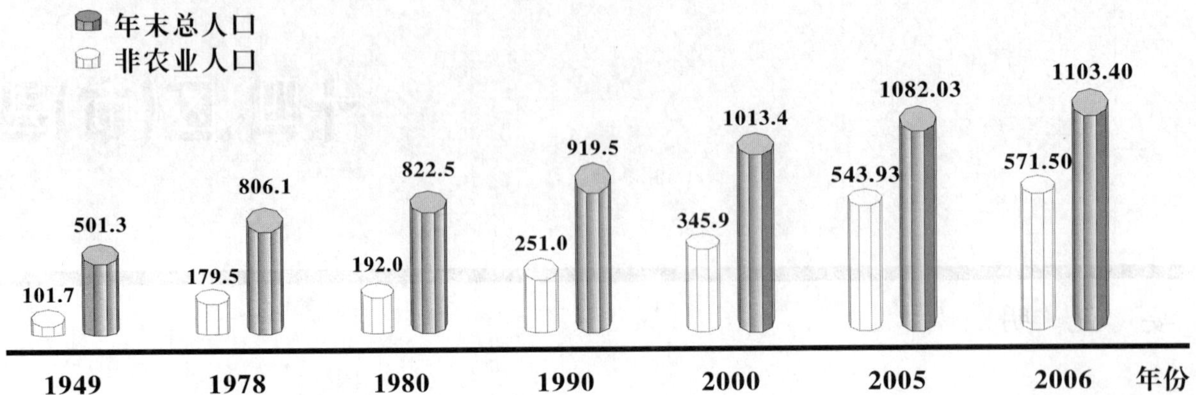

年末从业人员构成（%）

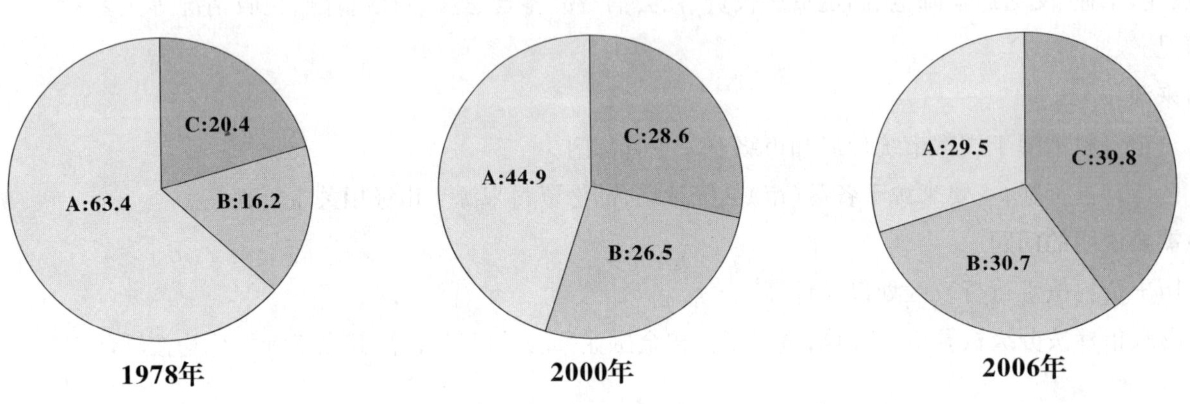

A：第一产业　　B：第二产业　　C：第三产业

全部在岗职工平均工资（元）

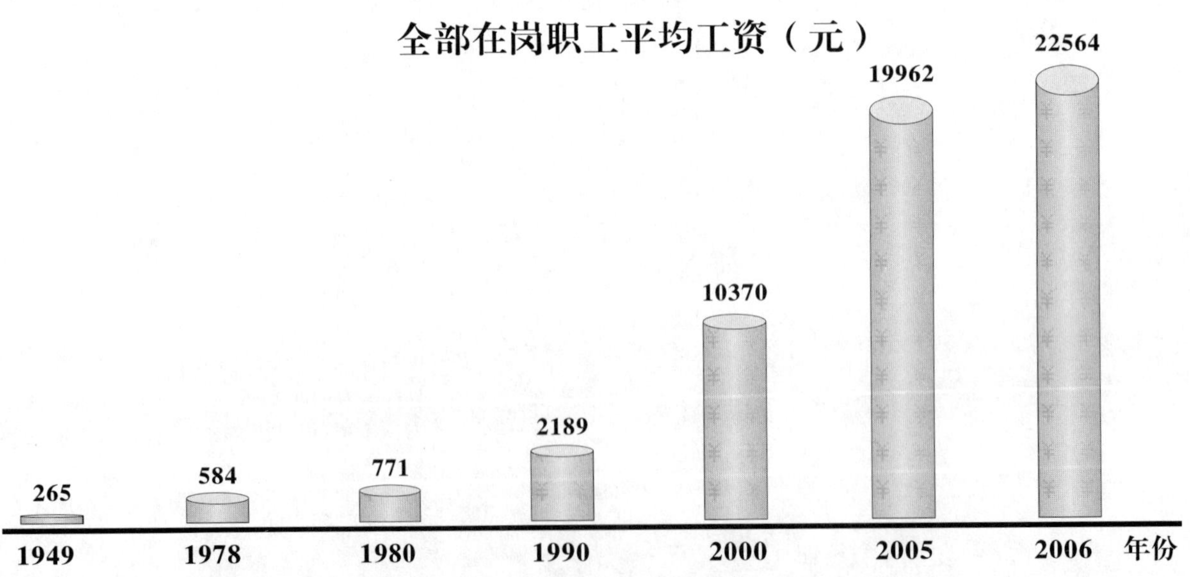

14-1　区(市)县土地面积、户数和人口数(2006 年)

Land Area, Household and Population in Districts, Cities at County Level and Counties (2006 year–end)

	土地面积 (平方公里)	总户数 (户)	总人口 (人)	平均每户人口 (人)	人口密度 (人/平方公里)
全　　市	**12390**	**3822239**	**11033982**	**2.89**	**882**
#锦 江 区	60	137394	399533	2.91	6640
青 羊 区	66	173681	512375	2.95	7667
金 牛 区	107	242559	695295	2.87	6432
武 侯 区	124	261666	795480	3.04	6163
成 华 区	109	219503	615742	2.81	5620
龙泉驿区	559	190305	564613	2.97	986
青白江区	393	142427	400012	2.81	1011
新 都 区	481	246347	650086	2.64	1340
温 江 区	277	131525	338363	2.57	1205
金 堂 县	1156	291658	861856	2.96	742
双 流 县	1068	311107	928055	2.98	868
郫　　县	437	169611	484300	2.86	1091
大 邑 县	1545	177218	513730	2.90	330
蒲 江 县	579	91122	261016	2.86	448
新 津 县	330	115846	299348	2.58	903
都江堰市	1208	219514	610430	2.78	502
彭 州 市	1419	263865	783654	2.97	551
邛 崃 市	1384	208017	651388	3.13	468
崇 州 市	1088	228874	668706	2.92	612

注：武侯区含高新区数据。

14-2 历年区(市)县

Total Population in Districts, Cities at County Level

年份	全　市	锦江区	青羊区	金牛区	武侯区	成华区	龙泉驿区	青白江区	新都区
1949	50132						2102	1704	2920
1952	51196						2169	1801	3093
1957	59419						2047	2009	3415
1962	55134						2022	2158	3144
1965	60938						2268	2387	3495
1970	69521						2716	2850	4093
1975	78197						3186	3302	4597
1978	80606						3363	3449	4733
1979	81581						3369	3470	4753
1980	82254						3403	3488	4786
1981	83341						3455	3517	4850
1982	84325						3497	3545	4904
1983	84885						3508	3558	4934
1984	85400						3511	3563	4954
1985	86268						3535	3585	4988
1986	87473						3577	3627	5050
1987	88730						3625	3668	5125
1988	89857						3695	3665	5248
1989	90859						3697	3722	5290
1990	91950	3953	4438	4336	3486	4389	3729	3749	5323
1991	92773	3958	4474	4404	3563	4461	3779	3779	5388
1992	93686	3983	4498	4518	3664	4527	3837	3800	5460
1993	94730	4014	4561	4620	3786	4616	3915	3822	5541
1994	96039	4041	4608	4717	3917	4726	4291	3748	5642
1995	97160	4032	4665	4827	4057	4823	4505	3877	5716
1996	98074	3939	4581	5016	3640	4993	4586	3909	5782
1997	98919	3927	4578	5136	3779	5068	4655	3934	5829
1998	99700	3928	4595	5245	3872	5117	4731	3953	5874
1999	100356	3886	4593	5414	3951	5222	4792	3966	5893
2000	100335	3810	4568	5650	4079	5338	4848	4002	5959
2001	101990	3898	4587	5810	5483	5443	4920	4011	5976
2002	102848	3933	4669	6001	5742	5546	4996	4016	5989
2003	104431	3902	4650	6361	6217	5810	5108	4024	6048
2004	105969	3926	4780	6649	6540	5944	5251	4040	6130
2005	108203	3972	4996	6812	7330	6094	5380	3943	6387
2006	110340	3995	5124	6953	7955	6157	5646	4000	6501

年末总人口

and Counties by Year (Year–end)

单位：百人

温江区	金堂县	双流县	郫　县	大邑县	蒲江县	新津县	都江堰市	彭州市	邛崃市	崇州市
1454	4431	6727	2553	3008	1233	1566	3044	4089	3795	4061
1550	4768	5938	2642	3096	1316	1703	3173	4378	4003	4220
1678	5212	5716	2815	3467	1496	1874	3509	4968	4528	4475
1485	4966	4498	2461	2809	1346	1618	3177	4664	3771	4032
1656	5412	5043	2737	3163	1521	1800	3650	5172	4089	4318
1990	6287	5800	3245	3718	1848	2111	4234	6024	4832	5055
2256	7163	7308	3704	4289	2177	2432	4666	6603	5592	5537
2331	7424	7443	3803	4366	2238	2488	4761	6753	5752	5634
2350	7470	7552	3840	4375	2248	2500	4798	6781	5764	5662
2370	7487	7617	3869	4391	2259	2524	4817	6817	5781	5705
2398	7540	7751	3916	4437	2287	2556	4868	6884	5827	5752
2441	7593	7837	3943	4480	2308	2576	4919	6950	5852	5796
2458	7609	7863	3955	4494	2313	2584	4949	6968	5879	5823
2467	7605	7899	3959	4497	2323	2591	4989	6977	5895	5847
2499	7652	7952	3992	4515	2354	2612	5044	7026	5914	5888
2498	7711	8071	3995	4562	2389	2639	5109	7120	5962	5942
2520	7790	8190	4034	4616	2412	2668	5191	7218	6019	6003
2555	7868	8301	4070	4652	2430	2691	5271	7271	6067	6067
2591	7951	8451	4110	4694	2437	2711	5326	7322	6110	6141
2650	8053	8494	4212	4737	2454	2728	5429	7381	6188	6221
2685	8108	8554	4245	4762	2463	2743	5492	7427	6223	6264
2755	8142	8618	4271	4794	2472	2766	5545	7469	6273	6294
2848	8173	8693	4312	4813	2478	2784	5602	7517	6298	6335
2897	8189	8730	4355	4837	2492	2797	5682	7559	6330	6381
2933	8226	8790	4412	4861	2522	2819	5728	7592	6362	6413
2977	8263	8401	4475	4883	2533	2838	5773	7607	6382	6448
3008	8295	8457	4557	4910	2537	2851	5804	7619	6402	6458
3039	8331	8518	4627	4924	2545	2865	5849	7652	6410	6468
3052	8373	8543	4662	4931	2550	2882	5874	7691	6409	6467
3056	8446	8616	4709	4961	2563	2895	5944	7740	6398	6462
3066	8438	8667	4758	4961	2563	2900	5946	7726	6386	6451
3087	8448	8698	4804	4966	2564	2907	5955	7722	6361	6444
3137	8448	8846	4833	4968	2559	2920	5971	7782	6354	6493
3194	8455	9064	4883	4990	2566	2938	5984	7774	6353	6508
3293	8536	9269	4696	5061	2575	2966	6025	7788	6447	6633
3384	8619	9281	4843	5137	2610	2993	6104	7837	6514	6687

14-3 区(市)县人口自然变动情况(2006年)

Natural Changes of Population in Districts, Cities at County Level and Counties (2006)

	出生人口（人）	死亡人口（人）	出生率（‰）	死亡率（‰）	自然增长率（‰）
全　　市	**74226**	**50839**	**6.79**	**4.65**	**2.14**
#锦江区	2180	1627	5.47	4.08	1.39
青羊区	2844	1569	5.62	3.10	2.52
金牛区	4063	2278	5.90	3.31	2.59
武侯区	5220	1838	7.90	2.78	5.12
成华区	3572	2028	5.83	3.31	2.52
龙泉驿区	4493	1188	8.15	2.15	5.99
青白江区	3402	2458	8.57	6.19	2.38
新都区	4162	3370	6.46	5.23	1.23
温江区	2207	1400	6.61	4.19	2.42
金堂县	7204	5116	8.40	5.96	2.43
双流县	6917	3599	7.46	3.88	3.58
郫　县	3383	2979	7.09	6.25	0.85
大邑县	3445	4975	6.76	9.76	-3.00
蒲江县	1874	942	7.23	3.63	3.59
新津县	2089	2037	7.01	6.84	0.17
都江堰市	4117	3073	6.79	5.07	1.72
彭州市	5524	5642	7.07	7.22	-0.15
邛崃市	3228	1297	4.98	2.00	2.98
崇州市	4302	3423	6.46	5.14	1.32

14-4　区(市)县人口机械变动情况(2006 年)

Moving Changes of Population in Districts, Cities at County Level and Counties (2006)

	迁入人口（人）	迁出人口（人）	迁入率（‰）	迁出率（‰）	机械变动增长率（‰）
全　　市	**349213**	**158903**	**31.96**	**14.54**	**17.42**
#锦 江 区	15563	12126	39.07	30.44	8.63
青 羊 区	24817	11019	49.05	21.78	27.27
金 牛 区	28686	17872	41.68	25.97	15.71
武 侯 区	80989	25549	105.97	33.43	72.54
成 华 区	16224	10205	26.49	16.66	9.83
龙泉驿区	28452	5190	51.61	9.41	42.19
青白江区	6279	1468	15.81	3.70	12.11
新 都 区	12835	2215	19.92	3.44	16.48
温 江 区	12527	4294	37.52	12.86	24.66
金 堂 县	9701	3543	11.31	4.13	7.18
双 流 县	44153	46365	47.60	49.99	–2.38
郫　　县	17455	3125	36.60	6.55	30.05
大 邑 县	12240	3031	24.00	5.94	18.06
蒲 江 县	3982	1383	15.36	5.33	10.03
新 津 县	4532	1845	15.21	6.19	9.02
都江堰市	10711	3838	17.66	6.33	11.33
彭 州 市	7583	2646	9.71	3.39	6.32
邛 崃 市	6856	2087	10.58	3.22	7.36
崇 州 市	5628	1102	8.45	1.65	6.80

14-5 区(市)县婚姻、计划生育情况(2006年)

Matrimony and Family Planning in Districts, Cities at County Level and Counties (2006)

	结婚人数 (人)	离婚人数 (人)	计划生育率 (%)	一孩率 (%)
全　　市	**213502**	**82744**	**92.87**	**86.33**
#锦江区	9794	3662	97.87	92.61
青羊区	13686	5358	98.86	94.60
金牛区	15648	6716	98.38	92.51
武侯区	19204	7982	98.89	92.75
成华区	14712	7182	98.37	93.08
龙泉驿区	12838	4488	95.03	86.77
青白江区	8240	3030	86.38	79.07
新都区	12024	4580	95.11	88.85
温江区	7264	2796	96.93	92.30
金堂县	13782	3306	81.93	75.29
双流县	17584	6588	93.24	86.02
郫　县	9200	3576	94.53	88.30
大邑县	7688	2898	93.05	87.42
蒲江县	3780	1430	93.14	88.45
新津县	4992	2276	92.29	85.86
都江堰市	10456	4220	96.03	88.71
彭州市	13094	4826	92.91	84.85
邛崃市	9124	4006	91.50	83.82
崇州市	10088	3750	91.76	85.78

续表 1

	已婚育龄妇女人数（万人）	已婚育龄妇女中一孩妇女人数（万人）	一孩妇女占已婚育龄妇女比例（%）	综合避孕率（%）
全　　市	**211.1**	**175.3**	**83.04**	**90.77**
#锦江区	5.1	4.4	85.83	87.78
青羊区	6.6	5.3	81.01	88.98
金牛区	8.1	7.0	85.89	86.15
武侯区	9.5	8.2	85.70	90.09
成华区	8.9	7.7	85.81	87.78
龙泉驿区	11.3	9.4	83.12	89.30
青白江区	9.3	7.7	82.90	88.56
新都区	14.7	12.8	87.18	90.51
温江区	7.2	6.2	86.65	90.18
金堂县	18.4	12.0	65.52	93.24
双流县	20.6	17.1	83.01	90.08
郫　县	10.5	9.3	88.92	90.13
大邑县	11.1	9.5	85.56	93.23
蒲江县	5.8	5.1	87.88	93.01
新津县	6.9	6.1	87.75	89.71
都江堰市	12.6	9.8	77.71	89.10
彭州市	16.9	14.0	83.13	91.62
邛崃市	14.7	12.6	86.13	89.96
崇州市	13.0	11.1	85.45	98.81

14-6 区(市)县本地生产总值(2006 年)

Gross Domestic Product in Districts, Cities at County Level and Counties (2006)

单位：亿元

	国内生产总值	第一产业	第二产业			第三产业
				工　业	建筑业	
全　　市	**2750.48**	**195.13**	**1211.61**	**923.67**	**287.94**	**1343.74**
#锦 江 区	260.31	0.83	93.96	76.13	17.83	165.52
青 羊 区	252.70	0.17	70.96	42.24	28.72	181.57
金 牛 区	311.93	0.47	117.42	78.07	39.35	194.04
武 侯 区	250.24	0.49	88.46	58.18	30.28	161.29
成 华 区	210.75	0.95	98.29	76.44	21.85	111.51
龙泉驿区	114.13	17.05	55.48	39.18	16.30	41.60
青白江区	94.19	7.22	61.98	55.17	6.81	24.99
新 都 区	150.37	12.30	90.27	78.78	11.49	47.80
温 江 区	96.71	8.39	57.34	48.07	9.27	30.98
金 堂 县	64.42	22.33	17.98	10.49	7.49	24.11
双 流 县	230.03	20.22	112.75	88.72	24.03	97.06
郫　　县	100.16	11.18	54.05	43.04	11.01	34.93
大 邑 县	54.54	12.93	20.51	15.45	5.06	21.10
蒲 江 县	29.20	8.41	11.87	8.35	3.52	8.92
新 津 县	58.12	7.19	30.43	25.32	5.11	20.50
都江堰市	96.53	12.55	35.11	22.26	12.85	48.87
彭 州 市	89.48	20.53	39.44	32.36	7.08	29.51
邛 崃 市	64.20	14.58	24.66	19.82	4.84	24.96
崇 州 市	66.13	14.81	27.18	20.81	6.37	24.14

14-7 区(市)县本地生产总值发展速度(2006 年)

Development Rates of Gross Domestic Product in Districts, Cities at County Level and Counties (2006)

单位：%

	国内生产总值	第一产业	第二产业	工　业	建筑业	第三产业
全　市	**113.8**	**104.8**	**118.4**	**120.2**	**113.0**	**111.2**
#锦江区	113.8	87.3	117.8	120.6	107.2	111.7
青羊区	113.8	70.2	119.6	120.2	118.8	111.7
金牛区	114.2	76.6	119.0	124.8	109.0	111.5
武侯区	113.8	93.6	117.6	118.2	116.4	111.8
成华区	113.4	68.2	116.1	114.6	121.7	111.7
龙泉驿区	114.3	105.1	119.6	122.9	112.2	111.7
青白江区	110.4	103.3	111.5	111.9	108.5	110.1
新都区	114.6	104.9	118.1	120.0	106.3	111.1
温江区	116.4	105.3	121.6	125.3	105.2	110.8
金堂县	110.6	105.1	118.1	118.4	117.6	110.5
双流县	115.6	105.0	120.6	122.9	112.8	112.4
郫　县	115.2	105.4	120.0	121.3	115.4	111.5
大邑县	111.2	106.2	115.0	116.0	112.1	110.8
蒲江县	110.3	106.5	113.5	115.2	109.7	110.0
新津县	114.0	106.3	118.3	119.6	111.9	110.7
都江堰市	113.1	106.2	115.5	117.0	112.9	113.2
彭州市	113.6	106.1	120.9	121.0	120.2	110.0
邛崃市	111.7	105.6	117.5	119.2	111.0	110.0
崇州市	111.2	106.6	114.4	116.5	107.8	110.6

注：发展速度以上年度为基期，按可比价格计算。

14-8 区（市）县民营经济增加值及构成

Value Added of Private Economy and Its Composition in Districts, Cities at County Level and Counties

	增加值(万元)		构成(%)		2006年比上年增长(%)	2006年民营经济对GDP增长的贡献率(%)
	2005年	2006年	2005年	2006年		
全　　市	**10852203**	**13265840**	**45.8**	**48.2**	**20.1**	**66.8**
#锦 江 区	864814	1016666	36.8	39.1	20.3	54.3
青 羊 区	724001	890705	33.3	35.2	20.3	49.1
金 牛 区	1211504	1469422	45.3	47.1	19.0	60.7
武 侯 区	1086801	1344022	50.4	53.7	21.2	77.6
成 华 区	671216	773498	35.5	36.7	17.4	46.2
龙泉驿区	439894	526097	44.8	46.1	17.6	55.4
青白江区	284034	339970	33.9	36.1	15.4	50.8
新 都 区	712642	869319	55.3	57.8	19.9	75.2
温 江 区	372655	462454	45.6	47.8	21.9	60.9
金 堂 县	260144	311805	45.4	48.4	17.9	77.0
双 流 县	1045777	1268299	53.5	55.1	19.2	66.0
郫　　县	428474	524279	50.1	52.3	20.7	68.5
大 邑 县	241407	285203	50.0	52.3	16.3	72.9
蒲 江 县	120257	137602	46.2	47.1	13.3	59.5
新 津 县	312071	375252	62.3	64.6	18.1	81.0
都江堰市	416811	501581	49.7	52.0	18.1	68.9
彭 州 市	348178	388113	45.0	43.4	9.8	32.6
邛 崃 市	297744	343529	52.6	53.5	17.5	76.1
崇 州 市	335768	395843	57.3	59.9	16.1	82.9

14-9　区(市)县农林牧渔业总产值

Gross Output Value of Farming, Forestry, Animal Husbandry and Fishery in Districts, Cities at County Level and Counties

单位: 万元

	1978 年	1980 年	1990 年	2000 年	2005 年	2006 年
全　　市	**157073**	**171518**	**601911**	**1977360**	**3077972**	**3279600**
#龙泉驿区	8551	8402	31264	156929	280366	296842
青白江区	6540	7591	21574	67411	107996	113212
新 都 区	11133	12687	44402	129089	177703	191115
温 江 区	7369	7765	21371	74367	123496	132418
金 堂 县	13567	14985	56926	179171	320815	344589
双 流 县	17079	19464	54809	200855	342409	367382
郫　　县	11108	10958	36945	127977	177318	187414
大 邑 县	7492	9645	35912	112632	203323	218778
蒲 江 县	5380	6322	22200	74275	134741	149607
新 津 县	4924	5745	19173	80910	137966	148469
都江堰市	10492	11948	40924	131933	180497	194480
彭 州 市	14812	17203	61611	195610	305716	333998
邛 崃 市	10485	13377	52290	171294	264424	284648
崇 州 市	14852	16075	54908	158879	234594	253083

14-10 区(市)县农林牧渔业总产值(2006 年)

Gross Output Value of Farming, Forestry, Animal Husbandry and Fishery in Districts, Cities at County Level and Counties (2006)

单位：万元

	总 计	其 中：			
		农 业	林 业	牧 业	渔 业
全 市	**3279600**	**1594729**	**42177**	**1489285**	**78951**
#锦 江 区	14735	11910	391	2024	168
青 羊 区	3032	2663		282	72
金 牛 区	9466	4736		4326	180
武 侯 区	8862	6662	1246	552	163
成 华 区	21595	9489	10	8288	3807
龙泉驿区	296842	178772	724	104082	8285
青白江区	113212	64200	757	38885	1687
新 都 区	191115	87677	678	95221	2951
温 江 区	132418	84722	209	45714	1345
金 堂 县	344589	179132	2258	138934	6710
双 流 县	367382	199799	1780	146620	13222
郫 县	187414	97185	177	84941	1702
大 邑 县	218778	82870	3680	123329	4636
蒲 江 县	149607	60472	304	81650	4341
新 津 县	148469	53562	880	84505	7163
都江堰市	194480	84744	5428	96022	3942
彭 州 市	333998	187284	7095	132641	4058
邛 崃 市	284648	102178	11880	156450	5987
崇 州 市	253083	92470	4678	143149	8531

14-11　区(市)县农林牧渔业总产值构成(2006 年)

Gross Output Value of Farming, Forestry, Animal Husbandry and Fishery in Districts ,Cities at County Level and Counties and Its Composition (2006)

单位：%

	总　计	其 中：			
		农　业	林　业	牧　业	渔　业
全　　市	**100**	**48.63**	**1.29**	**45.41**	**2.41**
#锦 江 区	100	80.83	2.65	13.74	1.14
青 羊 区	100	87.83		9.30	2.37
金 牛 区	100	50.03		45.70	1.90
武 侯 区	100	75.17	14.06	6.23	1.84
成 华 区	100	43.94	0.05	38.38	17.63
龙泉驿区	100	60.22	0.24	35.06	2.79
青白江区	100	56.71	0.67	34.35	1.49
新 都 区	100	45.88	0.35	49.82	1.54
温 江 区	100	63.98	0.16	34.52	1.02
金 堂 县	100	51.98	0.66	40.32	1.95
双 流 县	100	54.38	0.48	39.91	3.60
郫　　县	100	51.86	0.09	45.32	0.91
大 邑 县	100	37.88	1.68	56.37	2.12
蒲 江 县	100	40.42	0.20	54.58	2.90
新 津 县	100	36.08	0.59	56.92	4.82
都江堰市	100	43.57	2.79	49.37	2.03
彭 州 市	100	56.07	2.12	39.71	1.21
邛 崃 市	100	35.90	4.17	54.96	2.10
崇 州 市	100	36.54	1.85	56.56	3.37

14-12 历年区（市）县

Total Grain Yield in Districts, Cities at

年 份	全 市	龙泉驿区	青白江区	新都区	温江区	金堂县	双流县
1949	1273658	57550	59710	88810	60890	95544	155510
1952	1544739	63125	97350	124995	66070	111999	164599
1957	1870274	78905	71760	140335	76055	133102	193463
1962	1372761	48095	60370	111510	59295	113043	117443
1965	1917783	82975	77990	145530	86535	147963	189340
1970	2339406	107370	100345	173055	98385	192538	240780
1975	2539669	132180	113290	205800	112030	211019	286099
1978	2948539	156920	126085	214775	125870	245199	332503
1979	3104080	159605	131755	222950	126965	260504	335998
1980	3051394	156495	130740	217670	130160	282109	344047
1981	3010770	149550	117340	214290	133645	216615	330815
1982	3526560	171495	144160	259995	143555	315752	399362
1983	3712175	180210	153415	262570	147915	351130	412318
1984	3593555	186975	151900	260585	151175	345765	389172
1985	3447355	176890	151670	241675	138715	339120	372821
1986	3577317	170335	149669	250441	150124	315512	387088
1987	3538924	171232	142942	252429	150438	327089	372897
1988	3295664	155911	137991	230236	143431	317010	338568
1989	3567994	176466	148740	252453	151220	346236	386346
1990	3817016	187058	153745	273361	158486	349793	416971
1991	3922619	189782	161912	275714	164900	337694	437011
1992	3990512	196678	165086	276635	166593	362942	437509
1993	3975301	170404	161258	281046	166691	356033	435888
1994	3972979	170500	160438	281676	167179	359200	429424
1995	3989688	172587	163254	283686	168309	365046	432569
1996	4006090	172782	166824	285593	169260	367342	428096
1997	4020984	172240	160677	271665	168885	371452	422736
1998	4038582	171150	162409	282547	164785	371929	422402
1999	3970178	165061	163377	272092	161227	377661	413132
2000	3637072	125018	155671	263925	137437	332631	371383
2001	3107297	102928	132257	203563	108864	252783	295681
2002	2990804	74601	137962	221015	94565	267163	294670
2003	2651189	52482	132909	190036	64655	255478	258602
2004	2760346	50572	146918	198342	67614	297327	286070
2005	2599076	52520	145605	190395	63384	289811	280497
2006	2651040	51623	139262	204927	58219	246687	286652

粮食总产量

County Level and Counties by Year

单位：吨

郫　县	大邑县	蒲江县	新津县	都江堰市	彭州市	邛崃市	崇州市
96710	75875	45605	33236	101460	124925	84518	123315
124065	115765	50285	45580	111505	149375	118625	152770
143020	128010	67785	65255	134295	196350	158475	175080
113790	84485	38920	50760	86890	157220	116005	141805
145745	120985	70416	69520	126710	195426	168310	184650
169290	149085	91463	80790	148285	247711	189582	217030
180380	148625	88997	90615	152380	264658	188039	216935
208028	199850	111516	106445	184225	285237	235438	257410
216370	214815	122845	109540	193885	310418	263125	274605
212992	205680	118195	110580	178835	301665	255510	253870
217861	215440	118410	110780	194610	300280	264850	265050
250940	235555	129885	119585	229930	346225	304285	307650
258840	250610	138665	127180	232225	361250	330420	332155
237195	246620	121865	120160	227700	340340	285205	350950
233170	233360	118675	121125	211835	305105	299070	339110
254201	247259	127790	126652	227581	328326	330838	350705
250029	241526	132989	127762	225417	309278	332162	345083
234655	218718	133310	108674	210891	292780	304775	318577
243844	235544	139559	123681	222647	324015	327406	332982
269136	275918	143934	129562	255716	349609	337250	357397
279412	287890	146927	138606	264161	364937	348013	367756
274367	284728	151119	142771	260557	387642	358200	369807
285296	281348	151772	147093	254986	397966	370004	369954
294634	261279	152325	147088	262847	406035	363781	379303
292139	262324	154798	147235	266579	408556	365198	379393
292192	270120	156592	148136	266596	412617	370222	379571
296379	279322	159730	151981	266650	417795	379689	385032
296462	281596	160116	151657	266630	420124	385655	385121
280063	285908	155956	147584	265568	420388	378772	383309
242205	276013	138363	139069	239895	404117	360011	369538
190756	255617	124296	122791	222914	363450	333414	339302
179377	255130	125761	118590	198826	326228	313898	333583
153472	238507	121433	115859	174009	267105	294200	296323
152593	235869	127243	120000	169614	279401	295008	302323
150596	205720	113161	114633	151166	263728	261480	293604
158822	211730	118752	119695	168494	285796	269937	314051

14-13 区(市)县年末实有耕地面积

Cultivated Land Area in Districts, Cities at County Level and Counties

单位：公顷

	1978 年	1980 年	1990 年	2000 年	2005 年	2006 年
全　　市	**495593**	**489979**	**465439**	**424585**	**352315**	**346662**
#锦 江 区				1723	1137	941
青 羊 区				1728	752	686
金 牛 区	23710	23233	20798	3479	2038	2026
武 侯 区				1927	936	547
成 华 区				2650	1289	1133
龙泉驿区	22850	22679	20296	13593	11507	10705
青白江区	21422	21305	20676	19121	16447	16128
新 都 区	30458	30301	29482	26833	23347	23046
温 江 区	16970	16837	16417	15536	12060	11450
金 堂 县	56698	56159	54254	49126	44092	44233
双 流 县	54790	54763	52220	49228	44129	43160
郫　　县	28870	28643	28168	27192	21572	21170
大 邑 县	32401	31658	30137	27800	23686	23578
蒲 江 县	21717	21453	19939	16672	14915	14656
新 津 县	18081	17971	17259	16432	12911	12898
都江堰市	32524	31954	30139	28045	19500	19450
彭 州 市	47386	46964	44485	44161	35185	34569
邛 崃 市	45297	43913	40940	38710	32632	32546
崇 州 市	42419	42146	40229	39101	33624	33696

14-14 区(市)县农林牧渔业主要产品产量(一)

Yield of Major Farm Crops in Districts, Cities at County Level and Counties (Ⅰ)

单位：吨

	稻谷产量		小麦产量		油菜籽产量	
	2005 年	2006 年	2005 年	2006 年	2005 年	2006 年
全　　市	**1604241**	**1708732**	**473691**	**458211**	**190591**	**198907**
#锦 江 区	963	1216	26	37	68	78
青 羊 区	3320	2763	851	583	487	459
金 牛 区	4944	4838	1348	1265	494	471
武 侯 区	1053	683	780	278	41	55
成 华 区	2356	2428	1090	802		
龙泉驿区	12309	11806	3955	3252	368	448
青白江区	78628	77734	32149	31787	8335	8513
新 都 区	139960	152392	33211	36923	14963	17487
温 江 区	50128	49377	12012	8193	3254	3535
金 堂 县	77809	76825	77702	77854	21795	21885
双 流 县	168455	175121	59638	58586	16411	16709
郫　　县	109835	116298	27817	30329	11221	10562
大 邑 县	133082	137226	34483	34277	13840	16091
蒲 江 县	74113	79565	4427	4578	15386	16848
新 津 县	79961	85026	24015	24588	9305	9637
都江堰市	106991	122747	34444	34233	12238	13335
彭 州 市	188761	217694	26730	17810	12345	12335
邛 崃 市	171075	180934	27705	22085	28787	29342
崇 州 市	195754	213711	70324	70442	20423	20779

14-15 区(市)县农林牧渔业主要产品产量(二)

Yield of Major Farm Crops in Districts, Cities at County Level and Counties (Ⅱ)

单位：吨

	蔬菜产量		水果产量		禽蛋产量	
	2005年	2006年	2005年	2006年	2005年	2006年
全　　市	**4100207**	**4252106**	**970920**	**1098758**	**213231**	**226629**
#锦 江 区	36236	24036	167	108	20	5
青 羊 区	19082	10907			393	20
金 牛 区	35992	30172	186	143	1721	1472
武 侯 区	30461	18469				9
成 华 区	74300	56432	751	1094	4192	2417
龙泉驿区	380544	367280	284633	300697	28389	31905
青白江区	114060	110170	15059	15003	3866	4126
新 都 区	248294	240026	11301	11319	25440	27261
温 江 区	58356	66154	203	133	8625	9751
金 堂 县	382524	458802	205619	210559	19148	20368
双 流 县	462625	481946	208236	228596	7949	7616
郫　　县	369756	364534	2328	2315	8714	8547
大 邑 县	230550	253713	10538	18004	19993	21608
蒲 江 县	137088	142462	118606	137064	3825	4047
新 津 县	151017	167012	21836	42389	11508	11533
都江堰市	175673	170433	12516	20207	13345	13941
彭 州 市	772859	837651	13943	16949	18944	21040
邛 崃 市	221246	249236	56343	76246	10992	11757
崇 州 市	188673	194772	8655	17932	24994	29080

14-16 区(市)县农林牧渔业主要产品产量(三)

Yield of Major Farm Crops in Districts, Cities at County Level and Counties (III)

	水产品（吨）		出栏生猪头数（头）		出栏羊只数（只）	
	2005 年	2006 年	2005 年	2006 年	2005 年	2006 年
全　　市	**83025**	**95175**	**10079351**	**10953546**	**1225589**	**1250882**
#锦 江 区	450	200	18737	18586	60	
青 羊 区	101	93	15858	2630		
金 牛 区	404	202	50425	46998	33	23
武 侯 区	300	200		7600		
成 华 区	5780	5289	62943	45551		
龙泉驿区	7800	9135	414274	431332	202294	180819
青白江区	1551	1855	323321	332884	43310	43529
新 都 区	2657	3105	520925	540085	3433	3233
温 江 区	1502	1503	349002	338680	471	459
金 堂 县	6150	7265	807207	862240	358333	380488
双 流 县	12120	14500	705776	777622	174846	183827
郫　　县	1900	2100	514197	516339	1200	105
大 邑 县	5800	6868	954104	1058761	171434	167818
蒲 江 县	5550	6620	687634	840927	64548	60893
新 津 县	8300	9650	433255	479652	31458	36960
都江堰市	3700	4500	691648	769408	27758	29370
彭 州 市	3300	3960	821376	911538	7859	8857
邛 崃 市	6900	8100	1574172	1773473	98811	109656
崇 州 市	8760	10030	1067689	1181000	39411	44845

14-17 区(市)县农林牧渔业主要产品产量(四)

Yield of Major Farm Crops in Districts, Cities at County Level and Counties (Ⅳ)

单位：吨

	肉类总产量		#猪肉		牛奶	
	2005年	2006年	2005年	2006年	2005年	2006年
全　　市	**1068715**	**1152875**	**691268**	**753991**	**102151**	**108947**
#锦江区	1431	1426	1240	1232	587	1382
青羊区	1436	171	1031	159	1046	200
金牛区	4194	3764	3602	3289	976	1367
武侯区		556		540		
成华区	6051	4409	4538	3258	3942	2415
龙泉驿区	60203	61822	29486	31108	5430	6435
青白江区	29581	29955	22147	22804	5012	5233
新都区	58867	63222	36034	37687	21496	22501
温江区	33163	34935	24301	23709	9117	8801
金堂县	89155	97493	55002	60350	1437	4353
双流县	107692	112083	48617	53189	10533	11696
郫　县	59917	58565	35268	35391	23303	24267
大邑县	88603	99122	64547	71682	417	499
蒲江县	63455	74309	43015	52398	36	35
新津县	59669	65300	30327	33576	1414	1441
都江堰市	67116	73564	48626	54296	2687	2805
彭州市	95368	105352	56578	63929	2940	4392
邛崃市	136090	151545	105469	118823	1160	1465
崇州市	100710	113573	76837	85268	7361	8934

14-18 区(市)县年末生猪存栏数

Number of Living Hogs in Districts, Cities at County Level and Counties

单位：头

	1978 年	1980 年	1990 年	2000 年	2005 年	2006 年
全　市	**4590063**	**5421991**	**5329303**	**4331741**	**5261350**	**5313237**
#锦江区				26742	7655	9837
青羊区				32740		1360
金牛区	269677	283544	277319	61134	24000	14155
武侯区				20923		4157
成华区				56027	25225	15790
龙泉驿区	227517	241606	268666	172649	183511	135963
青白江区	235256	267619	248464	202242	185778	168310
新都区	355193	400301	322210	234262	289608	276033
温江区	167215	214417	249651	200312	224236	218587
金堂县	502264	575928	552860	584138	587333	573654
双流县	542336	593404	533261	323112	353119	405008
郫　县	261455	344499	344841	261861	299809	269576
大邑县	274919	323895	322571	313159	450790	490367
蒲江县	149605	190968	207639	148680	412286	420113
新津县	157642	181843	202910	172552	235438	238143
都江堰市	284847	379640	332703	253086	309855	341087
彭州市	434814	518500	486550	373744	345432	363926
邛崃市	354797	436806	493786	550662	810196	799839
崇州市	372526	469021	485872	310862	506733	561290

14-19 区(市)县农村居民人均收入情况(2006 年)

Per Capita Income of Rural Residents in Districts, Cities at County Level and Counties (2006)

单位：元

	农村居民人均总收入	比上年±%	农村人均可支配收入	比上年±%	农民人均纯收入	比上年±%
全　市	**6895**	**5.2**	**4673**	**10.2**	**4905**	**9.4**
#锦 江 区	7675	11.2	6566	13.4	7228	14.4
青 羊 区	7597	13.9	6204	17.1	7161	14.7
金 牛 区	9846	10.6	6711	14.2	7210	14.4
武 侯 区	7634	4.5	6648	13.2	7214	14.5
成 华 区	7341	–11.3	6603	14.6	6835	13.0
龙泉驿区	9062	8.3	4898	11.7	5124	9.5
青白江区	5172	–1.12	4389	11.3	4552	9.0
新 都 区	6175	6.7	4626	7.4	5033	9.3
温 江 区	6628	–4.4	4984	6.2	5351	10.0
金 堂 县	5588	5.6	3918	5.9	4143	8.1
双 流 县	7805	7.5	5024	9.0	5227	9.7
郫　县	7885	12.3	5003	13.0	5156	9.7
大 邑 县	7773	1.2	4386	10.0	4649	8.6
蒲 江 县	8305	7.4	4272	8.6	4472	8.3
新 津 县	6436	5.1	4681	9.2	4862	9.0
都江堰市	7180	6.3	4535	13.3	4852	8.7
彭 州 市	6053	10.0	4444	11.4	4635	8.8
邛 崃 市	7048	–1.4	4184	12.7	4359	8.4
崇 州 市	5804	4.9	4593	8.9	4616	8.2

14-20 区(市)县农村居民人均支出情况(2006年)

Per Capita Annual Expenditure of Rural Residents in Districts, Cities at County Level and Counties (2006)

单位：元

	人均家庭经营费用支出	比上年±%	人均生活消费支出	比上年±%	#食品支出	比上年±%
全　市	**1770**	**-4.3**	**3344**	**8.8**	**1509**	**5.6**
#锦江区	342	-30.2	4469	-7.6	2075	1.5
青羊区	393	-12.9	5521	9.5	2248	13.1
金牛区	2099	-0.7	6394	46.3	2064	27.5
武侯区	330	-65.9	5601	10.9	2002	1.5
成华区	375	-82.5	4199	-27.7	1795	-5.2
龙泉驿区	3634	4.7	4347	34.7	1702	25.7
青白江区	545	-42.3	2581	2.0	1364	-0.6
新都区	988	-2.5	3581	2.0	1456	-0.6
温江区	988	-39.5	3569	12.5	1230	-4.7
金堂县	1328	0.4	2267	-1.2	1168	-2.4
双流县	2203	4.8	3710	6.9	1704	6.0
郫　县	2454	29.1	3383	22.9	1428	24.8
大邑县	2872	-9.5	3615	19.9	1698	5.1
蒲江县	3731	7.8	3032	8.5	1497	13.1
新津县	1377	-4.7	3795	15.2	1868	9.1
都江堰市	2055	6.6	3276	-3.0	1566	12.2
彭州市	1070	-5.1	3175	18.1	1225	0.4
邛崃市	2465	-16.5	2819	5.5	1431	-0.4
崇州市	1174	0.2	2738	0.7	1507	2.9

14-21 历年区（市）县

Per Capita Net Income of Rural Residents in Districts,

年 份	全 市	龙泉驿区	青白江区	新都区	温江区	金堂县	双流县
1949	32	30	23	24	45	21	40
1952	40	42	27	33	57	28	55
1957	54	62	35	56	80	34	72
1962	44	43	47	53	66	35	58
1965	67	71	57	87	103	50	65
1970	82	80	74	124	125	63	72
1975	90	93	80	132	132	61	80
1978	140	155	129	156	176	138	130
1979	175	179	142	202	204	144	141
1980	223	221	187	259	262	151	192
1981	276	194	133	303	304	156	227
1982	310	260	195	374	323	197	265
1983	334	298	213	375	373	236	305
1984	366	308	280	459	392	278	343
1985	413	359	357	492	433	310	378
1986	458	470	420	549	490	343	435
1987	526	528	467	625	553	390	507
1988	632	570	526	684	624	443	596
1989	693	790	598	746	702	502	650
1990	773	692	649	876	791	552	690
1991	832	831	755	987	880	609	745
1992	903	944	820	1067	969	660	850
1993	1029	1046	906	1167	1128	777	1029
1994	1303	1378	1160	1498	1560	1081	1375
1995	1649	1703	1463	1769	1891	1424	1771
1996	2051	2047	1815	2202	2318	1808	2226
1997	2427	2499	2196	2417	2556	2187	2578
1998	2631	2699	2418	2623	2763	2390	2808
1999	2783	2881	2570	2793	2936	2543	2979
2000	2926	3041	2713	2943	3092	2686	3141
2001	3178	3268	2944	3114	3298	2804	3308
2002	3377	3493	3141	3345	3527	2951	3517
2003	3655	3755	3351	3661	3838	3123	3831
2004	4072	4207	3787	4141	4345	3482	4293
2005	4485	4679	4175	4605	4864	3834	4767
2006	4905	5124	4552	5033	5351	4143	5227

农 民 人 均 纯 收 入

Cities at County Level and Counties by Year

单位：元

郫　县	大邑县	蒲江县	新津县	都江堰市	彭州市	邛崃市	崇州市
42	38	22	23	33	37	29	32
56	42	27	31	45	54	40	38
77	66	32	48	67	70	52	52
62	63	36	39	45	48	36	41
101	80	59	54	66	65	60	64
120	110	79	68	73	83	68	75
135	111	83	70	75	85	60	67
168	136	135	151	121	131	122	131
188	187	195	206	172	181	135	154
238	198	202	225	197	229	208	224
281	247	257	291	262	271	237	272
325	340	341	327	278	309	253	321
359	377	351	329	315	350	264	354
405	384	359	346	347	366	345	422
457	442	417	435	399	404	429	438
493	464	459	470	456	466	477	500
552	501	505	553	503	543	522	609
584	611	559	595	622	671	644	688
667	711	626	630	666	696	684	719
707	754	651	635	692	742	711	819
821	803	788	773	777	831	754	846
868	891	859	865	835	915	832	884
1036	1066	950	968	1020	1026	941	1044
1415	1327	1220	1330	1330	1347	1227	1326
1844	1654	1544	1710	1758	1763	1580	1682
2190	2034	1909	2087	2219	2195	1944	2100
2555	2343	2188	2420	2434	2487	2209	2447
2771	2572	2443	2635	2636	2710	2420	2652
2942	2737	2596	2787	2788	2841	2572	2803
3098	2887	2739	2933	2933	2984	2715	2946
3270	3060	2898	3072	3193	3062	2886	3075
3480	3252	3093	3248	3389	3257	3070	3269
3782	3438	3300	3558	3609	3485	3251	3502
4210	3872	3708	4013	4038	3847	3622	3899
4700	4282	4130	4462	4466	4262	4022	4266
5156	4649	4472	4862	4852	4635	4359	4616

14-22 区(市)县规模以上工业企业主要经济指标(2006年)

Main Indicators of Industrial Enterprises above Designed Size in Districts, Cities at County Level and Counties (2006)

单位：万元

	企业数(个)	占全市的比重(%)	# 亏损企业	亏损面(%)
全　　市	**2630**	**100.0**	**542**	**20.6**
#锦江区	45	1.7	22	48.9
青羊区	98	3.7	20	20.4
金牛区	163	6.2	13	8.0
武侯区	269	10.2	39	14.5
成华区	95	3.6	24	25.3
龙泉驿区	120	4.6	39	32.5
青白江区	73	2.8	17	23.3
新都区	225	8.6	35	15.6
温江区	166	6.3	38	22.9
金堂县	69	2.6	17	24.6
双流县	303	11.5	47	15.5
郫　县	134	5.1	0	
大邑县	61	2.3	21	34.4
蒲江县	41	1.6	13	31.7
新津县	104	4.0	25	24.0
都江堰市	120	4.6	48	40.0
彭州市	92	3.5	23	25.0
邛崃市	87	3.3	23	26.4
崇州市	93	3.5	28	30.1

注：规模以上工业企业指全部国有和年销售收入在500万元及以上的非国有工业企业。

续表1　　单位：万元

	工业总产值	占全市的比重(%)	利润总额	占全市的比重(%)	亏损企业亏损额	占全市的比重(%)
全　　市	**21114292**	**100.0**	**1094612**	**100.0**	**167339**	**100.0**
#锦江区	979859	4.6	81746	7.5	4042	2.4
青羊区	1223859	5.8	56844	5.2	1454	0.9
金牛区	2000662	9.5	104713	9.6	2081	1.2
武侯区	1248066	5.9	72943	6.7	8033	4.8
成华区	1245912	5.9	89071	8.1	28214	16.9
龙泉驿区	1196057	5.7	48956	4.5	14893	8.9
青白江区	1619448	7.7	91222	8.3	10101	6.0
新都区	1830717	8.7	69754	6.4	4117	2.5
温江区	1215561	5.8	58577	5.4	7250	4.3
金堂县	256760	1.2	7633	0.7	1689	1.0
双流县	1989698	9.4	104504	9.6	5871	3.5
郫　县	896744	4.3	40974	3.7	0	0.0
大邑县	283177	1.3	13293	1.2	2767	1.7
蒲江县	169911	0.8	2161	0.2	1217	0.7
新津县	574092	2.7	26049	2.4	2163	1.3
都江堰市	431769	2.0	8007	0.7	19782	11.8
彭州市	769183	3.6	23101	2.1	5929	3.5
邛崃市	387521	1.8	13618	1.2	3081	1.8
崇州市	408787	1.9	8220	0.8	2428	1.5

续表 2

单位：万元

	利税总额	占全市的比重(%)	从业人员平均数(人)	占全市的比重(%)	资产总计	占全市的比重(%)
全　　市	**2130724**	**100.0**	**541666**	**100.0**	**24078531**	**100.0**
#锦 江 区	407717	19.1	13464	2.5	1133801	4.7
青 羊 区	77317	3.6	29196	5.4	1541422	6.4
金 牛 区	163943	7.7	28938	5.3	1228101	5.1
武 侯 区	108127	5.1	46669	8.6	1231264	5.1
成 华 区	171886	8.1	37377	6.9	1711106	7.1
龙泉驿区	90498	4.3	39769	7.3	2706840	11.2
青白江区	149178	7.0	40835	7.5	2137570	8.9
新 都 区	108792	5.1	42433	7.8	1193788	5.0
温 江 区	101941	4.8	25937	4.8	1208929	5.0
金 堂 县	16995	0.8	9883	1.8	222578	0.9
双 流 县	147792	6.9	42127	7.8	1399630	5.8
郫　　县	91323	4.3	17955	3.3	469401	2.0
大 邑 县	27392	1.3	16993	3.1	367783	1.5
蒲 江 县	5596	0.3	5384	1.0	152225	0.6
新 津 县	43118	2.0	18699	3.5	396974	1.7
都江堰市	40382	1.9	18057	3.3	1367632	5.7
彭 州 市	48153	2.3	22580	4.2	1032888	4.3
邛 崃 市	38064	1.8	14952	2.8	315276	1.3
崇 州 市	21153	1.0	20909	3.9	316079	1.3

续表3　　单位：万元

	流动资产平均余额	占全市的比重(%)	固定资产净值平均余额	占全市的比重(%)	主营业务收入	占全市的比重(%)
全　　市	**10994595**	**100.0**	**7125011**	**100.0**	**20006294**	**100.0**
#锦 江 区	672250	6.1	278186	3.9	968165	4.8
青 羊 区	737379	6.7	490873	6.9	1150242	5.8
金 牛 区	732777	6.7	242139	3.4	1781855	8.9
武 侯 区	660036	6.0	344478	4.8	1240370	6.2
成 华 区	949590	8.6	457184	6.4	1314516	6.6
龙泉驿区	980690	8.9	520427	7.3	1394668	7.0
青白江区	772528	7.0	812682	11.4	1629774	8.2
新 都 区	665496	6.1	346992	4.9	1472638	7.4
温 江 区	572594	5.2	401088	5.6	1058183	5.3
金 堂 县	127068	1.2	67668	1.0	225050	1.1
双 流 县	702473	6.4	367465	5.2	1862515	9.3
郫　　县	226751	2.1	143736	2.0	853581	4.3
大 邑 县	178949	1.6	88192	1.2	274070	1.4
蒲 江 县	62648	0.6	54537	0.8	132780	0.7
新 津 县	210772	1.9	103461	1.5	563850	2.8
都江堰市	258232	2.4	799620	11.2	418905	2.1
彭 州 市	389187	3.5	446961	6.3	674183	3.4
邛 崃 市	139169	1.3	107203	1.5	351292	1.8
崇 州 市	162767	1.5	102539	1.4	405255	2.0

续表 4

单位：%

	综合效益指数	产品销售率	总资产贡献率	成本费用利润率	资产负债率	劳动生产率(元/人)	流动资产周转次数(次)
全　市	**181.9**	**96.5**	**9.7**	**6.0**	**58.2**	**136624**	**1.8**
#锦 江 区	413.9	99.3	37.3	12.4	60.3	401608	1.4
青 羊 区	153.2	99.3	5.5	5.2	65.8	114074	1.6
金 牛 区	246.9	90.0	14.3	6.4	55.4	220875	2.4
武 侯 区	150.6	99.0	9.5	6.2	53.3	83432	1.9
成 华 区	158.5	96.6	10.6	7.4	64.6	98120	1.4
龙泉驿区	125.9	96.8	4.1	3.6	49.8	84093	1.4
青白江区	182.0	97.3	8.8	5.9	67.9	137729	2.1
新 都 区	195.0	95.5	9.9	4.9	53.3	159258	2.2
温 江 区	210.7	96.1	9.3	6.4	52.7	184678	1.9
金 堂 县	136.8	98.5	8.3	3.6	63.5	84288	1.8
双 流 县	208.6	95.7	11.2	6.1	48.0	160865	2.7
郫　县	240.3	100.0	20.4	5.3	55.1	172430	3.8
大 邑 县	121.5	96.3	8.4	5.1	51.9	52071	1.5
蒲 江 县	140.3	97.1	4.6	1.7	46.9	105834	2.1
新 津 县	164.2	100.4	12.0	4.9	61.6	92096	2.7
都江堰市	129.9	98.8	3.4	2.0	63.3	97826	1.6
彭 州 市	159.4	92.9	5.7	3.5	72.2	138767	1.7
邛 崃 市	170.3	100.6	13.1	4.2	47.2	105217	2.5
崇 州 市	109.1	98.4	7.3	2.1	63.2	38886	2.5

14-23　区(市)县邮电通信指标

Main Indicators of Postal and Telecommunications in Districts, Cities at County Level and Counties

	邮电业务收入 (万元)		年末移动电话用户数 (户)	
	2005 年	2006 年	2005 年	2006 年
全　　市	**933000**	**1023000**	**7899000**	**9888000**
#龙泉驿区	55322	62643	122726	144826
青白江区	6656	13640	15000	110000
新 都 区	26687	29053	230000	260000
温 江 区	17328	18654	140000	161421
金 堂 县	11092	11103	62450	62461
双 流 县	17246	17965	301520	346748
郫　 县	9015	10908	220000	245000
大 邑 县	19970	20469	118431	134671
蒲 江 县	5917	6627	45973	51658
新 津 县			84034	85829
都江堰市			184720	230000
彭 州 市	7928	8588	198648	230000
邛 崃 市	6961	7850	106000	110000
崇 州 市				

续表 1

	年末固定电话用户（户）		城市住宅电话机（户）		农村住宅电话机（户）	
	2005 年	2006 年	2005 年	2006 年	2005 年	2006 年
全　市	**4283974**	**4138086**	**1355064**	**1350446**	**625630**	**690376**
#龙泉驿区	90329	108878	44792	65175	10632	7456
青白江区	130000	139000	53000	55000	57000	59000
新都区	155714	174858	47720	48254	63482	73428
温江区	91374	117614	25834	32297	30083	37053
金堂县	70178	70192	22883	22912	46678	46684
双流县	207152	239495	84730	95328	90448	100766
郫　县	111680	121955	20242	21618	46193	49135
大邑县	101582	111212	32235	32331	47300	56625
蒲江县	45278	49855	18194	20255	21073	23461
新津县	61676	69358	23473	21047	30550	40702
都江堰市	167155	179175	66027	62892	44059	50351
彭州市	98388	110021	29786	21712	56997	77796
邛崃市	89000	92000	29000	30000	54000	55000
崇州市	141383	148317	29097	36541	40181	70393

14-24　区(市)县交通运输指标

Main Indicators of Transportation in Districts, Cities at County Level and Counties

	运营性公路旅客周转量(万人公里)		运营性公路货物周转量(万吨公里)	
	2005 年	2006 年	2005 年	2006 年
全　　市	**1807578**	**1924160**	**1079124**	**1090291**
#龙泉驿区	74394	85092	41262	47036
青白江区	24454	27146	14692	16309
新 都 区	13909	19076	44572	44649
温 江 区	29316	33274	7986	8952
金 堂 县	162343	162416	129445	129621
双 流 县	59832	61121	40908	37161
郫　　县	28274	31073	11783	12938
大 邑 县	22443	24076	32347	33965
蒲 江 县	9000	10105	7036	2698
新 津 县	11143	12305	18124	26999
都江堰市	73236	79827	4014	4449
彭 州 市	135699	145876	117933	125599
邛 崃 市	49933	57354	26987	41787
崇 州 市	15430	14168	25247	21376

14-25 区(市)县全社会固定资产投资

Total Investment in Fixed Assets in Districts, Cities at County Level and Counties

单位：万元

	1978 年	1980 年	1990 年	2000 年	2005 年	2006 年
全　　市	**29391**	**55744**	**401156**	**4759020**	**14586741**	**18979098**
#龙泉驿区	551	878	16043	218244	660548	887700
青白江区	2177	1799	21266	99302	433970	500699
新 都 区	99	1344	14913	146479	534408	721165
温 江 区	872	756	8865	81182	785913	1218979
金 堂 县	597	657	11400	122368	308141	401242
双 流 县	427	725	20615	359317	953952	1339103
郫　　县	98	282	9611	220084	522143	912494
大 邑 县	879	1130	3835	109986	213466	282646
蒲 江 县	522	768	3948	62290	136717	176301
新 津 县	77	253	3000	73676	242819	342005
都江堰市	1243	3070	16338	182365	673038	903335
彭 州 市	590	1117	18683	79965	303576	507394
邛 崃 市	1396	1356	6197	87677	241373	353921
崇 州 市	465	504	4353	93373	229934	315190

14-26　区(市)县全社会固定资产投资(2006 年)

Total Investment in Fixed Assets in Districts, Cities at County Level and Counties (2006)

单位：万元

	合　计	#基本建设	#更新改造	#房地产开发
全　　市	**18979098**	**9007689**	**3618208**	**6136351**
#龙泉驿区	887700	294531	231686	293045
青白江区	500699	164427	301206	24066
新 都 区	721165	349850	231827	110939
温 江 区	1218979	644718	225721	335808
金 堂 县	401242	135153	185109	42380
双 流 县	1339103	737529	165353	405954
郫　　县	912494	482023	198491	174255
大 邑 县	282646	160045	85526	26986
蒲 江 县	176301	82892	63685	3420
新 津 县	342005	120963	146046	36040
都江堰市	903335	528200	142010	190538
彭 州 市	507394	319488	204242	35896
邛 崃 市	353921	227680	68172	32740
崇 州 市	315190	138604	97848	56289

14-27 区(市)县教育、卫生情况(2006年)

Main Indicators on Education and Health Care in Districts, Cities at County Level and Counties (2006)

	普通中学			普通小学		
	学校(所)	在校学生(人)	专任教师(人)	学校(所)	在校学生(人)	专任教师(人)
全市	**536**	**621790**	**38480**	**527**	**767147**	**37025**
#龙泉驿区	24	29319	1886	25	39673	2256
青白江区	15	23415	1232	15	26325	1226
新都区	31	39851	2322	25	49398	2039
温江区	22	21680	1391	13	23389	1390
金堂县	36	40123	2271	51	60657	2866
双流县	42	60651	4038	29	66563	3203
郫县	26	28244	1824	17	31971	1575
大邑县	25	25587	1741	21	30825	1531
蒲江县	21	14547	899	9	17307	851
新津县	15	18224	1117	19	19722	918
都江堰市	42	36432	2458	20	37531	2228
彭州市	38	44522	2286	30	46297	2333
邛崃市	45	36216	2007	32	42477	2095
崇州市	41	36681	2188	29	38018	2191

续表1

	学龄儿童入学率(%)	卫生机构(个)	#医院卫生院	医院、卫生院床位数(张)	卫生技术人员(人)	#医生
全市	**99.95**	**4399**	**633**	**45449**	**60456**	**26925**
#龙泉驿区	100.00	98	28	1439	1919	775
青白江区	99.90	62	18	1092	1486	500
新都区	99.99	147	35	1996	2639	937
温江区	99.96	160	38	1776	2247	1040
金堂县	99.96	248	33	2429	3267	1628
双流县	99.99	144	17	1651	2018	899
郫县	100.00	149	23	1255	2152	802
大邑县	99.99	139	40	1233	1475	679
蒲江县	99.93	48	20	569	740	400
新津县	100.00	71	18	663	1240	516
都江堰市	100.00	208	41	2095	3340	1299
彭州市	99.98	134	43	1472	2180	805
邛崃市	99.95	136	45	1230	1644	731
崇州市	99.94	184	45	1717	2135	930

14-28　区(市)县社会消费品零售总额(2006 年)

Total Retail Sale of Consumable Goods in Districts, Cities at County Level and Counties (2006)

单位：万元

	社会消费品零售总额	在总额中：# 批发零售贸易业	# 住宿和餐饮业	在总额中：市的零售额	县的零售额	县以下的零售额
全　　市	**11552571**	**9398393**	**2094432**	**7850168**	**771419**	**2930984**
#龙泉驿区	213684	145428	66857	97779		115905
青白江区	162027	108691	52734	106777		55250
新 都 区	362375	267619	92263	198802		163573
温 江 区	197256	133276	51720	119108		78148
金 堂 县	183980	145616	38251		74120	109860
双 流 县	553115	353113	200002		221771	331344
郫　　县	238851	173921	63491		125565	113286
大 邑 县	133017	99609	32860		54207	78810
蒲 江 县	76831	62365	13831		39523	37308
新 津 县	160218	119428	40178		78247	81971
都江堰市	435340	320001	114203	269587		165753
彭 州 市	234104	162818	71286	125848		108256
邛 崃 市	183769	129365	43822	89297		94472
崇 州 市	190208	151635	38112	97327		92881

续表 1 单位：万元

	在总额中：				
	#国有经济	#集体经济	#私营个体经济	#外商及港澳台经济	#股份制及其他经济
全　　市	**616502**	**982132**	**5398833**	**1279546**	**3275558**
#龙泉驿区	802		200509		12373
青白江区	551	946	156330		4200
新 都 区	630	3765	290733		67247
温 江 区	10342	18218	156438		12258
金 堂 县	13654	11429	143768	12523	2606
双 流 县	2394		483169		67552
郫　　县	3480	13197	220834	37	1303
大 邑 县	6005	7073	107769		12170
蒲 江 县	7282	4961	63820		768
新 津 县	1285	2454	133483		22996
都江堰市	27180	41086	214548	2124	150402
彭 州 市	7160	2809	213216		10919
邛 崃 市	4256	516	163139		15858
崇 州 市	3312	24601	152509	7	9779

14-29 区(市)县地方财政收入(2006 年)

Local Government Financial Revenue in Districts, Cities at County Level and Counties (2006)

单位：万元

	地方财政收入(含基金收入)	财政一般预算收入	# 增值税	# 营业税	# 企业所得税
全　　市	**2783858**	**1867703**	**183496**	**525190**	**174581**
#锦 江 区	102588	101900	5708	35774	11465
青 羊 区	106027	98363	5554	36396	8995
金 牛 区	126261	114121	8864	36032	14787
武 侯 区	106914	103604	8711	39916	15516
成 华 区	79257	78512	7251	29485	6353
龙泉驿区	118300	69345	9515	19378	8541
青白江区	40476	29193	5057	7787	3013
新 都 区	92737	60134	8672	12355	5889
温 江 区	115760	61243	5878	15559	4145
金 堂 县	23676	16910	2283	5115	660
双 流 县	218792	121813	9445	48376	6199
郫　　县	94347	47557	3634	12320	8724
大 邑 县	20714	14878	2406	1640	1389
蒲 江 县	9770	8110	651	1012	180
新 津 县	30202	19060	2821	2518	2174
都江堰市	87994	53617	5782	15236	3735
彭 州 市	42351	24702	4324	5809	1896
邛 崃 市	23706	16794	1946	2296	1147
崇 州 市	22416	17209	2611	3212	1177

14-30 区(市)县地方财政支出(2006 年)

Local Government Financial Expenditures in Districts, Cities at County Level and Counties (2006)

单位：万元

	地方财政支出	财政一般预算支出	# 基本建设支出	# 农业支出	# 文教卫支出
全 市	**3369189**	**2522439**	**146457**	**86274**	**395311**
#锦 江 区	118370	116678	8467	2764	14365
青 羊 区	123629	120596	14683	4513	18393
金 牛 区	161961	138989	6883	3909	17072
武 侯 区	158253	139766	11661	4789	19573
成 华 区	111095	107058	14313	1351	11002
龙泉驿区	151841	99328	8090	3924	21115
青白江区	63079	52098	1132	2259	12884
新 都 区	124343	90928	1757	8106	25519
温 江 区	134420	80485	1623	4621	12828
金 堂 县	68901	60422	5570	3294	17673
双 流 县	240487	155451	3219	14811	37281
郫 县	116629	69307	557	4133	18111
大 邑 县	57522	49370	1470	2712	12518
蒲 江 县	32898	29828	2691	1483	7762
新 津 县	53576	40129	1849	1841	10815
都江堰市	118096	84943	1827	4955	19936
彭 州 市	87980	65223	1705	3108	22197
邛 崃 市	65212	57755	5327	3924	16178
崇 州 市	64296	56096	1494	3111	16473

14-31　区(市)县上划中央增值税和消费税情况

Value–added Tax and Consumption Tax Turned over to Central Government in Districts, Cities at County Level and Counties

单位：万元

	1995 年	1997 年	2000 年	2005 年	2006 年
全　　市	**231981**	**310222**	**460874**	**974649**	**1128224**
#锦 江 区	7201	9623	12662	344983	355741
青 羊 区	7264	9503	12917	51313	62836
金 牛 区	9767	12398	19054	76784	87721
武 侯 区	12165	10540	17680	54520	67696
成 华 区	7681	11203	15350	87670	110726
龙泉驿区	3406	4578	8421	29609	70187
青白江区	6920	9267	9813	48693	49486
新 都 区	9177	10897	16755	38890	44940
温 江 区	3424	5185	10741	26936	27747
金 堂 县	4891	5675	6027	9298	10873
双 流 县	7465	10866	17030	36507	43701
郫　　县	3054	4836	10421	19439	18642
大 邑 县	3397	4357	5771	10431	11583
蒲 江 县	1884	2296	2632	2890	3474
新 津 县	2207	2940	4170	11331	13069
都江堰市	6263	8027	9259	22061	26988
彭 州 市	6757	8854	9228	16973	20358
邛 崃 市	3621	4969	7157	11758	13371
崇 州 市	4341	4195	5795	9333	13299

14-32 区(市)县税收情况(2006年)

Main Indicators of Taxation in Districts，Cities at County Level and Counties (2006)

单位：万元

	合 计	内资企业			
		小 计	#国有企业	#集体企业	#联营企业
全 市	**4045979**	**3309660**	**946397**	**93952**	**2725**
#锦江区	744040	658717	457854	3276	145
青羊区	385106	325921	95051	4280	19
金牛区	390782	345633	58137	7040	456
武侯区	354320	286490	30634	9335	127
成华区	335201	235941	36431	10187	453
龙泉驿区	178086	154544	11972	6572	172
青白江区	115904	106413	8032	1334	18
新都区	125423	96098	10332	12195	84
温江区	112570	81912	24554	1761	406
金堂县	30436	25979	5466	1244	36
双流县	209653	155649	17293	3531	296
郫 县	90491	79117	3735	14434	179
大邑县	29617	23516	1588	1476	48
蒲江县	9524	8071	847	472	
新津县	36781	31026	1711	1196	33
都江堰市	97743	81111	11270	2181	91
彭州市	52008	35433	4407	3094	110
邛崃市	33889	25476	3532	1495	26
崇州市	34318	28492	1440	1157	8

续表 1

单位：万元

	内资企业		港澳台及外商投资企业	个体经营	在合计中：乡镇企业
	＃股份公司	＃私营企业			
全　　市	**1873267**	**161222**	**506634**	**229685**	**59758**
＃锦 江 区	172132	1524	65816	19507	
青 羊 区	203199	4571	34781	24404	351
金 牛 区	256284	4150	12495	32654	876
武 侯 区	161677	78411	36467	31363	17052
成 华 区	174466	7938	82845	16415	4691
龙泉驿区	114905	16314	20180	3362	15
青白江区	83421	6037	6993	2498	203
新 都 区	64164	8182	18876	10449	41
温 江 区	43085	1164	14234	16424	342
金 堂 县	15837	2434	1498	2959	749
双 流 县	81211	17566	26130	27874	6656
郫　　县	56978	742	6465	4909	1283
大 邑 县	17902	934	3320	2781	12387
蒲 江 县	5215	313	266	1187	1840
新 津 县	22876	2110	2352	3403	5355
都江堰市	50755	1928	10428	6204	3187
彭 州 市	25557	1468	10773	5802	4046
邛 崃 市	16555	2023	2872	5541	495
崇 州 市	22761	2597	141	5685	189

14-33 区(市)县金融保险指标(2006年)

Main Indicators on Banking and Insurance in Districts, Cities at County Level and Counties (2006)

单位：万元

	金融机构年末存款余额	#城乡居民年末储蓄余额	金融机构年末贷款余额	城镇居民最低生活保障人数（人）	农村居民最低生活保障人数（人）
全　　市	**54853432**	**24114509**	**36313698**	**108187**	**150323**
市　区	**46245140**	**18175726**	**32956567**		
#新都区	1319183	912500	482873	3047	7917
温江区	998641	589717	474474	4178	4718
县（市）	**8608292**	**5938783**	**3357130**	**53436**	**125085**
金堂县	442909	342015	197588	4327	27548
双流县	2710176	1590728	958570	6279	10739
郫　县	1229240	795615	547953	6646	7750
大邑县	447836	369238	178638	6464	8890
蒲江县	213464	159156	89531	1974	5019
新津县	381225	283820	153628	2169	4047
都江堰市	1133092	782415	486810	7673	11945
彭州市	726544	574429	303091	7779	24470
邛崃市	587178	450520	245976	6471	12549
崇州市	736628	590847	195347	3654	12128

附录一:全国重点城市主要指标

全国重点城市主要指标(2006 年)

Main Indicators of Major Cities in China(2006)

	年末总人口(万人)	国内生产总值(亿元)		第一产业增加值(亿元)	
	2006 年	2006 年	比 2005 年±%	2006 年	比 2005 年±%
直辖市					
北　京	1197.6	7720.3	12.0	98.0	0.6
上　海	1368.1	10297.0	12.0	93.8	0.8
天　津	948.9	4337.7	14.4	119.0	3.5
重　庆	2808.0①	3486.2	12.2	428.5	-5.0
副省级城市					
成　都	1103.4	2750.5	13.8	195.1	4.8
沈　阳	703.6	2482.5	16.5	135.2	4.1
长　春		1741.3	15.0	172.1	3.8
哈尔滨	980.3	2094.1	13.5	312.4	6.5
青　岛	749.4	3206.6	15.7	184.0	0.9
武　汉	818.8	2590.0	14.8	115.9	4.0
西　安	753.1	1450.0	13.0	70.7	7.2
南　京	607.2	2774.0	15.1	82.0	4.1
济　南	603.4	2185.1	15.7	145.1	6.0
广　州	975.5①	6068.4	14.7	145.5	6.0
厦　门	160.4	1162.4	16.7	18.3	-14.2
深　圳	196.8	5684.4	15.0	7.5	-24.4
大　连	572.1	2569.7	16.5	208.6	10.9
杭　州	666.3	3441.0	14.3	154.9	3.9
宁　波	560.4	2864.5	13.4	139.5	4.4
其他主要城市					
昆　明	615.2①	1203.1	12.3	81.6	4.5
石家庄	939.5①	2064.0	13.2	255.0	4.2
太　原	344.3	1013.4	11.5	19.4	-4.0
无　锡	457.8	3300.0	15.3	51.3	6.3
苏　州	615.6	4820.3	15.5	91.5	0.7
合　肥	469.9	1073.9	17.5	61.8	7.7
南　昌	484.0	1184.6	15.2	76.5	4.9
长　沙	631.0	1790.7	14.8	123.3	5.7
贵　阳	355.1①	602.9	14.7	37.9	7.6
珠　海	92.6	749.6	16.1	20.4	5.0

注：①为常住人口。

	第二产业增加值（亿元）		第三产业增加值（亿元）		全社会固定资产投资总额（亿元）	
	2006年	比2005年±%	2006年	比2005年±%	2006年	比2005年±%
直辖市						
北　京	2217.2	12.6	5405.1	11.9	3371.5	19.3
上　海	4997.8	12.8	5205.4	11.5	3925.1	10.8
天　津	2485.8	17.6	1732.9	11.0	1849.8	22.0
重　庆	1500.1	16.8	1557.6	13.8	2451.8	24.9
副省级城市						
成　都	1211.6	18.4	1343.7	11.2	1897.9	30.9
沈　阳	1137.7	22.1	1209.6	13.1	1790.3	31.3
长　春	815.8	15.7	753.4	17.1	950.4	46.1
哈尔滨	770.9	16.5	1010.8	13.7	809.9	26.7
青　岛	1677.2	17.2	1345.5	16.2	1485.7	19.8
武　汉	1194.0	18.0	1280.1	13.0	1325.3	26.1
西　安	615.3	14.3	764.0	12.4	1066.6	27.7
南　京	1374.0	15.7	1318.0	15.2	1613.6	15.0
济　南	1001.8	17.2	1038.2	15.6	1016.8	25.0
广　州	2419.4	15.8	3503.5	14.4	1696.4	11.7
厦　门	628.0	17.8	516.1	16.7	662.1	66.5
深　圳	3021.0	16.8	2655.9	13.1	1272.3	7.7
大　连	1229.0	20.3	1132.0	13.6	1469.5	32.3
杭　州	1742.0	13.3	1544.1	16.7	1460.5	10.1
宁　波	1575.9	12.4	1149.1	15.9	1543.0	12.6
其他主要城市						
昆　明	561.9	15.7	559.7	10.2	653.0	25.0
石家庄	1025.0	14.9	784.0	14.2	1096.0	18.0
太　原	475.6	10.5	518.4	13.2	501.2	17.8
无　锡	1968.7	15.3	1280.0	15.5	1474.9	10.4
苏　州	3154.5	15.8	1574.2	15.7	2107.0	12.7
合　肥	510.6	22.7	501.5	13.7	824.8	66.5
南　昌	644.5	18.7	463.7	12.6	641.6	22.1
长　沙	774.7	15.9	892.8	15.3	1089.8	22.6
贵　阳	291.7	16.7	273.2	13.6	413.1	20.1
珠　海	415.4	21.5	313.7	10.3	255.0	16.7

	社会消费品零售总额(亿元)		海关进出口总额(亿美元)		实际利用外商直接投资(亿美元)	
	2006 年	比 2005 年±%	2006 年	比 2005 年±%	2006 年	比 2005 年±%
直辖市						
北　京	3275.2	12.8	1581.8	26.0	45.5	29.1
上　海	3360.4	13.0	2274.9	22.1	71.1	3.8
天　津	1356.8	14.0	645.7	21.0	41.3	24.1
重　庆	1403.6	15.4	54.7	27.4	7.0	34.9
副省级城市						
成　都	1155.3	14.9	69.5	53.3	7.6	36.6
沈　阳	1048.7	14.6	52.9	16.0	30.3	
长　春	666.3	11.0	52.3	15.1	5.0	23.2
哈尔滨	894.5	13.5	27.7	2.1	4.0	10.1
青　岛	1006.7	16.3	391.2	18.5	36.6	持平
武　汉	1293.3	14.6	80.1	29.5	20.0	15.0
西　安	776.2	16.5	41.5	6.5	9.2	46.9
南　京	1166.9	16.1	315.4	16.4	17.0	20.1
济　南	939.3	16.3	43.9	16.7	6.3	24.2
广　州	2182.8	15.0	637.7	19.2	29.2	10.4
厦　门	314.9	15.8	327.9	14.8	9.6	34.9
深　圳	1671.3	16.2	2374.1	29.9	32.7	10.1
大　连	839.3	14.7	293.2	24.7	22.5	124.1
杭　州	1112.4	14.0	389.1	30.3	22.6	31.7
宁　波	882.5	16.1	422.1	26.0	24.3	5.2
其他主要城市						
昆　明	484.2	16.5	47.0	36.4	2.1	153.3
石家庄	698.8	15.3	41.8	-5.4	4.4	13.5
太　原	436.5	13.7	41.1	22.0	1.4	73.4
无　锡	959.5	16.4	391.8	34.2		
苏　州	1055.4	16.6	1742.6	24.0	61.7	20.6
合　肥	384.3	18.5	48.8	16.6	7.2	77.6
南　昌	358.4	16.6	24.9	42.6	10.5	15.7
长　沙	865.5	16.4	29.3	9.2	12.0	33.3
贵　阳	235.0	15.0	11.2	-1.6	0.7	16.0
珠　海	255.5	16.1	328.2	27.6	8.2	23.7

	财政总收入（亿元）		#地方财政一般预算内收入（亿元）		地方财政一般预算内支出（亿元）	
	2006年	比2005年±%	2006年	比2005年±%	2006年	比2005年±%
直辖市						
北　京			1117.2	21.5	1292.5	22.1
上　海	1600.4①	11.6				
天　津	925.6	27.6	416.8	25.6	654.2	25.7
重　庆	529.5	30.5	317.7	23.7	595.6	24.4
副省级城市						
成　都	489.1	30.0	186.8	32.1	252.3	29.2
沈　阳	236.4①	30.3	175.8	27.3	268.6	25.8
长　春			71.6	17.3	146.7	20.6
哈尔滨	192.3	12.5	118.3	14.7	194.7	18.3
青　岛			225.8	28.0	236.8	16.6
武　汉	502.4	29.0	178.6	28.7		
西　安	96.3①	17.1	85.9	18.6	118.4	21.0
南　京	603.9	18.4	246.4	16.8	263.0	15.6
济　南	463.5	21.7	128.4	21.0	145.0	20.2
广　州	1729.0	15.1	427.1	15.0	506.8	15.6
厦　门	275.2	31.2	136.0	37.4	148.4	22.0
深　圳			500.9	21.5	571.4	-4.6
大　连			196.1	29.5	266.5	28.3
杭　州	624.5	19.9	301.4	20.3	273.3	14.6
宁　波			561.2	20.3	292.7	10.5
其他主要城市						
昆　明	248.8	13.9	103.7	17.6	133.7	16.3
石家庄	190.1	14.7	77.4	17.4	127.1	17.6
太　原	192.2	17.9	75.3	32.3	95.4	32.8
无　锡	517.4	22.7	220.9	21.6	213.4	16.7
苏　州			400.2	26.3	385.2	15.2
合　肥	167.8	28.2	79.4	37.8	102.9	40.2
南　昌			68.1	25.1	93.5	23.3
长　沙			132.8	22.9		
贵　阳	157.6	18.4	61.6	23.7	87.9	21.1
珠　海			60.3	23.1	70.5	22.0

注：①为地方财政收入。

	金融机构存款余额（亿元）		金融机构贷款余额(亿元)		城乡居民储蓄存款余额(亿元)	
	2006年	比2005年±%	2006年	比2005年±%	2006年	比2005年±%
直辖市						
北　京	31313.8	16.8	15632.7	13.2	9515.0	14.6
上　海	26454.9	13.6	18603.9	11.1	9480.3	12.7
天　津	6839.2	14.3	5415.7	16.8	2922.7	13.6
重　庆	5519.8	17.0	4388.3	18.0	2949.1	15.8
副省级城市						
成　都	5485.3	22.5	3631.4	17.0	2411.5	16.3
沈　阳	3971.3	12.5	2551.9	13.0	1922.0	10.3
长　春	2336.4	16.3	2160.3	17.1	1174.6	10.9
哈尔滨	3036.9	13.9	2190.0	10.8	1563.8	6.5
青　岛	3245.4	16.9	2577.9	21.1	1567.6	14.3
武　汉	4576.1	15.2	3525.0	16.6	1887.7	12.9
西　安	4066.2	13.7	2344.8	9.9	1950.5	13.6
南　京	5802.2	15.1	5098.1	15.9	1834.9	15.1
济　南	4024.6	17.7	3788.4	18.3	1182.6	15.5
广　州	12731.2	14.8	7931.8	16.2	5562.4	10.7
厦　门	1830.7	22.9	1369.6	38.8	680.8	16.4
深　圳	9540.4	12.1	6755.3	9.9	3745.1	16.0
大　连	3721.3	15.6	2808.3	18.3	1736.1	13.3
杭　州	7683.0	18.0	6496.0	20.8	2473.7	17.6
宁　波	4573.5	20.6	3727.5	25.9	1792.5	19.3
其他主要城市						
昆　明	3085	18.9	2268	23.3	1156.1	14.8
石家庄	2968	15.1	1732	10.9	1553.0	14.6
太　原	3153	22.5	2371	11.7	1184.0	15.5
无　锡	3906	18.5	2733	22.7	1689.5	16.4
苏　州	5798	23.8	4430	28.3	2427.4	17.9
合　肥	1862	19.6	1743	21.4	624.6	16.4
南　昌	1791	15.8	1222	20.0	733.9	
长　沙	2757	18.7	2483	20.7	1093.0	14.5
贵　阳	1507	18.3	1213	15.3	582.2	17.0
珠　海	1149	13.3	527	14.5	569.4	10.8

	城镇居民人均可支配收入（元）		农民人均纯收入（元）		居民消费价格指数（%）
	2006年	比2005年±%	2006年	比2005年±%	
直辖市					
北　京	19978	13.2	8620	9.7	100.9
上　海	20668	10.8	9213	10.4	101.2
天　津	14283	13.0	7942	10.3	101.5
重　庆	11570	10.3	2874	2.3	102.4
副省级城市					
成　都	12789	12.6	4905	9.4	101.8
沈　阳	11654	15.4	5713	13.1	101.8
长　春	11357	12.8			101.3
哈尔滨	11230	11.6	4405	9.9	101.1
青　岛	15328	18.6	6546	12.7	100.9
武　汉	12360	13.9	4748	9.4	101.4
西　安	10905	13.3	3809	10.1	101.6
南　京	17538	16.9	7045	13.2	101.7
济　南	13910	13.0	5480	13.9	100.9
广　州	19851	8.5	7788	10.0	102.3
厦　门	18513	12.9	6868	10.2	100.9
深　圳	22567	5.0			102.2
大　连	13350	11.3	6984	18.3	101.4
杭　州	19027	14.6	8515	11.2	101.2
宁　波	19674	13.0	8847	13.3	101.9
其他主要城市					
昆　明	10766	12.0	3520	8.0	101.6
石家庄	11495	14.5	4486	8.9	101.8
太　原	11741	12.1	4917	11.7	101.6
无　锡	18189	13.6	8880	10.9	101.7
苏　州	18532	13.9	9316	11.0	101.6
合　肥	11013	13.7	3690	15.1	100.9
南　昌	11243	9.1	4392	13.2	101.9
长　沙	13924	12.0	5653	15.2	101.2
贵　阳	11222	13.0	3450	10.1	101.1
珠　海	17671	6.4	7006	7.0	101.5

附录二:我国经济、社会统计指标同世界主要国家比较

附 2-1 国 土 面 积 和 人 口

Territory and Population

国外资料来源：世界银行数据库；联合国粮农组织数据库

国家和地区	国土面积 (万平方公里)	2004 年中人口数 (万人)	2004 人口增长率 (%)	2004 人口密度 (人／平方公里)
世界总计	**13427.9①**	**636498**	**1.2**	**49**
亚　洲④	**3187.0**	**382339**	**1.3**	**120**
中　国②	960.0	129608	0.6	136
日　本	36.5	12776	0.1	351
印　度③	297.3	107972	1.4	363
印度尼西亚	181.2	21759	1.3	120
菲 律 宾	29.8	8162	1.8	274
泰　国	51.1	6369	0.9	125
马来西亚	32.9	2489	1.9	76
新 加 坡	0.1	424	1.3	6329
巴基斯坦	77.1	15206	2.4	197
缅　甸	65.8	5000	1.1	76
孟加拉国	13.0	13921	1.9	1069
土 耳 其	77.0	7173	1.4	93
蒙　古	156.7	251	1.4	2
朝　鲜	12.0	2238	0.5	186
韩　国	9.9	4808	0.5	487
越　南	32.5	8216	1.0	252
非　洲④	**3030.9**	**85056**	**2.2**	**28**
埃　及	99.5	7264	1.9	73
尼日利亚	91.1	12871	2.2	141
欧　洲④	**2297.6**	**72634**	**-0.1**	**32**
德　国	34.9	8252	0.0	236
英　国	24.2	5987	0.5	247
法　国	55.0	6038	0.6	110
意 大 利	29.4	5757	-0.1	196
捷　克	7.7	1022	0.1	132
波　兰	30.6	3818	0.0	125
罗马尼亚	23.0	2168	-0.3	94
保加利亚	11.1	776	-0.8	70
俄罗斯联邦	1638.1	14385	-0.5	9
北 美 洲④	**2272.5**	**50667**	**1.2**	**22**
美　国	915.9	29366	1.0	32
加 拿 大	909.4	3197	1.1	4
墨 西 哥	190.9	10380	1.5	54
南 美 洲④	**1783.4**	**36228**	**1.4**	**20**
巴　西	845.9	18391	1.4	22
阿 根 廷	273.7	3837	1.0	14
大 洋 洲④	**856.4**	**3223**	**1.2**	**4**
澳大利亚	768.2	2011	1.2	3
新 西 兰	26.8	406	1.3	15

注：①是指有定居人口的各大洲面积，未包括尚无定居人口的南极洲。如包括南极洲，全世界陆地面积为 14950 万平方公里。②中国为年底总人口。③不包括查谟、克什米尔和锡金等地区。④ 2003 年数据。

附 2-2 按三次产业划分的就业

Employment by Type of Industry

国外资料来源：世界银行数据库。 单位：%

国家	第一产业		第二产业		第三产业	
	2000	2003	2000	2003	2000	2003
中国	50.0	49.1	22.5	21.6	27.5	29.3
孟加拉国	62.1		10.3		23.5	
印度尼西亚	45.3	46.4	13.5	13.2	41.2	40.4
以色列	2.2	1.8	24.0	22.6	73.0	74.8
日本	5.1	4.6	31.2	28.8	63.1	65.6
哈萨克斯坦		35.3	16.3①	17.0	48.1①	47.8
韩国	10.6	8.8	28.1	27.6	61.2	63.5
马来西亚	18.4	14.3	32.2	32.0	49.5	53.7
蒙古	48.6	41.8	14.1	15.6	37.2	42.6
巴基斯坦	48.4	42.1②	18.0	20.8②	33.5	37.1②
菲律宾	37.4	37.4①	16.0	15.6①	46.5	47.0①
斯里兰卡		34.3		23.4		38.7
新加坡	0.2	0.2	34.2	24.1	65.4	75.6
泰国	48.5	44.9	17.9	19.7	33.5	35.3
土耳其	36.0	33.9	24.0	22.8	40.0	43.4
越南	65.3	59.7	12.4	16.4	22.3	23.9
埃及	29.6	27.5②	21.3	20.6②	49.1	51.9②
南非	14.5	10.3	24.1	24.5	60.9	65.1
加拿大	3.3	2.8	22.6	22.5	74.1	74.7
墨西哥	17.4	16.3	26.9	25.0	55.2	58.4
美国	2.6	2.5②	23.0	21.6②	74.4	75.9②
阿根廷	0.7	1.3	22.7	19.9	76.2	78.3
巴西		19.8②	20.0①	21.6②	59.4①	58.4②
委内瑞拉	10.2	10.7	22.3	19.8	67.4	69.1
保加利亚	26.2	10.1	28.3	32.8	45.5	57.1
捷克	5.1	4.5	40.0	39.7	54.8	55.8
德国	2.6	2.5	33.7	31.9	63.6	65.5
意大利	5.4	4.9	32.4	32.2	62.1	62.8
荷兰	3.3	3.0②	21.3	20.3②	72.9	74.1②
波兰	18.8	18.4	30.9	28.6	50.4	53.0
罗马尼亚	42.8	35.7	26.2	29.8	31.0	34.5
俄罗斯联邦	12.7	10.0	29.6	31.3	57.7	58.7
西班牙	6.6	5.7	31.3	30.8	62.0	63.6
乌克兰	20.5	18.9	31.4	29.9	48.1	51.2
英国	1.5	1.2	25.4	23.5	72.7	75.0
澳大利亚	5.0	4.0	21.8	21.2	73.2	74.8
新西兰	8.7	8.2	23.2	22.3	67.6	69.3

注：①2001 年数据。②2002 年数据。

附2-3　国内生产总值及其增长率

Gross Domestic Product and its Growth Rate

国外资料来源：国际货币基金组织数据库。

国家和地区	2005年 国内生产总值 (亿本币)	国内生产总值增长率(比上年增长%)				
		2001年	2002年	2003年	2004年	2005年
世　界		**2.6**	**3.1**	**4.1**	**5.3**	**4.8**
中　国	183085	8.3	9.1	10.0	10.1	10.2
孟加拉国	39133	4.8	4.8	5.8	5.9	5.8
印　度	341953	4.1	4.2	7.2	8.1	8.3
印度尼西亚	26786641	3.8	4.4	4.7	5.1	5.6
伊　朗	17686654	3.7	7.5	6.7	5.6	5.9
以色列	5540	–0.3	–1.2	1.7	4.4	5.2
日　本	5029054	0.4	0.1	1.8	2.3	2.7
哈萨克斯坦	74530	13.5	9.8	9.3	9.6	9.4
韩　国	8121966	3.8	7.0	3.1	4.6	4.0
马来西亚	4945	0.3	4.4	5.4	7.1	5.3
蒙　古	22665	1.0	4.0	5.6	10.7	6.2
缅　甸	102300	11.3	12.0	13.8	3.0	5.0
巴基斯坦	70556	2.5	4.1	5.7	7.1	7.0
菲律宾	53793	1.8	4.4	4.5	6.0	5.1
新加坡	1944	–2.3	4.0	2.9	8.7	6.4
斯里兰卡	23637	–1.5	4.0	6.0	5.4	5.9
泰　国	69243	2.2	5.3	7.0	6.2	4.4
土耳其	4872	–7.5	7.9	5.8	8.9	7.4
越　南	8068549	6.9	7.1	7.3	7.7	7.5
埃　及	5580	3.5	3.2	3.1	4.1	5.0
尼日利亚	129896	3.1	1.5	10.7	6.0	6.9
南　非	15233	2.7	3.7	3.0	4.5	4.9
加拿大	13687	1.8	3.1	2.0	2.9	2.9
墨西哥	83743		0.8	1.4	4.2	3.0
美　国	124857	0.8	1.6	2.7	4.2	3.5
阿根廷	5323	–4.4	–10.9	8.8	9.0	9.2
巴　西	19303	1.3	1.9	0.5	4.9	2.3
委内瑞拉	2805307	3.4	–8.9	–7.7	17.9	9.3
白俄罗斯	636789	4.7	5.0	7.0	11.4	9.2
保加利亚	419	4.1	4.9	4.5	5.7	5.5
捷　克	29507	2.6	1.5	3.2	4.7	6.0
法　国	16904	2.1	1.3	0.9	2.1	1.4
德　国	22455	1.2	0.1	–0.2	1.6	0.9
意大利	14177	1.8	0.3	0.1	0.9	0.1
荷　兰	5019	1.4	0.1	–0.1	1.7	1.1
波　兰	9722	1.1	1.4	3.8	5.3	3.2
罗马尼亚	2872	5.7	5.1	5.2	8.4	4.1
俄罗斯联邦	216650	5.1	4.7	7.3	7.2	6.4
西班牙	9043	3.5	2.7	3.0	3.1	3.4
乌克兰	4185	9.2	5.2	9.6	12.1	2.6
英　国	12093	2.2	2.0	2.5	3.1	1.8
澳大利亚	9269	2.2	4.1	3.1	3.6	2.5
新西兰	1541	3.0	4.8	3.4	4.4	2.2

附 2-4 农业生产指数(2005 年)

Agricultural Production Indices(2005)

资料来源：联合国粮农组织数据库。 1999–2001 年=100

国家和地区	农业	种植业	畜牧业	食品	非食品
世　界	**111.3**	**111.2**	**111.1**	**111.3**	**114.3**
发达国家	**103.4**	**105.1**	**103.4**	**102.7**	**105.2**
发展中国家	**115.6**	**113.9**	**115.5**	**118.9**	**117.5**
亚　洲	**115.6**	**113.6**	**115.4**	**120.5**	**118.5**
中　国①	129.1	122.2	139.7		
孟加拉国	109.1	109.7	109.3	105.2	104.0
印　度	106.2	102.8	105.5	114.1	120.4
印度尼西亚	122.7	120.8	122.7	138.2	124.0
伊　朗	114.3	119.2	115.0	106.9	93.1
以 色 列	109.9	105.3	110.2	118.2	96.0
日　本	96.8	94.8	96.8	98.8	94.2
哈萨克斯坦	111.1	106.3	111.0	122.6	113.5
朝　鲜	112.3	111.8	112.8	122.4	104.9
韩　国	95.7	94.1	96.3	102.6	58.2
马来西亚	126.7	128.2	126.0	122.7	135.0
蒙　古	75.2	119.4	75.3	73.0	72.1
缅　甸	124.1	122.5	124.9	132.9	94.2
巴基斯坦	115.3	115.5	113.6	115.6	127.8
菲 律 宾	114.1	115.3	114.4	111.2	100.7
新 加 坡	107.1	115.8	107.1	100.7	
斯里兰卡	106.4	104.2	107.0	119.9	103.7
泰　国	105.3	105.5	103.6	100.3	120.6
土 耳 其	105.0	104.1	106.1	110.4	92.9
越　南	126.6	124.1	125.8	136.2	136.8
非　洲	**110.2**	**109.7**	**110.6**	**110.7**	**102.0**
埃　及	116.8	114.6	117.0	118.9	110.8
尼日利亚	106.1	105.9	106.1	107.7	102.9
南　非	111.1	111.1	112.0	111.3	79.4
北 美 洲	**106.8**	**107.0**	**106.5**	**105.6**	**113.5**
加 拿 大	106.9	108.5	106.9	108.0	109.2
墨 西 哥	108.8	107.2	109.1	110.6	94.7
美　国	106.4	106.9	105.9	104.3	118.4
南 美 洲	**119.7**	**121.2**	**119.2**	**115.6**	**129.9**
阿 根 廷	113.3	122.2	113.5	99.8	102.1
巴　西	126.1	124.0	124.8	123.6	145.8
委内瑞拉	94.3	100.0	94.4	91.2	88.9
欧　洲	**101.2**	**103.9**	**101.4**	**100.9**	**94.1**
白俄罗斯	119.0	124.8	118.5	115.8	191.5
保加利亚	100.8	107.4	99.3	96.7	136.8
捷　克	97.9	101.6	97.9	90.8	90.8
法　国	97.2	97.4	97.2	98.9	99.2
德　国	97.1	96.6	97.2	100.2	83.2
意 大 利	101.2	105.1	101.4	96.7	105.8
荷　兰	93.3	96.8	93.2	92.3	107.8
波　兰	101.5	86.8	101.5	107.4	86.0
罗马尼亚	107.2	111.1	107.5	110.9	73.7
俄罗斯联邦	111.9	123.4	111.9	103.7	122.4
西 班 牙	94.9	87.6	95.0	110.3	83.7
乌 克 兰	113.2	130.7	113.2	100.8	98.0
英　国	97.1	98.4	97.2	97.5	87.2
大 洋 洲	**98.4**	**94.4**	**100.9**	**101.4**	**76.0**
澳大利亚	92.4	92.4	95.2	93.4	70.5
新 西 兰	113.9	105.9	115.3	115.0	97.3

注：① 2000 年为基期的总产值指数。

附 2-5　工业生产指数

Industry Production Indices

资料来源：联合国数据库。　　　　1995 年=100

国　家	总　指　数			其中：制造业		
	2000	2004	2005	2000	2004	2005
中　　国①	162.5	244.1	271.9			
孟加拉国	131.5	164.8	178.9	132.8	162.8	178.1
印　　度	131.9	165.6	188.6②	134.9	171.8	197.8②
印度尼西亚				91.5	107.3	113.7③
以 色 列	123.0	122.2	127.0	123.6	122.7	127.5
日　　本	105.5	106.0	107.4	105.2	105.4	106.6
韩　　国	154.1	194.5	206.6	154.6	195.1	207.1
马来西亚	148.1	180.6	188.0	159.8	194.1	204.0
蒙　　古						
巴基斯坦	114.2	177.6	204.8②	116.3	183.5	216.2②
新 加 坡	141.4	159.3	174.1	141.3	158.9	173.9
泰　　国				111.9	149.8	155.5
土 耳 其	121.2	144.5	152.4	121.3	146.8	153.9
南　　非	104.5	116.3	118.7	106.0	116.6	120.7
加 拿 大	125.9	129.4	132.7	135.0	132.9	139.0
墨 西 哥	142.0	142.1	144.3	145.8	142.9	144.7
美　　国	129.2	130.5	134.9	133.2	134.6	140.0
阿 根 廷				101.8	109.2	119.0
巴　　西	109.6	124.0	127.8	105.8	116.7	119.9
委内瑞拉				95.9	93.7	104.4
保加利亚	78.2	111.7	119.1	74.7	117.1	126.5
捷　　克	105.7	132.8	141.6	108.2	138.4	148.9
法　　国	114.9	117.2	117.6	116.3	117.9	118.1
德　　国	114.5	117.3	121.5	116.3	119.4	124.0
意 大 利	107.7	104.9	103.1	106.7	102.3	99.8
荷　　兰	110.0	112.3	110.9	113.8	113.0	112.8
波　　兰	143.5	179.1	186.4	153.7	198.0	207.0
罗马尼亚	83.2	101.8	124.9	85.1	109.2	131.8
西 班 牙	119.3	122.0	122.2	119.7	121.0	120.7
乌 克 兰	109.0	170.1	173.7			
英　　国	107.1	103.0	100.9	106.6	103.9	102.7
澳大利亚	112.5	120.2	120.8	110.1	120.3	119.0
新 西 兰	104.8	115.5	117.1	104.1	117.4	119.3

注：①工业增加值指数。②2005 年 12 月数字。③2005 年第三季度数字。

附 2-6 我国主要指标居世界位次

Precedence of Main Indicators of China in the World

资料来源：联合国数据库、《工业产品统计年鉴》；联合国粮农组织数据库。

	1978	1990	2000	2003	2004	2005
国内生产总值	**10**	**11**	**6**	**7**	**6**	**4**
人均国民总收入①	**175(188)**	**178(200)**	**141(207)**	**133(206)**	**108(180)**	**110(180)**
进出口贸易额	**27**	**16**	**8**	**4**	**3**	**3**
主要工业产品产量						
钢	5	4	1	1	1	
煤	3	1	1	1	1	
原　油	8	5	5	5	6	
发电量	7	4	2	2	2	
水　泥	4	1	1	1	1	
化　肥	3	3	1	1	1	
化学纤维	7	2	2			
棉　布	1	1	2	1	1	
糖	8	6	4			
电视机	8	1	1	1		
主要农业产品产量						
谷　物	2	1	1	1	1	1
肉　类②	3	1	1	1	1	1
籽　棉	3	1	1	1	1	1
大　豆	3	3	4	4	4	4
花　生	2	2	1	1	1	1
油菜籽	2	1	1	1	1	1
甘　蔗	9	4	3	3	3	3
茶　叶	2	2	2	2	1	1
水　果		4	1	1	1	1

注：①括号中所列数为排序的国家和地区数。②1993 年以前为猪、牛、羊肉产量的位次。

附2-7 居 民 消 费 价 格 指 数

Consumer Price Indices

资料来源：联合国数据库 (2000＝100)

国家和地区	总指数			其中:食品		
	2003	2004	2005	2003	2004	2005
中　国①	101.2	103.9	101.8	103.4	109.9	102.9
孟加拉国②	111.5	118.4		110.1	118.3	
印　度③	112.5	116.6	121.5	108.4	111.5	115.0
印度尼西亚	133.0	141.3	156.0	121.2	128.3	140.3
伊　朗	148.1	192.9	192.9	145.9	164.8	186.3
以色列	107.5	107.1		108.4	108.0	
日　本	98.1	98.1	97.8	98.4	99.3	98.4
哈萨克斯坦④	122.0	130.5	140.3			
韩　国	110.7	114.7	117.8	112.4	119.5	122.8
马来西亚	104.4	105.9	109.1	102.7	105.0	108.8
蒙　古(乌兰巴托)	112.8	122.1		105.7	118.8	
缅　甸	259.8	271.6		274.3	277.5	
巴基斯坦	110.5	118.7	129.5	108.6	120.2	132.1
菲律宾④	112.5	120.6	129.8	108.2	116.3	123.8
新加坡	101.1	102.8	103.2	101.1	103.2	104.6
斯里兰卡(科伦坡)	133.0	143.0	159.7	134.9	145.5	163.0
泰　国(曼谷)	104.1	107.0		104.6	109.4	
土耳其	280.4	310.1	380.5	290.0	316.1	112.1
越　南	107.0	115.0		108.7	119.8	
埃　及⑤	109.5	127.5	133.7	112.3	100.0	105.0
南　非⑥	122.1	123.8	128.0	131.9	134.9	137.9
加拿大	107.8	109.7	112.2	109.1	111.3	114.1
墨西哥④	116.8	122.3		115.1	122.9	
美　国(加拉加斯)	106.9	109.7	113.4	107.3	111.0	113.6
阿根廷(布宜诺斯艾利斯)	141.3	147.5	161.7	157.3	165.1	183.3
巴　西	132.9	141.7	151.4	140.8	146.5	117.0
委内瑞拉④	180.6	219.9	255.0			
白俄罗斯	295.0	348.3	384.3	267.6	320.1	358.2
保加利亚	116.3	123.4	129.6	105.4	112.5	114.1
捷　克	106.6	109.7	111.7	104.0	109.0	110.3
法　国	105.8	108.0	109.9	110.2	110.9	111.0
德　国	104.5	106.2	108.3	105.2	104.8	105.3
意大利⑦	108.2	110.5	112.3	111.3	113.7	113.6
荷　兰	109.9	111.2	113.1	111.7	107.8	106.5
波　兰⑧	108.4	112.2	114.6	103.0	108.6	110.6
罗马尼亚	189.9	212.5	231.7	184.1	201.5	213.8
俄罗斯联邦	159.8	177.3	199.7	151.3	166.9	189.7
西班牙	106.7	109.9	113.6	109.0	113.2	116.7
乌克兰	110.5	114.5	124.1	106.7	111.4	126.1
英　国⑨	106.5	109.6	112.7	105.4	106.0	107.3
澳大利亚	110.5	113.1	116.1	114.4	117.1	120.0
新西兰	107.2	109.7	113.0	109.7	110.6	112.2

注：① 上年为100。②政府官员。③指产业工人。④包含酒精饮料和烟草。⑤包括烟草。⑥2001年=100。⑦不包括烟草。⑧包括酒精饮料。⑨指城市消费者。

附2-8 进 出 口 贸 易 额

Total Imports and Exports

国外资料来源:世界贸易组织数据库。 单位：亿美元

国家和地区	2004年		2005年	
	进口	出口	进口	出口
世　界	**95450**	**91910**	**107530**	**103930**
中　国	5612	5933	6601	7620
孟加拉国	120	83	139	92
印　度	973	756	1316	898
印度尼西亚	550	722	687	863
伊　朗	352	444	416	584
以色列	429	386	469	426
日　本	4545	5657	5161	5958
哈萨克斯坦	128	201	174	278
韩　国	2245	2538	2610	2847
马来西亚	1053	1265	1146	1409
蒙　古	10	9	11	10
缅　甸	22	24	23	28
巴基斯坦	179	134	253	159
菲律宾	423	397	463	412
新加坡	1736	1986	2000	2296
斯里兰卡	80	58	90	63
泰　国	944	962	1182	1101
埃　及	128	77	166	103
尼日利亚	142	311	152	435
南　非	571	460	665	519
加拿大	2798	3165	3201	3596
墨西哥	2061	1880	2317	2137
美　国	15255	8188	17327	9043
阿根廷	224	346	287	400
巴　西	664	965	776	1183
委内瑞拉	168	387	249	562
保加利亚	145	99	182	117
捷　克	700	690	769	785
法　国	4709	4521	4958	4592
德　国	7157	9099	7741	9707
意大利	3553	3538	3797	3668
荷　兰	3197	3574	3579	4013
波　兰	897	750	1005	889
罗马尼亚	327	235	405	277
俄罗斯联邦	974	1832	1251	2453
西班牙	2583	1826	2776	1861
乌克兰	290	327	361	343
英　国	4706	3475	5012	3779
澳大利亚	1094	866	1253	1058
新西兰	232	204	262	217

附 2-9 国 际 收 支(2005 年)

Balance of Payments (2005)

资料来源:国际货币基金组织数据库 单位：亿美元

国家和地区	经常帐户								资本帐户收支盈余	金融帐户收支盈余	国际收支总盈余
	商品贸易			服务贸易		要素收入		经常帐户收支盈余			
	出口	进口	差额	贷方	借方	贷方	借方				
中国	5934	–5344	590	624	–721	205	–241	686		1107	2064
印度①	507	–571	–64	237	–225	26	–61	58	26	111	188
印度尼西亚②	633	–395	237	53	–174	11	–73	73		–9	36
以色列	366	–385	–19	149	–136	23	–65	15	5	–41	–16
日本②	5390	–4069	1321	976	–1355	1133	–276	1721	–48	225	1609
韩国	2577	–2196	382	414	–502	87	–80	276	18	101	387
巴基斯坦	134	–167	–34	27	–53	2	–26	–8	6	–17	–14
菲律宾	387	–451	–64	41	–54	35	–34	21		–30	–16
新加坡②	1579	–1285	293	307	–296	134	–145	282	–2	–251	67
泰国	961	–850	111	190	–232	31	–51	71		7	57
土耳其	670	–909	–239	240	–113	27	–82	–155		170	43
埃及	123	–189	–66	142	–80	6	–8	39		–45	–6
南非	484	–485	–1	83	–93	32	–75	–70	1	105	85
加拿大	3301	–2794	507	475	–573	296	–487	220	34	–236	–28
墨西哥	1880	–1968	–88	140	–198	50	–149	–74		123	41
美国	8111	–14731	–6620	3361	–2911	3690	–3449	–6659	–15	6127	–28
阿根廷	346	–213	132	52	–68	35	–124	34		–104	–70
巴西	965	–628	337	124	–172	32	–237	117	7	–37	66
白俄罗斯	139	–160	–21	17	–10	1	–1	–10		9	2
保加利亚	99	–132	–34	41	–33	4	–8	–18		33	17
捷克	669	–677	–9	97	–92	27	–82	–56	-6	72	3
法国	4211	–4291	–79	1103	–975	1130	–1009	–48	22	55	41
德国	9097	–7179	1918	1412	–1947	1328	–1326	1034	5	–1224	–18
意大利	3522	–3413	109	837	–820	532	–714	–151	26	82	–28
荷兰	3043	–2733	310	735	–712	656	–668	232	4	–137	–10
波兰	816	–872	–56	134	–125	21	–67	–36	10	4	8
罗马尼亚	235	–302	–67	36	–39	4	–22	–56	6	97	60
俄罗斯联邦	1835	–963	871	203	–337	96	–225	601	–16	–54	466
西班牙	1843	–2488	–645	852	–540	290	–449	–492	106	390	–64
英国	3496	–4569	–1073	1814	–1444	2559	–2078	–419	36	222	4
澳大利亚	871	–1053	–182	254	–262	133	–341	–400	8	412	12
新西兰	205	–219	–14	78	–69	15	–73	–62	3	89	6

注：①2002 年。②2003 年。

附 2-10 从事研究和发展人员数

Number of personnel in R&D

单位：人/年

国家和地区	年份	研究与发展人员全时当量	女性研究与发展人员全时当量	女性研究与发展人员全时当量所占比重（%）
阿尔及利亚	2005	7331	2449	33.4
阿根廷	2004	42454		
澳大利亚	2004	119384		
奥地利	2004	42891	10112	23.6
比利时	2003	52256	15825	30.3
巴　西	2004	157595		
保加利亚	2004	15647	8249	52.7
布基纳法索	2005	888	185	20.8
柬埔寨	2002	494	112	22.6
加拿大	2004	199060		
智　利	2004	21691		
中　国	2004	1152617		
中国香港	2004	18846		
中国澳门	2005	409	94	22.9
哥伦比亚	2004	9918		
克罗地亚	2004	11162	5533	49.6
塞浦路斯	2004	1017	397	39.0
捷　克	2005	43370	14135	32.6
丹　麦	2003	41607	15293	36.8
爱沙尼亚	2004	4735	2248	47.5
埃塞俄比亚	2005	5112	443	15.5
芬　兰	2005	57471		
法　国	2004	352485		
冈比亚	2005	84	4	4.8
德　国	2003	472533	119340	25.3
希　腊	2003	31849	11082	34.8
匈牙利	2005	23239		
冰　岛	2003	2940	1144	38.9
印　度	1999	318443	44264	13.9
爱尔兰	2004	15713	4604	29.3
意大利	2004	164026	55348	33.7
日　本	2004	896211		

续表 1　　　　单位：人/年

国家和地区	年份	研究与发展人员全时当量	女性研究与发展人员全时当量	女性研究与发展人员全时当量所占比重（%）
哈萨克斯坦	2000	12829	6466	50.4
韩　国	2005	215345		
科威特	2005	489	198	40.4
拉托维亚	2005	5483	2784	50.8
立陶宛	2005	11002	5925	53.9
卢森堡	2005	4360		
马其顿	2005	1434	750	52.3
马达加斯加	2005	1477	458	31.0
马来西亚	2004	17887	6467	36.2
马耳他	2005	701	198	28.3
墨西哥	2003	60039		
荷　兰	2004	91594		
新西兰	2003	21410		
挪　威	2005	30557		
巴基斯坦	2005	53159	3102	5.8
葡萄牙	2003	25529	11622	45.5
罗马尼亚	2004	33361	15595	46.7
俄罗斯	2005	919716		
塞舌尔	2005	180		
新加坡	2005	28586		
斯洛伐克	2005	14404	6372	44.2
斯洛文尼亚	2005	7021	2564	36.5
南　非	2004	29696	11489	38.7
西班牙	2004	161933	60511	37.4
斯里兰卡	2004	5475	1820	33.2
瑞　典	2003	72978	13243	18.1
瑞　士	2004	52250		
泰　国	2003	42379		
突尼斯	2005	16289	7416	45.5
土耳其	2002	28964	9137	31.5
乌拉圭	2002	1412		
赞比亚	1999	2098		

续表 2　　　　　　　　　　　　　　　　　　　　　　　　　　　　　　　　　　　　单位：人

国家和地区	年份	研究与发展人员数	女性研究与发展人员数	女性研究与发展人员数占比重（%）
阿尔及利亚	2005	16895	5721	33.9
阿根廷	2004	59150		
亚美尼亚	2005	6892	3209	46.6
奥地利	2004	74191	21911	29.5
阿塞拜疆	2005	18164	9395	51.7
白俄罗斯	2005	26142		
比利时	2003	73629	23719	32.2
玻利维亚	2001	1650	717	43.5
博茨瓦纳	2005	2140	606	28.3
巴　西	2004	273577		
保加利亚	2004	18025	9337	51.8
布基纳法索	2005	888	185	20.8
柬埔寨	2002	1625	350	21.5
佛得角	2002	207	88	42.5
智　利	2004	30583		
中国香港	2004	22717		
中国澳门	2005	683	161	23.6
哥伦比亚	2004	23406	9293	39.7
克罗地亚	2004	19739	9322	47.2
古　巴	2004	34094	17430	51.1
塞浦路斯	2004	2235	869	38.9
捷　克	2005	65379	22865	35.0
丹　麦	2003	60525	22950	37.9
爱沙尼亚	2004	7882	3834	48.6
埃塞俄比亚	2005	5799		
芬　兰	2003	74773	24804	33.2
法　国	2004	421312	136588	32.4
加　蓬	2004	188	66	35.1
冈比亚	2005	84	4	4.8

续表 3　　单位：人

国家和地区	年份	研究与发展人员数	女性研究与发展人员数	女性研究与发展人员数占比重（%）
德　国	2003	664731	185842	28.0
希　腊	2003	56708	23016	40.6
几内亚	2000	3711	661	17.8
洪都拉斯	2003	2280	874	38.3
匈牙利	2005	49723	23213	46.7
冰　岛	2003	5466	2340	42.8
伊　朗	2004	91584	21014	22.9
爱尔兰	2004	26184	8714	33.3
意大利	2004	255535	93705	36.7
日　本	2003	1081099	183216	16.9
约　旦	2003	42153	7559	17.9
韩　国	2003	297060	49616	16.7
科威特	2000	744	244	32.8
吉尔吉斯斯坦	2005	2911	1369	47.0
拉托维亚	2005	9488	4904	51.7
莱索托	2002	196		
立陶宛	2005	16323	8710	53.4
卢森堡	2003	·4135	948	22.9
马其顿	2005	3143	1605	51.1
马达加斯加	2005	2182	680	31.2
马来西亚	2004	30983	10544	34.0
马耳他	2005	1345	393	29.2
摩尔多瓦	2002	2201	1088	49.4
摩纳哥	2005	18	10	55.6
蒙　古	2005	2283	1118	49.0
尼泊尔	2002	13500	2000	14.8
荷　兰	2003	106980	25212	23.6
新西兰	2001	30183	13063	43.3
尼日利亚	2005	59242	14143	23.9

续表 4 单位：人

国家和地区	年份	研究与发展人员数	女性研究与发展人员数	女性研究与发展人员数占比重（%）
挪　威	2003	51175	17026	33.3
巴基斯坦	2005	101789	11309	11.1
巴拿马	2004	1446	574	39.7
巴拉圭	2004	1873	969	51.7
菲律宾	2003	13488	6894	51.1
波　兰	2004	127356	55303	43.4
葡萄牙	2003	44036	19562	44.4
罗马尼亚	2004	40725	18352	45.1
俄罗斯	2004	839338		
沙特阿拉伯	2002	4182		
塞尔维亚和黑山	2005	22641	11650	51.5
塞舌尔	2005	199		
新加坡	2002	26824	8171	30.6
斯洛伐克	2005	22294	9662	43.3
斯洛文尼亚	2005	9444	3625	38.4
南　非	2004	56453	21841	38.7
西班牙	2004	267943	99825	37.3
斯里兰卡	2004	9705	3456	35.6
苏　丹	2004	19772	3042	15.4
瑞　典	2003	108146	39087	36.1
瑞　士	2004	84090	26105	31.0
泰　国	2003	76184	37630	49.4
特立尼达和多巴哥	2004	908	345	38.0
突尼斯	2005	27943	11973	42.8
土耳其	2003	79958	27138	33.9
乌干达	2005	1686		
乌拉圭	2002	4323	1927	44.6
赞比亚	2005	3285		

中国统计出版社最新资料书简目

中国统计年鉴-2007
中国统计摘要-2007
国际统计年鉴-2007
2007 中国发展报告
中国区域经济统计年鉴-2007
长江和珠江三角洲及港澳特别行政区统计年鉴-2007
中国社会统计年鉴-2007
中国第三产业统计年鉴-2007
中国城市统计年鉴-2006
中国劳动统计年鉴-2007
中国人口统计年鉴-2007
中国工业经济统计年鉴-2007
中国建筑业统计年鉴-2007
中国城市（镇）生活与价格年鉴-2007
中国商品交易市场统计年鉴-2007
中国连锁餐饮企业统计年鉴-2007
中国连锁零售业统计年鉴-2007
中国能源统计年鉴-2007
全国农产品成本收益资料汇编-2007
中国贸易外经统计年鉴-2007
中国基本单位统计年鉴-2006
中国民政统计年鉴-2007
中国农村统计年鉴-2007
中国农村住户调查年鉴-2007（中文）
中国农村住户调查年鉴-2007（英文）
中国县（市）社会经济调查年鉴-2007
中国农产品价格调查年鉴-2007
中国经济普查年鉴-2004
中国百强县（市）发展年鉴-2007
中国教育经费统计年鉴-2006
中国农村全面建设小康监测报告-2007
中国农村贫困监测报告-2007
中国国内生产总值核算历史资料(1952-2004)
中国高技术产业统计年鉴-2007
中国科学技术协会统计年鉴-2007
工业企业科技活动资料-2007
中国棉花年鉴-2006

2004 年经济普查年鉴系列
2005 年中国 1%人口抽样调查系列资料

北京统计年鉴-2007
天津统计年鉴-2007
河北经济年鉴-2007
山西统计年鉴-2007
内蒙古统计年鉴-2007
辽宁统计年鉴-2007
吉林统计年鉴-2007
黑龙江统计年鉴-2007
上海统计年鉴-2007
江苏统计年鉴-2007
浙江统计年鉴-2007
安徽统计年鉴-2007
福建统计年鉴-2007
江西统计年鉴-2007
山东统计年鉴-2007
河南统计年鉴-2007
湖北统计年鉴-2007
湖南统计年鉴-2007
广东统计年鉴-2007
广西统计年鉴-2007
海南统计年鉴-2007
重庆统计年鉴-2007
四川统计年鉴-2007
贵州统计年鉴-2007
云南统计年鉴-2007
西藏统计年鉴-2007
陕西统计年鉴-2007
甘肃年鉴-2007
青海统计年鉴-2007
宁夏统计年鉴-2007
新疆统计年鉴-2007
新疆生产建设兵团统计年鉴-2007
石家庄统计年鉴-2007
唐山统计年鉴-2007
邯郸统计年鉴-2007
张家口经济年鉴-2007
呼和浩特经济统计年鉴-2007
包头统计年鉴-2007
沈阳年鉴-2007
大连统计年鉴-2007
长春统计年鉴-2007
吉林市社会经济统计年鉴-2007
四平统计年鉴-2007
延吉统计年鉴-2007
哈尔滨统计年鉴-2007
齐齐哈尔经济统计年鉴-2007
黑龙江垦区统计年鉴-2007
上海浦东新区统计年鉴-2007
南京统计年鉴-2007
苏州统计年鉴-2007
无锡统计年鉴-2007
常州统计年鉴-2007
徐州统计年鉴-2007
南通统计年鉴-2007
盐城统计年鉴-2007
镇江统计年鉴-2007
江阴统计年鉴-2007
杭州统计年鉴-2007
宁波统计年鉴-2007
绍兴统计年鉴-2007
台州统计年鉴-2007
舟山统计年鉴-2007
温州统计年鉴-2007
金华统计年鉴-2007
嘉兴统计年鉴-2007
湖州统计年鉴-2007
安庆统计年鉴-2007
福州统计年鉴-2007
厦门经济特区年鉴-2007
福州经济技术开发区年鉴-2007
南昌经济社会统计年鉴-2007
上饶经济社会统计年鉴-2007
九江经济统计年鉴-2007
济南统计年鉴-2007
青岛统计年鉴-2007
潍坊统计年鉴-2007
郑州统计年鉴-2007
洛阳统计年鉴-2007
三门峡统计年鉴-2007
南阳统计年鉴-2007
武汉统计年鉴-2007
宜昌统计年鉴-2007
十堰统计年鉴-2007
荆州统计年鉴-2007
长沙统计年鉴-2007
广州统计年鉴-2007
东莞统计年鉴-2007
惠州统计年鉴-2007
深圳统计年鉴-2007
南宁统计年鉴-2007
柳州经济统计年鉴-2007
来宾统计年鉴-2007
海口统计年鉴-2007
成都统计年鉴-2007
贵阳统计年鉴-2007
昆明统计年鉴-2007
西安统计年鉴-2007
兰州年鉴-2007
庆阳年鉴-2007
银川统计年鉴-2007
乌鲁木齐统计年鉴-2007
吐鲁番统计年鉴-2007

新疆调查年鉴-2007
内蒙古经济社会调查年鉴-2007

欲购以上图书请与中国统计出版社发行部联系
电话：（010）63376907，63376908　同椇行书店电话：68783171，68783172
通讯地址：北京市西城区三里河月坛南街 57 号　邮政编码：100826